개정판

사회복지정책의 이해와 활용

이태종 · 이재호 · 김혜란 공저

도서출판 대영문화사

개정판 머리말

사회복지정책론은 자본주의 체제에서 발생하는 사회적 · 경제적 모순과 국가사회 체제의 기능적 결함 및 사회병리 현상을 예방 · 치유하고 새로운 체제 질서의 창출에 기여해 궁극적으로 인간의 존엄성 실현에 일익을 담당하고자 하는 사회복지정책 관련 지식 체계다. 사회복지정책은 시대적 상황이나 개별 국가마다 처해 있는 국내외적 여건에 따라 그 내용이 달리 나타난다. 따라서 보편적인 사회복지정책 사상 및 이념과 더불어 개별 국가적 특수성을 같이 고려해야만 각 국가의 사회복지정책을 좀 더 깊이 있게 이해할 수 있다.

2010년에 접어들면서 포르투갈, 이탈리아, 아일랜드, 그리스, 영국, 스페인 등 이른바 PIIGGS 국가들을 중심으로 한 유럽에서부터 재정위기가 닥치면서 국가별로 사회복지 지출을 축소하려는 정책적 조치가 가시화되고 있다. 유럽 각국은 현재의 경제위기 극복을 위한 해법이 긴축재정에 있다고 보고 재정적자를 줄이는 정책을 추진하고 있다. 이 정책의 핵심은 세금은 올리고 각종 복지 혜택과 당장 필요하지 않은 공공부문의 지출은 가급적 줄이는 것이다.

과거 유럽식 복지국가 모델은 '자유와 평등'이라는 이상적 가치 실현과 사회 내 갈등을 완화시키는 데 큰 역할을 해온 것이 사실이다. 그러나 현재 유럽은 혹독한 긴축정책을 펴면서 '요람에서 무덤까지'로 대표되는 복지 시대를 마감하고 새로운 시대를 맞이할 준비를 하고 있다. 뉴욕대학의 누리엘 루비니(Nouriel Roubini) 교수도 재정적자를 통해 지탱해 온 유럽식 복지국가 모델은 더 이상 지속 가능하지 않을 것이라고 주장한다.

복지병에 걸려 치명적인 국가 재정위기가 닥쳐오는 줄도 모른 채, 지금까지 '복지'

라는 과실을 만끽해 온 유럽 국가들은 이제 국민들의 강한 반발을 무마하고 새로운 도약의 발판을 마련하고자 노력하고 있다. 이를 위해서는 작금보다 더 철저한 분석과 합리성에 의거해 사회복지정책을 결정하고 집행해야만 한다.

우리나라의 경우, 노무현 정부에서는 '경제와 복지의 동반 성장'을 발전 패러다임으로, 이명박 정부에서는 '능동적 복지'를, 박근혜 정부에서는 '맞춤형 고용 · 복지'를 국정지표로 삼아 사회복지정책을 추진해 오고 있다. 그 과정에서 모든 국민의 복지권이 기본권으로 인정될 정도로 정부 당국자들의 인식에 많은 진전이 있었던 것이 사실이다. 그러나 우리나라의 사회복지 지출 규모는 유럽에 비해 상대적으로 매우 적을 뿐만 아니라 사회복지정책이 합리적 · 분석적으로 결정되거나 집행되는지에 대해서도 많은 의문이 제기된다.

이와 같이 이상과 현실의 괴리가 존재하는 상황 속에서 더욱 내실 있고 체감도 높은 정책 효과를 창출해 내기 위해서는 무엇보다도 사회복지정책의 우선순위와 정책 내용의 바람직한 결정을 통해 복지예산 배분이 합리적으로 이뤄지면서 선순환적인 사회복지정책 과정이 지속적으로 진행돼야만 한다.

사회복지정책과 사회복지정책과정에 대한 좀 더 철저한 학술적 이해와 실제에 대한 분석을 바탕으로 유럽의 경우에는 복지의 몸집을 생산적이고 효율적으로 다듬어 나가야 할 것이며, 우리나라의 경우에는 그동안 이룩해 온 복지의 뼈대에 견실하고 만족도 높은 살을 붙여 나가야만 한다.

이 책은 위와 같은 사회복지의 현실적 요구에 조금이나마 부응하고자 하는 목적으로 만들어졌으며, 주요 특징은 다음과 같다.

첫째, 앞으로 사회복지정책 과정에서 중요한 역할을 담당해야 할 현재나 미래의 사회복지 전문인이 반드시 숙지해야 할 사회복지정책에 대한 이론적 · 실제적 내용을 학습자 입장에서 쉽게 풀어 기술함으로써 흥미와 이해를 높이고자 노력했다.

둘째, 각 장별로 사회복지학도나 사회복지 전문가들이 꼭 알아야 할 주제를 엄선해 주제에 맞는 예화 형태의 가상 사례를 만들고, 주제와 관련된 삽화를 삽입해 어렵고 딱딱할 수 있는 사회복지정책의 이론과 실제를 쉽고 재미있게 이해하고 학습할 수 있도록 내용을 구성했다.

셋째, 가상 사례에 대한 문제 풀이를 통해 정답을 도출할 수 있도록 이론적 · 실제적 근거를 체계적으로 정리해 설명함으로써 학습자들의 사회복지정책론에 대한 총체적 이해를 돕고자 했다.

이 책은 크게 '제1편 사회복지정책의 이론'과 '제2편 사회복지정책의 실제'로 대별했다. 제1편은 제1장 사회복지정책의 의의, 제2장 사회복지정책의 발달 이론과 사상, 제3장 사회복지정책의 결정모형과 정책 과정, 제4장 사회복지정책의 분석과 제공 체계로 구성하고, 제2편은 제5장 소득보장정책과 사회보험제도, 제6장 사회서비스정책으로 구성했다.

사회복지정책 관련 교과서로는 그 내용 기술을 기존의 교과서와는 달리 새롭게 해서 구성한 만큼, 이 책을 대하는 독자들이 어떤 평가를 내릴지에 대해 기대와 우려가 교차한다. 저자들로서는 이 책이 사회복지정책론이나 사회복지정책 사례연구 교과목의 교재로서 적극 활용돼 웃음꽃 피고 생동감 있는 쌍방향 소통의 학습 분위기 조성에 조금이나마 도움이 될 수 있다면 바람이 없겠다.

이번 개정판에서는 2010년 초판에서 발견된 문제점들을 최대한 바로잡고, 그 내용도 보완하고자 노력했다. 특히 '제2편 사회복지정책의 실제'를 구성하고 있는 제5장과 제6장의 내용을 전면적으로 수정 · 보완했다.

개정판 작업을 마무리하고 보니 사회복지정책에 대한 학문적 깊이가 일천한 저자들로서는 여전히 부끄러움과 두려움을 떨쳐버릴 수가 없다. 이 책으로 가르치고 공부하는 많은 분의 기탄없는 비판과 조언이 있기를 바라며, 미흡한 부분은 앞으로도 계속 수정 · 보완해 나갈 것을 약속드린다.

이 책이 출간되기까지 많은 도움을 주신 필자들의 은사님을 비롯한 여러분들에게 감사드리며, 항상 함께 해 주고 힘이 돼 주는 사랑하는 가족들에게 이 책을 선물하고 싶다. 또한 개정판 출판에 흔쾌히 응해 주신 대영문화사 임춘환 사장님께도 깊은 감사의 말씀을 전한다.

2015년 2월

이태종 · 이재호 · 김혜란

차 례

제 1 편 사회복지정책의 이론

제 2 편 사회복지정책의 실제

제 1 편

사회복지정책의 이론

제 1 장　사회복지정책의 의의와 역사

제 2 장　사회복지정책의 발달 이론과 사상

제 3 장　사회복지정책의 결정모형과 정책 과정

제 4 장　사회복지정책의 분석과 제공 체계

제 1 장

사회복지정책의 의의와 역사

1 나대로 군을 이해시키려면? – 사회복지정책의 개념

나대로 군은 K대에서 사회복지를 전공하는 대학생이다. 평소 정책이라는 말에 알레르기 반응을 일으키던 나름대로 소신이 강한(?) 학생이었는데, 그 '정책'이란 것에 불만을 가진 이유는 다름이 아니었다. 즉, 국가가 행하는 일련의 일들은 모두 정책이라는 이름으로 포장해 국민으로 하여금 국가가 하는 일을 강요하거나 의무를 부과하게 하는 것이라고 생각했기 때문이다. 사회복지라는 말 뒤에 정책이라는 말이 붙어 있는 것도 비슷한 이유로 영 못마땅하다. 그의 이유 있는(?) 논리에 따르면 사회복지정책이란 국가가 국가 내 모든 사람의 삶의 질에 영향을 끼치는 프로그램을 복지라는 이름을 이용해 만들어내고 구체화한 것으로 강제성을 띠고 있어 국민으로 하여금 선택의 여지 없이 받아들이게 할 뿐이라는 것이다. 따라서 사회복지정책이라는 것 자체가 국민 또는 시민의 선택의 자유를 빼앗는 것이라고 주장한다.

이러한 나대로 군의 이유 있는 주장(?)에 대해, 사회복지정책에 대한 해박한 지식을 가지고 있는 당신의 생각은?

1) 나대로 군의 주장은 옳다. 소위 국민의 4대 의무라는 것을 보면 정부는 국민으로부터 무언가 빼앗는 것을 정책이라는 이름으로 행하고 있다. 사회복지정책도 다를 바 없다.
2) 나대로 군의 주장은 몇 가지 내용을 간과하고 비약적인 면이 있다. 즉, 사회복지에 대해 국가가 개입하는 목적이나 목표를 간과하고 있고, 과정이나 당위성 등을 빼고 이야기하는 데서 내용을 잘못 도출하고 있다.
3) 정부가 하는 행위들은 모두 국민에게서 인적・물적 자원을 확보하려는 것과 관련된 것이다. 만약 재원을 국가가 모두 부담하는 것이 아니

라면 나대로 군의 주장은 옳다고 생각된다.

4) 사실 정부가 행하는 정책 가운데 복지가 아닌 정책이 어디 있을까? 이름만 거창할 뿐, 다른 정책들처럼 사회복지정책도 국민의 권리 자체를 제약하는 것이므로 나대로 군의 주장에 찬동할 수밖에 없다.

해설

정책(policy)은 매우 다의적인 개념이지만, "어떤 문제나 관심사를 해결하기 위해 행위자 또는 행위자 집단이 의도적으로 추구하는 일련의 행동"이라고 할 수 있다. 사회복지와 관련한 정책은 "개인 또는 집단으로 하여금 사회생활을 해 나가는 데 필요한 기본적 욕구를 충족시키거나 문제를 해결하기 위한 목적"이 있어야 한다. 그리고 이러한 목적을 달성하기 위해 국가는 구체화된 수단을 가져야 한다. 즉, 한 국가를 구성하고 있는 또는 한 국가 내에서 활동하고 있는 모든 사람의 삶의 질에 영향을 끼치는 사회복지 프로그램, 서비스, 제도 등을 형성하고 구체화한 어떤 것을 지니고 있어야 한다.

해결하는 것이 공익적 차원에서 바람직하다고 생각되는 사회문제를 해결하기 위한 목적과 수단을 내포하고 있는 것으로서 정부기관이 결정한 미래의 사회복지 관련 행동지침을 사회복지정책이라고 할 수 있다. 이러한 사회복지정책에는 목표, 계획, 결정, 효과의 요소들이 포함돼야 하고, 정부에 의해 이뤄지는 것이기 때문에 강제성을 띠게 되는 것으로 이해해야 한다.

사회복지정책은 사회생활을 바람직하게 유지하기 위해 정부가 개인 차원을 넘어선 사회 또는 공공문제 해결에 개입해 실시하는 계획 또는 정치적 과정이다.

결국 사회복지정책은 정부가 국가를 구성하고 있는 국민의 삶의 질을 향상시키려는 목적으로 사회 또는 공공문제에 개입하는 것으로 볼 수 있다. 이때 강조되는 것은 공공성이며 권위 있는 기관이 공익과 사회적 형평의 실현, 문제의 해결이라는 목표 달성을 위해 정치적·행정적 과정이 필요하게 된다. 또한 정부는 당위성을 가지고 공식적·의도적으로 선택한 행동지침을 가지고 있어야 한다.

사회복지정책이란 결국 "사회문제를 해결하기 위해 마련된 사회복지 프로그램이나 제반 문제에 대한 의사결정을 위해 정부 또는 공공기관에 의해 작성된 지침으로서 구체적인 프로그램, 법제, 우선순위를 제시하는 암시적 혹은 명시적 원칙"인 것이다(강영실, 2006: 23).

정부의 정책 가운데 하나인 사회복지정책은 사회복지의 요구와 수요가 충족된 상황을 구체적으로 달성하기 위해 필요한 정보, 기회, 자원, 권력을 어떻게 확보하고 조달해 그것을 필요로 하는 사람들에게 제공할 수 있을까 하는 데 초점을 맞춘다. 이러한 목표 달성을 위해 사회복지정책에서 다뤄야 할 주요 영역으로는 소득, 건강, 교육, 주택, 개별 사회적 서비스 등이 있다.

사회복지정책의 고유 영역을 설정하는 작업이 학자마다 다른 것은 사회복지정책의 고유 영역은 단지 행정상의 편의를 고려할 때 가능한 것이지 절대적인 구분이 아니기 때문이다. 그러나 사회정책의 영역에 사회보장 또는 소득보장, 대인적 사회서비스 및 보건 또는 건강을 포함시키는 데 대해 거의 모두 동의하는 것으로 볼 수 있다.

풀이

위 예화에서의 나대로 군의 사회복지정책에 대한 생각은 정부가 국민이 사회생활을 해 나가는 데 필요한 기본적 욕구를 충족시키거나 문제를 해결하기 위한 목적 측면이나 사회복지 프로그램, 서비스, 제도 등을 형성하고 구체화한 수단 및 이에 대한 접근 방식 등을 간과하고 몇 가지 내용만 나열해 전체적인 내용을 비약하고 있다. 따라서 사회복지에 대해 국가가 개입하는 목적이나 목표를 간과하고 있고 과정이나 당위성에 대한 설명이 부족하다는 2)가 정답이다.

2 사회복지정책을 펴 주세요 – 사회복지정책의 범주

송애교 양은 "인간생활의 이상적 형태"야말로 진정한 의미의 복지라고 굳게 믿고 있다. 곧 어떤 형태로든지 고통 없는 만족할 만한 생활이 바로 복지이며, 심리적 안녕의 상태에 도달하는 것이 복지의 가장 기본적인 것이라고 한다. 그리고 이러한 복지가 전체에 기초해 사회적 맥락으로 이어질 때 사회복지는 실현된다고 믿고 있다.

오늘 송애교 양은 지금의 상태로는 자신은 삶의 질, 경제적 풍요 등과 같은 물리적인 것뿐만 아니라 정신적 안정까지도 만족하지 못하고 있다고 하면서 이를 위해 정부는 제대로 된 사회복지정책을 펴야 한다고 주장한다.

송애교 양의 이 같은 주장에 따른다면 정부는 사회복시정책을 통해 송애교 양의 내면적이고 심리적인 만족감까지 충족시켜야 하는데, 여러분의 개인적인 생각은 어떠한가?

1) 송애교 양의 주장은 매우 옳다. 복지의 향유자는 개인에게서 시작된다. 개인의 복지는 사회 전체의 공공복지에 대한 출발점으로 볼 수 있고 당연히 정부는 이에 대해 사회복지의 범주에 포함해 정책을 펴 나가야 한다.
2) 송애교 양의 주장이 옳기는 하지만, 구체적인 자신의 심리 및 경제적 상태를 설명해야만 정부가 나설 수 있다. 적어도 송애교 양의 주장이 자신만이 아니라 10명 정도는 돼야 정부가 이를 해결할 근거가 생긴다.
3) 송애교 양의 주장은 개인복지와 사회복지를 구분하지 않은데서 혼란을 겪고 있다. 개인복지는 개인이 수혜자인 복지인데 반해 사회복지는 사회적으로 향유되는 복지라는 점에서 송애교 양의 주장은 통상

적으로 사회적 의미의 복지라고 할 수 없고 사회복지정책의 대상이 되지 못한다.

4) 송애교 양의 주장은 개인의 문제가 사회문제화될 수 있는 개연성을 충분히 갖고 있다. 개연성 있는 개인 문제라도 정부는 사회복지정책의 범주에 포함해 이를 추진해야 한다.

해설

광의로 복지라고 할 때에는 "인간생활의 이상적 상태(ideal type of human life)"를 일컫는다. 어떤 형태로든 고통 없는 만족할 만한 생활방식(modus vivendi) 모두가 바로 복지인 것이다. 이러한 광의의 복지는 효용(utility)과 같은 경제학적 개념, 쾌락(pleasure)과 같은 윤리학적 개념, 그리고 욕구(need)의 만족(satisfaction)이라는 심리학적 개념이 모두 스며 있는 사회학적 개념으로 이해하게 된다(김태수 외, 1998: 110-111).

그러나, 복지의 개념은 무엇으로 접근하는가에 따라 그 내용이 상당히 달라진다. 복지라는 용어에 여러 가지 수식어가 첨가돼 사용되는 경우가 매우 많은 것도 바로 그러한 이유에서다. ① 복지의 맥락에 따라 개인복지와 사회복지, 공공복지와 민간복지 등으로, ② 구체적 대상에 따라 정신적 복지와 신체적 복지, 또는 심리적 복지와 물리적 복지로 나누기도 하며, ③ 제도화 정도에 따라 제도적 복지와 보충적 복지로, ④ 지칭 항목에 따라 공공부조와 사회보험 및 사회서비스 같은 핵심적 복지와 보건의료, 교육, 주택, 환경, 노동, 문화 등과 같은 주변적(secondary) 복지도 있으며, ⑤ 전달 주체에 따라서는 중앙정부가 제공하는 공공복지(central welfare)와 지방정부에 의한 공공복지(지역복지, regional welfare) 등으로 나누기도 한다.

사회복지는 대다수의 국민을 대상으로 자유롭고 평등한 생활을 할 수 있도록 노력하는 것이고, 이를 위한 체계적·조직적 활동이 이뤄질 때 사회복지정책을 편다고 할 수 있다. 사회복지의 개념을 다시 광의와 협의로 나눠 정의할 때에도 개인적인 영역을 뛰어넘는 사회 구성원을 대상으로 한다는 데 큰 이견은 없다. 광의의 개념에서 사회복지는 전체 국민의 생활의 각 측면에서 기본적인 사회적 욕구 충족을 위해 제공되는 사회적 서비스를 총칭하며, 협의의 개념에서 사회복지는 사회적으로 생활의 곤란을 겪고 있는 사람이나 장애가 있는 사람 등의 사회적 약자나 보호를 필요로 하는 사람에게 기본적으로 필요한 것을 제공하는 서비스 체계를 의미한다.

사회복지정책은 사회문제의 일차적 책임을 국가에 두고 있으며, 최소한의 사회보호를 비롯해 교육, 주택 및 환경 관련 정책까지도 포함한다. 사회복지정책과 가장 유사한 용어로 흔히 사회보장을 사용하는데, 사회보장은 사회복지정책보다 좀 더 좁은 의미로 개별적인 서비스를 제공하는 것을 지칭하는 개념으로서 사용된다. 즉, 사회보험과 공공부조 및 민간보험을 포함해 주로 경제적 결핍을 대상으로 한다. 이와 달리 사회복지정책은 사회생활의 곤란을 포함한 사회적 부적응 현상 등 생활 전반의 문제를 대상으로 하고 있다는 점에서 사회보장과 차이가 있다.

풀이

복지 맥락에 의한 구분인 개인복지는 자본주의 체제에서 그 기준을 삼는다면 개인의 내면적이고 심리적 만족감과 개인이 속하는 있는 최소 사회 단위인 가족 차원까지 포함한다. 이는 미시경제 차원의 효용으로 개인복지는 통상 사회적 의미의 복지 범주에는 들어간다고 볼 수 없다. 따라서 송애교 양이 주장하는 자신의 상태는 사회복지와는 구분할 필요가 있다. 사회복지는 대다수의 국민이 그 대상이 되며 이를 위해 체계적이고 조직적인 활동을 통해 자유롭고 평등한 생활을 영위해 나갈 것을 기대해 정부나 공공기관에 의해 작성된 지침이나 프로그램 형태로 전달되는 것이다. 따라서 정답은 3)이다.

3 사회문제가 발생하는 이유는… - 사회문제와 사회복지정책

한 인물 하는 배동준 군은 현재 사회복지정책을 공부하는 중이다. 그의 지론에 따르면 사회복지정책은 사회문제를 사회 공동의 노력으로 해결하려는 것이며, 이 때 정부의 정책 개입 혹은 제도 개입이 일어난다고 생각했다. 이러한 과정에서 그는 다음과 같은 의문을 갖게 됐다. 사회문제를 해결하기 위해 사회복지정책이 결정되는 것이라면 사회문제는 왜 일어나는 것일까? 사회복지정책을 올바르게 수행하려면 이와 같은 사회문제가 왜 일어나는지를 규명해야 할 것으로 보인다. 배동준 군은 다음 네 가지 관점에서 사회문제가 발생할 것이라고 생각했다. 사회문제를 바라보는 다음의 접근에서 배동준 군의 설명에 동의할 수 없는 것은 어느 것일까?

1) 현대 사회에서 나타나는 사회문제들은 모두 개인에게서 발생하는 것이다. 따라서 모든 문제의 원인은 개인이 책임을 다하고 있는가에서 찾아야 한다.
2) 사회문제는 사회를 구성하는 요소들이 제 기능을 다하지 못하기 때문에 발생한다. 사회는 여러 제도로 구성돼 있고 이들 제도가 기능을 올바르게 수행할 때 사회는 안정되고 유지될 수 있다.
3) 사회문제의 주된 발생 원인은 자원의 불평등한 분배에 기인한다. 여기서 가진 자와 가지지 못한 자 간에 갈등이 나타나게 되고 결국 사회문제가 된다.
4) 사회문제는 개인과 사회의 상호작용에서 발생한다. 즉, 어떤 사회적 조건이 문제를 불러오는 것이 아니라 영향력 있는 사람에 의해 문제로 인식돼 해결할 필요성을 느낄 때 사회문제가 된다.

해설

정부가 정책이나 제도를 통해 사회문제를 해결하려는 데는 그것이 비단 개인의 영역에 국한되는 것만은 아니기 때문이다. 따라서 정부는 사회문제를 사회 공동의 노력으로 해결하기 위해 매우 전문적인 정책 과정을 거치게 된다.

사회복지정책이 사회문제를 사회 공동의 노력으로 해결하려는 것이라면 사회문제가 왜 발생하는가를 규명해야 이에 합당한 정책을 펼 수 있다.

사회문제에 대한 이론들은 문제의 원인, 현상, 결과 등을 각각 다르게 설명하고 있으며, 해결책도 다르게 제시되는 것을 볼 수 있다(강영실, 2006: 28-29).

1) 사회문제가 발생하고 존재하는 주요 이유를 기능주의이론에서는 사회의 구성 요소들이 제 기능을 못 다하고 있는 데서 찾고 있다. 사회는 생물학적 유기체와 같이 각각의 요소들이 상호작용을 통해 균형된 상태를 유지하려는 속성이 있으며, 사회는 정치 · 경제 · 문화 · 교육 등의 제도로 구성돼 있고, 이러한 사회제도들이 그 기능을 수행할 때 비로소 사회는 안정 및 유지될 수 있다는 것이다.
2) 갈등주의이론은 사회문제가 발생하는 원인을 자본주의 생산 체제 안에서 일어나는 자원의 불평등한 분배나 집단 간 이해관계의 갈등 때문으로 본다. 이런 이유로 불평등한 사회구조의 개선이 필요하게 되며, 소외되고 착

취당하는 집단의 이익을 증대시키는 것이 중요한 과제로 남게 된다.

3) 상호작용론에 의하면 사회문제는 개인과 사회 간의 상호작용 과정에서 발생한다고 한다. 사회문제는 현상 자체가 아니라 영향력을 행사하는 사람이나 집단이 특정 사회 현상을 문제라고 규정짓고 이를 인식해 어떤 형태로든 해결의 필요성이 있다고 판단하게 될 때 비로소 그것이 사회문제가 된다. 이는 특정의 사회적 조건이 문제를 불러일으키는 것이 아니라 특정인의 주관적인 해석이 사회문제를 낳기 때문에 사회문제의 원인을 명확하게 규정하기 어려우며, 종국에 가서는 문제의 현상을 이해하거나 통제하는 방법을 통해 문제를 해결해야 한다.

사회문제는 그것을 바라보는 시각과 인식에 따라 그 해결 방법도 다르게 나타난다. 그러나 한 가지 공통적인 사실은 일단 사회문제가 인지되면 이를 해결해야 할 것으로 보고 원인이라고 판단되면 프로그램이나 복지서비스는 정책을 통해 결정하게 된다.

이 과정에서 반대급부적인 이익을 얻는 집단도 존재하게 되며, 그 결과 사회복지정책의 수립 과정에서 더 많은 이해집단 간의 갈등을 야기할 수도 있다. 그러므로 사회복지정책의 수립 과정은 이해집단 간의 합의를 도출해 나가는 과정과 함께 최종적인 정책 결정이 이뤄지게 된다. 다만 정책 결정 과정에서 영향력을 행사하는 사람은 주로 자신이 원하는 방향으로 일을 처리할 수 있는 능력이 있기 때문에 사회문제를 해결하기 위한 사회복지정책도 사회적 · 정치적 · 경제적인 권력을 행사할 수 있는 사람의 뜻에 따라 결정될 가능성이 매우 높다(강영실, 2006: 30).

풀이

배동준 군이 생각하고 있는 위의 네 가지 예화 가운데 2)는 기능주의에 의한 설명, 3)은 갈등주의에 의한 설명, 4)는 상호작용론에 의한 설명으로 각각 문제의 원인, 현상, 결과 등을 설명하고 있다. 그러나 1)의 경우 현대 사회에 나타난 사회문제는 사회문제의 원인을 개인에게서만 찾으려는 데는 무리가 있을 수 있다. 오늘날 사회문제를 바라보는 시각은 대체로 한 개인에게서 시작하기보다는 문제 발생의 근본적인 원인을 사회적 제도나 구조에서 찾는 경향이 있다. 또한 현재의 사회제도를 당연한 것으로 받아들인다면 개인에게서 사회문제의 원인을 찾아볼 수도 있겠지만, 그렇다고 사회문제를 모두 개인에게서만 발생한다는 것은 논리에 무리가 따른다. 따라서 1)의 설명에는 동의할 수 없다.

4 일하는 것보다는 가난을 택하는 사람들이 있다는데… – 사회복지정책의 기능

수백 년 전에도, 현재에도, 그리고 또다시 수백 년이 흘러도 빈곤과 실업은 여전히 우리 사회에 존재해 왔고 존재하고 있고 또 없어지지 않을 것이라는 주장을 하는 사람이 있다. 바로 복지정 씨다. 그는 이와 같은 이유가 임금근로자나 자활 능력 없는 국민의 최저 생계 수준을 보장받는 대상자(이른바 공공부조 대상자)는 근로활동을 통해 소득을 빈곤선 이상으로 끌어올리려 하지 않고 계속해서 빈곤선 상태에 머물러 있고 싶어하기 때문이라고 주장한다. 왜냐하면 높은 공공부조를 받기 위해 일부러 빈곤한 생활을 유지하는 것이 그들에게는 이른바 '남는 장사'라고 생각하기 때문이라는 것이 그의 주장이다. 또 임금 수준이 낮으면, 일을 해서 이에 대한 경제적 보상을 받는 것보다 실업급여나 실업부조를 통해 받는 것이 오히려 그들에게는 유리하고, 특히 실업급여나 실업부조의 수준이 높으면 높을수록 오히려 일을 안 하려는 경향이 강하다는 것이 복지정 씨의 주장이다. 이에 대한 그의 주장에 대해 여러분은 어떻게 생각하는가?

1) 복지정 씨의 주장은 일리가 있다. 따라서 사회복지정책 가운데 공공부조나 실업급여와 같은 것은 사회악으로서 당연히 폐지돼야 한다.
2) 복지정 씨의 주장에 동의하며 이와 같은 현상을 근본적으로 없애려면 모든 근로자의 임금 수준을 일률적으로 올려 주는 수밖에 없다.
3) 복지정 씨의 주장이 반드시 틀린 것이라고는 할 수 없으나, 너무 역기능적인 요소만 부각시키고 있다. 이를 보완해 일할 능력을 갖춰 자립할 수 있도록 도와 주는 복지정책도 필요하다.
4) 복지정 씨의 주장은 옳다. 이에 대한 대책으로 부자로부터 가난한 자로의 소득이전 정책을 폐지하고, 누진적 소득세를 동일하게 만들어 이러한 현상을 없애도록 하면 된다.

해설

사회복지정책은 사회통합과 질서 유지, 경제 안정과 성장, 개인 자립과 성장, 정치적 안정, 사회문제 해결과 사회적 욕구 충족, 사회 정의 확립, 소득 재분배와 같은 기능을 수행한다.

사회적 약자, 가난한 사람들, 사회적 위험으로부터 벗어나기 위해 도움이 필요한 사람들을 제도적으로 원조하게 되면 사회통합이 이뤄질 수 있게 된다. 부자로부터 가난한 자로의 소득이전(공공부조, 누진적 소득세 등),[1] 동일 소득계층 내에서의 재분배(가족수당, 의료보험 등),[2] 질병이나 재해와 같은 우발적 사고를 당하지 않은 집단으로부터 특정 사고로 고통을 당하는 사람으로의 소

1) 이를 수직적 재분배(vertical redistribution)라고 한다. 부자로부터 가난한 자로의 소득이전과 같은 긍정적 재분배와 빈민으로부터 부자로의 소득이전인 부정적 재분배로 나눌 수 있으나, 공공부조나 누진적 소득세 등은 긍정적 재분배 효과가 더 크다.

2) 이를 수평적 재분배(horizontal redistribution)라고 한다. 동일 소득계층 내에서의 재분배를 말한다. 가족수당의 경우 조세로 재정이 충당되고, 부양 자녀가 있는 가족에게만 제공된다. 의료보험의 경우 건강한 사람에서 건강하지 못한 사람으로의 소득이전 효과가 있다.

득이전(산재보험이 대표적인 경우)과 같은 임시적 · 우발적 재분배(contingency redistribution) 등은 긍정적 기능을 한다.[3] 특히, 소득 재분배의 경우에는 소득과 자원 배분과의 관계에서 불평등을 없애거나 감소시켜 계층 간 갈등을 줄여 사회분열 현상으로 야기되는 여러 종류의 사회문제를 해결해 질서 유지에 기여하게 된다. 또한 이로 인해 사회적 갈등이 해소돼 정치적 안정도 기할 수 있다. 그리고 사회복지는 인간의 잠재력과 성장가능성을 발현시켜 개인적 자립과 성장을 가능하게 하며, 인적 자본[4]의 질적 수준을 향상시켜 생산성을 높이고 경제 성장을 안정화시키게 된다. 사회적 구조와 제도에 의해 생겨나는 사회문제를 해결하고, 사회적 욕구를 충족시키며, 사회의 모든 사람이 평등하게 살 수 있도록 사회적 약자의 최저생활을 보장하고 삶의 질을 향상시켜 사회 정의를 실현하는 것도 사회복지의 주된 순기능 가운데 하나다.

그러나, 사회복지정책은 역기능도 함께 가지고 있다. 이른바 공공부조와 관련된 것으로 빈곤의 덫(poverty trap)으로 불리는 역기능이 대표적이다. 이는 주로 사회복지급여가 매우 높은 복지 선진국에서 자주 문제가 제기되는 것으로서, 높은 공공부조를 계속 누릴 목적으로 빈곤한 생활을 지속적으로 유지하려는 경향을 보이는 것을 지칭한다. 임금 수준이 낮으면 일을 통해 경제적 보상을 받기보다 실업급여나 실업부조를 받는 것을 선호하는 경향이 있을 수 있다. 특히, 실업급여 수준이 높을수록 오히려 일하지 않으려는 경향이 강하게 나타날 수 있다. 영국 노동당정부의 일하는 복지(workfare), 미국 클린턴(B. Clinton) 정부의 근로조건부 복지(welfare to work) 정책은 바로 이러한 빈곤의 덫을 해결하려는 의도와 관련된 것이다. 이와 같은 정책은 일할 능력을 갖춰 자립할 수 있도록 도와주는 복지라고 할 수 있으며, 사회복지급여를 노동

3) 이것은 광의로 소득 재분배를 분류하는 방식이다. 이외에도 시간적인 관점에서 국민연금처럼 전 생애에 걸쳐 발생되는 재분배(장기적 재분배)와 건강보험, 산재보험, 공공부조와 같이 현재의 사회적 욕구를 충족시키기 위해 현재의 자원을 사용하게 되는 재분배(단기적 재분배)로 나누기도 한다. 또한 현 근로 세대에서 다음 세대로 소득이전이 일어나는 세대 간 재분배와 자신의 근로 기간 동안 소득을 적립해 노년기로 소득이전이 발생하도록 하는 세대 내 재분배로 나눌 수 있다.

4) 우수한 교육정책이 행해지면 학교와 사회에서 국가를 이끌어 나갈 인재를 양성하게 되는 것이고, 이들이 사회로 진출해 직업을 가지고 일하게 됨으로써 생산성을 향상시키게 되며, 나아가 국가 경쟁력도 높아지게 된다. 사회복지를 인적 자본에 대한 투자라고 하는 이유도 여기에 있다.

장려 쪽으로 이끌었다는 평을 받고 있다.

풀이

위의 예화에서 복지정 씨의 주장이 반드시 틀린 것만은 아니다. 이른바 빈곤의 함정 또는 빈곤의 덫(poverty trap)이라 불리는 사회복지정책에 대한 역기능을 이야기한 것이다. 사회복지급여가 높은 복지 선진국에서 자주 제기되는 빈곤의 덫 문제는 주로 공공부조의 역기능이라 볼 수 있다. 이를 위해 일할 능력을 갖추어 자립할 수 있도록 도와주는 복지가 해결책으로 제시될 수 있다. 공공부조 등의 혜택을 받으려면 일정한 일을 하거나 봉사활동을 하는 것 등이 조건으로 제시되는 것이 그 한 예다. 따라서 정답은 3)이다.

5 우리나라는요… - 국가별 사회복지정책의 개념과 내용

세계가 글로벌화되면서 이젠 다른 나라의 학생들과 우리나라 학생들의 교류도 많이 잦아졌다. 슈미트(Schmidt)는 독일에서, 엠마(Emma)는 미국에서, 소냐(Sonia)는 영국에서, 그리고 키아(Kia)는 핀란드에서 한국으로 유학 온 학생이다. 이들 세계 각국에서 온 유학생들이 자기 나라를 소개하는데 사회복지제도를 소개하는 말들을 하는 것 같다. 평등(equality), 효율성(efficiency), 자유(freedom), 사회적 적절성(social adequacy) 등은 모두 나름대로의 의미를 지니고 있다. 사실 이 네 가지 단어는 사회복지정책의 가치를 나타내 주는 표상이라고 할 수 있다. 아무튼 이 네 사람이 자기 나라의 복지제도를 소개하는 데 가장 현실적으로 맞지 않은 말을 하는 사람은 누구일까?

1) 독일에서 유학 온 슈미트는 자기 나라가 사회보험이 차지하는 비중이 압도적이라고 하면서 권위주의적 국가정책 성격이 강하다고 이야기한다.
2) 미국에서 유학 온 엠마는 연금의 비중이 크지는 않지만 전국민건강보험을 시행하고 있어 국가가 시행하는 보험제도가 잘 발달돼 있다고 한다.
3) 영국에서 유학 온 소냐는 자기 나라의 병원은 국유화돼 있고, 의사는 공무원이며, 영국 국민은 누구든 아플 때 돈을 지불하지 않고도 병원에서 치료받을 수 있다고 한다.
4) 핀란드에서 유학 온 키아는 유치원부터 박사 과정까지 교육비가 전액 무료라고 한다.

해설

최초로 사회보험을 실시한 국가는 독일이다. 독일은 무엇보다 사회정책을 펼쳐 나가는 데 분배 과정에 대한 윤리적 조치로서 조정 및 수정을 통해 계급 간 갈등의 완화와 협조 유도를 기하고자 했다. 이런 점에서 보면 독일의 사회정책은 권위주의적 국가정책의 성격이 상당히 강하다고 할 수 있다. 독일은 사회보험이 차지하는 비중이 압도적인 반면 공공부조의 비중은 그다지 크지 않은 나라다. 공공부조는 사회보험으로 해결할 수 없거나 해결되지 않는 주변 집단에 대한 물질적 · 비물질적 서비스를 제공하는 정도다. 이 밖에도 지방정부 단위에서 청소년 · 장애인을 대상으로 하는 사회서비스가 있다. 독일은 1883년에 의료보험, 1884년에 산업재해보상보험, 1889년에 연금보험을 도입했다.

미국에서 사회보장법이 제정된 해는 1935년이다. 사회보장법 제정으로 인해 사회보험, 공공부조, 사회서비스의 3대 사회보장 체계를 구축했다. 미국의 사회복지정책의 특징은 연금의 비중이 크고 전국민건강보험은 오바마(B. H.

Obama) 정부에서 2010년 3월에 건강보험개혁법안이 통과되면서 시행 단계에 있다.[5] 미국의 사회복지정책은 공공부조와 사회복지 서비스로 압축된다. 독일이 사회복지정책이라는 용어보다 사회정책이라는 용어를 더 선호한다면 미국은 사회정책보다 사회복지정책이라는 용어를 더 선호한다고 할 수 있다. 미국은 공공정책뿐만 아니라 민간기관의 정책 또한 매우 중시하는데 다른 나라에 비해 권위적인 경향이 상당히 약하다. 미국의 사회복지제도는 ① 부양 아동이 있는 저소득 가정에 현금을 지원하는 빈곤가정 한시적 원조제도(Temporary Assistance to Needy Families: TANF),[6] ② 조세급여의 일종으로 빈곤을 줄이고 근로 동기를 강화하기 위한 목적으로 만들어진 부양아동이 있는 저소득 근로 가족에게 제공되는 소득보조금으로서의 근로소득보전세제(Earned Income Tax Credit: EITC), ③ 저소득 임산부·노인·장애인 등이 수급 대상자가 되는 저소득층에 대한 의료비 지원제도로서 연방정부와 주정부가 공동으로 재정을 지급하는 제도인 의료보호제도(Medicaid Program), ④ 저소득층의 식료품 지출비용 보조 차원에서 쿠폰·전자급여 카드를 활용해 지정된 상점에서 식료품을 구입하도록 하는 사회부조의 일종인 푸드스탬프제도(Food Stamp) 등이 대표적이다. 이러한 미국의 사회복지제도는 시장 지향적 미국 문화의 특성을 잘 보여준다고 하겠다.

영국은 한마디로 시민의 복지, 즉 사회복지를 위한 사회정책을 강조하는데, 사회복지정책이라는 용어보다는 사회정책(social policy)이나 사회행정(social administration), 사회서비스(social service)라는 용어를 사용한다. 독일이 질서 유지를 중시하는 사회정책을 표방한다면, 영국은 사회복지 향상을 중시한다고 할 수 있다. 사회정책을 매우 폭넓게 보고 있는 영국은 소득보장뿐만 아니라 보건의료, 주택 및 교육까지 포함해 이를 사회정책의 범위에 포함시키고 있다. 영국에는 전 국민을 대상으로 하는 국민보건서비스(National Health Service: NHS)가 있으며, 보험료 없이도 국가가 주관하는 보건의료서비스를 이용할 수 있다.

---

5) 2007년 〈식코(Sicko)〉라는 다큐멘터리는 미국 민간의료보험의 폐해를 다뤄 큰 파장을 불러일으키기도 했다.

6) TANF는 미혼모, 이혼 편모가정을 지원하기 위한 사회보장 프로그램의 하나인 부양자녀가족지원제도(Aid For Family with Dependent Children: AFDC)가 1996년 폐지되고 이를 대체하기 위해 도입된 제도다. 근로 의무가 부과되고 수급 기간 제한은 5년이다.

스웨덴, 노르웨이, 핀란드 등 스칸디나비아 국가들은 사회복지정책의 관대함・진보 성향 때문에 흔히 복지국가의 최고 단계로 인식된다. 복지 수요가 있으면 복지 혜택이 제공되는데, 이 때 연령・직업・자산 상태 등은 관계없다. 따라서 이들 스칸디나비아 국가들은 재분배 면에서나 사회통합적인 면에서 사회복지정책의 효과가 매우 큰 나라들이며, 복지재원의 대부분은 조세에 의존한다.

풀이

예화에서 1)의 경우 독일은 사회보험이 차지하는 비중이 압도적이며 공공부조의 비중은 그리 크지 않다. 계급 간의 갈등을 완화시켜 협조를 유도하기 위한 독일의 사회정책은 권위주의적 성격이 강하다고 할 수 있어 맞는 설명이다. 2)의 경우 미국에서는 연금 비중은 크고 전국민건강보험은 시행 단계에 있으며 시장 지향적이라 할 수 있다. 틀린 설명으로 따라서 정답은 2)다. 3)의 경우 영국은 시민권 보장 차원의 사회정책을 지향해 그 범위가 세계에서 가장 넓다고 할 수 있고, 예문의 경우는 국민보건서비스(NHS)에 대한 것으로 맞는 설명이다. 4)는 핀란드의 교육제도로 높은 복지 수준을 나타내는 대표적인 사례로서 맞는 설명이다.

6 정부는 국민으로부터 무언가 빼내가기만 한다(?) – 정책의 유형

정부가 행하는 정책은 그 형태가 매우 다양하다. 따지고 보면 정부가 하는 일 가운데 정책적 요소가 엄청나게 많다는 사실을 알 수 있다. 조금 과장해서 말한다면 우리가 알고 있는 용어에다 정책을 갖다 붙이면 말이 안 되는 것이 없을 정도로 말이다. 아무튼 그러한 정책들을 몇 가지 유형으로 분류해 보는 것도 매우 의미가 있다. 그러나 그 유형을 분류하는 것 자체가 의미가 없다고 주장하는 이가 있는데, 김예수 씨가 바로 그 사람이다. 김예수 씨가 주장하는 바에 따르면, 정부의 정책은 한 가지로 압축된다는 것이다. 즉, 나라를 지키라고 젊은이를 차출하는 일, 열심히 일하는 국민에게서 소득이 생겼다며 세금을 거두는 일 등 민간부문에서 뭔가 빼내갈 것만 생각한다는 것이다. 역시 김삿갓이 방랑 시인이 된 것도 다 이러한 정부에 대해 불만이 있었기 때문임에 틀림없다고 생각한다. 이에 대해 여러분은 어떤 생각을 하게 되는가?

1) 김예수 씨가 하는 말에 전적으로 동의한다. 사실 정부가 혜택을 베푸는 일이 어디 있는가? 정부는 국민을 착취의 대상으로 보고 있음이 분명하다.
2) 정부가 행하는 일련의 정책들, 즉 조세정책, 국방정책, 교육정책 등 모두가 국민에게 세금을 거둬들이는 것과 관련이 있다. 김예수 씨의 주장은 옳다.
3) 정부가 행하는 정책들에 대해 비용과 편익이라는 관점에 비춰볼 때 국민에게 이익이 되는 정책보다는 국민에게 부담을 지우는 정책이 너무 많다. 김예수 씨의 주장에 찬사를 보낸다.
4) 김예수 씨는 정부가 행하는 정책들 가운데 추출정책에만 국한해 생각

하고 있다. 정부가 각종 서비스를 제공하는 이른바 국민보건이나 과학기술 진흥 등과 같은 분배정책이나 누진세 등 재분배정책도 있다는 점에서 김예수 씨의 주장이 반드시 옳은 것은 아니다.

해설

정책은 재정정책, 경제정책, 통일정책, 외교정책, 국방정책, 교육정책, 노동정책, 건설정책, 교통정책, 보건정책, 복지정책, 농업정책, 통상정책, 산업정책, 정보통신정책, 과학기술정책 등 기능적으로 분류된다. 국회의 상임위원회나 정부 부처도 대체로 기능별로 조직화돼 있을 뿐만 아니라 정책과 관련해 정부가 수집하는 각종 자료도 기능별로 분류 · 정리돼 있다. 그러나 정부의 사업은 다목적인 경우가 많기 때문에 기능별로 분류하기 어려운 경우도 많다.

로위(Theodore Lowi)는 정책을 크게 ① 분배정책(distributive policy), ② 규제정책(regulatory policy), ③ 재분배정책(redistributive policy), ④ 구성정책(constituent policy) 등 네 가지로 분류했다.

분배정책은 개인, 기업, 집단, 기업 및 지역사회 등으로 분할된 특정 부류의 인구나 국민에게 서비스나 혜택을 주는 것과 관련된 정책이다. 하나의 정책은 여러 가지 하위 사업으로 구성되고 각 사업은 어느 정도 독립적으로 결정되고 집행될 수 있기 때문에 의사 결정 과정에서 이해 관련자들의 경쟁이 치열하다는 특징이 있다.

규제정책은 개인이나 집단의 행동 또는 사유재산에 대해 정부가 제한을 가하는 것과 관련된 정책을 의미한다. 규제정책은 정부가 갖고 있는 강제력을 행사해 개인이나 사회를 통제하는 방법으로 이용되기도 한다. 정도의 차이는 있지만 그 대상이 누구든 간에 규제받는 사람 또는 집단이 그들의 자유나 재량권에 대해서는 제한을 받게 되는 것이 일반적이다.

재분배정책은 가진 자와 가지지 못한 자와 같이 포괄적으로 분할된 인구집단 간 또는 인구계층 간에 기존의 부, 소득, 재산 또는 권리 등의 분포 상태를 포함한 조세 구조에서 재원을 구해 그 일부를 저소득층에 교부하거나 저소득층에 유리하도록 각종 사회적 급부를 하는 것이다. 이러한 재분배정책은 ① 단순히 재정수지 등을 통한 고소득층에서 저소득층으로의 소득이전과 관련된 좁은 의미의 재분배정책과 ② 조세정책 또는 사회보장지출뿐만 아니라 소득 분배의 실질적 변경을 주된 목적으로 해서 실시되는 여러 가지 형태의 정책을 총칭하는 넓은 의미의 재분배정책이 포함된다.

구성정책은 정부기관의 신설과 변경, 지방행정구역 개편, 국영기업의 민영화, 공무원의 보수, 선거구의 조정 등과 관련된 정책이다. 구성정책은 정치 체제의 투입을 조직화하고 체제의 구조와 운영에 대한 방침을 정하는 내용을 주로 담게 된다.

앨먼드(Gabriel A. Almond)와 파월(S. Bingham Powell)은 추출정책, 규제정책, 분배정책, 상징정책의 네 가지로 분류하는데, 이 중 규제정책과 분배정책은 로위의 분류와 거의 유사하다. 이 중 추출정책(extractive policy)은 조세나 병역과 같이 민간부문에서 추출하는 정책을 말하고, 상징정책(symbolic policy)은 정책 체제의 정당성에 대한 심리적 신뢰감을 증진시키는 산출활동으로 이뤄지는 정책으로서 정치지도자가 이념에 호소하거나 미래의 업적 및 보상을 약속하는 경우를 예로 들 수 있다.

리플리(Randall B. Ripley)와 프랭클린(Grace A. Franklin)은 ① 분배정책,[7] ② 경쟁적 규제정책, ③ 보호적 규제정책, ④ 재분배정책, ⑤ 외교국방정책으로 분류했다.

이 가운데 경쟁적 규제정책과 관련해서는 규제기관이 민간부문의 기업이나 개인에게 제공하는 권리의 대상이나 서비스는 희소하다는 것과 관련돼 있다. 이 경우 특정 자격을 갖춘 자에게만 공급을 허용하게 되는데 방송국 설립 인가 등이 그 대표적인 예에 속한다. 보호적 규제정책은 근로 기준의 설정, 최저임금제, 항공 요금, 버스 요금, 택시 요금 등의 책정, 식품·의약품에 대한 인허가 등과 같이 각종 민간활동이 허용되는 조건을 인정함으로써 국민 대중을 보호하기 위해 유리한 조건은 허용하고 불리한 조건을 금지하는 정책을 말한다.

풀이

위 예화에서 김예수 씨는 앨먼드와 파월이 분류한 정책 유형 중 추출정책에만 치우쳐 정책을 바라보는 경향에 있다. 앨먼드와 파월은 추출정책 이외에도 규제정책, 분배정책, 상징정책 등 여러 가지 정책 유형을 제시했고, 또한 로위의 분류에서도 구성정책, 분배정책, 규제정책, 재분배정책 등의 정책 유형을 제시한 것을 볼 수 있다. 즉, 사회보장정책과 같은 재분배정책은 정부의 대(對)국민 서비스 제공에 해당하는 정책으로 볼 수 있고, 추출정책만 있는 것은 아니다. 따라서 정답은 4)다.

7) 분배정책은 민간부문 등에 대한 지원은 현물 또는 현금의 지원을 의미하는 보조 형태로 이뤄지는 것과 관련돼 있다. 보조는 일반적으로 민간부문의 개인이나 집단의 급부에 대한 반대급부로 이뤄진다. 정책 결정 단계에서는 분배정책의 수혜자들은 비수혜자와 직접적인 갈등 관계를 보이지 않는다.

7 무엇이든 어떻게 보는가에 따라 달라지기 마련… – 사회복지정책의 유형

정책은 국가를 포함한 공공기관이 개입하는 것이란 점에서는 이론(異論)의 여지가 없어 보인다. 그 취지나 목적은 공익의 실현이나 사회적 형평의 달성일 것이고 공식적이라는 점에서 특징을 보인다. 사회복지정책 면에서도 이에 대한 근본적인 사항은 큰 차이가 없다. 다만, 사회복지정책이 이 땅에 살고 있는 사람들의 삶의 질을 현재의 상태보다 한 차원 끌어올리기 위해 국가를 포함한 공공기관이 어떻게 바라보는가에 따라 달라질 수는 있을 것이다. 이러한 사회복지정책을 펴는 여러 가지 유형을 사회복지라는 개념에 비춰볼 때 다양한 시각이 존재할 수 있는데, 다음 중에서 가장 동의하기 어려운 것은 무엇인가?

1) 개개인의 욕구가 다른 무엇보다도 우선 가족에 의해 충족돼야 하며, 가족이 제대로 이를 달성하지 못하게 될 때 잠정적으로 국가가 그 기능을 대신하는 형태여야 한다.
2) 사회복지란 사회적 욕구 충족을 목적으로 하는 것으로 경제, 정치, 교육 등의 제반 제도와 같은 수준에서 정부가 추진해야 한다.
3) 개인의 사회적 욕구는 업적이나 생산성 및 성취도에 기초해 충족되는 것으로 사회복지는 경제적으로 결정돼 개인에 따라서는 많은 복지 혜택을 부여받을 수 있다.
4) 사회복지는 국가가 1차적으로 입법정책을 통해 충족돼야 하며, 이것이 제대로 달성되지 못했을 때 시장이 보충적으로 이를 보완하는 형태라야 한다.

해설

사회복지정책은 결국 사람들의 삶의 질을 향상하려는 것이 목적이다. 삶의 질 향상은 공공성이 인정되고 이를 강조해 권위가 있는 공공기관, 즉 국가가 공익과 사회적 형평의 실현, 사회문제의 해결이라는 목표를 달성하기 위해 정치적 · 행정적 과정을 거치게 된다. 또한 당위성에 입각한 공식적 · 의도적으로 선택한 행동지침이 곧 사회복지정책으로 나타나게 된다.

윌렌스키와 르보(H. Wilensky & C. N. Lebeaux, 1965)는 사회복지를 잔여적 개념과 제도적 개념으로 이원화해 모형화했다. 잔여적 사회복지는 개인의 욕구가 1차적으로 가족 · 시장을 통해 충족된다. 즉, 사회복지가 경제나 가족이 하고 남은 나머지의 몫을 하는 기능을 담당한다고 보는 것이다. 다만 가족 · 시장이 제대로 기능하지 않을 때, 일시적으로 그 기능을 대신하는 구호적 성격의 사회복지가 개입하는 정도다. 제도적 사회복지는 사회적 욕구 충족을 목적으로 하는 사회복지가 정치 · 경제 등 다른 사회제도와 동등한 수준에서 1차적으로 제도화돼 있는 것이다. 즉, 사회복지를 사회의 기본적 기능을 하는 제도로 보는 입장이다.

한편, 티트머스(R. M. Titmuss, 1963; 1968)는 사회복지정책을 잔여적 복지 모형, 산업 · 업적 · 성취 모형, 제도적 재분배 모형 등 세 가지 유형으로 모형화해서 구분했다.

잔여적 복지 모형(residual welfare model)은 개인의 욕구가 1차적으로 가족・시장을 통해 충족돼야 하고, 그것이 제대로 기능하지 않을 때 국가의 사회복지가 일시적・구호적으로 기능해야 한다고 보는 모형이다. 부양 의무 조건이 충족됨이 없이 최저생계비 이하인 사람에게만 지급되는 국민기초생활보장제도는 잔여적 복지 모형의 대표적인 예다.

산업・업적・성취 모형(industrial-achievement-performance model)은 시녀형 모형(handmaiden model)이라고도 하며, 사회복지를 경제의 부속물로 보는 견해를 보인다.[8] 개인의 사회적 욕구는 업적・생산성・성취도에 기초해 충족된다.

제도적 재분배 모형(institutional redistributive model)은 사회복지제도가 1차적이고 정상적으로 제도화돼 있는 모형이다. 제도적 모형의 예는 영국의 무상의료서비스인 국민보건서비스(National Health Service: NHS)나 핀란드의 무상교육 등이다. 사회복지제도가 구비돼 있는 것은 당연한 권리인 기본권으로 인식된다.

풀이

사회복지를 다루는 개념은 여러 가지가 있을 수 있고 어느 것을 수용하는가에 따라 사회복지정책도 그 성격을 달리할 수밖에 없다. 윌렌스키와 르보는 사회복지를 잔여석 개념과 제도적 개념으로 이원화해 모형화했는데, 1)은 전자를 2)는 후자를 설명한 것이다. 한편, 티트머스는 사회복지정책을 잔여형, 산업・업적・성취형, 제도형 등 세 가지로 나눠 구분했는데, 3)은 이 가운데 산업・업적・성취형을 설명하고 있다. 4)는 잔여형에 의거하면 사회복지의 1차적 충족은 개인이나 시장이어야 하고, 국가는 개인이나 시장이 제대로 기능하지 않을 때 일시적 또는 잠정적 기능을 수행해야 하는 것으로 보고 있다. 따라서 4)는 잔여형의 내용에 의하면 앞뒤가 바뀐 틀린 설명으로 정답이 된다.

8) 봉급생활자도 여러 종류가 있을 수 있지만, 단순히 생각해 절대적인 기준이 없이 다만 상대적으로 많은 봉급을 받고 일하는 사람과 적은 봉급을 받고 일하는 사람으로 나눠 보자. 보통 시장에서 많은 봉급을 받는 사람은 자연스럽게 많은 보험료를 내게 된다. 이후 낮은 봉급을 받는 사람들보다 사회보험에서 더 많은 급여를 받게 되고 더 큰 복지 혜택을 받게 된다. 이런 점들에 비춰보았을 때 사회복지를 경제의 부속물로 본 것이다.

8 진정한 사회복지정책의 지향점은… – 사회복지정책의 가치

모든 인간이 똑같은 상황과 환경을 갖고 태어나서 살아가고 있는 것은 아니다. 이를 부정할 사람은 없을 것이다. 세계가 국가들로 이뤄져 있고, 국가는 국민들로 이뤄져 있는데, 국가마다 국민들은 모든 조건이 동일하다고 할 수 없다. 다시 말하면 100미터 달리기를 하는데, 모두 출발선상에서 똑같이 출발한다면 이것이 오히려 합리적이지 않을 수 있다는 것이다. 합리적인 복지서비스를 제공해야 할 임무를 부여받은 율도국의 복불복 씨는 요즘 괴롭기만 하다. 무엇이 복지서비스를 제공하는 지고지순의 가치를 지니고 어떻게 하는 것이 가장 좋은 것일까? 그는 사회복지정책이 지니는 가치를 평등이라는 데서 출발하고자 한다. 하지만, 그 평등이라는 것도 참으로 어려운 말이 아닐 수 없다. 그래서 그 나름의 논리를 펴고 최종적인 결정을 하고자 한다. 다음 중에서 여러분이 복불복 씨의 입장이라면 어떤 결론을 내릴 것인가?

1) 사회복지정책의 가치를 지니는 평등이란 1차적 배분에 의한 것이다. 즉, 모두에게 기회만의 평등을 의미하는 것으로 기회를 공평하게 주어 자유 경쟁을 유도한 뒤 결과를 결정해야 이것이 제대로 된 평등이라고 할 수 있다.
2) 개인의 욕구, 노력, 능력 등은 제각기 다를 수밖에 없다. 따라서 이러한 것이 빈약한 사람들은 출발선이 다르기 때문에 욕구, 노력, 능력 등이 우수한 사람보다 더 많은 혜택을 주도록 해야 한다.
3) 사람들의 욕구나 능력에 상관없이 모두에게 사회적 자원을 동등하게 배분하는 것이야말로 진정한 의미에서의 평등이라고 생각한다.
4) 모든 사항을 일률적으로 정해 사회복지정책의 가치, 특히 평등의 가

치를 구현할 수는 없는 법이다. 때로는 시장에서의 기회만 평등하게 주어 경쟁을 통한 결과를 유도하는 것이 바람직할 수 있고, 때로는 개인이 지니는 특성을 고려해 사회적 자원을 달리 배분할 수 있도록 하는 것이 바람직하며, 또는 모두에게 사회적 자원을 똑같이 배분하는 것이 바람직할 수도 있다.

해설

사회복지정책은 평등(equality), 효율성(efficiency), 자유(freedom), 사회적 적절성(social adequacy)과 같은 가치를 구현하고자 한다.

평등은 분배 정의에 주요한 가치가 되는 것임에는 틀림없지만 의미가 분명한 것은 아니다. 일찍이 아리스토텔레스는 평등을 수적(數的) 평등과 비례적 평등의 두 가지로 구분한 바 있다(길버트와 테렐, 2007: 132-133). 수적 평등은 모든 사람에게 똑같은 몫이 주어지는 동등한 소유가 전제되는 성격을, 비례적 평등은 유사한 사람에게 유사한 대우를 해 주는 이른바 실적이나 공적에 따른 몫이 주어져야 한다는 것을 의미한다. 일반적으로 평등은 ① 기회의 평등(equality of opportunity) 또는 소극적 평등, ② 비례적 평등(proportional equality), ③ 결과에서의 평등(equality of result) 또는 절대적 평등 등 세 가지로 나뉜다.

기회의 평등은 경주하는 사람들이 경기를 위해 출발점 위에 나란히 서 있어야 한다는 개념에 근거한다. 기회는 모두에게 주되 자유 경쟁을 통한 결과를 결정하는 것으로 시장에서의 1차적 배분이 강조된다. 여기서의 주된 내용은 개인에게 주어진 소질과 능력을 펼칠 권리와 기회는 동등할 뿐만 아니라 동일 업적에 대한 동일 보상이라는 원칙이 주어진다. 비례적 평등은 개인 차이에서 오는 욕구·노력·능력에 따라 사회적 자원을 달리 배분하는 것을 말한다.[9] 자유경쟁 하에서의 조건을 어느 정도 조정하고자 하는 노력의 일환으로 개인의 능력 부족분을 사회적으로 메워 주는 것을 골자로 한다. 즉 긍정적 조치, 적극적 조치, 차별 철폐와 같은 성격이 강하다.[10] 결과적 평등은 사회적 생산물을 필요에 따라 사회 구성원에게 평등하고 공정하게 나눠 주는 것을 의미한다. 이러한 평등은 욕구·능력과는 관계없이 모든 사람에게 사회적 자원을 똑같이 배분하는 것을 뜻하는데 법적 조치나 정치적 수단을 이용해 최종 평등을 얻고자 하는 것이다.

한편 효율성은 다시 ① 목표(대상) 효율성과 ② 운영 효율성, ③ 배분적 효율성(파레토 효율성)으로 나뉜다.

목표효율성은 정책 목표의 대상자에게 자원이 얼마나 집중적으로 할당되는가의 여부를 판단하는 기준이며 도움을 필요로 하는 사람에게 서비스를 제공하는 선별주의 형태를 선호한다. 운영 효율성은 운영비를 줄여 비용 절감 효과를 높이고자 하는 것으로 행정절차가 용이한 보편주의 형태를 선호한다.[11] 배분적 효율성은 사회적 자원이 바람직하게 배분되는 것으로 완전경쟁, 충분한

---

9) 지금 100미터 달리기를 한다고 했을 때, 출발선에 똑같이 서서 자유롭게 경주를 한다면 이는 기회의 평등을, 신체 장애인에게 조금 앞서 출발하도록 한다면 이는 비례의 평등을, 모든 사람을 똑같이 결승점을 통과하게 하면 이는 결과의 평등을 나타낸다고 할 수 있다.

10) 블라스토스(Gregory Vlastos)는 비례적 평등에서는 "실적 관점에 따라 정의를 바라보기 때문에 평등주의적 정의관에 대해 어쩔 수 없이 경의는 표하되, 실제로는 불평등의 정의를 주장하기 위해 평등의 용어를 사용한다."고 말한다(길버트와 테렐, 2007: 132).

11) 기본적으로 보편주의는 전국민을 사회복지 대상자로 삼는 것이며, 시민권에 입각해 하나의 권리로 복지서비스를 제공하는 것이다. 선별주의는 대상자들을 사회적·신체적·교육적 기준에 따라 구분한 다음 복지서비스를 제공하는 것을 말한다.

정보, 합리적·자발적인 선택이 이뤄진 상태를 말한다.

예컨대 일정 소득 기준 이상인 대상자에게만 제공되는 공공부조의 경우, 저소득층의 최저생활 보장이라는 목표를 달성하기 쉬워, 목표효율성은 높다고 할 수 있다. 그러나 자산의 현재 상태 및 변동 사항 등의 관리로 인한 관리운영 비용은 많이 든다. 사회보험의 경우에는 대상자는 전 국민이기 때문에 통합적인 관리와 전달이 가능하며, 단위당 비용이 적게 들고 거래비용을 낮출 수 있어 운영의 효율성을 높일 수 있다. 반면 사회보험은 모든 사람에게 같은 정도의 자원 배분으로 인해 집중적 대상자에 대한 자원 배분에는 불가능해 목표효율성은 낮아질 수밖에 없다.

자유는 소극적 자유와 적극적 자유로 나뉜다.[12)]

소극적 자유(negative freedom)는 고전적인 의미로서의 자유로 '~로부터의 자유', 구속이나 속박으로부터의 해방을 뜻하며 기회를 강조한다. 언론의 자유, 결사의 자유, 직업 선택의 자유, 거주 이전의 자유 등은 모두 누가 무엇으로부터 간섭이나 억제를 받지 않고 무엇을 하거나 하지 않을 수 있는 자유를 말하며, 주로 자유권의 형태로 나타나는 경우가 많다.

적극적 자유(positive freedom)는 '~를 향한 자유'로, 무지, 질병, 빈곤으로부터 해방되고 독립적 삶을 영위할 수 있는 내용이 포함된다. 적극적 자유는 능력을 강조하며 인간의 발전적 가능성을 실현시키는 자유다. '적극적'의 주체는 국가로서 국가는 적극적으로 나서서 국민들의 생활과 자유를 보장해야 함을 의미한다. 주거권, 건강권, 노동권 등 복지국가적 국가 개입을 옹호하며 참정권·사회권의 형태로 나타나며 실현된다.

사회적 적절성은 최저생계비, 최저임금, 빈곤선 등에서와 같이 급여 수준이 신체적·정신적 안녕에 적절한 정도가 돼야 한다는 것을 의미한다.

풀이

1)은 기회의 평등을 말하는 것으로, 시장에서의 1차적 배분을 강조한 것이다. 2)는 비례적 평등을 의미하는 것으로, 사회적 기회를 얻으려는 사람들의 출발 조건을 정비하는

12) 소극적 자유는 신보수주의, 자유주의자들이 강조하는 자유의 개념이다. 단순히 타인에게 침해받지 않는 것이다. 적극적 자유는 사회민주주의·복지국가 전성기에 강조되는 자유의 개념이다. 따라서 국가의 적극적인 역할이 강조된다.

의미에서의 평등이다. 3)은 결과적 평등을 의미하는 것으로 사람들로 하여금 주어지는 자원이 동등해야 한다는 것을 의미한다. 4)는 위의 1), 2), 3)을 고려한 것으로 이러한 사항들은 보편주의나 선별주의와 같은 효율성으로 나타나기도 한다. 정답은 모두 될 수 있으나, 가장 원론적이고 포괄적인 설명은 4)라고 할 수 있다.

9 모든 일의 길잡이 역할을 하는 것은 바로 목표 – 정책과 사회복지정책의 목표

우리는 살아오면서 목표라는 말에 익숙해 있다. 살아가면서 계속 그런 말을 하거나 듣거나 설정해야 할 때가 많다. 지금 이 글을 읽고 있는 독자들도 목표를 수없이 세워 보았을 것이다. 학습 목표를 세우는 데 그 내용으로 "하루에 어느 정도의 분량으로 어떻게 공부할 것이다"라는 식으로 적어도 10년 이상은 해 왔을 것이다. 그리고 때로는 밤샘을 해서 교재의 반을 공부한다는 학습 목표를 세우고 간식거리를 잔뜩 쌓아둔 뒤 열심히 공부하려는 의욕을 가지고 책상에 앉는다. 일부(?) 학생의 이야기겠지만, 그 간식 다 먹고 나면 자는 경우도 있다. 이는 밤샘을 해서 교재의 반을 공부하겠다는 학습 목표를 제대로 달성하지 못한 것이다. 정책 목표도 비슷하다. 정부가 행하는 정책에서 목표는 정책 추진 과정에서의 지침 역할을 수행하는 것으로 집행을 통해 실현된다. 결국 정책 목표는 정책의 모든 과정에서 길잡이 역할을 수행하게 된다. 정책 목표는 또한 정책 집행이 이뤄지고 난 후 정책을 평가하는 역할도 한다. 앞의 내용에서 보면 학습 목표는 결국 간식만 먹고 잠든 것으로 성과가 전혀 없었다는 평가를 내릴 수 있다. 사회복지정책으로 눈을 돌려 보자. 사회복지정책도 목표를 정해야 할 것인데, 이 가운데서 사회복지정책에서의 목표로 보기 힘든 것은 무엇일까?

1) 개인의 존엄성을 확보해 주기 위해 그가 충족하지 못한 다양한 욕구에 대응해 제반 서비스를 제공하도록 하는 목표를 세운다.
2) 한 개인이 스스로 자신의 생활을 결정하고 영위할 수 있는 데까지 이르도록 하는 목표를 세운다.
3) 개인뿐만 아니라 가정, 집단, 지역사회, 국가 등이 성장하고 발전할 수 있는 잠재력을 인정하고 이를 개발하도록 하는 목표를 세운다.

4) 사회복지의 범위는 인간이 지닌 문제 해결과 예방하는 데에만 국한해야 한다. 개인이 가진 잠재력을 성장시켜 주는 것은 국가의 몫이 아니다.

해설

정책 목표는 정책이 달성하고자 하는 장래의 바람직한 상태를 의미하는 것으로 목표의 설정 자체가 창의적이며 갈등(conflict)을 수반하는 의사 결정 과정인 셈이다. 수립된 정책을 단순히 집행하는 것에 불과하다고 생각하는 입장에서는 목표가 별로 중요한 가치가 되지 않겠지만 목표 · 정책을 수립하고 집행하는 기능까지 중요시하는 오늘날의 행정에서 정책 목표의 의의나 중요성은 매우 크다. 주어진 정책 목표는 나아갈 방향을 설정하고 활동에 대한 지침을 제공하며 정책을 결정하는 주체의 활동을 정당화(legitimacy)하는 근거를 제공하기도 한다. 정책 목표는 미래성과 방향성을 가지며, 무엇이 바람직한 상태인가에 대해서는 가치 판단에 의존하는 경우가 많다. 따라서 주관성 · 규범성을 가지고 있다. 정책 목표는 효과성과 능률성을 측정하는 기준이 되기도 하며, 달성하고자 하는 미래 상태를 밝혀 준다는 점에서 장래 지향적 성격을 지니고 있다.

효과성 측정의 기준이 된다는 것은 여러 가지 정책 수단 가운데 최선의 것을 선택하도록 한다는 의미가 담겨 있다. 따라서 정책 목표는 정책 집행 과정에서 지침적 역할을 수행하는 것이다. 구체적인 정책 내용들은 정책 집행 과정을 통해 나타나게 되는데, 이때 정책 목표가 길잡이 역할을 수행하는 것이다. 정책 목표는 또한 정책 집행이 이뤄진 후 정책을 평가하는 기준이 되기도 한다.

정책은 공식적으로 추구하는 목표(공식적 목표), 현실적으로 추구하는 목표(실질적 목표) 등 그 유형이 바뀜에 따라 정책 내용의 전반적 과정도 달리 나타나는 바, 정책의 긍정적·부정적 결과를 파악하는 것이 매우 중요하다.[13] 특정 정책의 긍정적인 효과에 대비해 정책으로 인한 희생을 지불할 가치가 있는지 여부를 면밀히 판단할 필요가 있다. 정책연구자들은 정책결정자들의 자문에 응하고 조언하기 위해 정책 내용을 연구하게 된다.

사회복지정책의 목표는 크게 ① 인간의 존엄성 실현, ② 자립성 제고, ③ 개인의 성장과 개발 등 세 가지로 압축된다.

인간의 존엄성이란 한 개인이 가지고 있는 속성, 즉 인종, 종교, 연령, 성, 교육 수준, 경제·사회적 신분 등에 대해 차별을 받지 않고 인간으로서 존엄한 가치를 지닌 존재라는 것을 의미한다. 인간의 존엄성은 오래 전부터 논의돼 온 것이지만 현대 사회에 와서 특히 강조되고 있는 사상이자 가치다. 1919년 독일 바이마르공화국 헌법에서 생존권 규정을 담아 인간의 존엄성 확보를 위한 국가의 적극적 개입의 길을 열어놓았다. 사회복지정책은 이러한 생존권 개념 실현을 위한 구체적인 제도적 장치로서 우리나라 헌법 제34조에서 "모든 국민은 인간다운 생활을 할 권리를 가진다."고 규정한 것은 사회복지의 목적 혹은 기본 가치로서의 의미를 담고 있다. 사회복지제도는 개인의 존엄성을 확보를 위해 다양한 욕구에 대응한 여러 가지 서비스를 제공한다.

자립성 혹은 자율성은 개인 스스로가 자신의 생활을 결정하고 영위할 수 있도록 하는 것으로 사회복지정책과 사회복지 실천의 목표로 삼고 있다.

사회복지는 인간이 가진 문제를 해결하고 예방하는 데서 한 걸음 더 나아가 한 개인이나 가정 혹은 집단, 지역사회, 국가 등이 성장하고 발전하는 데 기여할 수 있는 잠재력을 가진 것으로 평가된다. 사회복지에서는 인간을 합리적이

13) 정책 영향이나 정책 결과는 정책 산출과는 구별돼야 한다. 정책 산출이란 법안 통과 수, 특정 목적 달성을 위해 지출한 예산액과 같은 유형적 또는 상징적인 산출물을 말하며, 정책 결과 또는 정책 영향이란 그러한 산출물이 설정된 목표를 구현한 형태로서의 실적, 즉 목표 달성 정도를 말한다.

고 이성적인 존재로 보며, 인간은 자신의 문제를 스스로 해결할 수 있다는 이른바 '자기결정권(self determination)'의 원리를 강조한다. 사회복지는 인간의 잠재력과 성장가능성을 인정하는 원리를 바탕으로 해서 정책 결정과 실천이 이뤄지고 있다.

풀이

사회복지정책의 목표에는 수없이 많은 추상적 목표와 이의 세부 실행에 대한 구체적 목표가 있을 수 있다. 정책 목표들 간에 추상적 목표와 구체적 실행 목표는 상하의 관계를 갖게 되는데 이를 목표-수단의 계층제라고 한다. 정책 목표가 비록 여러 정책 수단 가운데 최선의 것을 선택하는 기준으로 사용한다고 하지만 사실 최선이라는 것도 상대적 가치를 지니는 것으로 파악해야 한다. 사회복지정책의 목표는 나열할 수 없을 만큼 많은데 이를 압축하면 흔히 인간의 존엄성 유지, 개인의 자립성(자율성) 유지, 사회복지 주체의 성장과 개발이라는 세 가지로 압축할 수 있다. 이 가운데서 1)은 개인의 존엄성, 2)는 자립성 혹은 자율성, 3)은 사회복지 주체의 성장과 개발 등과 관련된 것으로 사회복지정책의 목표라고 할 수 있다. 또한 자신의 문제를 스스로 해결할 수 있다는 자기결정권도 중시해야 한다. 4)는 사회복지정책의 목표로 볼 수 없다. 따라서 정답은 4)다.

10 410년 전 영국 사회 엿보기 – 사회복지정책의 역사(1): 구빈법과 개정 구빈법

한 시대를 풍미했던 가치관이나 사상, 이념 또는 법들은 그 시대를 사는 사람에게는 그게 어떤 의미를 지닌 것인지 모르고 당연한 것으로 받아들이는 경우가 대부분이다. 흔히 우리나라도 경험했던 제도들, 예컨대 반상(班常)제도 하나만 보더라도 지금은 철폐돼야 할 악법으로 보고 있지만, 그 당시에는 당연한 것으로 여겨졌다. 지금 우리에게 주어진 제도나 법도 몇 백 년이 흐르면 없어지거나 고쳤어야 할 대상으로 평가받을 수 있을지도 모르겠다. 각설하고, 1601년 당시 영국으로 한 번 되돌아가 보자. 흔히 말하는 엘리자베스 구빈법(Poor Law)은 그 전까지 존재했던 빈민법을 집대성한 것으로 평가받고 있다. 그러나 한편에서는 가난한 사람들을 경멸하고 가혹하게 다뤘다는 측면도 함께 지닌다. 물론 평가의 잣대는 현재 기준이긴 하지만 말이다. 여러분이 지금의 잣대로 이러한 엘리자베스 구빈법을 평가하는 네 가지 주장을 듣고 있다고 하자. 가장 동의할 수 없는 내용은 어느 것인가?

1) 엘리자베스 구빈법은 가난한 사람들에 대한 구제를 최초로 국가 책임으로 인정했다는 것이 무엇보다 중요하다. 그 점을 높이 사야만 한다.
2) 엘리자베스 구빈법은 결국 부랑자에 대한 통제를 체계화하기 위한 것으로 빈민에 대한 관리 측면에서 국가가 필요했기 때문이다.
3) 엘리자베스 구빈법은 부랑자들을 자활시키려는 노력은 없이 부모의 자녀에 대한 부양 책임만을 강요했다는 점에서 악법으로 볼 수 있다.
4) 엘리자베스 구빈법에서 친족 부양 원칙은 부모의 자녀에 대한 부양책임을 강조한 것이다.

해설

영국의 사회복지정책의 역사는 다음과 같다. 첫째, 빈민법이라고도 불리는 엘리자베스 구빈법(Poor Law, 1601)이다. 이 법은 영국에서 기존의 빈민법들을 집대성한 것으로 국가의 부랑자 통제를 이전보다 체계화했다고 할 수 있다. 그러나 빈민을 경멸하고 가혹하게 다뤘는데, 그 이유는 빈곤을 개인적 결함 때문으로 인식했기 때문이다. 부랑자에 대한 분류는 그 자체가 바로 차별 처우의 원칙이라 할 수 있는데, 부랑자는 ① 구빈원에 수용되는 노동 능력이 없는 빈민, ② 작업장에 입소돼 강제노동을 하는 노동력이 있는 빈민, ③ 도제(徒弟)로 삼아 24세까지 장인(匠人)에게 봉사하며 성장하는 아동 등 세 유형으로 분류했다.

엘리자베스 구빈법은 가난한 자들에 대한 구제를 최초로 국가의 책임으로 인정했다는 데 큰 의의가 있지만, 실질적으로는 빈민을 통제·관리하기 위한 법이었다. 그리고 부랑자를 자활시키기 위한 노동정책적 성격도 동시에 지니고 있었다. 엘리자베스 구빈법은 ① 빈민을 노동력이 있는지 또는 없는지에 따른 차별 처우의 원칙 외에도 ② 지방행정의 원칙과 ③ 친족 부양의 원칙도 함께 포함하고 있었다. 지방행정의 원칙은 빈민구제의 행정적·재정적 책임이 전국적 행정구조를 지닌 교구 단위에 있다는 것으로서, 교구 단위의 구빈세[14]를 그 재원으로 활용하고, 각 교구별로 구빈감독관을 의무적으로 임명하도록 하는 원칙이다. 친족 부양의 원칙은 부모의 자녀에 대한 부양 책임을 강조한 것이다.

둘째, 정주법(Settlement Act, 1662)이다. 이 법은 1660년대에 접어들어 빈민들이 일자리를 찾아 부유한 교구로 떠돌아다니면서 나타나기 시작한 부랑자들로 인해 구빈비용이 증가하게 됨에 따라 빈민의 자유로운 이동을 금지하기 위해 교구와 귀족들의 압력으로 제정됐다.[15] 이에 구빈감독관은 부랑자를 그가 출생한 원래의 소속 교구로 돌려보낼 수 있는 권한까지 가지게 됐다.

셋째, 작업장법(Workhouse Test Act, 1722)이다. 이 법의 제정 목적은 작업장에서의 노동을 통해 근로 의욕을 북돋워 빈민들이 떠돌아다니는 것을 억제해 국부(國富)를 증대시키는 데 있었다. 빈곤을 죄악으로 간주하던 시대에 건강한 부랑인은 작업장에 수감해 강제노동을 하도록 했으며 만약 이를 거부하면 구제 자격을 박탈했다. 그러나 작업장의 생산품은 비효율적인 생산으로 사기업과의 경쟁에서 뒤떨어지게 되어 교구민의 구빈세 부담만 증가됐고, 노동력 착취·빈민 혹사 등의 문제까지 발생했다. 결국에는 노동 능력이 없는 사람들도 수용돼 작업장은 열악한 환경으로 전락하고 말았고, 많은 빈민의 구제는 포기하게 됐다.

넷째, 토머스 길버트법(Thomas Gilbert Act, 1782)이다. 이 법은 구빈법 개혁 조치의 하나로서 일종의 작업장 개선 운동이자 인도수의적 구빈제도라는 평가를 받고 있다. 이 법은 노동은 가능하지만 자활 능력이 없는 경우 작업장보다는 자기 가정 안에서 또는 주변의 작업장에서 일할 수 있도록 알선하는 원외구조를 인정햇고, 그 결과 과거의 노역장은 고아와 노령자를 위한 시설로 활용됐다. 자신의 집에서 공공부조를 받게 하는 이른바 원외구조를 허용해 노동 능력이 있는 빈민이나 실업자에게 일자리를 알선하거나 원외구제를 통해 구호물품 및 금품을 제공했다.[16] 한편으로는 구빈행정의 합리화를 위해 교구연합을

14) 구빈세는 빈민법을 시행하기 위해 교구 단위로 따로 돈을 걷는 것으로 일종의 목적세다. 교구 단위로 징세가 이뤄졌기 때문에 각 지방의 구빈 책임도 강화시킨 조세다.

15) 각 교구는 자기 교구 내에서 출생한 거주자에 한해 구제하려고 했는데, 이를 법령으로 명문화한 것이 바로 1662년의 정주법이다.

16) 원외구조는 작업장 밖에서 구제를 받는다는 의미에서 원외구제다. 토머스 길버트법의

통한 효율적 구빈행정을 시도했으며, 교구연합은 사회사업가의 모태가 된 최초의 유급사무원이라고 할 수 있는 구빈사무원을 채용했다. 이 법 시행으로 인해 비록 임의적 성격이 강하긴 했지만 교구민의 구빈세 부담은 증가했다고 할 수 있다.

다섯째, 스핀햄랜드법(Speenhamland Act, 1795)이다. 이 법은 빈민에 대한 처우 개선책으로 임금보조제도라고 할 수 있다. 노동자들의 최저생계비와 임금소득 간의 차액이 보전됐고, 가장이 없는 가정의 경우 아동수당과 가족수당을 제공하는 구호도 마련됐다. 또한 노령자 · 불구자 · 장애인에 대한 원외구조도 확대됐다. 스핀햄랜드법은 ① 특성상 인도적 · 자비적이어서 최저생계비 이하의 빈민에게 진정한 관심을 가졌다는 점, ② 빈민구제에 낙인이 없었다는 점, ③ 최초로 빈민의 구분에 대가족을 고려한 점, ④ 오늘날의 가족수당이나 최저생활 보장의 기반이 됐다는 점 등에서 그 의의를 찾을 수 있다.[17] 그렇지만 이 법의 시행으로 인해 고용주들은 임금보조금이 지급되므로 임금을 낮게 책정하게 됐으며, 노동자들은 가족 수에 따라 수당이 보장됐기 때문에 열심히 일하지 않았다. 또한 집에 있는 사람까지 원외구조를 인정해 시민의 구빈세를 증가시키고 빈민의 나태를 가져오는 결과를 초래하기도 했다.

여섯째, 공장법(Factory Law, 1833)이다. 이 법은 과중한 노동과 열악한 작업 조건으로부터 아동을 보호하자는 운동이 전개되면서 제정됐다.[18] 공장법은 면방직산업에서 9세 미만의 아동을 고용하지 못하게 하고 노동 시간도 제한을 두는 것이 주된 내용이었다.

일곱째, 신빈민법, 즉 개정 구빈법(Poor Law Reform, 1834)이다. 이 법은 구제 대상이 증가하고 엔클로저운동(Enclosure movement)으로 농민 이탈과 부랑 농민의 빈민화가 심각해지면서 제정됐다. 개정 구빈법은 자유방임 사상의 영향을 받아 빈민법에 대한 새로운 관념으로 대두된 것이다. 기존 구빈법은 시장에 대한 개입이 있었기 때문에 문제가 생긴다고 보았고, 지불 능력에 따라 임금이 결정되는 것이 시장 논리였기 때문이다. 결국, 시장을 방해하는 정주법

원외구조는 최초의 시도였다는 데서 그 의의를 찾을 수 있다.

17) 영국 구빈법 시대에 가장 인도적 성격의 제도로 흔히 토머스 길버트법과 스핀햄랜드법을 들며, 이후에 두 법이 사회복지에 미치는 영향은 매우 컸다.

18) 당시 면방직업자들은 빈곤 아동의 부모로부터 아동을 직접 고용함으로써 아무런 제약 없이 아동을 착취했다.

(定住法)과 스핀햄랜드법의 철폐를 주장하게 됐다. 자본주의가 진전되던 19세기 초, 도시의 노동자계급이 등장하기에 이르렀고 새로운 사회문제로 실업・저임금・열악한 생활조건 등의 문제들이 대두됐다. 이제 기존의 구빈법으로는 새로운 사회문제에 대해 대처하기 어렵게 됐고, 결국 영국의 지배층은 기존 구빈법을 수정해서 이 문제들을 해결해 나가려고 했다. 스핀햄랜드법의 비효율성으로 구빈세가 급격히 증대돼 유산계급의 불만이 증가됐는데, 이것이 개정 구빈법의 탄생을 촉진시켰다. 이런 이유로 개정 구빈법의 제1차 목적은 구빈세의 감소에 있었다. 이에 ① 빈민이 구제받는 경우 노동시장에서 지불되는 최저 수준의 임금보다 낮은 수준의 임금으로 구제돼야 한다는 열등 처우(최소 적합)의 원칙(principle of less eligibility), ② 노동 능력이 있는 빈민에 대한 재가구호를 폐지하고 작업장 내에서의 구제로 제한하며, 작업장 입소 대상자를 조사해 과도한 구호를 억제한다는 작업장 활용(원내구조)의 원칙(principle of workhouse system), ③ 각 교구에 따라 상이하게 시행되고 있는 구빈행정을 전국적으로 통일해 중앙정부의 감독 하에 실시한다는 전국적 통일(균일 처우)의 원칙(principle of national uniformity) 등 3대 원칙이 규정됐다.

여덟째, 사회개량운동이다. 나폴레옹 전쟁 후 19세기 초 영국은 불황을 겪으며 심각한 노동문제에 직면하게 됐다. 최저의 실질임금과 대규모 실업이 발생하는 흐름 속에 노동조합과 소규모 단위의 생산층의 반항운동이 함께 연계되면서 차티스트운동(Chartist movement: 선거법 개정운동)이 전개돼 성인 남자의 보통선거, 무기명 비밀투표, 평등 선거구 등을 요구했으나 실패로 끝났다. 차티스트운동은 이제까지의 관심 대상을 정치적 측면에서 경제적 조건의 개선으로 옮겨놓았으며, 노동계급의 힘과 의회민주주의에 대한 관심을 촉발하는 계기가 됐다. 그 결과, 노동조합의 조합원에게 질병・사고・실업・노령 등의 상황에서 원조하는 상호공제제도와 전국연합체로서 노동조합협의회가 구성되기에 이르렀고, 1867년에는 도시 노동자들에게 투표권이 인정됐다. 1883년에 만들어진 신생활협회(The Fellowship of New Life)가 모태가 돼 1884년 1월에 설립된 페이비언협회(Fabian Society)도 노동자의 임금과 근로 조건, 여성의 투표권 등 사회개혁을 주창했다.

풀이

1), 2), 3)의 경우와 관련하여 엘리자베스 구빈법은 기존의 빈민법들을 집대성했고, 국가가 최초로 빈민구제에 대한 책임을 인정했다는 데에 그 의의가 있다. 물론, 노동력 유무를 기준으로 빈민을 분류해 강제노동을 시키는 등 차별 처우를 하고 빈민을 통제하고 관리하기 위한 법이기도 했다. 그렇지만, 부랑자를 자활시키려는 노동정책적 성격을 지니고 있었다는 점에서 3)은 틀린 설명으로 정답이 된다. 4)는 맞는 설명이다.

11 140년 전 서구 사회 패션(?) - 사회복지정책의 역사(2): 민간활동과 빈곤조사

1800년대 후반은 구빈법 시대가 퇴조하던 시기로 알려져 있다. 그리고 사회적으로는 박애, 상호부조, 자조 등과 같은 민간자선활동이 실제로 활발히 전개되던 시기이기도 하다. 흔히들 그 당시 사회는 나름대로의 풍조를 가지고 있었는데, 일종의 패션(fashion)이라고 볼 수 있었고, 간헐적이기보다는 지속적이었다는 데 그 특징이 있었다. 1869년 런던에서 처음 설립된 순수 민간자선단체인 자선조직협회(Charity Organization Society)나 1884년 영국 런던 동부 빈민지역에 설립된 세계 최초의 지역사회복지관인 토인비 홀(Toynbee Hall), 1889년에 미국에 설립된 헐 하우스(Hull House) 등이 대표적인 예다. 결국 공공구빈정책에 대한 보완 방안으로써 제시된 것이라고 볼 수 있겠는데, 이러한 활동들에 대한 여러분이 가지고 있는 일반적인 상식에 비춰볼 때 틀린 것은 다음 중 어느 것인가?

1) 자선조직협회는 전문사회사업과 지역사회조직방법의 효시로서 그 이데올로기는 사회진화론에 있었으며, 활동 목적은 중복 구빈을 없애는 것과 적절한 원조 제공에 있었다.
2) 자선조직협회는 빈민을 가치 판단의 잣대를 가지고 구제 가치가 있는 빈민과 구제 가치가 없는 빈민으로 나눠 공격적 활동을 전개했는데, 이 때문에 비판을 받기도 했다.
3) 자선조직협회는 빈곤문제에서 환경적 요소를 문제의 원인으로 보고 사회개혁을 강조한 데 반해, 미국의 헐 하우스는 개인의 속성을 문제의 원인으로 파악했다.
4) 토인비 홀은 세계 최초의 지역사회복지기관으로 인보관운동의 시작이었고, 인보관운동의 사상적 배경은 급진주의와 자유주의였다.

해설

19세기 후반은 구빈법 시대가 퇴조하던 시기로 민간자선활동이 활발하게 전개되면서 빈민의 구제를 반대해 온 자유방임주의 사상은 도전을 받게 됐다. 자선사업에 참여해 중산층은 그들의 사회적 지위를 상승시키기도 했고, 그것을 일종의 패션으로 간주하는 풍조가 곳곳에 나타나게 됐다. 개정 구빈법이 시행되던 와중에 영국의 빈민구조에 대한 사회적 철학과 실천에 영향을 미친 것은 19세기의 사회개량운동과 자선조직협회(Charity Organization Society: COS)나 사회조사활동 등이었다. 자선의 남발을 보면서 무차별적 자선을 조직화하기 위한 노력의 일환으로 1869년 런던에 처음으로 설립된 것이 바로 민간자선단체인 자선조직협회다. 자선조직협회는 이후 전문사회사업과 지역사회 조직 방법의 효시가 됐으며, 사회진화론은 그들의 이데올로기였다.[19] 자선조직협회는

19) 스펜서(Herbert Spencer)의 사회진화론은 19세기를 지배한 논리로서 다윈(Charles R. Darwin)이 발표한 생물진화론에 입각한 사상이다. 인간 사회와 역사도 생물계에서와 마찬가지로 생존경쟁과 적자생존이라는 진화 법칙에 따라 진보하며, 경쟁에서 이긴 승자만이 살아남게 되고, 이에 입각해 인구의 질은 계속 향상돼 간다는 것이다. 빈민이야말로 사회적 악으로 경쟁력 있는 사람들만으로 구성된 사회가 건강한 사회라고 생각한 것이다. 또한 사회발전을 이룩하기 위해서는 사회 낙오자와 빈민은 없어져야 한다고 보았는데, 이러한 논리가 바로 자선조직협회의 활동에 들어 있었다. 근면, 성실, 감사 등의 상류층이 지닌 가치를 받아들이도록 함으로써 빈민을 자신들이 세운 기준에 맞춰 바꾸려고 했다.

중복 구빈을 없앨 목적으로 여러 자선활동의 조정을 단행했다. 그리고 환경조사 및 적절한 원조 제공에도 그 목적이 있었다. 빈곤은 개인적 노력을 통해 제거하는 것이 가능하다고 생각했으며, 구빈정책에 대한 공공의 개입을 반대하면서 순수 민간의 구제 노력을 적극 지지했다. 또한 자조의 미덕을 강조하면서 처우 방침의 결정 시에는 사례조사에 의거했다. 처우 방침은 세밀하고 엄격했으며 가치판단적 성격이 매우 강했는데, 이러한 공격적 활동은 많은 비판을 불러일으키기도 했다. 자선조직협회는 빈민을 ① 청결하고, 건전하고, 예의 바르고, 감사할 줄 아는 사람인 구제 가치가 있는 빈민과 ② 지저분하고, 술 마시고, 욕하고, 존경할 줄 모르는 구제 가치가 없는 빈민으로 구분해 처우했다. 자선조직협회는 지구위원회에 의한 지역사회 조직활동, 공·사 역할 분담, 유급 사례조사원(case workers)의 배치, 무급 우애방문단(friendly visitors)의 파견을 통한 조사활동 등을 그 특징으로 한다.[20]

1884년에는 영국 런던의 동부 빈민가에 인보관(隣保館: 빈민구호단체 또는 그 집) 운동(Settlement movement)의 시작으로 볼 수 있는 토인비 홀(Toynbee Hall)이 설립됐다. 이것은 세계 최초의 사회복지관이며, 1889년에 미국에 설립된 헐 하우스(Hull House)도 유명하다. 자선조직협회가 개인의 속성을 빈곤문제의 원인으로 보았다면, 인보관운동은 환경적 요소를 문제의 원인으로 보고 사회개혁을 강조했다. 특히, 빈민과 함께 거주하며 교육과 개혁에 중점을 두었는데,[21] 급진주의와 자유주의에 입각한 사상적 배경을 가지고 있었다.[22] 자선조직협회가 주로 상류층의 노년적 가치만을 강조했다면, 인보관운동은 빈민들이 지닌 가치를 존중하고 다양한 도덕적 가치를 인정했다고 할 수 있다. 인보관운동은 대학생 및 지식인들이 빈민가에 거주하면서 빈민의 인간적 성장을 돕도록 적극 권장했으며, 이후에 집단사회사업과 지역사회복지의 모델이 됐다.

---

20) 다수가 부르주아 계급이었던 상류층의 자원봉사단인 우애방문단은 빈곤 가정에 대한 방문을 실시해 사례조사, 등록 및 조정 등의 활동을 해 나갔다. 빈민층에 대한 교화를 목적으로 빈민의 가치관을 상류층의 가치관으로 대체하려고 했다. 자신들이 축적한 부를 봉사활동을 통해 정당화시키려는 수단으로 우애방문단을 활용하기도 했다.

21) 인보관 운동의 3R은 Residence(빈민과 함께 거주), Research(사회조사활동), Reform(개혁)을 말한다.

22) 급진주의는 근본적으로 현존하는 정치 체제나 사회 체제를 비판의 대상으로 삼으며 온건한 개량주의나 수정주의를 비판한 사상이다. 한편 자유주의는 개인의 자유를 존중하고, 봉건적 속박에서 벗어나도록 하는 사상을 가리킨다.

이러한 인보관운동은 빈민의 교육 수준 및 문화 수준 향상, 빈민의 생활환경과 사회적 욕구 파악과 더불어 빈민이 지닌 사회문제 및 건강문제와 빈민을 위한 사회입법에 대한 시민들의 관심을 촉발하려는 목적을 가지고 있었다.

한편, 상호부조의 정신이 기반이 된 공제조합은 회원들의 노령, 질병, 장애에 대비하거나 사망한 회원의 가족을 위해 기금을 마련했는데, 노동자들 사이에 조직된 이러한 공제조합은 사회보험의 기원이 됐다.[23]

그리고 1889년에는 영국 리버풀의 선박회사 소유자인 부스(Charles Booth)가 런던시의 빈민들이 어떤 생활을 하고 있는지를 실질적으로 조사해 빈곤에 대한 과학적 근거를 밝히기에 이르렀는데, 그는 빈곤은 개인적 과실이라기보다 사회적 실패의 결과라는 것을 명확히 제시했다.

이후 10년 뒤 부스의 제자인 라운트리(Benjamin Rowntree)가 자신이 사는 요크시를 대상으로 부스가 한 것과 같은 조사를 실시했다. 그는 부스처럼 최신의 양적 접근 방법을 사용했는데, 부스와는 달리 상층계급을 조사에서 배제했다. 라운트리는 상인들의 생활, 노동 조건, 임금, 작업 실태 및 실업 상태 등을 조사한 결과, 네 가지 기초 생활필수품(음식, 연료, 주택, 피복)을 구입할 능력도 안 되는 수준인 1차 빈곤(9.9%)과 네 가지 기초 생활필수품을 구입할 능력은 있지만 소득의 일부를 다른 용도로 사용하는 2차 빈곤(17.9%)을 합해 27.8%가 가난하다는 사실을 밝혀냈다.

풀이

자선조직협회의 활동 목적은 중복 구빈을 없애기 위한 자선활동의 조정, 환경조사 및 적절한 원조 제공 등이었다. 자선조직협회는 빈곤을 개인적 노력을 통해 제거할 수 있는 것으로 보았으며, 공공구빈정책에 반대했고, 빈민은 구제 가치가 있는 빈민과 그렇지 못한 빈민으로 양분해 매우 공격적인 활동을 전개했는데, 이 때문에 비판을 받기도 했다. 자선조직협회는 개인의 속성을 빈곤문제의 원인으로 간주한 반면, 인보관운동으로 유명한 미국의 헐 하우스는 환경적인 요인을 문제의 원인으로 파악하고 사회개혁을 강조했다. 1), 2), 4)는 맞는 설명이며, 3)의 경우 빈곤문제의 원인을 보는 시각이 자선조직협회와 헐 하우스가 서로 바뀌어 설명돼 있다. 따라서 정답은 3)이다.

---

23) 공통의 신앙, 동일 지역 거주, 동일 직업 종사, 공통의 생활 불안을 가진 자로 구성된 사람들이 서로 돕는 활동이 곧 상호부조다. 공제조합은 같은 처지를 기본으로 해서 자발적이며 낙인이 없다는 점과 구성 범위가 제한적인 폐쇄성의 특징을 지닌다.

12 사회보험이 해결사(?) - 사회복지정책의 역사(3): 자본주의적 복지정책

같은 질병을 놓고 서양 의학을 공부한 의사와 한의사 사이에 견해를 달리하는 경우를 흔히 볼 수 있다. 근본적인 치유를 위해 접근하는 방법이 서로 다른 것은 (물론 모든 사람이 다 그런 것은 아니겠지만) 충분히 이해할 수 있다. 의학의 문제뿐만 아니라 일상에서 일어나는 사소한 견해 차이는 바로 어떤 사항을 바라보는 시각 차이가 아닐까 싶다. 예컨대, 물잔에 물이 반이 있다면 목마른 사람에겐 많지 않게 보일 수 있겠으나, 물을 잔뜩 마신 사람에게는 엄청난 양의 물이 아직도 남아 있다고 할 수 있기 때문이다. 그래서 계량을 공부한 사람들은 참 편할 수 있겠단 생각도 든다. 왜냐하면 계량을 하는 사람에게 물잔에 물이 반 있을 때 그들은 물잔에 물이 1/2 들어 있다고 하기 때문이다. 아무튼 이를 사회복지정책으로 눈을 돌려 살펴보자. 사회복지정책의 역사를 돌이켜보면 19세기 이전의 빈민법들은 주로 봉건적 사회복지정책이라고 할 수 있겠는데, 19세기 중반 이후부터 새로운 해결책으로 사회보험이 제시됐고, 지금 시각에서 보면 이것은 분명 자본주의적 사회복지정책이라고 부를 수 있다. 그렇다면 19세기 중반 이후 각국에서 추진했던 이러한 자본주의적 사회복지정책에 대한 것 중에 여러분 상식과 다른 것은 어떤 것인가?

1) 산업화가 진행되던 당시의 자본주의 사회에 비춰 보아 당시에 발생할 우려가 높았던 산업재해, 실업, 질병, 퇴직 등 사회적 위험에 대한 대응책으로 나온 것이 사회보험이며, 주로 육체노동자가 주된 대상이었다.
2) 1880년 당시 독일은 국가 내에서 노동자계급과 사회주의자들의 세력 확대로 지배층이 위협을 느꼈고 비스마르크는 사회통합의 필요성으로 채찍과 당근정책을 추진했는데, 이 때의 당근정책이 사회보험이었

다고 할 수 있다.

3) 영국은 1911년 국민보험법에 의해 의료보험과 실업보험이 도입됐는데, 이는 당시 자유당 정부 안에서 개혁을 주도한 처칠의 공로가 컸다. 독일의 사회보험을 비스마르크형, 영국의 사회보험을 처칠형으로 부르는 이유도 여기에 있다.
4) 미국의 사회보장법은 제2차 뉴딜정책에서 실시된 법으로 3R 정책 가운데 구제(Relief)를 목적으로 하는 법이었다고 할 수 있다.

해설

19세기 중반을 넘어서면서 실업, 고용 불안, 저임금, 질병, 열악한 주택과 같은 문제를 여러 북미 국가들이 공통으로 안고 있었다. 사회보험은 이러한 문제들에 대한 새로운 해결책으로 등장했다.[24] 시행 초기 사회보험의 주된 대상은 육체노동자였으며, 자본주의 사회에서 발생되는 문제인 각종 사회적 위험, 즉 산업재해, 실업, 질병, 퇴직 등에 대한 대응책이었다. 노동자와 자본가가 공동

24) 사회보험은 삼자 부담 원칙이 기본이다. 즉 노동자, 자본가, 국가가 그 주체다. 사회보험의 혜택을 보기 위해서는 소득으로 사회보험료를 내야 한다. 사회보험료를 내기 위해서는 시장에서 일을 해야 하며 이런 맥락으로 이해하면 사회보험은 결국 자본주의적 복지정책인 셈이다. 이는 빈민법이 봉건적 사회복지정책인 점과 대비된다.

으로 사회보험료를 충당했는데 세계 최초의 사회보험은 1880년대의 독일 비스마르크 사회입법이었으며 영국에서는 1911년 국민보험, 1935년에는 미국의 사회보장법이 시행됐다.

세계 최초로 사회보험을 도입한 독일의 1880년대 상황은 국가 내부에서 노동계급과 사회주의자들의 세력이 커지고 정계 진출이 두드러지던 시기였으며 이에 지배층들이 위협을 느낄 정도였다. 사회통합의 필요성을 절실히 느끼게 된 비스마르크(Otto E. L. von Bismarck)는 이른바 '채찍과 당근' 정책에 착수했고 당근정책의 일환이 바로 사회보험이었다.[25] 독일 재상 비스마르크는 1883년에 건강보험, 1884년에 산업재해보상보험, 1889년에 연금보험을 차례로 만들었다.

1911년 영국은 의료보험과 실업보험을 국민보험법에 의거하여 도입하기에 이르렀다.[26] 로이드 조지(David Lloyd George)에 의해 주도한 의료보험은 당시의 기득권집단이라 할 수 있는 공제조합, 보험회사, 의사 등과의 장기간 협상을 벌이는 과정을 통해 탄생됐다. 공제조합은 조합원들에게 의료급여를 제공하는 프로그램을 실시하고 있었는데, 이들은 국가와의 경쟁을 거부해 국가가 의료보험 운영을 맡기는 방식으로 이들을 설득했다. 로이드 조지는 민간 보험회사들이 주장하는 실업보험상의 미망인과 고아의 의료급여를 수용하면서 반대를 무마했다. 한편, 처칠(Winston L. S. Churchill)은 실업문제 전문가인 베버리지(W. H. Beveridge)의 도움을 받아 실업보험을 입안했다. 실업보험을 주도한 처칠은 실업 사태에 들어길 만한 특정한 산업분야에 실업보험을 제한했고, 갹출 방식으로 하면서 국가가 이를 보조한다는 기본적인 안을 마련했다. 보험료에 비례한 급여를 정할 것을 주장한 베버리지의 안이 법안에 반영되기에 이

---

25) 이에 반해 사회주의자들을 직접 탄압한 사회주의자진압법은 '채찍'에 비유된다. 즉, 비스마르크가 사회보험제도를 제정한 이유는 독일 노동자의 시민권과 정치권 확대를 방지하기 위해서였다. 비스마르크는 노동자에게 사회보험 프로그램을 제공해 국가는 노동자의 복리에 관심을 가지고 있다는 사실을 노동자에게 보여주려고 했다. 따라서 비스마르크가 의도한 것은, 노동자들이 사회민주주의자들과 접촉하지 못하게 하고, 그 대신에 노동자가 민주적이거나 의회적인 것과는 거리가 먼 정치적 제도에 가까이 지내도록 하려는 것이었다. 그래서 사회민주주의자들은 비스마르크의 사회보험 방안을 격렬하게 반대했다.

26) 로이드 조지와 처칠은 자유당 정부 안에서 개혁을 주도했는데, 실업보험과 의료보험은 이들에 의해 추진됐다. 흔히 독일의 사회보험을 비스마르크형, 영국의 국민보험을 로이드 조지형이라고 한다.

르렀고, 주당 실업급여액은 5주간 납부한 보험료 정도로 정해졌다. 보험료는 고용주·피용자에 의해 부담되며 정부는 이를 보조하는 방식이었다.

미국은 1929년 경제대공황은 국민들의 생존권을 심각한 수준까지 내몰리게 했지만, 민간조직과 주정부의 대처는 한계에 이르렀고, 국가의 사회보장적 대응책은 미미하기 짝이 없었다. 결국 그 동안 주창됐던 자유방임주의 경제 관점은 쇠퇴하고 주정부와 연방정부의 적극적인 구호책이 시작됐다. 1933년 루스벨트(Franklin Delano Roosevelt)에 의해 새로운 전환기를 맞은 미국은 루스벨트의 케인스주의[27]를 바탕으로 제1·2차 뉴딜정책을 시작했다. 연방정부는 직접 현금, 식료품 및 의류를 제공하고 공공사업을 실시해 일자리를 제공하는 구호정책을 펴 나갔다. 1935년 8월 14일에는 사회보장법이 제정돼 생활문제에 대한 연방 책임사상이 등장했다. 특히, 사회보장법의 골간은 제2차 세계대전 기간을 제외하고는 1960년대 초까지 안정된 미국 경제 덕택에 큰 변화 없이 지속됐다. 사회보장법은 제2차 뉴딜정책에서 실시된 법으로 3R 중 특히 구제(Relief)를 목적으로 실시하는 법이었다.[28]

복지국가의 초석과도 같은 사회보장법은 미국 최초의 연방정부 차원의 복지 프로그램이라고 할 수 있다. 사회보장법은 크게 세 가지로 구성됐는데, ① 연방정부가 관장하는 노령보험, ② 주정부가 관장하고 연방정부가 재정을 보조하는 실업보험, ③ 역시 주정부가 관장하고 연방정부가 재정을 보조하는 공공부조와 사회서비스가 바로 그것이다. 그동안 자유방임주의사상에 바탕을 둔 자유주의와 개인주의의 미국은 1929년 경제대공황이 계기가 돼 1930년대 중반부터 정부의 개입이 이뤄지게 된 것이다.

풀이

빈민법이 봉건적 국가의 사회복지정책이라면, 사회보험은 자본주의적 사회복지정책이

27) 수정자본주의라고도 불리는 케인스주의는 대공황 이후 드러난 자본주의의 문제점을 수정하려는 것이 근본 목적이다. 문제가 많은 시장의 자유로운 활동에 국가의 적극적인 개입을 주장한 것이다.

28) 루스벨트는 3R, 즉 복구(Recovery), 구제(Relief), 개혁(Reform)을 목적으로 뉴딜정책을 실시했다. 당시에 처한 경제적·사회적 상황을 복구·개혁하고 어려움에 직면한 국민을 구제하는 프로그램으로 구성된 것이 곧 3R 정책이다.

라고 할 수 있다. 사회복지 시행 초기에는 주로 1)과 같은 이유로 육체노동자가 주된 대상이었다. 19세기 말 독일 재상 비스마르크는 2)와 같은 이유로 세계 최초의 사회보험을 만들었다. 영국이 1911년 국민보험법에 의거, 의료보험과 실업보험을 도입한 데에는 로이드 조지가 주도한 데 힘입은 바 크다. 물론 당시 자유당정부 안에서 개혁을 주도한 루이드 조지와 처칠의 합작품으로 의료보험과 실업보험이 도입되기도 했으나, 보통 독일의 사회보험을 비스마르크형, 영국의 국민보험을 로이드 조지형으로 부른다. 따라서 정답은 3)이다. 미국의 사회보장법은 1935년에 제정・공포됐으며, 제2차 뉴딜정책에서 실시된 법이며, 4)와 같은 목적으로 하고 있다.

13 영웅은 난세에만 나올까(?) - 사회복지정책의 역사(4): 베버리지 보고서

난세에 영웅이 난다는 옛 말이 있다. 평상시 같았으면 그냥 훌륭하지만 이름은 후세에 크게 빛나지 않았을지 모르는 사람들이 있었을 것이다. 임진왜란이라는 큰 역사적 사건이 없었다면 우리는 이순신이라는 이름을 기억하지 못했을지도 모른다. 지도자이론 가운데 지도자가 어떤 사람이 되는가는 그 사람의 자질을 중시하는 자질론과 시대적 배경이나 상황이 지도자를 만든다는 상황론이 나름의 논리를 지니고 있지만, 적어도 전쟁이라는 변수가 있으면 후자가 더 가깝지 않는가라는 생각이 든다. 아무튼 영국이 제2차 세계대전에서 승전국으로 자리매김하고 전쟁 영웅으로 처칠이라는 굵직한 인물을 배출했지만, 선거는 다른가 보다. 전쟁 영웅 처칠을 꺾고 애틀리(Clement R. Attlee)의 노동당이 집권하면서 새로운 복지국가의 도약이 영국에서 시작됐다. 노동당은 베버리지보고서에 입각해 영국에서 복지국가를 만들려는 시도를 했기 때문이다. 우리에게 너무나 잘 알려진 베버리지 보고서 및 그와 관련된 설명으로 잘못된 것을 고른다면?

1) 베버리지위원회는 제2차 세계대전 이후의 국가발전계획의 일환으로 사회보장제도 및 그와 관련된 서비스에 관한 위원회를 조직함으로써 탄생했다.
2) 실업보험 전문가이던 베버리지는 당시 사회적 상황에서 다섯 가지의 사회보장 프로그램을 그의 보고서에서 강조했다.
3) 그 다섯 가지의 사회보장 프로그램이란 빈곤, 질병, 무지, 불결, 나태를 일컫는다.
4) 베버리지보고서는 전 국민을 국가의 보호하에 두지 않고 임금노동자 등 특정 대상자만을 국가의 보호 하에 두려 했다는 점에서 한계가 있다.

해설

영국은 제2차 세계대전 이후의 영국 사회 재건에 중요하다고 생각한 사회보장을 종합적으로 검토할 목적으로 1941년 베버리지위원회(Beveridge Committee)를 구성했다. 제2차 세계대전 직후 총선에서 처칠의 보수당을 꺾고 애틀리의 노동당이 집권했는데, 노동당은 베버리지 보고서(Beveridge Report, 1942)에 입각해 복지국가를 구체화하기에 이르렀다.[29)]

베버리지위원회[30)]는 영국 노총이 노동당 소속 장관인 그린우드(Arthur Greenwood)에게 권고해 만들어졌고, 실업보험 전문가였던 베버리지가 의장을 맡게 됐다. 베버리지는 당시 사회를 어렵게 만드는 원인을 ① 빈곤 또는 결핍(want), ② 질병(disease), ③ 무지(ignorance), ④ 불결(squalor), ⑤ 나태(idleness) 등으로 규정하고 5대 사회악을 극복하는 데 사회보장이 기여할 수 있어야 한다고 주장했다. 이를 위해 ① 통일적이며 종합적이고 적절한 사회보

---

29) 베버리지 보고서는 비단 영국만이 아니라 프랑스·스웨덴과 당시의 서독 등 서유럽 복지국가의 기본적 틀이 됐다. 베버리지 보고서 출간 이후, 당시까지 약 350년 정도 영향을 미쳤던 엘리자베스 구빈법은 완전히 폐지되기에 이른다.

30) 영국에서는 제2차 세계대전으로 피폐해진 국가의 재건을 위해 국가와 국민이 위험을 공동 부담하는 연대의식과 더불어 국민 상호간의 상부상조 정신이 필요하다는 인식이 확대됨에 따라 전후 국가발전계획의 일환으로 사회보장제도와 그와 관련한 서비스 제공 방안 마련을 위한 위원회를 만들었는데, 그것이 베버리지위원회다.

험 프로그램, ② 사회보험급여를 통해 충분히 보호받지 못하는 사람을 위한 공공부조 프로그램, ③ 아동수당, ④ 전국민에 대한 종합적인 건강 및 재활서비스, ⑤ 공공사업을 통한 실업 방지 차원의 완전고용 유지 등 다섯 가지의 사회보장 프로그램을 보고서에서 강조했다(강영실, 2006). 그리고 위의 다섯 가지 사회보장 프로그램을 실천하는 과정에서 필요한 6대 운영 기본 원리를 제시했다.

첫째, 통일 행정의 원리로 기존의 복잡하고 산만한 사회보험을 하나의 체계로 통합함으로써 행정 운영의 낭비를 최소화한다.

둘째, 포괄적 적용 범위의 원리로 사회보험의 적용 대상이 노동자집단뿐만 아니라 자영업자까지 포함해 모든 대상집단을 포괄해야 한다.

셋째, 동일 갹출의 원리로 사회보험에서는 소득과 계층에 관계없이 기여 정도가 같아야 하므로 보험료를 똑같이 부담한다.

넷째, 동일 급여의 원리로 균일한 기여에 상응해 어떤 상황에서건 모두가 균일한 최저한도의 급여를 지급받는다.

다섯째, 급여 적절성의 원리로 계층 간의 차별성을 인정해 급여는 수혜자의 기본적 욕구를 충족시킬 수 있도록 적절하게 지급돼야 한다.

여섯째, 수혜 대상 분류의 원리로 수혜 대상은 노인, 아동, 자영업자, 피용자, 무직자, 주부 등 여섯 가지 범주로 구성한다.

베버리지 보고서는 국민을 최저생활 이상으로 보호하는 것을 목표로 하면서 적용 대상도 임금노동자 등 특정 대상에 한정하지 않고 모든 국민을 국가의 보호 아래 두려고 시도한 데에 그 특징이 있다. 그리고 이 보고서에서는 5대 사회악을 규정한 바와 같이 빈곤뿐만 아니라 다른 사회적 악으로부터 국민을 보호하되, 개인의 자유와 책임을 함께 고려하면서 사회보장을 실시해야 한다는 점을 강조하고 있다. 베버리지 보고서는 사회 변화와 함께 국가의 보호를 넘어서는 대상이 생겨나면서 시민단체가 함께 적극적인 보호의 주체로 나서게 된 계기를 마련하기도 했다.

베버리지 보고서에 기초해 영국은 오랜 기간 실시했던 구빈법을 폐지하고 1944년에 새로운 사회입법을 단행했다. 국민의 지지 속에 1944년에 사회보장청을 설치하면서 사회입법이 가능하게 됐으며, 가족수당법(1945년), 국민산업재해보험법, 국민보험법, 국민보건서비스법(이상 1946년), 아동법, 국민부조법(이상 1948년) 등이 순차적으로 제정됨으로써 유럽을 넘어 전 세계 복지국가 형성의 기원이 되는 영국 사회보장 체계가 갖춰지게 됐다. 이는 '요람에서 무덤까지' 국민의 생활을 보장하고자 하는 영국 복지국가의 새로운 출발이었다.

풀이

베버리지위원회는 제2차 세계대전 이후의 국가 재건을 목적으로 영국 노총이 당시 노동당 소속 장관이던 그린우드에게 권고해 만들어졌으며, 이 때 실업보험 전문가인 베버리지가 의장으로 천거됐다. 1), 2)는 맞는 설명이다. 베버리지는 당시 사회적 상황에서 3)과 같은 5대 사회악이 개인 및 사회복지를 저해한다고 보아 그에 대한 대안을 보고서에서 강조했는데, 베버리지 보고서에서는 모든 국민을 최저생활 이상으로 보호하는 것에 그 목표를 두었다. 즉, 임금노동자 등의 특정 대상으로 한정하지 않고 모든 국민을 국가의 보호 하에 두려는 시도를 했다. 따라서 4)가 틀린 설명으로 정답이다.

14 세상엔 완벽한 것이 없다 – 사회복지정책의 역사(5): 복지국가 시대와 복지국가의 후퇴

상황이 변하게 되면 그에 대한 정책도 수정되게 마련이다. 한마디로 절대의 지고지순한 원리는 이 세상에 존재하지 않으며, 존재한다고 느끼더라도 그것은 지금 기준에 비춰 그렇다는 말이다. 우리가 신봉하고 따르는 현 제도와 체제, 원리나 논리도 그러하다. 현재 우리는 지금의 제도와 체제에 맞춰 살고 있으며 그 원리나 논리를 뛰어넘는 더 나은 대안이 없는 한 그것을 받아들이며 살아가고 있다. 케인스이론을 한 번 예로 들어 보자. 1936년에 케인스(John M. Keynes)가 펴낸 『일반이론(*General Theory*)』이 계기가 돼 그 후 하나의 학문 체계로서 거시경제학이 형성됐음을 우리는 알고 있다. 1776년 스미스(Adam Smith)의 『국부론(*National Wealth*)』 이래 내려온 전통적 경제학에서 보면 이단적이라고 할 수 있는 새로운 접근 방법으로 국민소득이론을 제시했던 것이다. 즉, 세이의 법칙(Say's law)에 입각해 공급이 수요를 결정한다고 본 과거 고전학파 이론 체계와는 정반대로 수요가 공급을 결정한다는 유효 수요의 원리를 전개해 케인스혁명(Keynesian revolution)을 일으켰다. 그러나 1970년대 말부터의 사회경제적 위기로 인해 더 이상 케인스이론이 유효하지 않게 됐다든가, 오늘날 케인스의 도전을 받았던 고전학파 경제이론이 재구축되면서 발전하고 있다는 것과 같이 상황 변화에 따라 달리 이야기가 전개된다. 그렇다면 이를 복지국가의 후퇴라는 역사적 전개 과정과 함께 생각해 보자. 다음 중에서 복지국가 시대와 복지국가의 후퇴라는 역사적 타이틀을 걸고 네 명의 학도가 이야기하고 있다. 가장 동의하기 어려운 학도는 누구인가?

1) 강오동: 1973년과 1979년 두 차례의 오일 쇼크로 야기된 스태그플레이션이 제2차 세계대전 이후 복지국가의 기반이 됐던 케인스주의를

무력화시키는 계기가 됐다.

2) 이송기 : 영국의 대처리즘과 미국의 레이거노믹스는 신자유주의로서 복지국가가 시장의 효율성을 저해하고 개인의 자유를 오히려 침해했다고 보며 경제의 자율성을 회복시켜야 한다고 주장한다.

3) MC뭉 : 신자유주의는 자유방임주의와 마찬가지로 국가는 국방과 치안을 제외하고는 어떠한 상황에서도 개입을 해서는 안 된다는 생각이 저변에 깔려 있다.

4) 이수곤 : 신자유주의 논리에서도 여전히 빈부격차나 실업문제는 발생하고, 지나친 복지와 비효율의 문제가 있는 사회민주주의적 복지국가도 한계가 있다는 점을 지적하며 제3의 길이 등장하기도 했다.

해설

제2차 세계대전 이후 애틀리 영국 노동당 정부의 집권과 함께 출범한 복지국가는 베버리지 보고서를 기반으로 해서 집권 6년의 기간에 그 골격을 완성하게 된다. 복지국가는 노동자계급의 힘의 증대, 노동자계급과 중간계급 간의 복지동맹,[31] 자본가계급의 복지국가에 대한 암묵적 용인 등이 맞물린 결과였다.

특히, 국민보건서비스(National Health Service: NHS)로 인한 병원의 국유화와 의사들의 국가공무원화는 보건의료의 사회화에 대한 국민적 동의를 바탕으로 한 것이다. 1946년 국민보험법이 의회를 통과함으로써 실업보험, 의료보험, 출산급여, 보호수당, 장제비 등 각종 국민보호급여가 확대됐고, 1948년 국민부조법이 제정됨으로써 기존의 빈민법을 종료시키게 됐다.[32]

정부의 대규모 개입은 주택시장에서도 나타났다. 제2차 세계대전 동안의 공습에 의한 주택 파괴로 인해 주택 공급의 주체로 지방정부를 전면에 내세우게 됐는데, 주택 공급은 공공주택의 질을 높이는 데 중점을 두었다. 그렇지만 아직까지 대인적 사회서비스(personal social services)에 대한 관심은 상대적으로 적어 논의 단계에 머물러 있었다.

사회복지의 확대기였던 20세기는 사회보장제도의 마련을 통한 국민의 사회적 욕구 충족이 하나의 권리로 인정되고 보장되는 보편주의적 복지국가가 탄생한 시기였다는 데 그 의의가 있다. 그러나 사회민주주의적 복지국가는 여러 부정적 결과도 함께 산출했는데 관료화, 비효율, 의존성 증대 등이 바로 그러한 것들이다. 이들 요소는 경제 발전을 저해하는 것으로 인식됐고, 1970년대 말부터는 극복해야 할 대상으로 여겨졌다. 1973년과 1979년 두 차례의 오일 쇼크로 야기된 스태그플레이션은 제2차 세계대전 후 복지국가의 기반이 된 케인스주의를 무력화시켰다.

1970년대 말의 경기 후퇴와 실업자 증가는 사회복지비 지출을 증가시키게 됐고, 계속되는 복지재정 규모의 확대는 더 이상 감당할 수 없는 수준에 이르렀다. 당시 서유럽 복지국가들은 재정적자의 위기까지 몰리게 됐다. 이와 함께 국민의 생활 안정을 위해 지급되는 복지비용은 경제 성장에 반드시 필요한 노동 동기를 약화시키게 된다는 지적을 받게 됐다. 즉, 복지국가가 경제 성장을 오히려 위축시키는 중요 요인으로 간주됐다.

---

31) 영국의 복지국가는 제2차 세계대전이라는 사건이 등장 배경에 존재하고 있었다. 대공황기에 노동자들은 실업과 임금 하락을 몸소 체험하면서 완전고용과 복지정책의 확대를 강력히 원했다. 중간계급은 전쟁의 위험성을 인식했으며, 전쟁 기간 동안의 국가통제에 익숙해지게 됐다. 양자는 자연스럽게 국가의 복지에 대한 장점을 고려하게 돼 복지국가를 받아들이게 됐는데, 이것이 양자 간의 복지동맹이다.

32) 현대적 의미의 공공부조라고 할 수 있는 영국의 국민부조법의 제정은 비인도적이고 처벌적인 기존의 빈민법 체제의 종료 선언이 된 셈이다.

신자유주의(Neoliberalism)는 케인스주의에 대한 회의와 비판이 제기되면서 나타났다. 1979년과 1980년 영국의 대처리즘(Thatcherism)과 미국의 레이거노믹스(Reaganomics)는 경제위기 극복을 표방하면서 등장했다.[33] 두 가지 정책노선의 기본 전제는 신보수주의, 반집합주의 또는 신우파라고도 불리는 신자유주의로서 자본주의 시장을 신봉하는 내용을 담고 있다. 신자유주의 입장에서 복지국가는 시장의 효율성을 저해하고, 개인의 자유를 침해하는 것으로 인식했다.[34] 복지국가는 체계적으로 침식당하기 시작했으며, 복지국가의 후퇴라고 불리는 것은 이를 두고 하는 말이다.

신자유주의 논리도 빈부 격차, 불평등, 만성실업 등의 문제를 완전히 해결한 것은 아니었다. 그리하여 이후에 신자유주의의 시장 만능에 대한 비판과 더불어 과도한 복지와 비효율 등의 문제를 가지고 있던 사회민주주의적 복지국가에 대해서도 비판을 제기하면서 등장한 것이 영국의 사회학자 기든스(Anthony Giddens)가 체계화한 제3의 길(The Third Way)이다. 실용주의적 중도좌파 노선인 제3의 길은 영국의 노동당 당수인 블레어(Tony Blair)가 현실 정치에 적용하기 위해 내건 슬로건이기도 하다.[35]

---

33) 신자유주의 논리를 따르는 대처리즘은 영국 보수당의 대처가 주장한 사회경제 복지정책이며, 레이거노믹스는 미국 레이건 대통령의 경제정책이다. 영국의 보수당 정부는 복지의 민간 공급을 장려하면서 국가의 복지에 대한 개입의 범위를 축소했으며, 복지급여는 자산조사를 통해 실시하고, 사회보험은 가능한 축소한다는 원칙을 세웠다. 그리하여 1987년 제3기 대처 정부는 재정정책을 통해 복지와 관련된 지출예산을 대폭 감축했다. 미국 레이건 공화당 정부는 복지에 대한 정부지출 최소화, 연방정부의 복지정책사업 역할 축소, 극빈자에 국한된 복지 원조, 장기적 관점에서의 복지 고려 등을 강조했으며, 조세 감축을 통한 투자 증대로 경제를 살려 복지 부담을 최소화하려는 공급주의 경제정책을 펴 나갔다.

34) 신자유주의도 장애인문제와 시장의 독과점문제 등에는 국가의 개입이 최소한 필요하다고 보고 있다.

35) 블레어 총리는 '멋진 영국(Cool Britannia)'을 부르짖고 블레어리즘(Blairism)을 내세웠다. 제3의 길로 자유주의적 방임정책과 국가통제 경제정책을 묶고 좌파와 우파 이념을 뛰어넘는 실용주의 노선을 표방했다. 제3의 길은 고복지-고부담-저효율로 요약되는 사회민주주의적 복지국가 노선(제1의 길)과 고효율-저부담-불평등으로 정리되는 신자유주의적 시장경제 노선(제2의 길)을 지양한 새로운 정책노선으로서 소극적 복지 대신 적극적 복지를 주장한다. 제3의 길에서 주장하는 적극적 복지는 인적 자원에의 투자(사회투자국가), 복지 주체의 다원화(복지다원주의), 노동자의 위험에 대한 연대의식 등을 중심 내용으로 한다. 이러한 제3의 길의 특징은 근로·복지 연계, 직업 교육과 훈련, 지방정부의 책임 강화 등으로 요약된다.

풀이

20세기는 한마디로 사회보장제도가 마련되는 등 보편주의적 사회복지국가가 탄생했던 시기다. 그러나 사회민주주의적 복지국가는 관료화와 비효율로 부정적 결과를 불러왔고, 1970년대의 두 차례 오일 쇼크로 인한 스태그플레이션은 케인스주의를 무력화시키기에 이르렀다. 케인스주의에 대한 회의와 비판은 영국의 대처리즘과 미국의 레이거노믹스로 대표되는 신자유주의의 등장으로 나타났고, 2)와 같은 논리를 전개했다. 그러나 신자유주의는 자유방임주의와는 달리 장애인문제와 시장의 독과점문제 등에 대한 국가 개입은 최소한 필요한 것으로 보았다. 3)이 틀린 설명으로 정답이다. 한편, 4)처럼 제3의 길이 등장했는데, 이는 소극적 복지를 넘어선 적극적 복지를 주장하면서 근로·복지 연계, 직업 교육 및 훈련 등을 강조하는 노선이다.

제 2 장

사회복지정책의 발달 이론과 사상

15 시간이 지나면 발전이 있다(?) – 사회복지정책의 발달 이론(1): 사회양심이론과 수렴이론

사회 변화는 끊임없이 일어나고 이에 따라 정책도 광범위한 발전을 거듭하고 있다고 믿는 사람이 있다. 윤은해 씨가 바로 그 사람이다. 그녀는 사회 변화는 불가피한 것으로 항상 개선이 이뤄지는 과정에 있고 이를 사회복지와 연관지어 생각하면 사회복지도 현재는 불완전하지만 앞으로 개선 또는 발전될 여지를 충분히 안고 있어 항상 긍정적 시각을 가져야 한다고 주장한다. 나아가 사회적 양심의 증대는 사회복지의 발전을 가져오는 원동력이라고 한다. 한편, 이와는 달리 사회복지정책이 발달하는 것을 조금 달리 설명하는 문근형 씨는 사회복지정책은 산업화의 산물이라고 한다. 즉, 그에 의하면 산업기술이 발전하면 할수록 발생되는 다양한 사회문제는 사회복지의 필요성을 증대시키고 사회복지의 제도 도입이 이뤄지고 대상자가 확대되는 등 사회복지정책도 발달한다는 것이다. 둘 다 나름대로 사회복지정책이 왜 발달하는가에 대해 설명하고 있는데, 이와 관련해 당신의 견해를 피력한다면 어디에 제일 가까운가?

1) 사회문제는 그 자체로서 해결되면 끝이 나는 단절성이 있고, 인간은 선한 마음을 기본적으로 가지고 있으므로 윤은해 씨의 주장이 옳다.
2) 산업화로 인해 발생한 사회문제 해결을 위해 나온 것이 사회복지라면 1970년대 이후의 복지국가에 대한 위기는 설명하기 곤란할 것이다. 문근형 씨는 이에 대한 약점을 지니고 있다.
3) 윤은해 씨의 논리는 인간의 선한 본성이 계속 발전해 간다는 일종의 진화론적 관점에서 사회복지정책의 발달을 이야기하고 있으며, 인간의 선한 양심만이 사회문제를 예방하거나 완전히 제거할 수 있을 것이기 때문에 그녀의 주장은 옳다.

4) 문근형 씨의 주장은 사회복지 수준이 발전하면서 자연스럽게 경제와 생활 수준도 함께 향상되고 발전된다는 의미에서 일리가 있어 보인다.

해설

사회양심이론(social conscience theory)은 사회적 이타주의(social altruism)에서 나온 것으로 사회적 양심의 증대가 사회복지의 발전을 가져오는 원동력이 된다고 보는 이론으로 국가에서 행하는 사회복지정책은 자선활동이라고 본다. 주로 1950년대 영국의 사회정책학에서 주요 주제로 다룬 이론으로 박애주의자들이 주장했으며 대표적인 학자로는 베이커(John Baker)를 들 수 있다. 사회양심이론에서 특히 강조하는 내용은 다음과 같다.

첫째, 사회복지정책은 인간이 지닌 서로를 위한 사랑이 국가를 통해 표현되는 것이고, 국가정책은 사회공동체 전체를 위해 제공된다.

둘째, 사회복지정책은 사회적 의무감이 확대되고 인간의 지식이 향상됨에 따라 변화하고 발전한다.

셋째, 사회 변화는 끊임없이 요구되는 것이므로 사회복지정책도 균일하지는 않지만 광범위하게 발전할 수밖에 없다.

넷째, 사회 변화는 불가피한 것이므로 사회복지정책의 개선은 항상 이뤄지고 있다. 따라서 현재의 사회복지서비스 수준은 역사적으로 가장 높은 단계, 즉 최선의 상태라고 할 수 있다.

다섯째, 현재의 사회복지서비스가 비록 불완전하다고 여겨지더라도 앞으로 개선 또는 발전될 것이며, 사회는 안정적인 기반 위에 구축돼 있어 지속적 발전을 기대할 만하다.

이러한 사회양심이론은 사회복지정책을 인간의 선한 본성, 즉 각 개인이 가지고 있는 타인에 대한 사랑과 사회적 의무감 때문에 발전가능성을 지닌 것으로 이해하며, 앞으로 개선될 수 있다는 진화론적 관점에서 사회복지정책을 파악한다. 즉, 국가의 사회복지정책은 인간 사회에서의 동정의 결과로서 국가의 자선활동으로 받아들인다. 그리고 사회복지정책은 문제 상황에 따라 항상 변화하고 개선되고 있으므로 반드시 발전하게 된다고 본다.

그러나 현재의 사회복지정책의 불완전성으로 인해 새로운 사회문제 또한 계속적으로 발생할 가능성이 있다는 것을 사회양심이론은 간과하고 있다. 최근 들어 사회양심이론은 많이 약화된 상태다. 그 이유는 복지국가들의 사회복지정책이 사회가 변화함에 따라 새롭게 나타나는 사회문제에 적절히 대응하지 못하고 있으며, 인간의 선한 양심만으로 사회문제를 예방하거나 완전히 제거하기에는 한계가 있기 때문이다(강영실, 2006: 57).

수렴이론(convergence theory) 또는 산업화이론(industrialization theory)은 경제가 성장하여 상당한 수준에 오르면 사회복지도 자연스럽게 발전하게 된다는 이론이다. 윌렌스키와 르보(Wilensky & Lebeaux, 1965)로 대표되는 수렴이론에서의 핵심 개념은 산업화와 경제성장(기술 발전)이다.[36] 산업화가 근간이 되는 자본주의 사회에서는 산업화로 인한 도시화, 이혼 증가, 가족구조의 변화(핵가족화), 지리적 이동 등 예전에 없던 여러 가지 사회문제와 사회적 욕구가 발생하지만, 이를 해결할 만한 가족 및 지역사회의 기능은 오히려 약화된다. 특히, 사회 소외계층은 다른 어떤 계층보다 더 어려움을 겪기 때문에 국가가 문제 해결이나 사회적 욕구를 충족시키는 방안으로서 사회복지정책을 논의하

36) 이런 의미에서 수렴이론을 기술적 결정론이라고 부르기도 한다. 한편, 수렴이론은 사회적 발달 수준은 사회적 양심과 같은 윤리, 이념, 시민권과 같은 권리가 아니라 산업화의 정도, 경제 성장의 수준 등의 요인이 결정한다고 주장한다. 이 이론을 이데올로기의 종언(또는 이념의 종말)이라고 부르는 이유가 여기에 있다.

게 된다는 것이다. 이 이론은 국가는 문제 해결이나 욕구 충족에 대한 사회적 책임을 강조하고, 산업화로 인한 경제 성장은 복지 확충에 필요한 자원을 제공하게 되므로 새로운 사회적 욕구는 새로운 복지 시스템을 등장시키게 된다고 본다. 즉, 산업화, 경제 성장, 기술 진보로 인해 생겨나는 다양한 사회문제가 사회복지의 필요성을 논하게 한다는 것이 수렴이론의 주장이다. 이는 곧 사회복지정책은 산업화의 산물이라는 것으로 이해할 수 있다. 산업화와 기술의 진보는 경제 성장을 낳고 이는 국민의 실질소득 증가와 조세 증가로 이어지면서 국가는 새로운 사회적 욕구 충족에 필요한 사회복지에 사용할 수 있는 재원을 더 많이 확보할 수 있다는 것이다.

그러나 수렴이론에도 분명한 한계가 있다. 비록 산업화, 경제 성장 및 기술 발전으로 인해 발생한 사회문제를 해결하기 위해 사회복지제도 도입, 대상자 선정 및 확대, 복지지출의 증가 현상이 나타났다고는 하지만, 이들 사회복지 프로그램의 세부적 내용까지 명확하게 설명하는 데는 어려움이 있다. 산업화로 인한 사회문제의 대응책으로 나온 것이 사회복지정책이라고 한다면 1970년대 이후의 복지국가 위기 현상은 설명하기가 매우 어렵다. 따라서 수렴이론은 복지국가의 재정적인 부분을 설명하기에는 부족한 점이 많으므로, 사회복지제도가 발달하게 된 배경적 이론으로서는 여전히 미흡하다고 할 수 있다.

풀이

새로운 사회문제가 계속적으로 발생할 가능성이 있다면 1)의 주장은 틀린 것이다. 최근 사회양심이론은 많이 약화된 상태인데, 이것은 사회복지정책이 새롭게 등장하는 사회문제들에 적절히 대응하지 못하는 결과이기도 하다. 또한, 인간의 선한 양심만으로는 사회문제를 예방하거나 완전히 제거하지 못한다고 할 수 있다. 사회문제는 오로지 인간의 선한 양심에 의한 해결책에만 의존할 수는 없고, 사회·정치·경제·환경 요인들을 두루 살펴보아야 한다. 따라서 3)도 부족한 설명이다. 4)와 관련해 수렴이론은 경제가 성장하면서 생활 수준이 향상되고 이에 따라 사회복지도 자연스럽게 발전된다는 이론으로 본말이 전도됐다. 2)는 수렴이론의 근본적인 약점을 파고들고 있다. 따라서 2)가 정답이다.

16 사회복지에 대한 권리는 언제부터 누렸나? – 사회복지정책의 발달 이론(2): 시민권론과 음모이론

현대 사회에서 시민은 사회복지를 누구나 누릴 수 있는 권리라고 인식하고 있다. 맞는 말이다. 그러나 시민이 사회복지를 자신이 당연히 누려야 할 권리로 인식하는 데에는 오랜 시간이 걸린 것이 역사가 증명하는 바다. 사회복지정책을 공부하고 있는 신새경 양은 시민권론을 공부하면서 다음과 같이 요약했다. 즉, 자본주의 사회에서 나타난 불평등한 계급구조에 대해 시민은 법 앞에서 개인적 자유와 평등을 보장받고자 했던 것이고, 그러한 욕구를 분출하게 됐으며, 종국에는 사회 불평등 해소의 한 방편으로 시민적 권리를 얻게 됐다. 나아가 시민은 국가의 구성원이며 시민권의 요구는 한편으로 시민의 복지에 대한 권리로 복지권으로 일반화되기에 이르렀다. 시민권론이 사회복지 변화에 대한 배경을 파악하는 하나의 방법론으로 기존 연구를 한 차원 끌어 올렸다고는 하지만 여전히 한계점이 있을 것 같은데, 여러분은 신새경 양에게 어떤 점을 말해 주고 싶은가?

1) 별로 지적할 점이 없을 정도로 이해를 잘 하고 있다고 칭찬해 준다.
2) 사회복지 발달을 설명하는데, 다양한 형태를 두루 포괄하고 있으나 국가복지를 제외했다는 것이 한계점이라고 이야기해 준다.
3) 시민권론은 영국 사회의 역사적 발전에 분석틀이 맞춰져 있으므로 제3세계 국가에서 사회복지정책을 둘러싼 집단갈등, 또는 다른 시기의 사회권 성격 변화를 설명하지 못한다는 한계가 있다.
4) 사회복지는 시민적 무질서를 해결하기 위해 빈민에 대한 억압책으로 실시되고 있다는 점도 간과해서는 안 된다.

해설

시민권론(citizenship theory)은 사회 구성원이면 누구나 사회복지를 향유할 수 있는 권리로 보는 이론으로 마셜(Thomas Herbert Marshall)이 대표적인 학자다. 마셜은 사회권을 복지권으로 본 학자로 사회적 불평등이 시민권으로 발전하게 된 것에 관심을 가졌다. 그는 시민권이 공민적 · 정치적 · 사회적 요소로 구성된다고 하면서 이를 함께 설명했다.[37] 자본주의 사회에서 복지권은 평등을 지향하는 시민권 이념과 현실의 사회적 불평등을 양립할 수 있게 만든다. 자본주의 사회에서 나타난 불평등한 계급구조에 대해 사람들은 법 앞에서 개인적인 자유와 평등을 보장받고자 하는 욕구를 표현하게 됐고, 사회적 불평등을 해소하기 위한 방편으로 시민적 권리를 주장하게 됐다(강영실, 2006: 57-58).

---

37) 시민권이라 함은 공동체의 완전한 구성원에 대해 부여된 여러 가지 권리로서 권력을 향유하는 지위를 말한다. 마셜은 진화 과정을 통해 세 가지 권리, 즉 ① 공민권, ② 정치권, ③ 사회권(복지권)이 융합 · 분리되면서 발전한다고 보았다. 대체로 공민권은 18세기, 정치권은 19세기, 복지권은 20세기에 확립됐다고 보고 있다. 공민권은 개인의 자유에 필요한 권리로 표현 · 사상 · 신념의 자유, 사유재산권, 정당한 계약의 권리 등을, 정치권은 선거인으로서 정치 권력의 행사에 참여할 수 있는 권리 등을, 그리고 사회권(복지권)은 최소한의 경제적 복지와 보장에 대한 권리, 사회적 유산을 공유하고 사회의 통상적 기준에 따라 문명화된 삶을 향유할 수 있는 권리 등을 말한다.

경제적 · 법적 · 정치적 불평등을 심화시키는 것은 불평등한 계급구조에서 비롯된다. 그리고 이것은 사회를 불안정하게 만드는 요소로서 작용할 수 있기 때문에 사회 질서를 유지하기 위해서는 사회 연대의식과 결부돼야 하며, 이는 곧 사회복지로 발전하게 됐다고 본다. 제반 권리는 국민 전체에 확대되고, 시민은 국가의 구성원으로서 권리와 의무를 지닌 시민권을 요구하게 되고, 한편으로는 복지권으로 일반화하게 됐다.

시민권론은 ① 현대 사회에서 시민들로 하여금 연대성을 가질 수 있도록 하는 기반을 마련했다는 점, ② 사회복지급여를 시민의 기본적 권리의 하나로서 현대 사회에서 인정할 수 있는 기반을 제공했다는 점에서 긍정적인 면이 인정된다. 그러나 사회정책 발달을 설명하는 이론적인 입장에서 보면 ① 사회복지정책의 범위를 국가복지에만 한정한 가운데 사회복지정책의 발달을 설명함으로써 사회복지정책의 다양한 형태가 제외된 점, ② 사회의 역사적 발전을 영국이라는 한정된 분석틀에 맞춤으로써 시민권론이 제3세계나 사회주의 국가의 사회복지정책에 적용될 가능성을 줄여버린 점, ③ 총체적 사회 변화에 대한 진화론적인 접근으로 사회복지정책을 둘러싼 집단갈등과 행동 등을 제대로 설명하지 못한다는 점, ④ 상이한 시기나 국가에 따른 사회권의 성격 변화를 설명하는 데 다소 한계가 있다는 점 등이 문제점으로 지적된다.

그럼에도 불구하고 시민권론은 사회복지정책 내의 변화를 분석하는 데에 중점을 두던 기존 연구에서 진일보해 이전보다 더 거시적이고 포괄적인 사회복지의 변화 배경을 파악하는 방법론을 제공했다는 점에서 그 의의가 있다.

피븐(F. F. Piven)과 클로워드(R. Cloward)로 대표되는 음모이론(conspiracy theory)은 사회복지정책을 지배계층이 자신들의 권력 유지를 위한 수단으로 사용하고 있다고 보는 이론이다. 피븐과 클로워드(Piven & Cloward, 1977)는 사회복지제도가 공공을 위한 복지의 수단이라기보다는 빈민을 규제하기 위해 사용된다는 이른바 빈민규제론을 주장한다. 이들은 경제가 침체기에 들어서게 되면 대량실업 등의 사회문제가 생겨나게 되고, 사회적 위험이 커지면 정부가 공공 사회복지제도를 확대해 나간다는 것이다.[38] 반대로 경제가 개선돼 고용이 확대되고 사회가 안정되면 사회복지제도를 축소해 버린다는 사실에 주목한다.

38) 대표적인 예로 비스마르크는 극심하던 노동계층의 사회운동을 저지하고 사회질서를 유지하기 위한 수단으로 사회보험 입법을 도입 · 실시했다고 본다(강영실, 2006: 59).

음모이론은 사회적 양심이론에서 주장하는 것과는 반대의 견해를 표방하고 있다. 이 이론은 사회복지정책을 인도주의적 입장에 따라 도움을 필요로 하는 사람들의 곤궁한 생활에 대한 보장 대책으로 실시하는 것이 아니라 계급 간 갈등으로 발전할 수 있는 사회질서 파괴에 대한 예방책으로 추진되고 있다고 본다. 그리고 사회지배 계층이 자신들의 이익에 위협적인 존재가 나타나는 것을 미리 막기 위한 방안으로 사회복지정책을 시행한다고 보고 있다. 즉, 사회복지정책은 시민적 무질서 해결을 사전에 막기 위한 빈민억압책으로서의 음모를 지니고 있다고 본다. 음모이론[39]은 사회복지정책의 발달을 비사회적으로 보는 이론들이 간과할 수 있는 정책 추진 목적상의 현실적이고 내재적인 목적을 발견했다는 점에 그 의의가 있다.

그러나 음모이론은 ① 정책결정권자의 의도를 너무 중요하게 본 나머지 정치 현실이나 정책 과정의 현실을 충분히 반영하지 못하고 있다는 점, ② 사회안정을 해치지 않으면서 사회복지정책의 혜택을 누리는 사회적 약자들에 대한 정책 목적을 어떻게 설명할 것인가 하는 점, ③ 세대에 걸쳐 지배계급이 바뀌고 빈민계층에 변화가 발생하는 상황에 적용하기 곤란하다는 점 등과 관련해 비판을 받는다.

풀이

2)와 관련해 시민권론은 오히려 그 범위를 국가복지에 한정해 사회복지정책의 발달을 설명하고 있다는 점에서 사회복지정책의 다양한 형태를 제외했다는 한계를 가지고 있어 틀린 설명이다. 4)는 음모이론에 대한 일부 내용으로 관계없는 서술이다. 3)이 시민권론에 대한 한계점으로 정답이다.

---

39) 음모이론은 사회양심이론과는 정반대의 입장을 주장하는 이론으로서, 둘 다 사회복지정책 발달을 하나의 목적론적 측면에서 파악한 것이다.

17 지도는 사회복지의 이해에도 도움이 된다(?) – 사회복지정책의 발달 이론(3): 확산이론과 그 밖의 이론들

볼 책이나 참고 서적이 그렇게 많지 않던 몇십 년 전만 하더라도 지리부도나 사회과부도는 훌륭한 서적이 됐던 때가 있다. 한 나라의 지도를 들여다보면 우연히 그 주변 나라에도 많은 관심을 기울이게 되고 재미삼아 지명을 찾아보기도 했다. 그런데, 우연히 세계 지도를 펼쳐놓고 교과서 대신 세계의 지리를 탐독(?)하던 이순대 할아버지……. 평소 어떤 일에 대해묻지도 않고 따지지도 않던 그가 이번에는 제대로 한 번 묻고 따져볼 결심이 섰던 것은 다음과 같은 이유에서다. 나이가 들면서 차츰 사회복지에 관심을 가지고 있던 이순대 할아버지가 현재 유럽 국가의 지도에 관심을 둔 것은 바로 영국에서 비롯됐다. 현재 유럽 대륙의 국가가 다른 대륙에 비해 사회보장제도가 확립된 것은 복지의 선진국이었던 영국과 지리적으로 가까워 주변 국가들이 우선적으로 영향을 받고 제도가 구축된 것으로 본 것이다. 이순대 할아버지는 쾌재를 불렀다. 사회복지정책의 한 획을 긋는 발견이라고 생각한 것이다. 이순대 할아버지에게 여러분은 어떤 조언을 해 줄 수 있는가?

1) 역시 묻고 따지니까 뭔가를 발견할 수 있는 것이라고 하면서 앞으로는 묻지도 따지지도 않는다는 말은 삼가라고 이야기해 준다.
2) 이순대 할아버지가 발견했다고 하는 것은 사실 사회복지정책 발달이론 가운데 확산이론의 일부를 설명하고 있는 것이다. 한 국가의 선진제도가 인근 국가로 이전되는 과정에서 사회보장 발전과 국가의 지리적 위치가 상관관계가 있다는 이론은 이미 알려져 있다고 이야기해 준다.
3) 유럽은 노동자계급을 대표하는 정치적 세력이 컸던 탓이지 영국이 지

리적으로 근접해 있기 때문은 아니었다고 이야기해 준다.

4) 이순대 할아버지의 말이 일리는 있으나, 영국의 경제적 우월성이 사회나 문화 부문에 영향을 미쳐 사회복지정책도 이에 종속되기 때문이라고 이야기해 준다.

해설

확산이론(diffusion theory) 또는 전파이론은 사회복지의 발전과 국가의 지리적 위치는 밀접한 관계가 있다는 것으로 한 나라의 사회복지정책은 다른 나라에 영향을 미쳐 사회복지가 확산된다는 것이다.[40] 확산이론을 주장한 학자로 타이라(Koji Taira), 킬비(Peter Kilby), 콜리어(David Collier), 메식(Richard E. Messick)이 있으며, 이들은 한 국가의 선진 제도가 인근 국가로 이전되는 과정에 주목하고 사회보장 발전과 국가의 지리적 위치는 상당한 상관관계가 있다는 사실에 근거해 확산이론을 주장했다(강영실, 2006: 60). 다른 대륙에

40) 확산(또는 전파)에는 위계적 확산(전파)과 공간적 확산(전파)으로 나눌 수 있다. 전자는 기술혁신이나 새로운 제도가 선진국에서 후진국으로 확산되는 경우를 말한다. 후자는 특정 국가에서 만들어진 프로그램이 우선 인접 주변국을 중심으로 해서 점차적으로 확산돼 나가는 것을 말한다.

비해 현재 유럽 대륙의 국가들이 사회보장제도가 잘 갖춰진 것은 복지국가의 모습을 갖추고 다양한 사회보장 프로그램을 가진 영국과 지리적인 면에서 가까운 주변의 유럽 국가들이 영향을 받고 제도 구축을 이룬 때문이라고 한다.

그러나 여기서 사회보장제도의 확산은 경제 성장이나 자유주의 사상의 확대와 연관이 있음을 살펴보아야 한다. 경제 발전 수준이 높은 나라가 먼저 사회보장제도를 실시했고 상대적으로 경제 발전 수준이 낮은 국가들은 앞의 국가의 영향을 받으며 제도를 도입한 것으로 볼 수 있다. 물론 한 국가가 새로운 복지제도를 도입할 때는 경제 발전과는 관계없이 다른 나라의 제도를 참고해 도입하는 국가도 있지만, 비록 도입 시기가 빠르다 하더라도 제도의 마련이나 전체 국민에게 확산되기까지에는 여전히 한 나라의 경제 상황이 매우 중요한 역할을 하는 것은 틀림없다. 결국 경제 성장과 복지정책 발전과의 연관성을 생각할 때 한 나라의 복지제도가 반드시 지리적으로 인접한 다른 나라에도 영향을 주었는가 하는 점에서는 의문이 들 수밖에 없다. 그리고 제도의 도입 시기와 달리 제도 수준에서도 차이를 보이는 경우가 많음을 간과할 수 없다.

자연히 확산이론의 경우 지리적 부분만 강조할 것이 아니라 그 나라의 사회적·정치적·경제적 상황을 고려해야 한다는 비판이 나오게 된다. 비록 한 나라의 사회복지제도가 지리적인 면에서 가까운 다른 나라의 제도 모방은 가능하지만, 모방만으로 복지제도가 발전할 수 있는 결정적인 동인이 되는 것은 아니라는 점에서 확산이론은 한계가 있다.

그럼에도 불구하고 확산이론은 기존의 사회복시정책의 빌달을 보는 시각을 국내적인 요인과 함께 국제적인 관계와 환경을 중요시해 다룬 이론으로 어느 정도 설득력을 인정받고 있다.[41]

종속이론(dependency theory)은 제3세계의 사회정책 변화를 설명하려는 이론이다. 중심국가 또는 지배국가의 경제적 지배는 피지배국가의 사회·문화 부문에서도 상당한 영향을 주어 사회복지정책도 여기에 종속된다는 것이다. 결국 사회정책은 국민의 바라는 바, 즉 욕구에 의해 결정되는 것이 아니라 외국 지향적 경제정책과 관련된 사회 형태의 불가피성으로 결정되는 것이라고 본다. 종속이론에 의하면 사회복지의 주된 목적은 사회 안정 및 질서의 유지와 사회

41) 1911년 영국의 국민보험이 독일 비스마르크의 사회보험을, 한국의 건강보험이 일본의 건강보험을 모방한 것도 확산이론으로 어느 정도 설명할 수 있다.

통제에 있다고 본다.

사회민주주의이론(social democracy theory)은 복지국가는 노동자계급을 대표하는 정치적 세력이 커지면 커질수록 발전가능성이 높다고 본다. 자본-노동의 계급투쟁 과정에서 노동자계급이 얻어낸 성과물이 복지국가이며, 민주주의의 확대·심화를 통해 점진적으로 사회민주주의에 이르게 되고, 복지국가에서 사회복지정책의 확대는 사회민주주의로 향하는 과정이라는 것이다. 복지국가 발전의 열쇠를 바로 노동자계급을 대변하는 정치적 세력의 성장이라고 보았다. 사회민주주의 이론은 ① 국가가 시장경제에 개입하는 혼합경제 지향, ② 정치민주주의와 경제민주주의의 지향, ③ 포괄적이고 보편적인 사회복지정책과 사회복지 서비스의 제공을 통해 복지국가를 실현하고자 하는 특징을 지니고 있다.

이익집단론(interest group theory) 또는 다원주의(pluralism)는 사회복지정책을 이익집단들 간의 갈등·타협의 산물로 간주하며 다양한 "공통의 목적을 가지고 공공정책에 영향을 미치기 위해 노력하는 개인들의 조직체," 즉 이익집단들의 이익 상충을 조정하는 데 정부의 역할을 중요시한다. 예컨대 복지정책에는 여러 이익집단이 관련해 갈등을 빚고 있으며, 국민과 이해관계자 간의 갈등을 중재해 타협에 이르게 하는 것이 국가의 임무라고 본다.

엘리트론(elite theory)은 사회복지정책에서 능력이 탁월한 자가 수행한 과업이 중요한 업적을 달성하게 된다는 것이다. 탁월한 능력을 소유한 소수의 지도자 또는 개인에 의해 사회복지정책이 마련된다고 보는 것으로 대표적인 학자로는 모스카(Gaetano Mosca)와 파레토(Vilfred Pareto)를 들 수 있다. 사회에는 엘리트와 대중이 있는데 엘리트들은 특별한 인맥, 학맥 그리고 지식을 기반으로 해서 정부를 통제하고 권력을 누리면서 정책 결정에 많은 영향력을 발휘한다고 보았다. 엘리트 간에는 그들만의 공통된 의식을 지니고 상호간 은밀한 관계를 유지하면서 그들의 이익을 위해 노력하게 된다. 사회복지정책이 결정되는 과정에서도 엘리트집단의 선호나 가치에 따라 행동하며 사회적인 면에서도 많은 영향을 미친다는 것이다.

국가중심이론(state-centered theory: 국가론)은 사회복지정책은 국가가 스스로 문제를 인식하고 그 문제를 해결하고자 하는 노력의 산물이라는 것이다. 이 때 정부 관료조직은 매우 중요한 역할을 수행하게 된다. 문제를 발견하고 해결책을 찾아내는 것이 그들의 임무라는 것이다. 국가론에 의하면 국가는 사회복지정책을 제공하는 주도적 공급자가 된다.

풀이

이순대 할아버지가 발견했다고 주장하는 논리는 확산이론 또는 전파이론을 일부 이야기한 것이다. 이는 한 나라의 사회복지정책이 다른 나라에 영향을 주어 선진 복지모델에 대한 국제적 모방을 통해 사회복지가 확산된다는 이론이다. 따라서 2)가 정답이다. 3)은 사회민주주의이론을, 4)는 종속이론을 섞어서 이야기하고 있다. 사회민주주의이론은 복지국가란 자본과 노동의 계급투쟁에서 노동자계급이 얻어낸 성과물이라는 것이며, 종속이론은 제3세계의 사회정책 변화에 대해 설명하려는 이론으로서 사회복지정책은 국민 욕구에 의해 결정되는 것이 아니라 외국 지향적 경제정책과 관련된 사회 형태의 불가피성 때문으로 보는 것이다. 3)과 4) 모두 이 예화와는 관계가 없다.

18 율도국의 복지국가 건설 - 복지국가의 개념과 특성

홍길동이 율도국을 세울 때 그는 백성들의 일상생활에서 발생한 사회문제를 국가 개입을 통해 해결해 안정을 보장하는 희망찬 국가를 건설하겠다고 한 바 있다. 그는 율도국을 백성들의 복지 향상을 가장 중요한 책무로 삼는 국가로 표방했다. 율도국의 백성은 국가의 적극적 개입을 통해 사회적으로 정해진 최소한의 생활 수준을 국가로부터 보장받을 권리를 갖게 된다고도 표방했다. 그동안 율도국은 백성들이 한 달에 적어도 고깃국을 네 번은 먹도록 하는 최저생활 보장을 위해 노력했으며, 누구나 대장간이나 농사짓는 일, 또는 장사를 할 수 있도록 했다. 또한 만 19세만 되면 누구나 과거제도에 응시할 수 있는 기회 균등을 주는 정책도 함께 표방했다. 백성들은 차츰 이를 자신의 권리로 인식하기에 이르렀으며, 이런 정책을 뒷받침하는 참모들은 질병, 나태, 무지, 불결, 빈곤을 5대 사회악으로 규정하기까지 했다.

율도국에서는 이 나라를 '복지국가'라고 했다. 율도국에서 말하는 복지국가는 과연 복지국가라 할 수 있을까? 다음은 여러 견해를 피력한 것이다. 여러분은 어떤 견해가 옳다고 생각되는가? 또는 어떤 견해가 부적절하다고 판단되는가?

1) 율도국은 정책의 제1차적 목표를 복지에 두고 있음이 분명하다. 율도국의 복지국가 지향은 율도국의 운영 원칙을 백성들의 복지 실현에 두고 있는 듯하고, 정책 목표는 복지를 우선하는 특징이 있는 것 같다. 따라서 율도국은 복지국가라 할 만하다.
2) 복지의 주체는 국가가 아니라 백성이 위주가 돼야 복지국가라 할 수 있다. 즉, 율도국 백성들의 생활은 가족의 책임 하에 안정성을 이루도

록 해야 한다. 문제 해결의 주체가 가족이 돼야 사회적 책임을 크게 묻지 않을 수 있으니 율도국은 이 점에서 복지국가라 할 수 없다.

3) 위에서 보면 율도국은 백성 전체가 복지의 수혜자가 되는 셈이다. 복지가 백성들의 권리로 인식되고 복지의 수혜 대상자가 특수 상황에 있는 사람뿐 아니라 모든 백성으로 확대돼 있다고 판단되므로 율도국은 복지국가라 할 만하다.

4) 백성들의 생활에서 차지하는 복지 비중이 어느 정도인가가 명확하지 않아 섣불리 판단할 수는 없다. 만약 율도국에서 제공되는 복지서비스가 백성들의 생활에서 차지하는 비중이 높아 전체적으로 백성들의 생활이 안정돼 있다면 율도국은 분명 복지국가라고 판단할 수 있다.

해설

일반적으로 복지국가는 사회생활에서 나타난 문제에 대해 국가가 정부의 예산 및 조직을 동원해 이에 개입함으로써 국민 개개인의 안정을 보장할 수 있는 국가를 말한다. 즉, 복지국가는 "국민의 복지를 증진시키는 것을 책무로 하는 국가"를 의미한다(김태수 외, 1998: 26). 복지국가는 모든 국민이 사회적으로 정해진 최소한의 생활 수준을 국가의 적극적인 개입을 통해 보장받을 권리를 갖게 된다. 이를 위해 국가는 국민의 최저생활을 보장하기 위해 완전고용과 기회 균등을 실현하기 위해 복지정책을 펴 나가게 된다.

19세기 말에서 20세기 초에 걸쳐 서유럽에서 공공부조 외에 사회보험을 확립하고 보편적인 복지서비스를 제공하면서부터 복지국가라는 개념 요소가 등장했다. 1940년대 초 복지국가라는 용어가 공식적으로 사용됐고, 제2차 세계대전(1939~1945) 이후 전체 서유럽으로 확산되면서 발전했다. 이러한 배경에는 당시 노동자들이 자본주의 시장에서 나타난 불평등과 사회적 위험에 대한 보장을 국가에 요구한 것이 바탕이 됐다.

1942년 영국에서 베버리지 보고서가 발표됐는데 제2차 세계대전 후 노동당이 집권하면서 종전 이후 나타난 질병, 나태, 무지, 불결, 빈곤을 5대 사회악으로 규정했으며, 이를 해결하기 위해 국가재건 프로그램을 베버리지 보고서에 기초해 실시하게 됐다. 영국은 베버리지 보고서에 입각해 국가의 책무로 사회보장과 완전고용을 규정했으며, 이후 복지국가는 곧 '사회문제의 국가적 책임'이라는 의미를 띠게 됐다. 결국 복지국가는 국가 내에서 필요로 하는 사회경제적 서비스를 국가가 제공하고, 국민의 최저 소득을 보장하며, 각종 사회적 위험을 제거함으로써 모든 국민은 국가가 생산한 사회서비스를 누리게 되는 국가를 말한다.

이러한 복지국가의 정책적인 특성은 다음과 같이 정리할 수 있다(강영실, 2006: 40-41).

첫째, 복지국가의 정책의 1차적 목표는 복지다. 복지국가를 지향하는 국가는 국가의 운영 원칙을 모든 국민의 복지 실현에 두며, 따라서 정책 목표는 복지 우선이다.

둘째, 복지의 책임 주체는 국가다. 과거에는 사회 구성원의 생활이 가족의 책임 아래 안정성을 이뤘다. 이는 가족이 문제 해결의 주체이며 국가의 사회적 책임을 크게 묻지 않을 수 있었다. 그러나 급격한 사회구조의 변화 속에서 나타난 사회문제에 대한 적극적인 국가 개입이 요구되면서 사회문제 해결의 주체로서 국가가 전면적으로 나서게 됐다.

셋째, 복지의 수혜자는 국민 전체다. 복지는 국가가 부여하는 일종의 혜택이 아니라 국민의 당연한 권리로 인식되면서 복지 수혜 대상자는 특정 상황에 놓여 있는 사람에게 한정된 것이 아니라 모든 국민으로 확대됐다.

넷째, 국민의 전반적인 생활에서 차지하는 복지의 비중이 높다. 국민의 전반적인 생활에서 차지하는 복지서비스의 비중이 상대적으로 매우 높아 복지국가에서는 전체적으로 국민의 생활이 안정돼 있다.

다섯째, 복지국가에서는 국민의 정치적 자유와 권리가 당연히 보장된다. 복지국가의 기본적인 목적은 모든 국민의 인간다운 삶의 보장이다. 따라서 복지제도가 발달됐다 하더라도 사회적·정치적으로 국민의 자유와 권리가 상당히 제한돼 있거나 독재 권력이 지배하는 나라는 복지국가가 아니다.

풀이

복지국가의 정책적 특성은 ① 복지가 국가정책의 1차적 목표라는 점, ② 복지의 책임주체는 국가라는 점, ③ 복지 수혜자는 국민 전체라는 점, ④ 복지의 비중이 국민생활에서 차지하는 비중이 높은 점, ⑤ 국민의 정치적 자유와 권리가 보장된다는 점 등이다. 따라서 1), 3), 4)의 견해는 옳다고 할 수 있으나, 2)의 경우는 과거 전통사회에서의 국가를 설명하고 있어 잘못된 것이다.

19 어떤 나라라야 복지국가인가? – 복지국가의 유형(1): 윌렌스키, 퍼니스와 틸튼의 유형

우리 사회는 늘 보는 시각에 따라 "살기 좋다", "살기 어렵다", "괜찮다", 심지어 "말세다"라는 말을 하게 된다. 개인의 입장은 이처럼 천차만별이고, 이렇다 보니 모든 사람이 다 만족할 만한 정책 결정을 내린다는 것도 어려울 수밖에 없다. 21세기에 국가가 지향해야 할 것으로 흔히 복지국가를 드는 경우가 많다. 한가락한다는 굵직한 인물들이 늘 들먹이는 것은 복지국가니 복지사회니 하는 그런 정책들이고, 자신들이 이 나라를 위해 그런 중차대한 일을 담당하고 있으며 국민이 골고루 잘사는 나라를 만들기 위해 불철주야 노력하고 있다고 자평하는 것을 볼 수 있다. 아무튼 지금 복지국가에 대해 일가견이 있다는 네 명의 전문가가 각자 어떤 국가가 복지국가인가에 대해 익명을 요구하며 인터뷰에 응하고 있다. 여러분이 가지고 있는 상식과 어긋나게 주장하는 사람은 누구인가?

1) 한국은 국내총생산(GDP) 중에서 사회복지비 지출 비율이 15% 이상으로 복지 선진국가라고 할 수 있다.
2) 국민총생산(GNP) 대비 사회복지비 지출이 10% 미만이면 복지 후진 국가로 분류할 수 있다.
3) 사회정책을 통해 국민 누구에게나 최저 수준을 보장하려는 국가를 복지국가로 볼 수 있다.
4) 사회복지국가에서는 경제정책이 사회정책의 구속을 받게 되며 사회 평등주의를 지향하기 때문에 사회보장국가와 차별성을 갖고 있다.

해설

한 국가의 정책 결정 요인이 무엇인가에 따라 복지국가는 몇 가지 유형으로 구분한다.[42] 복지국가를 여러 가지 유형으로 구분한 것은 국민총생산 대비 사회보장비 지출을 기준으로 한 윌렌스키(Harold L. Wilensky)를 시작으로 복지국가정책에 의한 사회계층 체제의 형태에 따라 구분한 에스핑 앤더슨(Gosta Esping-Anderson)에 이르기까지 여러 학자의 견해가 있다.

윌렌스키는 복지국가의 유형을 복지 선진국가, 복지 중진국가, 복지 후진국가 등 세 가지로 유형화했다. 복지 선진국가는 사회복지비 지출 비율이 국민총생산(GNP) 대비 15% 이상인 국가를 말한다. 복지 중진국가는 국민총생산 중에

42) 복지국가라는 단어의 어원은 독일어 Wohlfahrtstaat이며, 1870년경 처음 사용됐다. 현대적 의미의 welfare state는 영국에서 최초로 사용됐는데, 구두로 사용한 사람은 1934년의 짐메른(Alfred Zimmern)이며, 문자로 출판한 최초의 사람은 1941년의 템플(William Temple)이다. 영국의 경우 welfare state가 『옥스퍼드영어사전』에 처음 수록된 해는 1955년이다. 우리나라의 기록에는 1959년에 당시 서울대학교 하상락 교수가 『국가보』를 통해 복지국가의 정의를 소개한 적이 있으며, 이희승의 『국어대사전』에는 1961년부터 복지국가의 정의가 나와 있다(사회복지사1급수험연구회, 2009: 75).

서 사회복지비가 차지하는 비율이 10% 이상 15% 미만인 국가를, 복지 후진국가는 국민총생산 중에서 사회복지비가 차지하는 비율이 10% 미만인 국가를 말한다. 한국의 경우에는 국내총생산(GDP) 기준으로 사회복지비 지출 비율이 9.8%(2013)에 불과하다(사회보장위원회, 2014).

퍼니스(N. Furniss)와 틸튼(T. Tilton)은 사회복지 욕구에 대한 정부의 개입 형태에 따라 복지국가의 모형을 ① 적극국가, ② 사회보장국가, ③ 사회복지국가 등 세 가지 형태로 구분한다.

적극국가(positive state)는 지속적 경제 성장을 가장 중요한 정책 목표로 하며, 이를 위해 정부와 자본이 공생 관계를 유지하는 것을 최선으로 여기는 국가를 말한다. 적극국가에서는 자유방임주의와 개인주의를 바탕으로 한 자유경제 시장에서 선호되는 사람, 즉 무한경쟁에서 살아남을 수 있는 사회적 강자들이 매우 큰 혜택을 받는 국가다. 세계 경제공황과 사회주의의 대두에 대한 자본주의 체제의 자기 반성과 자기 수정의 형태로 제기된 개념이며 미국이 대표적인 국가다. 적극국가의 정책 방향은 경제 성장을 위한 정부와 기업의 협조, 완전고용정책의 극소화이며 사회복지정책의 방향은 ① 경제적 효율성에 기여할 수 있는 복지서비스만 실시, ② 수평적 재분배와 수익자 부담의 원칙에 입각한 사회보험 프로그램 강조, ③ 잔여적 복지모형, ④ 복지정책은 사회통제 수단 등으로 나타난다.

사회보장국가(social security state)는 사회정책을 통해 모든 국민에게 최저수준을 보장하려는 국가를 말한다. 사유재산 체계가 모든 국민의 생활 안정을 약속해 줄 수 없기 때문에 국가가 나머지 부분을 채워야 한다는 인식이 저변에 깔려 있다. 사회는 사회보험만으로는 부족하며 사회부조나 보편적 서비스의 제공 등을 채택해야 한다. 국가의 책임과 함께 개인의 동기, 기회 그리고 책임의 중요성도 함께 인식된다. 사회보장국가는 국민 모두의 사유재산을 보장하고 누구에 대해서도 최저 생계 수준을 보장하는 것을 목표로 하며 대표적인 국가는 영국이다. 국가정책의 목적은 국민 전체의 생활 안정이며 국가정책의 방향은 완전고용정책의 극대화, 기회 균등 실현, 모든 국민에 대한 직접 혜택을 부여한다. 사회복지정책의 방향은 ① 국민 최저 수준의 보장, ② 기본 생존 수준 이하의 빈곤 퇴치, ③ 기본 생존 수준은 전체 국민의 생활 수준의 향상에 따라 개선, ④ 사회보험제도에서 정부의 무상서비스 필요성을 인정하는 것 등이다.

사회복지국가(social welfare state)에서는 경제정책이 사회정책에 대해 제한을 받게 된다. 사회복지국가에서는 평등과 사회통합의 실현이 목표이므로 철저한 민주주의와 사회평등주의를 지향하고 있다. 이러한 점에서 사회보장국가와 차별성을 갖게 된다. 사회복지서비스는 취약계층에 대한 원조라는 성격을 뛰어넘어 국가 정책 과정에 훨씬 더 적극적으로 참여할 수 있게 하는 수단으로 인식된다. 평등과 국민 화합의 실현을 위해 정부와 노조가 긴밀히 협조하고, 상대적 취약계층의 협조 관계를 강화한다. 대표적인 국가는 스웨덴이며, 국가정책 목적은 국민 평등과 화합이다. 국가정책의 방향은 정부와 노조 간의 협력에 의한 완전고용 정책, 최하층의 욕구(needs)를 우선적으로 고려하는 것 등이다. 사회복지정책의 방향은 ① 국민 최저 수준 이상의 보장, ② 사회보험과 사회부조 프로그램의 실시를 위한 정부 지원 극대화, ③ 권력적 분산과 시민 참여의 확대 등이다.

풀이

윌렌스키는 복지국가를 복지 선진국가, 복지 중진국가, 복지 후진국가 등으로 3분류했는데, 이 분류는 사회복지비 지출 비율이 국민총생산(GNP)에서 차지하는 비중에 따른 것이다. 사회복지비 지출 비율이 GNP 대비 15% 이상인 국가, 10~15% 미만 국가, 10% 미만 국가를 각각 복지 선진국가, 복지 중진국가, 복지 후진국가로 유형화한 이 분류에 따르면 2)는 맞는 설명이며, 한국은 사회복지비 지출 비율이 GDP 대비 9.8%(2013)로 복지 후진국가에 속한다고 할 수 있다. 따라서 1)은 틀린 설명으로 정답이다. 한편, 퍼니스와 틸튼은 사회복지 욕구에 대한 정부 개입 형태에 따라 복지국가의 모형을 적극국가, 사회보장국가, 사회복지국가 등 세 가지 형태로 분류했는데, 3)은 사회보장국가를, 4)는 사회복지국가를 설명한 것이다.

20 탈상품화가 높은 사회란… - 복지국가의 유형(2): 미쉬라, 에스핑 앤더슨의 유형

"하루 벌어 하루 먹고 사는" 사람들은 그날 그날이 매우 힘들고 고단한 과정이다. 그 속에서 나름대로의 행복을 찾고 있다고 한다면 할 말 없고, 또 이런 말을 했다는 자체가 그들을 너무 폄하하는 듯한 말일 수 있지만, 사실을 직시하면 그렇게 틀린 말도 아니다. 복지에 많은 관심을 기울이고 있는 김장운 씨는 근로자가 자신이 가지고 있는 유일한 상품인 노동력을 시장에 내다 팔지 않고도 살 수 있는 사회를 바라고 있다. 만약 김장운 씨 옆에 있다가 그런 말을 들었으면 여러분은 그에게 분명 다소 학문적인 이야기로 그런 사회가 바로 '탈상품화가 높은 사회'이고 그런 사회일수록 '복지 신진국가'라고 말해 주었을 것이다. 그리고 나아가 탈상품화를 기준으로 복지국가를 유형화한 사람이 이미 있었으니 에스핑 앤더슨이 바로 그 사람이었다고도 이야기해 주었을 것이다. 다음 가운데 에스핑 앤더슨이 유형화한 복지국가와 관련이 없는 것은 무엇일까?

1) 자유주의적 복지국가는 소득조사에 의한 공공부조 프로그램이 상대적으로 중시돼 급여 대상의 초점을 저소득층에 맞춰 탈상품화 효과는 미약하다고 할 수 있다.
2) 조합주의적 복지국가는 고소득층의 경우 높은 보험료를 내고 이후에는 높은 복지 혜택을 받는 사회보험의 특징 때문에 탈상품화 효과에는 한계가 있다.
3) 사회민주적 복지국가는 사회복지에 대한 시민권을 인정하고 복지의 재분배 기능이 강력하며 탈상품화 효과가 큰 국가를 말한다.
4) 분화적 복지국가는 사회복지가 경제와 구별돼 상대적 자율성이 유지되고 정부의 재정 및 금융정책이 강조되는 국가다.

해설

미쉬라(R. Mishra)는 복지국가 유형을 크게 ① 통합적 복지국가와 ② 분화적 복지국가로 나눴다.

통합적 복지국가란 경제면에서는 수요와 공급 측면이 한쪽에 치우침이 없이 조화를 형성하고 있고, 사회복지정책이 제도화돼 있어 경제정책과 서로 보완적인 기능과 역할을 할 수 있으며, 정치적·사회적 합의에 기초해 주요한 사회세력들 사이에도 균형을 유지하는 국가를 말한다. 한편, 분화적 복지국가는 사회복지와 경제가 서로 구별돼 있어 상대적으로 자율성을 유지하고 있으며, 또한 경제 영역에서 수요의 창조나 억제를 위한 정부의 경제활동에 대한 활성화 조치, 이를테면 재정정책이나 금융정책이 강조된다.

한편, 에스핑 앤더슨(G. Esping-Anderson)은 복지국가를 ① 자유주의적 복지국가, ② 조합주의적 복지국가, ③ 사회민주적 복지국가 등으로 크게 세 가지로 유형화했으며, 복지국가는 역사적 산물로서 사회계급 사이의 투쟁의 산물이라는 점을 전제하면서 복지국가의 주요한 분류 기준으로 탈상품화와 계층화를 제시하고 있다. 탈상품화란 근로자가 자신의 노동력을 상품으로 시장에 내다 팔지 않고도 살 수 있는 정도를 의미하며, 탈상품화가 높을수록 복지 선진국가를 의미한다. 계층화는 사회복지정책을 통해 계층을 분류하는 정도를 말한다.

자유주의적 복지국가는 소득조사에 의한 공공부조(public assistance) 프로그램이 상대적으로 중시된다.[43] 따라서 급여 대상의 초점을 저소득층에 맞추는 경향이 있다. 탈상품화 효과와 재분배 효과가 미약하다는 특징을 가지고 있으며 미국, 캐나다, 오스트레일리아가 대표적인 국가다.

조합주의적 복지국가는 시장의 효율성과 노동력의 상품화 문제보다는 사회복지정책을 통해 사회적 지위의 차이가 유지된다는 점을 강조함으로써 국가복지의 재분배 효과는 거의 없는 국가 유형이다. 사회보험이 강조되며, 직업별로 다양한 복지제도가 존재하는데 사회복지 제공이 사회적 차이를 유지시키게 된다. 탈상품화 효과에 한계가 있다[44]는 특징을 가지고 있으며, 프랑스·독일·오스트리아 등이 대표적인 국가다.

사회민주적 복지국가는 사회복지에 대한 시민권(사회권)을 인정하며, 보편주의 원칙에 따라 재분배를 통한 평등의 증진과 높은 수준의 복지를 유지해야 할 의무를 지니고 있는 국가다. 복지의 재분배적 기능이 강력하며, 복지급여는 중간계급에 이르기까지 확대돼 있다. 사회복지가 잘 구축돼 있어서 탈상품화 효과가 가장 큰 국가이며, 스웨덴·덴마크·핀란드·노르웨이 등이 대표적이다. 사회민주적 복지국가는 모두에게 보편적 사회복지를 제공하기 때문에 사회통합 효과가 크고 계층화 효과가 낮으며, 기본적인 욕구 충족이 개인의 능력이 아니라 권리로서 보장된다는 특징을 가지고 있다.

이를 비교 정리하면 다음의 〈표〉와 같다.

---

43) 자유주의적 복지국가 모형은 스스로 일을 하는 것을 매우 중요시하기 때문에 시장에서 일을 하지 않으면 생계를 해결할 길이 없게 된다. 최대한 노력을 하고도 빈곤이 해결되지 않으면 국가가 사후에 개입하는 공공부조가 강조된다. 자유주의적 복지국가 모형은 사회복지를 통한 사회통합 효과가 약해서 계층화가 강하다고 할 수 있다.

44) 고소득층은 높은 보험료를 내고 이후에는 높은 복지 혜택을 받는 사회보험의 특징 때문에 탈상품화 효과에는 한계가 있다.

에스핑 앤더슨의 복지국가 유형

복지국가 유형	자유주의적 복지국가	조합주의적 복지국가	사회민주적 복지국가
대표 국가	미국, 캐나다	프랑스, 독일	스웨덴, 핀란드
강조점	공공부조	사회보험	시민권(사회권)
탈상품화 효과	미약	한계 있음	매우 큼
재분배 효과	미약	거의 없음	재분배 기능 강력

풀이

에스핑 앤더슨은 근로자가 자신이 가진 노동력을 시장에 상품으로 내다 팔지 않고서도 살 수 있는 정도인 탈상품화의 개념을 가지고 복지국가의 주요한 분류 기준으로 사용했다. 1)은 자유주의적 복지국가, 2)는 조합주의적 복지국가, 3)은 사회민주적 복지국가를 설명한 것이다. 그러나 4)는 미쉬라가 분류한 통합적 복지국가와 분화적 복지국가 가운데 두 번째인 분화적 복지국가를 설명한 것이다. 따라서 정답은 4)다.

21 미리 가 본 세상 – 복지국가의 전개 과정과 특징

영화 같은데 보면 타임머신이라는 기계가 있어 미래나 과거를 오가며 장래나 예전의 개인의 모습이나 사회 상황에 직면해 해프닝을 벌이는 장면을 볼 수 있다. 그것이 과연 가능한 것인가에 대해서는 믿거나 말거나이겠지만, 예전에는 불가능하다고 생각되는 것들이 하나씩 이뤄지는 것을 보면 개인적으로는 언젠가 타임머신이라는 기계가 만들어지고 상용화될 수도 있지 않겠나 생각해 본다. 물론 그렇게 되면 긍정적인 면뿐만 아니라 부정적인 면이 많이 나타나게 될 것이다. 영화 스토리의 대부분은 개인이 역사적 사건에 개입해 이를 변경하는 것을 엄격히 금하는 것이 원칙으로 돼 있고, 이를 사수하려는 측이 선한 역으로, 그리고 악용하려는 측이 악당으로 등장하는 것도 볼 수 있다. 2100년 완성된 타임머신을 타고 복지국가의 전개 과정을 살펴보는 이가 있다. 황당한 씨가 바로 그 사람이다. 평소 유럽과 미국으로의 여행이 꿈이던 황당한 씨가 서구 사회에서의 복지국가를 두루 돌아보는 여행 패키지를 이용해 미래 어느 날 이런 여행을 하고 있는 것이다. 황당한 씨가 복지국가의 전개 과정을 살펴보는 동안 잘못 이해하고 있는 부분은 무엇일까?

1) 19세기 말 정치 민주주의로 복지국가의 등장을 촉진했고, 대체로 1920년까지는 복지국가가 형성되는 시기로 볼 수 있다.
2) 1920년에서 1945년까지는 복지제도 확충, 복지 수혜자 범위의 확대, 복지예산 증대와 같은 현상이 나타나고 있어 복지국가가 정착되는 시기로 볼 수 있다.
3) 제2차 세계대전 후 제1차 오일 쇼크가 발생하기 전까지는 높은 경제 성장률과 낮은 실업률 속에서 각종 포괄적인 사회복지제도가 정비되

고 보편적인 서비스가 이뤄져 복지국가의 황금기로 볼 수 있다.

4) 제2차 오일 쇼크 후 국민들의 가치 이념이 합치되고 정치 이념도 복지국가의 이념을 승인함으로써 순조로운 복지국가의 길을 걸어가고 있다.

해설

복지국가는 1880년대 독일의 비스마르크 사회입법을 계기로 태동 단계, 정착 단계, 성장 단계, 재편 단계로 구분 가능하며, 국가가 복지문제에 개입하는 과정을 거쳐 꾸준히 발전하면서 전개됐다.

그러나 이에 대한 시기 구분은 학자들의 일치하는 견해는 아니다. 닐 길버트(Neil Gilbert)와 폴 테렐(Paul Terrell)은 복지국가의 전개 과정을 태동기, 성장기, 성숙기, 축소기로 구분하고, 태동기를 1880년대에서 1930년대, 성장기를 1940년대에서 1950년대, 성숙기를 1960년대에서 1970년대 중반, 축소기를 1970년대 중반 이후로 나누기도 한다.

다만 여기서는 그 분류 기준을 외부적 사건인 제1차 세계대전의 종료 이후, 제2차 세계대전의 종료, 제1차 오일 쇼크와 그 이후 등으로 구분해 사용하며, 이러한 사건들은 복지국가의 전개 과정에 적지 않은 영향을 미쳤다고 판단되기 때문이다.

1880년에서 1920년까지는 복지국가가 형성되는 시기로 태동기였다. 독일에서 19세기 후반부터 만들어지기 시작된 여러 사회보험제도는 공적, 노동계급 포섭적, 향상적, 예방적 성격을 강하게 띠고 있었으며, 제도적으로는 국가가 복지를 제공하는 복지국가를 태동시키기에 이르렀다. 지배계급과 피지배계급 사이에도 상호의존적 관계가 나타나고 있었다. 이 시기의 국가는 경제적 지배계급인 자본가계급의 핵심적 이익인 자본 축적, 노동통제, 노동력 공급 등을 위해 지배계급에 의존하는 성격이 강했다. 그러나 점차 국가의 존립과 이익과 관련해 중요한 사항인 정치적 안정성과 국가의 지배력 확장 등을 달성하기 위해 국가는 지배계급을 효과적으로 규제하기 시작했고, 지배계급으로부터 많은 자원을 추출했으며, 자본가계급의 이익에 반하는 여러 정책을 추진해 나가기도 했다. 19세기의 정치 민주주의는 복지국가의 등장을 촉진한 역사적 조건이기도 했다.

1920년에서 1945년까지는 복지국가가 뿌리내린 정착기였다. 이 기간 동안 복지국가 발전의 중요한 원동력으로는 제2차 세계대전과 대공황이었다. 시민권은 이 시기의 복지국가로의 발전에 지대한 영향을 미쳤다. 포괄적·보편적 복지국가를 이루기 위한 빠른 개혁과 넓은 범위에 걸친 정치적 합의가 이뤄지게 됐다. 이 시기에 복지제도가 확충되고 복지 수혜자 범위가 확대됐으며 복지부문의 예산도 늘어났다.

1945년에서 1975년까지는 복지국가의 확장기라고 할 수 있다. 흔히 제2차 세계대전이 종결된 1945년부터 제1차 오일 쇼크가 발생하는 1975년까지의 시기를 '복지국가의 황금기'라고 부른다. 이 시기에는 국가·자본·노동 간의 협력으로 1945년부터 1970년대 초까지 30여 년간 높은 경제성장률, 낮은 물가, 완전고용에 가까운 낮은 물가, 완전고용에 가까운 낮은 실업률 속에서 1950년대에는 4.4%, 1960년대에는 5%의 경제 성장을 이루기도 했다. 많은 포괄적 사회복지제도가 체계적으로 정비되고 보편적인 서비스가 이뤄진 시기였다.

1975년 이후 현재에 이르기까지는 복지국가의 정체 및 재편기라고 할 수 있다. 복지국가의 발전은 오일 쇼크가 오기 전 1970년대 이전까지는 국민들의 가치 이념이 합치되고 정치적으로도 넓게 승인됨으로써 순조롭게 진행됐다. 경제 불황과 복지국가에 대한 회의와 함께 등장한 신보수주의 사상의 영향으로 복지국가는 제도적, 이념적 그리고 재정적으로 대폭적인 수정을 요구받았으며,

차츰 각국 사정에 따라 재편되고 있다.

복지국가의 전개 과정에서 나타나는 복지국가의 특징으로는 ① 절대적 빈곤은 경제적 성장으로 인해 차츰 줄어들게 된 반면, 각국 정부는 사회적 불평등을 완화하기 위한 개입을 추진했다는 것, ② 선진 국가에서는 근로자의 근로동기 약화와 불로소득을 차단하기 위해 누진세제를 비롯한 여러 재분배정책을 실시하여 불평등을 완화해 나가고 있다는 것, ③ 빈곤을 없애기 위한 완전고용의 실현을 정책화시겨 나가고 있다는 것, ④ 각종 사회보장제도의 효율적이며 합리적인 운영에 초점을 두고 있다는 것, ⑤ 완전고용의 증대와 높은 수준의 사회서비스 실시, 소득재분배를 특징으로 하는 혼합경제45)를 추진하고 있다는 것 등으로 요약된다.

풀이

복지국가의 전개 과정은 보는 시각에 따라 다를 수 있겠으나, 서구 사회를 중심으로 본다면 대체로 1880년대에서 1920년까지의 복지국가 형성 시기, 1920년에서 1945년까지의 복지국가 정착 시기, 1945년에서 1975년까지의 복지국가 확장기, 그리고 1975년 이후 현재에 이르기까지의 복지국가 정체 및 재편 시기 등으로 나누고 있다. 1), 2), 3)은 맞는 설명이다. 4)의 경우 1970년 중후반에 접어들면서 경제 불황과 복지국가에 대한 회의와 함께 신보수주의 사상으로 정치구조의 우익화가 파급됐고, 복지국가는 대폭적인 수정에 직면하게 됐으며 각국 사정에 따라 재편되는 과정에 있다고 보아야 한다. 4)는 복지국가 전개 과정에서 보면 바른 설명이 아니다. 따라서 정답은 4)다.

45) 공공부문과 민간부문 또는 독점과 경쟁이라는 혼합된 제도 하에서 빈곤과 불평등은 현저히 감소하고 완전고용이 실현되면서 사회가 안정을 이루면서 경제 성장은 가능해진다.

22 위기는 또 다른 질서를 낳는다(?) - 복지국가의 재편

우리는 살아가면서 여러 가지 위기에 봉착하게 된다. 그 위기를 새로운 기회나 도전으로 생각하고 극복하며 슬기롭게 넘기는 사람이 있는가 하면 그 위기가 자신을 끝장내는 운명 같은 것으로 체념하며 좌절하는 사람도 있다. 여러분은 전자에 해당하는 사람일 것이다. 반드시 그런 것은 아니겠지만, 역시 사람을 위기에 빠뜨리는 가장 큰 원인 가운데 하나는 돈 문제다. 국가도 마찬가지다. 재정에 별 문제가 없다면 국가의 위기 자체는 아마 제로에 가까울 수 있을지 모르겠다. 복지국가의 위기가 대두된 것도 사실 재정위기에서 비롯된다. 넉넉하다면야 모든 사람에게 복지라는 이름으로 그들이 원하는 혜택을 마음껏 베풀어 줄 수 있다. 그러나 그렇지 못한 상황이 연출되기에 흔히 복지국가의 위기라는 말이 나오는 것이다. 아무튼 복지국가의 위기에 핵심이 되는 낱말이 재정위기라면 복지국가의 위기를 극복하기 위해서는 다시 판을 짜야 한다. 이른바 복지국가의 재편이 될 것이다. 복지국가의 재편에 대해서는 여러 견해가 나올 수 있겠지만 다음 설명 중 여러분이 가장 동의하기 어려운 것은 어떤 것인가?

1) 복지국가의 위기가 비록 재정문제라는 큰 줄기 때문이라는 점은 맞겠지만, 핵심이 되는 근본 배경과 상황은 나라마다 다를 수밖에 없으므로 복지국가의 재편 논의나 대처 방안도 여러 각도에서 접근할 수밖에 없다.
2) 복지국가는 사적 부문에 개입함으로써 시장사회의 갈등을 효과적으로 조화시키는 것이 아니라 오히려 시장의 합리적 작용을 방해해 그 갈등을 악화시키는 결과를 초래하기 때문에 시장이 제 기능을 발휘하도록 하는 것이 무엇보다 중요하다.

3) 복지국가를 제대로 실현하기 위해서는 국가의 복지 수급 자격을 극도로 제한하며 사회적이란 의미 또한 최대한 협의로 해석하는 것이 필요하다.
4) 복지국가의 실현을 위해서는 가족이나 이웃 혹은 공제회 등이 중심이 된 비공식적이며 자발적인 부문에서 복지 제공이 가장 우선적으로 이뤄지도록 해야 한다.

해설

복지국가 위기의 근본적 원인 내지 핵심적 사항이 재정위기에 있다면 복지국가 재편론의 핵심적 내용은 지속가능성(sustainability)으로 표현된다. 복지국가 재편에 대한 논의는 크게 복지국가 재편유형론과 복지국가 재편 유형의 결정요인론으로 구분할 수 있다. 복지국가의 재편유형론은 재편의 양상과 수급자격 기준 마련이나 시장이나 국가의 역할 등에 초점을 두고 있으며, 복지국가 재편 유형의 결정요인론은 특정 국가에서 복지국가의 유형을 재편할 때 결정요인이 무엇인가를 살펴보려는 것이다.

1945년부터 1975년까지의 이른바 복지국가의 황금기에 누구에게나 이익이라고 생각됐던 평등과 고용, 사회보장과 경제 성장, 평등과 효율 사이에 이후 커다란 손실이 발생하게 됐다. 복지국가의 황금기가 지나자 어려움에 처한 유럽, 북미, 남미, 동남아시아 국가들에 대한 폭넓은 분석에 기반해 복지국가의 미래를 진단한 결과 다음과 같은 다섯 가지 결론을 얻게 됐다.

첫째, 새로운 세계 질서(global order)는 복지국가의 재편을 요구했지만, 이에 대한 대처 방식은 나라마다 천차만별이다.

둘째, 여러 나라에서 나타나는 복지국가의 재편 모습은 규제 완화와 시장 지향 전략으로 무장한 신자유주의로의 급격한 변화가 아니라 신자유주의에 대한 저항과 이로부터 파생된 복지 동결 상태다.

셋째, 복지국가 황금기의 케인스(J. M. Keynes)의 처방에 버금가는 새로운 방법의 출현을 기대하는 낙관론은 열세이며, 이런 관계로 대다수 국가는 상쇄 효과를 완화시키는 데 주력하고 있다.

넷째, 대부분의 나라에서 급여 감축과 유연화 전략이 나타나는데, 이러한 유연화 전략 방식에는 민영화라든가 확정 기여 방식의 연금제도가 들어 있다.

다섯째, 복지국가의 동결 정도는 국가정책이 제도화돼 있는가의 여부, 역사적 전개 과정, 기득권의 강도, 그리고 주요 이익집단의 태도 여하에 달려 있다.

이와 같은 복지국가의 재편 양상에 비춰보면 복지국가의 재편 경향은 다시 ① 자유주의 복지 레짐, ② 사회민주주의 복지 레짐, ③ 보수주의 레짐 등 3분법으로 유형화된다.

자유주의 복지 레짐은 복지에 대한 수혜 면에서 수급 자격에 대한 극도의 제한, '사회적'이란 의미에 대한 최협의 해석, 시장 역할의 극대화가 담겨 있는 잔여주의가 강화된 것이다.

사회민주주의 복지 레짐은 복지에 대한 수혜자의 수급 자격을 가능한 한 최대로 넓히려는 보편주의가 실천되며, 사회적 위험의 범위도 광범위한 반면 급여 수준은 되도록 높이고 평등주의 정책을 추구하려는 것이다.

보수주의 레짐은 제국주의, 권위주의 그리고 가톨릭 교리의 영향을 받아 복지 운영은 조합주의, 군주제 국가주의 그리고 가족주의와 같은 세 가지 특징으로 요약된다.

1970년대 두 차례에 걸친 오일 쇼크로 인해 복지국가 위기론이 대두되면서 복지국가들에서 나타나는 다른 형태의 재편 결정 요인이 무엇인가를 찾아내려는 연구는 지금까지도 체계적으로는 발전되지 못하고 있는 실정이다.

풀이

제2차 세계대전 이후 지속된 경제 성장과 국가에 의한 사회공학적 기획에 대한 광범한 합의, 그리고 소비주의가 바탕이 된 국민의 복지 욕구 증대 등은 선진 자본주의 사회의 당연한 구성 원리로 복지국가를 받아들이게 됐다. 그러나 1970년대 중반 이후 경제 상황의 악화, 정부의 과부담, 재정적자 등으로 한계가 노정되면서 갈등적 성격이 부각되고 다양한 이데올로기와 이익들이 상충하는 투쟁의 장으로 변해 갔다. 마치 한 문제의 해결이 다른 문제에 대한 발생 원인이 되듯이 산업자본주의적 경제문제에 대한 정치적 해결책은 시간이 흐를수록 오히려 문제를 심화시켰다. 복지국가의 위기와 재편에 대한 다양한 논의들은 여러 입장에서 설명될 수 있다. 1)은 복지국가 재편에 대한 가장 원론적인 입장으로 이론(異論)의 여지가 없다. 2)는 복지국가의 재편에 대한 한 논의로 신보수주의의 시장복귀론을 설명한 것이다. 3)은 복지국가 재편에 대해 자유주의의 입장을 설명하고 있다. 4)는 산업사회가 출현하기 이전에 행해졌던 것으로 국가의 개입 자체가 없는 것이다. 따라서 복지국가라는 개념을 사용할 수 없다. 따라서 정답은 4)다.

23 율도국의 위기 – 복지국가의 위기

홍길동이 세운 율도국의 사회복지국가 모델은 주변 국가들의 국가 발전 모델로 받아들여졌고, 대부분의 주변 국가나 신생국들은 국가의 복지정책 방향을 이에 맞춰 나갔다. 율도국의 사회복지제도는 세대별로 약자가 되기 쉬운 아동과 청소년 및 노인, 장애인, 남성에 비해 불리한 처지에 있는 여성, 가족 기능의 약화와 해체에 따라 종합적 서비스가 요구되는 가족들에 대해 복지서비스를 확충하고, 근로 능력이 없는 백성에게 최저 생계 수준을 보장하는 방향으로 제도화되는 과정을 밟았다.

백성들도 복지는 국가가 주는 시혜가 아닌 백성으로서 누려야 할 당연한 권리로 인식하게 됐고, 국가에 대해 다양한 욕구 충족을 요구하게 됐다. 이렇게 함으로써 율도국은 백성에게 복지와 경제적 혜택을 함께 제공하면서 복지국가를 정착시키고 확대해 나갔다.

그러나 나라의 경제가 언제까지나 좋으리란 법은 없는 모양이다. 20년 후 율도국은 위기에 봉착하게 됐다. 즉, 경기 침체로 율도국의 실업률이 높아지게 됐고, 경제 불황과 물가 상승이 동시에 진행되는 스태그플레이션은 더 이상 복지국가의 추구라는 정책 목표를 현실성 없는 것으로 만들어 버렸다. 이와 함께 백성들의 생활 안정이라는 명목으로 지급되던 복지비용은 백성들의 근로에 대한 동기까지 약화시켜 버렸다. 오히려 복지국가가 경제 성장의 걸림돌로 간주돼 버린 것이다.

결국 율도국은 사회복지정책에 대한 근본적인 개혁을 논의하기에 이르렀다. 여러 의견이 나왔는데 타당성이 없는 것을 고른다면?

1) 완전노령연금을 받을 수 있는 연령을 백성의 공감을 얻어 상향 조정하는 안을 내놓는다.

2) 장애 등급의 심사를 강화해 장애급여의 대상 범위를 제한하는 등 수급 조건을 조정한다.
3) 실업보험의 경우 실업급여 기간을 연장해 경기를 진자시켜 경제 불황을 타개한다.
4) 급여를 받기 위한 조건을 강화하고 적극적인 구직활동을 하도록 유도한다.

해설

1960년대 이후 경제 성장과 더불어 서유럽 국가들은 사회복지국가 모델을 국가 발전의 모델로서 설정하고 정책을 추진했다. 서유럽 국가 대부분은 이 모델에 따라 정책 방향과 전략을 정함에 따라 GDP 대비 평균 30%에 육박할 정도의 사회복지비가 지출되기에 이르렀다. 사회복지제도가 재정적인 면이나 수혜자의 범위 측면에서 확대되면서 제도화됨으로써 세대별로 약자가 되기 쉬운 아동과 청소년 및 노인, 장애인, 남성에 비해 불리한 처지에 있는 여성, 가족 기능의 약화와 해체에 따라 종합적 서비스가 요구되는 가족에 대한 개별적 사회서비스와 더불어 노동 능력이 없는 국민에 대해 최저 생계 수준을 보장하는 공공부조의 확충이 가능하게 됐다. 복지는 이제 더 이상 국가가 국민에 대해 베푸는 은혜적 성격이 아니라 하나의 권리로 인정되면서 각계각층의 다양한 욕구가 충족되기에 이르렀다. 이에 따라 근로자는 복지와 함께 경제적 혜택을 동시에 누리는 가운데 1970년대 중반까지 복지국가가 정착되고 확대됐다.

그러나 1970년대 두 차례에 걸친 오일 쇼크로 인해 실업률이 높아지는 등 서유럽 국가들의 경제 발전은 주춤해졌다. 경제 불황과 물가 상승이 동시에 진행되는 스태그플레이션은 복지국가의 추구라는 국가 정책 목표에 대해 회의적인 반응을 불러일으켰다. 복지 분야에 대한 재정지출을 지속적으로 유지할 수 없게 됐고, 복지국가를 지향하던 여러 나라는 재정적자의 위기에 처하게 됐다.

고인플레이션, 고실업을 동반한 경기 침체와 적극적인 국가의 복지 제공에 따른 재정적자 확대, 계급 타협의 장치가 오히려 계급갈등이 되는 사회적 상황이 된 것이다. 복지비용이 국민의 생활 안정을 위해 지급되는 것임에도 경제 성장을 위해 필수불가결한 국민의 근로 동기는 약화된다는 지적도 동시에 제기되었다. 이제 복지국가를 오히려 경제 성장의 장애물로 인식하게 됐다.

결국 서유럽의 사회복지국가들은 1980년대에 들어와 대부분 정부의 사회복지정책에 대한 근본적인 개혁을 논의하기에 이르렀다. 사회보장 분야의 과감한 재정 삭감으로 여러 종류의 정부 지원을 폐지하는 등 자구책을 모색하게 된 것이다. 경제위기 극복을 위해 1979년 영국의 대처리즘(Thatcherism)과 1980년 미국의 레이거노믹스(Reaganomics)가 등장한 것은 복지국가 후퇴의 신호탄이 됐다. 영국에서는 대처 정부가 들어서면서 사회보장비 지출의 삭감정책을 추진했고, 미국의 레이건 정부는 신자유주의 모델이라는 경제정책을 표방하면서 복지국가를 시장의 효율성을 저해하고 개인의 자유를 침식하는 것으로 취급했다. 독일에서는 연금 혜택을 받는 수급권자의 연령을 상향 조정하고, 지원 대상자를 선별하는 것과 같은 방식으로 사회 전반적인 개혁이 단행됐다.

이제까지 지향하던 스웨덴식 사회복지국가 모델에 대한 부정적 견해는 서유럽 국가들로 하여금 시장 중심과 국가 역할의 최소화라는 입장으로 선회하게 했다. 특히, 사회적·국가적 지원정책과 관련해 제도적인 재편을 하기에 이르는데, 완전노령연금을 받을 수 있는 연령을 상향 조정하거나 장애 등급의 심사 강화를 통해 장애급여의 대상을 축소 또는 제한하는 등 수급 조건을 강화하는 한편 급여 수준은 하향 조정했다. 그리고 실업보험의 경우 대기 기간을 연장하거나 실업급여 기긴을 단축함으로써 재성지출을 최소화하도록 했으며, 급여를 받기 위한 조건도 강화해 적극적인 구직활동을 하도록 유도했다(강영실, 2006: 50-51).

풀이

소위 복지국가의 위기로 인해 많은 나라가 사회복지국가에 대한 개혁을 단행하게 됐다. 완전노령연금을 받을 수 있는 연령의 상향 조정, 장애급여의 범위 제한, 급여 조건 강화와 구직활동 유도 등이 이에 해당한다. 3)의 실업보험의 경우 대기 기간을 연장하거나 실업급여 기간을 단축함으로써 복지비용 지출을 최소화할 수 있다.

24 경제와 사회복지는 무슨 관계? – 사회복지정책과 경제 성장 및 경기 변동

대부분의 언론 보도에서 주축을 이루는 것은 경제와 관련된 사항들이 많다. 경제 상황이 좋지 않아 실업이 걱정된다든가, 경기 과열로 인해 인플레이션이 우려된다든가 하는 이야기들이 바로 그러한 예에 속한다. 어떻게 보면 경제와 연관되지 않은 분야가 없을 만큼 경제 상황이나 경기 변동은 큰 몫을 차지하는 것이 사실이다. 이러한 현상은 사회복지정책에서도 마찬가지인데, 서로 밀접한 관계가 있다고 생각된다. 황정엄 씨도 그러한 사람 가운데 한 명이다. 그녀는 지금 사회복지가 경제에 미치는 영향이 부정적일까, 아니면 긍정적일까를 두고 고민에 빠져 있다. 경제 성장이라는 것이 따지고 보면 노동, 자본, 토지와 같은 생산 요소의 투입과 기술 진보에 의해 향상되는 것인데, 얼핏 보면 사회복지와는 무관해 보이기도 한다. 황정엄 씨가 사회복지정책과 경제 성장 또는 경기 변동에 대한 관계를 물어온다면 당신은 어떤 의견을 내놓을 수 있는가?

1) 경제와 복지정책은 별로 관계가 없다. 머리를 일부러 복잡하게 만들지 말고 다른 일에나 신경쓰라고 이야기한다.
2) 사회복지가 경제 성장에 영향을 불러일으킬 것이란 가정은 애초에 성립하지 않는다. 신경써야 할 것은 경제 성장으로 인해 세금을 많이 거둬들이고 이것을 사회복지를 위해 어떻게 배분할 것인가다.
3) 사회복지가 경제 성장에 긍정적 영향을 미치는 요인은 기술적인 것보다는 인적 자본의 질적 수준을 높이는 데 있다고 보인다. 노동자의 복지 증진은 노동력의 질적 수준을 가져오고 생산력의 원동력이 될 수 있기 때문이다.
4) 인플레이션이라는 경기 변동은 소득 실질가치를 하락시켜 사회보장

지출 또한 감소시키는 역할을 한다는 점에서 사회복지정책과 경기 변동은 불가분의 관계에 있다.

해설

경제와 복지정책은 매우 긴밀한 관계에 있다. 복지정책은 특히 경제 성장과 경기 변동에 의해 큰 영향을 주고받게 된다.

노동, 자본, 토지 등 생산 요소의 투입에 따른 증가와 기술의 발달에 따라 생산 능력이 향상되면 이들 생산 능력이 오른 만큼 실질 국민소득이 장기적으로 증대해 가게 되는데 이를 경제 성장이라고 할 수 있다.[46] 경제가 성장하게 되면 이전보다 더 많은 소비재와 양질의 재화 및 서비스를 소비할 수 있게 되는데 이렇게 함으로써 국민의 경제적 후생은 증가한다. 경제성장률은 국민소득의 증가율을 의미한다. 경제성장률은 인구의 증가를 감안하지 않는 총체적인 경제성장률과 인구의 증가를 감안한 1인당 경제성장률로 나뉜다. 국민총생산율을 Y, 국민총생산의 증가분을 $\triangle Y$라 한다면, 총체적 경제성장률은 $G = \triangle Y/Y$다.

46) 인구, 소득과 여가에 대한 개인적 평가, 노동 시간, 노동 연령 등에 의해 노동의 양은 결정된다. 토지는 자연에 의해 주어진 자원, 즉 자연자원의 개념으로 보면 된다. 그리고 자본의 투입 증가는 자본 축적을 의미하는데, 자본 축적은 기계, 건물, 도구 등을 증가시키는 과정이다.

한 나라의 경제성장률은 그 나라 국민의 생활 수준 향상을 나타내는 지표다.

사회복지가 경제에 미치는 영향이 긍정적인가 부정정적인가 하는 논의는 여전히 고전적인 논쟁거리로 단기적인 면에서는 사회복지가 경제에 '마이너스 효과'를 가져오지만, 장기적으로는 '플러스 효과'를 가져온다는 것이 일반적인 견해다.

국가가 주도해서 시행하는 사회복지정책은 경제성장정책이 수행하는 그 이상의 목적을 수행한다는 긍정적인 측면도 사회복지제도가 경제 성장 일변도가 자아낸 부작용인 불평등과 부작용을 치유하기 위해 필요하다는 논리를 내세운다. 경제 성장 중심의 사회 운영 체계는 질병, 노령, 산재, 실업 등과 사회적 위험을 양산하고, 빈부의 격차와 같은 사회적 불균형을 필연적으로 수반하며 따라서 사회적 균열과 갈등이 발생하게 되는데 사회복지제도는 사회 구성원의 연대성에 기초해 그와 같은 문제점을 예방하고 완화시키고 해결해 준다는 것이다. 이는 궁극적으로 사회 안정을 가져오고 사회통합을 이루는 데 기여함으로써 자본주의 경제 체제의 효율적 성장에 기여하게 된다는 논리다(이철우, 2003: 13).

이에 반해 부정적인 측면에서는 자본주의 사회에서 자본의 축적을 어렵게 해 사회 발전을 저해하고 저성장으로 이끈다는 것이다. 그러나 사회복지는 그 영역과 성격에 따라서 경제 성장에 서로 다른 효과를 가져온다는 연구 결과가 일반적으로 수용된다(George & Paul, 1990: 곽효문, 1995: 171). 사회복지가 경제 성장에 플러스 효과를 가져오는 요인은 사회복지 활동을 통해 인적 자본의 질적 수준을 높임으로써 가능하며, 여기에는 건강, 보건, 교육, 주택, 기타 사회서비스 등이 노동자의 복지 증진은 물론 노동력의 질적 수준을 향상시키는 내용을 담고 있다.

경기 변동과 사회복지정책은 다음과 같은 측면에서 서로 영향을 주고받는다.

만약 경기가 침체돼 소득 수준이 감소되면 이는 보험료 수입의 감소로 연결되고, 실업자의 증가는 보험료를 납부하는 사람 수를 감소시키게 돼 사회보장기금이 보유한 자산 가치는 떨어지게 되며 결과적으로는 사회보장 재정수입이 감소하게 된다. 실업자의 증가는 실업보험과 공공부조에 대한 지출 증가로 이어지고, 조기 퇴직으로 인한 노령연금 수급자가 증가하게 돼 지출이 증가하는 현상이 발생한다.

경제 상황에서 인플레이션의 발생은 사회보장에 영향을 미치게 된다. 인플레이션으로 인한 실질소득의 하락은 사회보장기금의 실질가치 또한 감소시킨다. 인플레이션은 최저 수준의 빈곤가구의 실질소득에 대한 가치도 하락시켜 사회보장 지출은 증가하게 된다.

한편, 사회복지는 경기 상황에 대한 안정화에 기여함으로써 간접적으로 경제성장에 영향을 미치게 된다. 사회복지 재원 가운데 직접세를 통한 사회복지 재원 조달이라든가 조세 증가는 경기를 안정화시키는 작용을 하게 되며, 사람들의 가처분 소득의 상승은 실질 GNP 상승에 비해 완만하기 때문에 소비의 억제로 연결돼 경기가 과열되는 현상에 제동을 걸기도 한다. 경제 불황 시에는 실질적 감세가 이뤄지는 것과 같은 효과로 경기를 활성화시키는 효과를 갖게 된다.

여러 나라에서 경제 안정과 성장의 조화를 달성하려는 정책 목표로 사회복지정책을 활용하고 있다. 이처럼 사회복지정책은 경제 성장과 안정이라는 경제 영역에서의 정책 목표와 함께 사회 기능적 목표 달성에 기여할 수 있다.

풀이

경제 성장과 경기 변동은 복지정책과 밀접한 관계에 있다. 사회복지는 어느 영역인가에 따라 그리고 어떤 성격을 갖는가에 따라 경제 성장에 서로 다른 효과를 가져오게 된다. 사회복지가 경제 성장 측면에 긍정적일 수 있는 요인은 인적 자본의 질적 수준 향상으로써 기능하다. 즉, 노동자 복지 증진이 노동력의 질적 수준을 제고한다는 의미에서 보면 3)이 정답이다. 따라서 이로써 사회복지는 경제 성장으로 인해 영향을 받는 것이 사실이지만, 그 반대의 경우도 성립하므로 2)의 설명은 틀린 것이다. 인플레이션은 소득의 실질적 가치를 떨어뜨리고 사회보장기금의 실질가치 또한 감소시킨다. 인플레이션은 빈곤층의 실질소득도 하락시키게 되는데 이는 사회보장 지출의 증가로 이어지게 된다. 따라서 4)는 틀린 설명이다.

25 사회적 선의 추구, 방법론의 차이? – 사회복지정책 사상(1): 중상주의, 마르크스주의, 페이비언 사회주의, 케인스주의

어느 시대를 막론하고 사회복지정책이 나쁘다거나 없어야 할 것으로 보는 사람은 거의 없다. 다만, 그 방법의 문제가 아닐까 싶다. 사회복지정책이 구조적으로 자본가계급의 이익만을 옹호하기 위한 위원회에 불과하다면서 노동자계급이 이를 수용해서는 안 된다고 한 마르크스주의자들도 한편으로는 노동자계급이 자주적으로 얻어내는 사회복지정책은 의미가 있다고 했는데, 이러한 것도 그런 맥락에서 이해해야 한다. 사회적 선을 추구하는 데 과연 국가는 어떤 중요한 역할을 할 수 있을까? 이에 대한 대답은 사람마다 다르겠지만 적어도 긍정적 역할을 할 수 있다고 믿는 사람이 있다. 이요리 씨를 포함한 이른바 페이비언 사회주의자가 그러한 사람들이다. 이요리 씨는 자신이 스스로 페이비언 사회주의자라고 한다. 그런데, 이요리 씨가 말하고 있는 다음 네 가지 사항 중에는 페이비언 사회주의와는 사뭇 다른 견해가 있다. 어느 것일까?

1) 사회적 선을 추구하고 달성하는 데 국가는 매우 긍정적 역할을 수행하며 자본주의는 극복해야 할 대상이다.
2) 사회주의를 지향하되 점진적이고 평화적인 방법을 사용하며 계급에 의한 투쟁보다는 윤리나 공리주의를 더 중시한다.
3) 부의 평등보다는 소득의 평등을 통한 사회복지정책이 필요하다.
4) 사회통합과 공동체 의식 강화 등을 위해 사회복지정책은 필요하다.

해설

중상주의는 15~18세기에 대두된 이념이다. 중상주의는 자본주의적 발상에서 비롯된 것으로 상업자본의 이해를 뒷받침하는 경제정책사상이라고 할 수 있다. 중상주의에서 발견되는 국부의 척도는 화폐이며, 유통 과정에서 이익은 창출된다고 보았고, 당시 국가의 중앙집권화와 맞물려 진행됐으며 국가는 노동자들을 보호할 의무가 있다는 봉건적 국가온정주의의 입장을 취했다. 이에 비춰보아 중상주의에서는 빈민의 노동을 강조했다는 것을 알 수 있다. 그러나 국가복지는 오히려 생산성을 떨어뜨린다고 보았다. 중상주의의 이념은 구빈법에 영향을 주었고 작업장제도나 도제제도 등도 이러한 중상주의 이념에 입각한 것이었다.

마르크스주의는 노동 착취와 계급갈등 아래 자본주의가 프롤레타리아 혁명에 의해 사회주의로 이행할 것으로 보았다. 19세기 마르크스(Karl H. Marx)와 엥겔스(Friedrich Engels)에 기반을 둔 마르크스주의의 주장에 의하면 자본주의는 노동자들이 지양해야 할 착취 체제로, 자본가의 계급적 이해를 옹호하기 위한 것에 불과하다고 주장했다. 자본가계급의 이해를 대변하는 것에 불과한 사회복지정책 또한 노동자계급이 수용해서는 안 되는 것으로 보았다. 다만 의미가 있다면 노동자계급이 스스로 성취해 얻어내는, 내용적으로 보았을 때 진보적인 사회복지정책은 괜찮은 것으로 간주했다. 사회보험에 대해서는 국가와 자본가계급이 이를 부담하는 것이 맞으며 노동자들이 재정의 부담을 지는 것은 반대했다.[47] 마르크스주의자들은 특히 박애주의, 인도주의, 자선사업 등의 사회개량주의를 부정적으로 보았다.

티트머스(R. M. Titmuss), 웹(S. J. Webb) 등으로 대표되는 페이비언 사회주의는 국가는 사회적 선을 추구하고 달성하는 데 매우 긍정적인 역할을 한다고 생각했다. 페이비언 사회주의는 자유시장 경제 체제는 요구도 없는 수요에 치중함으로써 불필요한 생산을 초래하며 지배계급이 세습되고 능력 있는 사람들의 지위 상승을 막는 불평등의 발생을 이유로 자본주의를 극복의 대상으로 간주했다. 페이비언 사회주의는 사회주의를 지향하되 그 방법은 평화적이고 점진적이어야 한다고 주장하면서 윤리와 공리주의를 강조했다. 그들은 평등, 자유, 박애(fellowship), 민주주의, 인도주의 등 시민사회의 기본적 가치를 신봉하며 불평등은 사회통합을 위해 완화돼야 한다고 주장했다. 그들은 소득의 평등보다는 부의 평등을 주장하면서 사회복지정책은 사회통합, 공동체 의식의 강화, 이타주의 의식의 유지를 위해 사회복지정책이 필요한 것으로 보았다.

케인스주의 혹은 수정자본주의[48]는 1929년 대공황 이후 사회복지정책이 확대되던 시기의 논리로 20세기 내내 경제학자, 정치인, 정부정책의 수립자들에게 많은 영향을 미쳤다. 케인스주의는 투자와 소비라는 유효수요의 구성 요소를 분석했는데, 상품의 총공급과 그에 대한 총수요 사이에 불일치가 발생할 가능성이 있어 이에 따라 적절한 고용 수준에 대응하는 국민소득 수준을 유지하는 데 유효수요의 총량은 충분하지 않을 수 있다는 결론을 내리게 됐다. 따라서 국가가 유효수요를 유지시켜야 할 필요성이 생겼고 국가의 개입 근거가 나타나게 된다. 투자와 소비라는 유효수요에 의해 실업이 좌우되는데 고용이 증가하면 소득이 증가하고, 소득이 증가하면 소비행위, 즉 유효수요가 증가된다. 그러나 유효수요가 감소하면 소득이 감소하고, 소득이 감소하면 실업이 증가하

47) 이와 관련해 노동자들은 보험료를 부담하기에는 임금이 겨우 생계 유지 정도에만 불과하다는 것, 노동자들의 생계 불안정은 자본주의 체제의 잘못에 기인하는 바 노동자들의 잘못은 아니라는 것, 재정을 노동자의 임금에서 충당된다면 급여 수준은 충분할 수 없다는 것 등을 그 이유로 들고 있다.

48) 대공황 이후 나타난 자본주의가 지닌 문제점을 수정한다는 의미에서 케인스주의는 수정자본주의라고도 불린다. 그러나 케인스주의는 완전한 복지국가를 지향하는 것이 아니라 국가는 시장이 지닌 문제를 바로잡는 정도에만 개입한다는 의미로 소극적 집합주의라고도 한다.

게 된다. 이러한 유효수요의 원리에 입각해, 경기순환의 안정과 완전고용을 이루기 위해서는 국가의 적극적인 개입이 필요하게 된다는 것이다. 사회복지정책을 두고 이야기하면 케인스주의자들에게는 사회복지정책이란 자본주의의 보호를 위해 필요한 메커니즘이었다.

풀이

페이비언 사회주의는 사회적 선을 추구하는 데 국가는 매우 긍정적 역할을 수행할 수 있다고 주장한다. 그들은 자본주의를 극복 대상으로 보며, 평화적이면서도 점진적인 방법으로 사회주의를 지향하고, 사회복지정책에 대해서는 긍정적이다. 이러한 점에서 사회복지정책과 자본주의에 대해 긍정적인 국가개입주의와는 차이가 난다. 1), 2)는 맞는 설명이다. 한편, 사회통합, 공동체 의식 강화, 이타주의 의식 유지를 위해서도 사회복지정책이 필요하다고 보았다. 4)도 맞는 설명이다. 그러나 소득의 평등보다는 부의 평등을 주장했다는 점에서 3)은 틀린 설명이다. 따라서 정답은 3)이다.

26 어떤 병에도 치유의 방법은 있는 것일까? – 사회복지정책 사상(2): 신자유주의와 제3의 길

사회복지정책을 전공하는 사람이 귀가 따갑게 듣는 부분은 신자유주의라는 사회복지정책 사상 부분이다. 그만큼 의미가 있고 중요하기도 하지만 그에 대한 반론도 만만치 않다. 신자유주의가 주장하는 것은 무엇인가? 신자유주의자들은 복지국가는 시장의 효율성을 저해하고 개인의 자유를 침해하며, 근로 의욕을 감퇴시켜 '복지병(福祉病)'을 불러오는 것으로 파악하는 게 아닌가? 그래서 그들은 자본주의를 신봉하며 자유로운 경쟁으로 대표되는 시장의 힘이 사회적 평등의 신장에 기여한다고 주장한다. 우리가 흔히 세계화니 자유화니 하는 용어도 결국 신자유주의의 산물이라고 보아야 한다. 그리나 과거의 경험을 보면 신자유주의의 도입에 따라 추구된 일련의 정책들이 불황과 실업, 빈부 격차, 시장 개방 압력 등으로 오히려 선진국과 후진국 간에 갈등을 초래하는 부정적 영향을 낳기도 했다는 것을 부인할 수 없다. 그래서 등장한 것이 제3의 길로 알려져 있다. 여러분이 생각하는 제3의 길과 어울리지 않는 주장은 어느 것인가?

1) 인적 자원에 대한 복지는 곧 투자다. 양질의 교육과 환경 제공은 우수한 노동력을 갖추게 할 수 있으며 이것은 미래 국가 경쟁력 향상으로 이어진다.
2) 국민에게 경제적 이익을 직접 제공하는 복지정책이야말로 국가의 가장 효율적이고도 최선의 정책이다.
3) 비영리 부문, 기업, 지방정부도 복지 공급의 주체가 돼야 한다.
4) 위험을 두려워하지 않는 정신과 효과적인 위험성 관리가 기업가와 노동자들에게 모두 필요하다.

해설

1973년과 1979년 두 차례의 오일 쇼크로 인한 사회경제적 위기는 케인스이론에 대한 유효성을 의심하게 만들었다. 신자유주의(new liberalism)는 1970년대의 경기 후퇴로 인해 실업자가 증가하고 이에 따라 사회복지 지출의 증가함으로써 케인스 이론을 도입한 수정자본주의의 실패를 지적하면서 등장하게 됐다. 반집합주의(anti-collectivism), 신보수주의 등으로 불리는 신자유주의의 기본 입장은 자본주의 시장에 대한 신봉이다. 그들은 ① 사회적 욕구를 하나의 권리로 인식되면서 잠재적 수혜자와 재정 부담자 사이에 적대감이 형성됨으로써 사회적 분열이 조장된다는 것, ② 무한한 수요에 비해 사회복지정책에 필요한 자원은 한정돼 무상의 사회복지정책이 가수요를 형성하고 수혜자에 대한 자존심의 손상과 서비스 질의 하락을 가져온다는 점, ③ 사회복지정책 비용이 시장 메커니즘의 효율성을 감당할 수 없을 정도의 경제적 비효율을 조장한다는 점, ④ 민주주의 사회에서 완전한 합의가 불가능한 이상 집합주의적 견해는 개인의 자유를 억압하는 형태로 나타날 것 등의 이유로 국가를 혐오한다. 또한 국가의 사회복지정책은 근로 의욕의 감퇴로 이어져 이른바 '복지병'을 야기하게 되며, 시장이야말로 자유로운 경쟁, 수요와 공급, 이윤, 임금 교섭 등을 통해 사회적 평등을 달성할 수 있다고 생각했다. 그러나 최소한의 국가 개입은 필요로 하게 되는데 시장에서의 독점을 막고, 과시적 소비 형태 차단,[49] 불안 제거 등이 그러한 예에 속한다. 신자유주의의 사상과 함께 추진된 것이 노동시장의 유연화, 민영화 등이다.[50] 그러나 불황과 실업, 빈부 격차 확대, 시장 개방 압력으로 인한 선진국과 후진국 간의 갈등 초래라는 부정적인 측면도 있다.

그러나 이러한 신자유주의 논리에도 불구하고 빈부 격차, 불평등, 만성 실업 등의 문제는 여전히 남아 있고 사회민주주주의 국가에서도 지나친 복지와 비효율 등이 가진 문제에 대한 비판이 이어지면서 시장의 효율과 사회복지의 형평성을 동시에 추구하고 사회복지와 경제 성장을 동시에 유지·발전시키는 것을 기본 정책노선으로 설정하고 추구하는 제3의 길이 등장하게 됐다. 제3의 길은 고복지-고부담-저효율로 요약되는 사회민주적 복지국가 노선(제1의 길), 고효율-저부담-불평등으로 정리되는 신자유주의적 시장경제 노선(제2의 길)을 지양한 새로운 정책노선으로 대안으로 적극적 복지를 제안했는데, ① 직접적인 경제적 혜택을 국민에게 제공하는 것이 아니라 인적 자원에 투자하는 복지국가, 즉 사회투자국가(social investment state)로의 개편,[51] ② 기존의 중앙정부 중심의 복지 공급을 지양하고 비영리 부문(제3부문), 기업, 지방정부 등도 그 주체로 삼는 것으로 복지의 주체를 다원화하자는 것,[52] ③ 기든스(Anthony Giddens)가 말한 바와 같이 복지국가는 자원보다는 위험성을 공동 부담하는 것이며, 복지의 개혁을 위해서는 위험성 관리가 필요하고 노동자들에게도 기업가들처럼 위험을 두려워하지 않는 정신이 필요하다는 의식 전환 등을 그 특징

49) 이른바 이웃효과(neighbor effect)로서 이웃이 차를 사면 자신도 같이 차를 구입하는 것처럼 이웃을 의식한 과시적 소비 행태를 일컫는 말이다. 이는 주변 또래의 재산이나 소비 수준에 비춰 자신을 평가하려는 경향에서 비롯된다.

50) 신자유주의의 기본 논리는 이윤으로 골고루 잘사는 것과 관련된 이상론과는 차이가 있다. 한편, 비정규직 문제가 사회문제로 거론되고 있는데 사실 비정규직은 노동시장 유연화와 관련이 깊다. 기업 이윤 추구가 제1차적 목적이라고 할 수 있는 신자유주의에서 비정규직 고용 확대는 기업의 입장에서 보면 노동력을 싼 값에 이용할 수 있고 노동권도 보장하지 않음으로써 해고도 쉽게 이뤄질 수 있다는 장점이 있다.

51) 아동복지정책을 예로 들면 단순히 아동의 복지를 향상시킨다는 목적을 넘어서 모든 아이에게 양질의 교육과 환경 제공이라는 투사는 결과적으로 우수한 노동력의 산출로 나타나게 된다. 아동복지정책으로 인한 이러한 우수한 노동력 확보는 장래의 국가 경쟁력 향상을 가져오게 되고 결과적으로 아동에 대한 복지는 복지 차원을 넘어서 하나의 투자가 된 셈이다.

52) 이를 복지다원주의(welfare pluralism)라고 한다.

으로 한다.[53]

풀이

신자유주의 논리 아래에서도 여전히 빈부 격차, 불평등, 실업문제가 발생하게 됐고, 한편으로 과도한 복지와 비효율을 가져오는 사회민주적 복지국가에 대해서도 비판이 제기됐다. 이에 등장한 것이 제3의 길이다. 즉, 국민에게 경제적 혜택을 직접 제공하기보다는 인적 자원에 투자하는 복지국가로의 개편, 기존 중앙정부 중심의 복지 공급 지양, 기업가 및 노동자들의 의식 전환 등으로 요약할 수 있다. 1), 3), 4)는 맞는 설명이며, 2)는 오히려 지양해야 할 요소로 보고 있는 것이다. 따라서 2)가 정답이다.

53) 의식의 전환은 위험에 대한 긍정적 측면을 활용하는 것과 위험 감수에 대한 자원 제공과 관련돼 있다. 근로라는 관점에서 보면 권리로서 급여를 받는 것뿐만 아니라 근로를 통해 개인의 책임을 다하는 것도 포함되는데, 이러한 근로 연계 프로그램도 이와 관련이 깊다.

27 모든 평가 결과에는 그 이유가 있다 – 사회복지정책 사상(3): 온정주의, 자유주의, 보수주의, 사회민주주의

사회복지정책을 결정하고 집행하도록 추진력을 가하는 것 가운데 중요한 것이 바로 사상(thought, idea)이다. 또한 근거를 제공하고 철학적 가치를 투입하는 것이 바로 사상적 견해다. 사회복지정책 사상에 관심이 많은 유인라 양은 학기말 리포트로 사회복지정책 사상에 대한 주제를 받고 내심 미소를 지었다. 관심이 많은 영역인데다가 왠지 잘할 것 같은 자신감이 생겼기 때문이다. 밤새워가며 자료를 찾고 인터넷을 뒤지고 해서 결국 마감일 하루 전에 탈고해 담당교수에게 제출했다. 상당히 높은 점수를 기대했으나 아쉽게도 그녀는 B를 간신히 넘는 평가를 받았다. 그녀는 성적 이의를 신청했으나 허사였다. 다음 기술 가운데 유인라 양이 높은 점수를 받지 못한 이유에 대한 대목을 한 번 찾아보자. 어느 서술 때문일 것이라고 생각하는가?

1) 봉건적 지배 체제 하에서의 봉건 영주가 농민을 보호한 것은 경제적 불평등을 줄이려는 의도도 있었으나, 사실 더 큰 목적은 전통적인 정치 불평등 체제를 고수하려는 것이었다.
2) 자유주의자들은 자본주의 발전 과정에서 성공한 부르주아지들로부터 많은 지지를 받았다.
3) 보수주의는 빈민 구제라는 목표는 받아들이면서도 그보다 더 본질적인 평등이라는 목적에 도달하려는 노력은 적극적으로 하지 않는다.
4) 사회민주주의자들은 사적 서비스가 사회의 평등을 촉진하고 사회통합을 이루는 데 필수적이라고 생각해 이를 지지한다.

해설

온정주의는 ① 하나의 경제제도로서 생산 단위의 조직화를 통해 생산 수단을 소유한 자(집단)와 피지배자(집단) 간의 관계를 규제하는 것과 관련된 경제적 온정주의, ② 경제적인 측면에서 이에 예속된 자가 선거권이 있는 경우, 선거 목적으로 이들 예속민을 이용하려는 정치적 온정주의, ③ 사회적 관계를 규제하는 규범적 정당성을 제공하는 이데올로기로서의 온정주의 등으로 구분된다.

주로 봉건사회에서 찾아볼 수 있는 온정주의는 봉건적 위계 관계가 1차적으로는 영주가 그의 정치적 의무를 수행하는 데 필요한 잉여 확보를 위해 생산 단위를 조직화하는 것과 깊은 연관이 있었다. 봉건사회에서는 지배자인 봉건 영주계급에 의한 토지 소유와 농민의 봉건 영주에의 인격적 종속이 봉건적 생산 양식의 기초적인 모습이었다. 인격적 의존 관계와 결합된 것은 토지 소유 관계였으며, 이러한 모습은 봉건제 사회경제적 질서 전반에 나타나 있었다. 봉건 영주 입장에서는 봉건사회의 농민들이야말로 자신의 경제활동을 하는 데 반드시 필요한 생산 수단의 소유자였기 때문에 봉건 영주는 인격적 예속 체제의 형태로 오직 경제 외적 강제에 의해서만 그들을 착취할 수 있었다. 봉건군주제 하에서 사회보험은 경제적 불평등을 완화하기 위한 것이었지만, 이보다 더 큰 목적은 전통적인 정치적 불평등 체제를 고수하려는 데 있었다.

자본주의 발달 과정에서 부르주아의 지지를 받은 자유주의자들은 근검과 절약, 그리고 성공에의 열망과 같은 새로운 미덕을 갖기 원했다. 빈민이 겪고 있는 현재의 불행은 스스로의 나태와 의존심의 결과라고 보았고, 부자들의 성공은 그들의 근검 절약과 독립심의 성과라는 것을 정당화했다. 자유주의 사상에서의 대표적인 것은 구제 대상의 생활 수준은 최하층의 독립 노동자(lowest working poor)의 생활 수준과 같아서는 안 되는 조건에서만 구제가 제공돼야 한다는 이른바 열등 처우의 원칙(less eligibility principle)이었다.

개인의 욕구를 충족시키는 가장 훌륭한 메커니즘은 자유시장 질서이지만 시장 질서가 언제나 안정을 취할 수는 없기 때문에 관리돼야 한다는 것이 보수주의의 입장이다. 시장은 경기 변동 상황이 심하게 요동치기 때문에 시장이 지닌 이러한 결함을 국가는 교정해야 하며 이것이 국가의 의무이기도 하다는 것이다. 보수주의가 취하는 입장은 국가를 통한 완전 평등, 새로운 사회 질서 수립과 같은 궁극적 목적의 도달이 아니다. 보수주의는 본질적인 목표의 추구보다는 특정 목적의 수립과 달성에 더 큰 무게를 둔다. 자유시장 경제에 대해 신봉하면서도 보수주의가 국가 개입이나 기회 균등과 같은 정책을 추진하는 이유는 '하나의 국민(one nation)'에 대한 신념이 자리 잡고 있기 때문이다.

복지국가의 가장 강력한 옹호자인 사회민주주의 사상은 복지국가는 자유방임적 자본주의에서 사회주의로 이행하는 중간 단계라고 보며, 사회민주주의 국가가 재분배정책을 적극적으로 실행하도록 하는 기반은 노동자정당이라고 한다. 복지국가야말로 민주주의에 의해 제공된 정치적 권리로서, 시장의 힘만을 주요한 가치 수단으로 삼는 자유시장을 조정할 주된 힘이며, 불평등의 감소와 평등한 사회 촉진의 기제(mechanism)라고 본다. 사회민주주주의자들은 복지국가가 사회 내의 고통과 궁핍을 제거할 수 있다고 믿는다. 사회민주주의자들은 사적 급부는 사회의 불평등을 증가시키고 사회통합을 저해할 뿐 아니라 국가 서비스보다 국민에 대한 책임이 훨씬 작다는 이유로 사적 급부(service)를 강하게 반대한다.

사회민주주의는 복지국가의 다양한 정책을 통해 폭력을 수반하지 않고도 자본주의에서 사회주의로 이행할 수 있다고 본다. 이 과정에서 국가 주도의 사회서비스 제공과 교육, 의료의 탈상품화(decommodification)를 통해 시장이 아니라 국가에 의해 개인의 욕구를 최대한 충족시키려고 한다.

풀이

사회복지 사상은 많은 내용이 포함되지만 위 예화에서 보이는 바에 따르면 네 가지 사상에 대해 기술하고 있는 듯하다. 1)은 온정주의에 대한 내용으로 봉건적 지배 체제 하에서 지배자는 피지배자에 대해 사회적 보호를 지니고 있었다는 점과 더불어 맞는 설명이다. 2)와 관련해 자유주의자들의 주장은 자본주의 발전 과정에서 성공한 부르주아지들로부터 전폭 지지를 받게 됐는데 그 이유는 부자들의 성공은 부자들의 근검 절약의 성과물이라는 논리로 받아들여졌기 때문이다. 2)도 아무런 문제가 없다. 3)도 맞는 설명이며 덧붙인다면 보수주의가 자유시장 경제를 신봉하면서도 국가 개입과 기회균등정책을 추진하는 것은 하나의 국민이라는 신념 때문이다. 그러나 4)의 경우, 사회민주주의자들은 사적 급부를 강력히 반대하는데 사적 서비스는 사회 불평등의 증가와 사회통합의 저해, 그리고 국가 서비스보다 국민에 대한 책임이 작을 수밖에 없다고 생각하기 때문이다. 따라서 유인라 양이 학기말 리포트에서 점수가 낮은 것은 4) 때문이라고 해야 할 것이다.

28 믿는 도끼는 발등만 찍는 것이 아니다(?) - 사회복지정책 사상(4): 조합주의, 다원주의, 복지자본주의, 생태주의

사회복지정책 사상에 대한 학기말 리포트로 한 번 쓴 잔을 마셨던 유인라 양은 자신이 아끼는 후배인 정중혁 군이 같은 리포트를 써야 한다는 말을 듣고 아낌없이 조언해 주었다. 이 리포트가 자신에게 주어진 과제인 것처럼 유인라 양은 지난 번 자기가 쓸 때의 리포트보다 더 신경을 썼다. 밤새워가며 자료를 찾고 인터넷을 뒤지다 이번엔 코피까지 터졌다. 그리고 유인라 양의 아낌없는 조언과 자료 제공에 힘입어 정중혁 군은 드디어 제출 마감 당일 당당하게 자신의 리포트를 제출할 수 있었다. 정중혁 군의 성적표가 날아오던 날, 성적을 함께 점검하던 유인라 양은 입에 거품을 물었다. 이번엔 C가 나왔다. 도대체 왜 또 이런 일이 생겼던 걸까? 다음의 작성된 리포트 기술 가운데 정중혁 군이 제대로 점수가 나오지 않게 만든 대목은 어느 것일까?

1) 조합주의이론에서는 국가가 특정 거대 이익집단을 통제하고 정치적 결합 관계를 형성해 국가가 지배 체제를 이끌어 간다고 주장한다.
2) 다원주의는 전문화된 사회의 각 활동 분야가 자율성을 유지하며 다른 분야에 예속되지 않을 것을 보장하자는 것이다.
3) 경제활동을 개인의 자유에 맡기다 보니 이기주의로 변질될 수 있는 개인주의만 강조하는 것으로 바뀌었고 빈부의 격차가 생기고 분배의 불균등이 생겨나게 되었는데, 이의 폐단을 없애기 위해 복지자본주의가 등장했다.
4) 생태주의자들은 파괴된 환경의 복구는 반드시 과학기술을 동원해 복구해야 한다고 주장했다.

해설

조합주의(corporatism)는 정책 과정에서 정부와 이익집단이 가지게 되는 역할 분담과 관련이 깊다. 국가의 정책 결정 주체로서의 성격과 이익집단에 대한 통제 기능이 중점적인 분석 대상이다. 조합주의이론에 의하면 국가는 특정한 거대 이익집단을 적절히 통제하고 정치적 결합(유대) 관계를 형성함으로써 지배 체제를 이끌어간다. 국가가 통치력 강화를 목적으로 국가의 권위에 의한 사회집단을 조직화하고, 이 집단들로 하여금 국가에 종속적·보조적 관계를 형성하게 될 때 이를 국가조합주의라 한다.

한편, 1970년대 두 차례의 오일 쇼크는 자본주의적 고도 성장에 대한 회의적 시각을 표출하게 됐고, 국가의 정치적·경제적 위기에 대한 대응책을 요구하게 됐다. 이 때 국가의 중요 정책 결정 과정과 집행 과정에 이익집단을 참여시킴으로써 위기 극복에 대한 접근 방법으로 제기된 것이 신조합주의였다. 중요한 정부정책의 결정은 정부와 이익집단의 합의에 의하고 이익집단은 상향적 의사결정 방식을 띠게 된다. 국가는 이익집단에 대한 통제보다는 유인과 협조를 동원할 수 있고, 이익집단은 자율적으로 국가에 협조하게 된다고 보았다.

다원주의(pluralism)는 자유주의 시장 원리에 따라 각 집단이 대등한 입장에서 어떤 제약이나 속박을 받지 않고 국가나 집단을 상대로 자신의 이익을 표출하는 것으로 국가와 이익집단 간 제도적 연계는 사실상 존재하지 않는다고 할 수 있다. 사회복지정책의 관점에서 보면 다원주의이론은 자본주의를 중심으로 이뤄지고 있는데 자본주의 국가는 속성상 비공식적 부문을 존재 가치로 인정하고 있으므로 사회복지 혜택의 제공 주체는 국가 이외에도 비공식적 부문에 의해 여러 차원에서 제공될 수 있다. 다원주의에서의 국가 역할은 다양한 이익집단 간의 갈등과 대립을 조정하는 중립적인 중재적 역할에 치중한다. 공공정책은 국가의 권위적 결정 사항이 아니라 정부와 이익집단 간 협상의 산물이며 국가는 적극적 개입보다는 소극적이고 수동적 대응에 치중한다. 국가와 이익집단 간에는 수평적 대등성을 지니며 국가 위상은 이익집단과 병렬 관계에 놓이게 된다.

복지자본주의(welfare capitalism)는 1920년대 미국의 기업들이 상대적 잉여가치의 생산을 급격히 증대시키고 있던 배경 속에서 등장했다. 기업들이 새로운 노동통제 전략으로 기업 복지, 작업장 복지, 기업연금 등의 다양한 복지자본주의 프로그램을 사용했으며, 구체적인 내용으로 회사 노조(어용노조)를 통한 노동자 대표성 인정, 임금 인센티브제, 종업원 지주제, 작업책임자 훈련, 이직률 감소를 위한 복지 급여, 작업장 내 환자를 위한 사내 의료, 회사 대부제, 사내 레크리에이션 시설, 유급 휴가 등이었다. 복지자본주의가 논의된 것은 기업주의 이익을 위한 것으로 실제적으로는 노동자의 복지가 아니었다. 기업주들은 숙련 노동자를 확보하기 위해 생산 라인 밖의 노동자 생활 조건에까지 관심을 두었는데 당시 노동력의 대부분은 이민 노동자로서 기업주들은 위험한 존재로까지 간주했다. 기업의 후원 아래 제공된 복지급여는 노동자와 회사 간의 응집력을 높일 수 있었다.

그러나 복지자본주의의 외관을 지켜 준 것은 공장 내 일상적 테러였으며, 과학적 인사관리란 강압적인 몰이 방식(drive system)과의 어정쩡한 결합이었다. 복지자본주의는 대량 생산에 맞춰 유효수요를 조정하는 거시적인 문제에 대한 미시적인 해결책에 불과한 모순점이 있었던 것이다. 유효수요의 관리는 개별 자본의 차원에서는 불가능했다(원석조, 1999: 77).

생태주의(ecologism)는 선진 산업시회의 경제 성장이 개인들로 하여금 풍요와 공공서비스의 자원 증대로 복지가 강화됐지만 이러한 경제 성장이 엄청난 비복지를 초래했다는 것이다. 파괴된 환경을 다시 과학기술로 해결할 수 있다는 과학자들의 주장을 생태주의자들은 비판한다. 생태주의자들의 주장은 경제

성장률과 소비율을 감소시켜야 하고 공공복지 지출 또한 축소해야 한다는 것이다. 공공복지 지출로 인한 국민총생산의 대부분이 소비되고 이것이 경제 성장과 소비 확대라는 결과를 불러일으킨다는 것이다. 생태주의는 대도시, 공장, 병원, 학교 등 산업사회의 대규모 조직 단위에 대한 거부감을 가지고 있으며, 소규모 주거지와 소규모 작업 단위를 선호한다.

풀이

예화와 관련해 작성된 사회복지 사상은 네 가지다. 1)은 조합주의에 대한 내용으로 기본적인 사상은 국가가 지배 체제를 이끌어가는 것으로 국가의 능동적 성격과 이익집단에 대한 통제 기능이 중심이 되는 것을 말한다. 2)는 다원주의를 설명한 것으로 사회복지 혜택의 제공 주체는 국가 외에도 비공식 부문에 의해 여러 차원에서 제공될 수 있다는 것이 주된 내용이다. 맞는 설명이다. 3)과 관련해 복지자본주의는 개인주의와 공동체 의식을 모두 고려해 자본주의의 원칙은 지키되 국가가 경제활동에 적절히 개입하는 것을 말한다. 맞는 설명이다. 4)와 관련해 생태주의자들은 파괴된 환경을 다시 과학기술로 해결할 수 있다는 과학자들의 말을 불신하며 경제성장률과 소비율을 감소시키고 공공복지 지출 역시 축소하라고 주장한다. 4)는 틀린 설명으로 정중혁 군이 학기말 리포트에서 점수가 제대로 나오지 않게 된 것은 4) 때문이라고 해야 할 것이다.

29 사회복지는 곧 사회공학(?) – 사회복지정책의 구성 및 전략(1): 선별주의, 보편주의, 시민 참여, 탈상품화

사회복지정책을 구성하고 이를 효과적이고도 형평성 있게 달성하려는 전략도 그것을 주장하는 사람의 수만큼이나 많이 존재한다. 불철주야 나라의 장래를 걱정하며 국가의 기반을 세운 율도국의 전우치 대신은 이제 나라가 제 모습을 갖춘 이 시점에서 자신이 해야 할 일은 바로 사회복지정책을 구성하고 전략을 짜는 것이라고 생각했다. 그의 기본 철학은 사회복지정책이란 것이 본질적으로는 백성들의 문제를 해결하기 위해 구상하는 것이라는 것과 기본적으로 사람이란 존재가 가진 이성과 합리성을 바탕으로 만들어야 한다는 것이다. 그래서 그는 어찌 보면 사회복지정책이란 사회공학과 같은 것이라고 생각했다. 사회복지정책을 위해 어떤 전략을 짜야 할 것인가? 몇 달이 지난 뒤 그는 어전회의에서 개인적 욕구에 근거해 도움을 필요로 하는 사람들에게만 급여를 제공하고 도움이 필요한 자인가는 자산조사를 통해 결정하는 사회복지정책을 구성할 것을 제의했다. 그러나 곧바로 문제점을 제기하는 일지매 대신의 주장 때문에 제동이 걸렸다. 일지매 대신의 이유 있는 문제 제기는 무엇이었을까?

1) 도움을 필요로 하는 사람이 한둘인가? 자금의 낭비가 엄청날 것이다.
2) 도움을 필요로 하는 사람을 돕자면 공무원을 충원해야 하는 등 또 다른 인적 자원의 낭비를 초래할 것이다.
3) 너도 나도 도움을 받으려고 하기 때문에 능력 있는 사람들도 의존심만 키워 스스로 노력하지 않는 게으른 백성이 될 우려가 높다.
4) 도움을 필요로 하는 사람들이라는 오명이 뒤따르게 되며 행정절차가 복잡할 것이다.

해설

규범적 측면에서 사회복지정책은 목표 또는 목적과 연관된 구성 요소로 가치, 이념, 철학, 사상 및 윤리 등을 다루고 분석한다. 사회복지정책의 규범 연구에서는 사회정책을 누가 계획하고 실천하는가에 대한 연구로 사회복지정책의 수단과 방법의 범위를 사회복지정책의 실천 매개체로서의 조직이나 인력을 포함해 재성문세까지 포함하게 된다.

사회복지정책은 본질적으로 인간의 문제 해결을 위해 구상된 것이고 기본적으로 인간이 지닌 이성과 합리성 바탕 위에서 만들어진 인위적이고 사회공학적인 특성이 내포돼 있다. 사회복지정책의 규범적 구성 체계는 사회복지정책의 내용 분석의 준거틀(framework)을 제공한다.

사회복지정책의 전략에는 ① 선별주의, ② 보편주의, ③ 시민 참여, ④ 탈상품화, ⑤ 긍정적 차별, ⑥ 권한 강화 등이 있다.

선별주의는 개인적 욕구에 근거를 두고 도움을 필요로 하는 사람들에게만 급여를 제공한다는 것이 기본 골자다. 복지서비스의 제공 대상자는 사회적·신체적·교육적 기준에 따라 수혜 조건을 갖춘 사람에 한하며, 수혜자 여부의 대한 판별은 자산조사(means test)에 의해 결정돼야 한다는 것이다. 선별주의는 도움을 가장 필요로 하는 사람에게 집중적으로 도움을 제공함으로써 자금 및 자원의 낭비가 적어지며 불필요한 의존심을 키워 주지 않는다. 또한 급여를 사회적 욕구가 있는 사람에게 집중함으로써 사회적 긴장감과 적대감을 줄일 수 있다고 본다. 사회적 욕구가 큰 사람에게 우선적으로 복지서비스가 배분되면 사회적 형평성이 제고될 수 있다. 그러나 오명(stigma)이 뒤따르고 자산조사 과정에서 낙인감을 주며 행정절차가 간단하지 않다는 단점이 있다. 선별주의의 대표적인 예로는 공공부조를 들 수 있다.

보편주의는 사회복지급여를 하나의 사회적 권리이며 전 국민을 사회복지의 대상자로 삼는 것이다. 복지에 대한 수혜 자격과 기준을 균등히 함으로써 보편주의는 오명이 없으며, 낙인감이나 열등감을 갖지 않게 한다. 또한 전 국민을 대상으로 최저 소득을 보장함으로써 궁핍을 미연에 방지해 주고 행정절차가 간단하며, 급여의 공정성을 보장할 수 있고, 일반 시민의 구매력을 유지시켜 주어 경제 안정과 성장에도 기여할 수 있다. 즉, 포괄성의 원칙에 따른 복지 프로그램의 정치적 장점을 중요시하는 가치를 지닌다. 그러나 한정된 자원을 효과적으로 사용하는 데 한계를 지니고 있으며 자금 및 자원의 낭비가 많고 불필요한 의존심을 키워 준다는 단점이 있다. 보편주의의 대표적인 예로는 사회보험을 들 수 있다.

시민 참여는 ① 선거 과정에서 투표권 행사를 통한 사회복지정책에의 간접적 참여나 신문과 방송과 같은 언론기관을 통한 사회복지정책 의견 제시 등 개인적인 참여 방법, ② 주민회의의 구성을 통한 활동, 이익집단 결성으로 자신이 속한 집단의 특수 이익을 위해 활동하는 것, 또는 정당이나 시민단체에 가입해 활동하는 것과 같은 집단행동을 통한 참여 방법 등이 있다. 오늘날 민주시민은 공동체의 일에 관심을 가지고 비판적·능동적으로 참여해야 할 필요성이 있다. 다른 사람의 자유와 권리를 존중해 주면서 자신의 자유와 권리를 정당하게 행사하도록 하며 정책 결정 과정에서는 민주적 다수결 원리를 따라야 한다.

탈상품화는 근로자가 자신이 가진 노동력이 상품으로 교환되는 시장에 내다 팔지 않고도 개인의 사회적 욕구를 충족시킬 수 있는 정도를 의미한다. 한 국가의 사회에서 사회적 급여(social wage)가 포괄하는 사회적 위험(social risks)의 범위가 넓고, 사회적 급여를 받기 위한 자격 조건이 까다롭지 않으며, 급여 수준이 높으면서도 지급 기간이 길다면 그 사회는 탈상품화 정도가 높다고 할 수 있다. 인간은 시장에서 상품화가 가능하며 누구나 상품화되어 있다는 것을 전제로 하는 탈상품화 개념에 비춰보면, 복지국가의 역할은 이러한 상품화된 인간들을 다시 탈상품화해 시장에 구애받지 않고 인간다운 생활을 누릴 수 있도록 해야 한다는 것을 의미한다. 그러나 탈상품화는 특히 페미니스트들로부터 적용되는 범위가 매우 협소하다는 비판을 받기도 한다. 여성이 가정에서 육아와 가사(家事)를 하면서도 시장 가치를 인정받지 못하는 것은 이러한 일들이 탈상품화의 대상으로 여겨지지 않고 있다는 것이다.

풀이

기본적으로 모든 정책에는 장점이 있는 반면 단점이 있다. 그러나 흔히 정책의 결정이나 집행은 단점을 뛰어넘는 장점이 많다거나, 시기적으로 보아 문제가 발생할 가능성이 높다 하더라도 장기적으로 효과가 나타난다고 판단할 때 이뤄지는 경우가 많다. 사회복지정책에서도 여러 구성 체계가 있을 수 있고 시대에 따라 여러 가지 전략도 있을 수 있다. 가장 대표적인 것이 선별주의와 보편주의에 대한 것이며 이들은 어찌 보면 동전의 앞뒤와 같다. 위 예화에서 전우치 대신이 주장하는 것은 선별주의라고 할 수 있다. 즉, 개인적 욕구에 근거하여 도움이 필요한 사람에게만 급여를 제공하고 자산조사에 의해 도움이 필요한 사람인지를 결정하는 철학을 가지고 있다는 점이 바로 그 근거가 된다. 상대적으로 선별주의는 전 국민에게 사회적 권리로서의 사회복지에 대한 급여가 골고루 이뤄져야 한다는 보편주의에 비해 자금 및 자원의 낭비가 적어지며 불필요한 의존심을 키워 주지 않는다. 그런 의미에서 1), 2), 3)은 잘못된 설명이다. 선별주의는 도움이 필요한 사람이라는 오명(stigma)이 뒤따르며 선별 과정에서 행정절차가 간단하지 않다는 단점이 있다. 따라서 정답은 4)다.

30 불평등은 태어나면서부터 이미 시작된다(?) – 사회복지정책의 구성 및 전략(2): 긍정적 차별과 권한 강화

사람은 태어나면서부터 불평등이 시작되는 것이 아닐까? 미국이라는 선진국에서 태어나는 사람과 아프리카 어디 이름 없는 오지의 나라에서 태어나는 사람이 평등한데서 출발한다고 볼 수 있을까? 미국이라는 선진국에서도 부유하고 별 걱정거리가 없는 가정에서 태어나는 것과 할렘가의 빈민촌에서 태어나는 사람이 같은 출발선상에 있다고 볼 수 있을까? 그런 의미에서 보면 태어나면서부터 불평등 속에서 평등을 주장하는 것은 어쩌면 어불성설인 것같이 보인다. 사회복지정책에서 고려해야 할 것은 바로 일반사회에서 평등하지 못한 대우를 받는 계층들을 평등에 가깝게 하기 위한 차원의 노력이 있어야 할 것이 아닌가 싶다. 사회복지정책을 어떻게 구성하고 전략을 세울 것인가에 대한 이러한 노력은 우리도 한 번 생각해 볼 여지가 있다. 이런 생각을 염두에 두고 논의를 전개했을 때 가장 합당하다고 생각되는 것은 무엇인가?

1) 타고난 팔자를 어찌 하겠는가? 평등한 대우를 받지 못하고 있다고 생각하는 계층에 있는 사람도 노력해서 잘난 사람이 되라고 격려해 줄 수밖에 무슨 뾰족한 수가 있겠는가?
2) 우리가 살아가는 사회에서는 평등하지 못한 상황이 연출되고 권리를 누리지 못하는 계층이 겪는 불이익을 해소해 주는 차원에서 상대적 차별을 가하는 정책은 필요하다.
3) 역사로 보면 그때 그때의 제도와 사상이 옳은 것이라고 믿어 왔다. 임금의 존재나 양반제도 같은 것들도 그 시대엔 당연한 것으로 받아들여졌다. 그런 이치에 따라 지금 사회도 모순이 있을지 모르지만 대다수는 받아들이고 있으니 문제가 없는 것 아닌가?

4) 길흉화복은 아무도 점칠 수 없다. 희망이라는 것을 버리지 않는 한 언젠가는 자신도 권리를 누릴 수 있는 길이 열릴 것이다. 개인적으로 참고 노력해야 한다.

해설

1987년 프랑스 『르몽드』에 처음 등장한 긍정적 차별(affirmative distinction)이라는 용어는 채용 지원자들의 이력서를 익명으로 하자는 제안이나 정치연구소가 우선교육지역(Zone d'Education Prioritaire: ZEP)으로 분류된 몇몇 고등학교와 맺은 협약, 또는 사회학적 조사에서 출산 기준의 도입과 관련해서 이 표현이 사용되면서 2000년대 들어 크게 유행하기 시작했다.

긍정적 차별은 선천적·후천적인 제약으로 평등한 권리를 누리지 못하고 있는 계층에게 사회에서 좀 더 평등한 상태에 근접하도록 하기 위한 차원에서, 그리고 그동안의 불이익을 조금이나마 해소해 주는 차원에서 차별을 가하는 것을 말한다. 농어촌 지역의 학생이나 장애인 학생에 대한 특례입학제도, 장애인 의무고용제, 양성고용평등제 등은 그 대표적인 예다.[54]

54) 프랑스에서 2005년 무슬림 소요 사태를 겪은 이후 이민자 2세 교육에 집중하는 것도 그 한 예가 될 수 있다. 교육환경이 열악한 지역을 우선교육지역(ZEP)으로 선정해 지원하기로 한 것이다.

한편, 권한 강화는 물리적인 힘을 포함해 다른 사람들에 대한 통제력, 권위, 영향력의 소유 그리고 스스로의 삶에 대한 통제력을 갖는 것을 의미한다. 특히 개인의 자기 확신, 변화의 가능성 향상, 개인 능력의 진전과 같은 심리학적 경험을 강조한다. 권한 강화는 권리를 잃은 사람들에게 그들의 권리를 돌려 주는 것을 뜻하는데 이 때 권한 행사에 방해가 되는 장애물의 영향을 감소시키고 자신감을 증대하도록 하며 열악한 환경으로부터 개인에게 권한을 돌려 줌으로써 개인의 역량을 강화시키게 된다.

이러한 권한 강화는 개인, 대인 관계, 구조적 차원 등 모든 사회 체계 수준에 적용 가능하다.

개인 차원은 개인의 역량, 지배감, 변화 능력을 포함하며 이성, 인지, 동기면에서 자신의 삶에 대한 통제감을 증진시켜 주는 것이다. 개인 차원에서의 권한 강화는 자기 가치에 대해 외부 세계와 차별화하거나 영적인 것을 추구하는 경향으로도 나타난다.

대인 관계 차원은 다른 사람에 대한 영향력을 회복해 서로 간의 균형 관계를 형성하도록 하는 것을 의미한다.

구조적 차원은 법적·제도적 구조개혁을 통해 사회구조를 바꿈으로써 소수집단이나 사회적 약자 등에게 구조적으로 권한을 강화해 주는 것을 의미한다.

권한 강화는 복지대상집단을 개성과 잠재력을 가진 인격체 및 자원으로 인식해 복지대상집단의 참여를 중시하고 변화 노력의 전체 과정에서 복지대상집단의 자기결정권을 강조하고 이를 보장해 주는 것이다. 복지대상집단은 이제까지 수혜자, 환자, 도움을 받거나 필요로 하는 사람들이라는 낙인으로부터 권리 향유의 주체로 바뀌게 된다.

풀이

예화는 긍정적 차별(affirmative distinction)이라는 용어를 설명한 것이다. 긍정적 차별은 평등한 권리를 봉쇄당하거나 누리지 못하는 계층들로 하여금 평등에 가깝게 다가가기 위한 차원에서 논의되는 것을 말한다. 이는 태어나면서부터, 또는 생활을 해오면서 그동안의 불이익이나 불평등을 조금이나마 해소해 주자는 차원에서 차별을 가하는 것을 말한다. 예컨대 농어촌 출신의 학생이나 장애인들에게 입학에서 특례를 인정하거나 장애인 의무고용을 지키도록 법률로 규정하는 것, 남녀 평등에 입각한 고용 등이 좋은 예다. 이런 측면에서 정답은 2)다.

제 3 장

사회복지정책의 결정모형과 정책 과정

31 종이 자르다 가위에 손가락을 베었는데 무슨 일이… – 사회복지정책문제의 이슈화

주저리 씨는 요즘 막 짜증이 난다. 회사에서 일을 하는 도중에 종이를 자를 일이 생겼는데 그만 가위에 자신의 손가락이 베었기 때문이다. 금방 나을 거라고 생각하고 방치한 탓인지는 몰라도 며칠 뒤엔 물집 같은 게 생기더니 진물도 나고 (자신이 생각하기에) 여간 고생이 아니다. 급기야 그는 자신이 상처를 입은 상태로 비춰볼 때 충분히 산업재해 보상을 받을 수 있을 것이라고 생각하게 됐다. 그래서 주저리 씨는 자신이 당하고 있는 이 고통이 산업재해 보상에 의해 혜택을 받을 수 있는 것이 아니냐고 주위 동료들한테 호소를 해 보니 그냥 피식 웃고 만다. 그는 산업재해 보상에 대한 기준을 자신의 상태에 맞춰 완화해야 한다고 주장하고 나섰다. 그러나 누구 하나 그에게 맞장구쳐 주지 않는다. 만약 산업재해 보상을 현재보다 그 조건을 완화하면 당신들도 그 혜택을 보게 될 것이라고 주위 사람들을 설득하고 있는 중이다. 주저리 씨는 사회복지의 혜택이 모든 사람에게 골고루 돌아갈 수 있도록 자신의 말이 언젠가는 이슈화될 것이며, 사회복지정책으로 나타날 것이라고 주장하고 있다. 여러분은 과연 그의 말을 어떻게 받아들이겠는가?

1) 충분히 가능성이 있다. 사회 구성원의 욕구 불만이나 충족되지 못한 상태가 계속되면 당연히 사회문제화하고 이슈화될 여지가 있기 때문이다.
2) 사회 구성원의 욕구 불만이 개인 문제로, 또 나아가 사회문제화해 여론으로 발전했다고 하더라도 공공의 개입을 필요로 하는가에 따라 사회복지정책으로 나타날 것인데, 위의 경우엔 공공이 개입을 할 정도로 일반 국민의 관심을 끌 수 없을 것으로 보인다.

3) 그의 주장은 일반 국민의 관심을 끌거나 정책담당자들의 관심을 끌게 되면 사회문제로 채택될 것이므로 언론을 잘 설득해 본다.
4) 적어도 사회복지 정책문제가 될 정도로 이슈화하기 위해서는 반대집단도 함께 형성돼 갈등의 소지가 있어야 할 것이다. 위의 경우는 이러한 상태가 결여돼 있어 사회복지정책화하기엔 어려움이 있을 것 같다.

해설

사회 구성원의 욕구 불만이나 불충족이 지속되면, 개인 문제의 차원을 넘어서 사회문제로 확산되기에 이른다. 사회문제가 점차적으로 사회적 여론을 형성하게 되면 이를 바탕으로 공공의 개입을 필요로 하게 되는데, 이 때 사회문제가 사회복지정책을 통한 해결 대상이 된다. 어떤 형태로든지 사회복지정책이 독자적인 존재 양식을 갖춘 정책으로 국가나 민간부문에 등장하는 전체 과정을 사회복지정책의 형성이라고 한다.

사회복지정책 과정에서 언제 문제가 되는가에 대해서는 ① 객관적인 조건이 성립될 때 문제로서 존재한다는 학자들도 있고, ② 사람들에 의해 문제라고 인식될 때 바로 문제가 성립된다고 하는 두 가지 견해가 있다. 두 입장을 종합해 볼 때, 문제는 어떤 형태이든 해결을 필요로 하는 불만족스러운 상황이나 조건에 대해 사람들이 '해결돼야 한다고 인식할 때' 나타나게 된다. 이러한 문제는 사람마다 다르게 나타나며, 특히 불특정 다수가 동시에 불만족을 느꼈을 때 곧 사회문제(social problems)가 된다. 사회문제는 사람들의 불충족된 욕구와 밀접히 관련돼 있으며, 본질적으로 그 문제로 인해 고통을 받고 있는 사람들이 스스로 해결하지 못하기 때문에 공공부문이 개입하게 된다.

이슈(issue)란 해결돼야 한다고 인식하는 문제나 요구가 '공공의 관심' 영역으로 들어와 '공공정책상의 논점'으로 제시되는 것을 말한다. 넓은 의미에서 보면 공공의 관심과 공공정책상의 논의라는 두 가지 요소만 갖추게 되면 이슈라고 볼 수 있기 때문에, 규범적 이슈나 가치 이슈도 개념 속에 포함해 다루게 된다. 한편 좁은 의미에서 보면 이슈는 어떤 문제나 요구가 공공의 관심을 끌어 공공정책상의 논점으로 제시돼 '이해 갈등'이 나타나는 경우를 의미한다. 어떤 의미에서 보면 이슈는 서로 다른 의견을 가진 이해관계자들 사에에 서로 유리한 입장에 서기 위해 명분을 내세워 합리화시키기 위한 과정을 겪기 때문에 '문제에 대한 개념 규정들 간의 갈등'으로도 파악할 수 있다.

이러한 이슈는 그 크기에 따라 정책문제 채택(정책 어젠다) 가능성이 커진다. 이슈의 크기를 결정하는 것은 관여된 사람이나 집단의 수, 이슈를 둘러싼 이해당사자들의 관여 정도, 그 이슈에 대한 일반 국민의 인식 정도를 파악함으로써 측정 가능하다. 정부는 복잡한 여러 가지 이슈 중에서 일반 국민의 관심을 끌만큼 중요한 사항을 인지하고 적극적으로 해결책을 모색해야 할 정책문제로 채택하는 과정을 거치게 된다.

정책의제로 이어지는 이러한 이슈화 과정은 직접적인 이해당사자뿐만 아니라, 언론이나 일반 국민까지도 관심을 가지게 되고 의견을 표명하게 되는 경우가 많다.

사회복지 문제가 이슈화되는 과정을 겪게 되면 정부는 일반 국민이 사회복지문제를 정확히 인식할 수 있도록 정의내려야 한다. 사회복지 문제에 대한 정의는 클라이언트의 입장에서 이뤄져야 하며, 이해 당사자집단뿐만 아니라 일반 대중의 관심까지 확대시킴으로써 이슈의 확장에 기여할 수 있도록 한다. 사회복지 문제는 정치·경제·사회적 여건을 잘 고려해야 하고 사회복지 문제가 쉽게 이슈화될 수 있는 시점도 찾아야 한다. 어떤 사회복지 문제가 한 번 제기됐다고 해서 즉시 이슈화되는 경우는 드물며 대부분 문제는 반복적으로 제기될 때 이슈화될 가능성이 높다. 이슈는 탄생기 → 성장기 → 전성기 → 소멸기를 거치게 된다.

풀이

사회복지정책은 사회 구성원의 욕구 불만이나 욕구 불충족이 계속되고, 개인 문제로 발전하며 이것이 다시 사회문제화해 사회적 여론을 배경으로 한 공공개입이 필요하게 될 때 나타나게 되는 것이 일반적이다. 다만, 어떤 상황이나 조건에서 대다수 사람이 '해결돼야 할 상태'로 인식되는 문제라야 한다. 어떤 사람에게는 문제가 되지만, 다른 사람에게는 문제가 되지 않을 경우가 있을 수 있는데, 적어도 공공의 관심을 끌거나 공공이 개입해야 할 정도의 정책상의 논의가 되기 위해서는 사회가 해결해야 할 상태로 인식해야 할 정도는 돼야 한다. 그리고 사회복지문제는 일반 국민이 그 문제를 정부가 해결해야 할 문제로 인식할 수 있어야 한다. 이런 점에 비춰보면 정답은 2)가 된다.

32 내가 사회복지 문제의 이해 당사자요 – 사회복지정책 문제의 이슈제기자와 방법

우리는 가끔 사회적 약자들이 고통받고 있는 모습을 TV 프로그램을 통해 보게 되는 경우가 있다. 사회적 약자들의 고통을 소개하면서 제도가 가지는 문제점과 취약점도 고발하는 언론의 역할은 참으로 지대해 보인다. 사회복지정책을 공부하고 있는 송윤화 씨는 사회복지정책 문제의 이슈제기자가 누구이며 이들이 어떤 특징을 지니고 있는가를 살펴보았다. 그녀는 우선 사회복지와 관련된 문제로 직접적으로 고통받는 사람이 이슈를 제기할 수 있고, 이들을 클라이언트(client)라고 명명하고 있는 것을 알았다. 클라이언트는 사회복지 문제에 대한 직접적 이해 당사자인 셈이다. 그 밖에도 사회복지 전문가, 언론, 정치인들이 이슈를 제기할 수 있다는 것도 알았다. 송윤화 씨와 친한 네 명의 학도는 그녀에게 다음과 같은 조언을 해 주고 있다. 그러나 사회복지정책에 대한 일반 이론상 이치에 맞지 않는 말을 하는 사람은 누구인가?

1) 클라이언트는 자신에게 국한된 사회복지 문제에 집착해 자살이나 폭동과 같은 극단적 방법으로 문제 해결을 시도하기도 한다.
2) 언론은 사회복지 문제를 특집으로 다루기도 하고, 문제의 해결을 위해 국민의 관심을 끌기도 하므로 늘 적극적인 이슈제기자의 성격을 지니고 있다.
3) 사회복지 전문가는 클라이언트와 늘 접촉하면서 사회복지 문제 해결에 대한 정부 개입의 필요성을 누구보다도 잘 알고 있는 집단이다.
4) 사회복지 전문가는 언론이 사회복지 문제에 관심을 가지도록 종용하기도 하고 정보를 제공하기도 하는 등 문제의 성격과 해결 방법을 가지고 있는 집단이다.

해설

사회복지 문제의 이슈제기자는 ① 직접 당사자(클라이언트), ② 사회복지 전문가, ③ 언론, ④ 정치인 또는 정책결정자, ⑤ 이슈기업가, 이해당사자, 일반 국민 등이다.

클라이언트는 욕구나 문제를 지닌 사회복지의 대상이 되는 사람들이다. 다시 말하면 사회문제로 인해 직접적으로 가장 많이 고통받는 사람을 말한다. 이들이 관심을 가지는 영역은 자신에게 국한된 문제일 가능성이 많으며 여기에만 집착하는 경향이 강하다. 이들은 문제의 전체적 맥락을 잘 파악하지 못하며 문제를 인내하지 못하는 경우 자살, 폭동과 같은 극단적인 방법을 선택하는 경우가 있다. 클라이언트는 사회적 약자가 다수를 차지하므로 정책의제(어젠다)를 형성하기까지에는 영향력이 상대적으로 약하다고 할 수 있다.

사회복지 전문가는 클라이언트와 늘 접촉하는 집단으로서 클라이언트를 대변하고 옹호하는 위치에 서 있다. 이들은 클라이언트의 요구와 문제를 가장 잘 알고 있는 집단이며 사회문제의 성격과 해결 방법, 사회복지문제의 해결에 대한 정부 개입의 필요성에 대해서도 가장 잘 알고 있으며, 언론에 대한 정보 제공, 클라이언트를 동원하거나 정치인이나 정책결정자의 자문에 응하는 등 적극적인 노력과 역할이 요구되는 집단이다.

언론은 해결해야 할 사회문제를 고발하고 문제 해결을 위해 국민의 관심을 동원하는 데 가장 큰 역할을 하지만, 적극적인 이슈제기자로 보기는 어렵다. 사회복지 전문가는 언론으로 하여금 사회복지 문제에 대해 관심을 가지도록 정보를 제공하기도 한다.

정치인들은 사회복지 대상 문제들을 인식하고 특히 선거를 통해 이를 이슈화하려는 성향을 가지고 있다. 한편 정책결정자들은 사회복지정책에 대한 전문지식이나 경험을 통해 정보를 수집·분석하고 대안을 작성하며 새로운 아이디어나 창의적인 의견·구상을 제시함으로써 영향력이 강한 이슈제기자라고 할 수 있다.

사회복지 문제를 이슈화하여 일반 국민에게 인식시키고 정책결정자들로 하여금 심각하게 논의하도록 하는 참여자로서 사회문제를 이슈화시키고자 하는 의욕을 가지고 활동하는 사람은 누구나 이슈기업가라고 할 수 있다. 이러한 이슈기업가는 이해당사자일 수도 있고 일반 국민일 수도 있다. 클라이언트, 일반 국민, 비용 부담에 대해 책임을 느끼는 기득권층 모두를 포괄하는 개념으로 이해할 수 있다.

사회복지 문제를 제기하는 방법에는 ① 제도화된 전달 수단, ② 비제도화된 전달 수단으로 나눠 볼 수 있다.

제도화된 전달 수단은 사회복지 문제를 이미 합법적이고 제도화된 통로를 통해 이슈화시키는 방법으로 선거나 합법적인 이익집단의 활동 등을 그 예로 들 수 있다.[55] 이 방법은 체제와의 관계에서 마찰의 발생 여지는 미미하지만 전국민 가운데 특정한 이슈만을 편파적으로 반영할 가능성이 있다.

비제도화된 전달 수단은 체제에 의하지 않은 이슈의 전달 수단을 말한다. 이슈를 제기할 때 비제도화된 수단을 사용하게 되면 체제와의 마찰이 발생하게 되고 부작용이 나타나게 된다. 비제도화된 전달 수단은 일반 국민으로부터의 비난 여지는 크지만, 많은 사람에게 문제에 대한 심각성을 인식시키고 정부에 대해서는 해결책을 종용할 수 있게 하는 데 효과적인 방법이다.

55) 사회복지정책 문제를 이슈화하는 이유는 문제를 크게 인식시켜 정부로 하여금 공공정책상의 문제로서 논의하도록 만드는 데 있다. 곧 사회문제를 이슈화함으로써 공공의제(public agenda) 위에 오르게 하고, 그것을 정부의제의 정책의제로 성립시키는 데 있다.

풀이

현대 사회는 사회복지에서 문제의 양적인 증대, 질적인 복잡성, 클라이언트의 확대, 문제의 원인 불명확성, 문제의 개인적 해결 불가능성 등의 특징을 안고 있다. 흔히 사회복지 문제의 이슈 제기를 하는 사람들로는 클라이언트, 사회복지 전문가, 언론, 정치인 등을 드는 경우가 많다. 클라이언트는 현대 사회문제로 인해 직접 고통을 받는 사람이며, 사회복지 대상자로서 국한된 문제에 집착한 나머지 문제의 전반적 맥락을 잘 파악하지 못하는 경우가 많다. 사회복지 전문가는 클라이언트의 요구와 문제를 잘 알고 있는 집단으로 언론으로 하여금 사회복지 문제에 관심으로 가지도록 유도하고 정보를 제공하기도 한다. 그러나 언론은 정치나 경제 등 다른 문제에도 관심을 가지기 때문에 적극적 이슈제기자로 보기는 힘들다. 따라서 정답은 2)다.

33 어떤 사건이 반드시 직접적 원인만은 아니다 – 사회복지정책 어젠다 형성

제1차 세계대전에 대한 부분을 읽으면 다음과 같은 사실이 나온다. "1914년 6월 28일 오스트리아 합스부르크 왕가의 후계자 프란츠 페르디난트 대공이 세르비아 민족주의자 가브릴로 프린치프에 의해 사라예보에서 암살됐다. 오스트리아는 이 암살사건을 구실로 세르비아에 전쟁을 선포했고 몇 주 만에 유럽 거의 모든 강대국이 참전하게 됐으며, 제1차 세계대전이 시작됐다." 단편적인 지식만을 지니고 있는 사람이라면 여기서 "제1차 세계대전의 원인은 암살 때문이다."라는 성급한 결론을 내릴 수 있다. 하지만, 사실 위에서의 암살사건은 하나의 사건에 불과하고 그 구실을 제공해 주었을 뿐이다. 다시 말하면 모든 강대국이 참여하는 세계적인 전쟁은 제국주의라는 큰 역사의 흐름 속에서 당연히 일어날 수밖에 없는 상황이었는데, 다만 그 구실을 제공한 것이 바로 암살사건이라는 것이다. 사회복지정책도 마찬가지로 볼 수 있는 부분이 많은데, 개인 문제가 모여 사회문제가 되고 이를 해결하고자 하는 의지는 행동으로 표출된다. 다수의 관심을 받게 되는 문제는 이슈가 되며 정책결정자들은 이에 관심을 가지게 되고 논의가 되면서 이것이 의제, 즉 어젠다(agenda)가 된다. 이와 관련한 다음 네 가지 일련의 기술 중 틀린 부분을 지적해 본다면?

1) 의제 항목에 따라서는 관심 범위에 따라 전 국민의 관심을 받는 경우도 있고 지역에 한정돼 관심을 받는 경우도 있다.
2) 모든 문제가 다 정책의제로 나타나는 것은 아니어서 이슈들 간에 경쟁이 발생하기도 한다.
3) 정치적 논점에서 부각된 사회복지에 관한 문제는 공공의 관심을 끌기만 한다면 문제가 자연스럽게 이슈가 되는 경우가 많다고 할 수 있다.

4) 사회복지정책에 대한 의제 형성 참여자는 일반 국민, 정책결정자, 사회복지 전문가, 클라이언트 등 매우 다양하다.

해설

복잡한 여러 가지 사회문제 중에서 정부가 그 중요성을 인정해 적극적으로 해결책을 모색해야 할 정책문제로 채택하는 과정이 의제 설정(agenda setting) 또는 정책문제의 채택이라고 한다. 따라서 사회의 모든 문제가 정책문제는 아니며 정책결정자에 의해 인지·포착돼 채택된 문제만이 정책문제가 될 수 있다.

정책문제란 사회문제 중에서 정부가 해결의 필요성을 인정해 공식적으로 받아들인 사회문제를 의미하므로 정책문제는 복잡성과 다양성을 띠게 되며 결정자의 주관적 판단에 의해 채택되기 때문에 반드시 객관적·합리적인 과정을 거치는 것은 아니며 오히려 자의적·인공적·주관적으로 인지되는 경우가 많다.

의제 설정과 관련해 아이스턴(Robert Eyestone)은 의제(agenda)를 공공의제(public agenda)와 정부의제(governmental agenda)로 나눴다. 공공의제는 공식적으로 정부가 채택하기 전에 일반 대중의 주목을 받을 만한 가치가 있고, 정부가 문제를 해결하는 것이 정당한 것으로 인정되는 문제다. 정부의제는 정부가 명백히 밝힌 문제들로, 정부가 채택한 의제다.

콥(Roger W. Cobb)과 엘더(Charles D. Elder)는 의제를 체제의제(systematic agenda; 공공의제)와 정부의제(governmental agenda; 공식의제, 제도의제)로 나눴다. 체제의제란 국민이 정부의 소관 사항에 속한다고 보는 공공의 관심을 끌 가치가 있다고 인식되는 의제다. 정부의제는 정책결정자가 직접 검토하고 관심을 가지는 구체적인 의제를 말한다. 체제의제가 포괄적이라면 정부의제는 구체적이라는 특징을 갖는다. 콥과 엘더는 정책의제의 설정 기준으로 일반성, 복잡성, 시기 적절성, 사회적 유의성, 선례의 유무 등을 들고 있다.

거스턴(Larry N. Gerston)은 의제를 실질적 의제와 상징적 의제로 나눴다. 실질적 의제는 많은 사람의 관심이 집중돼 있는 매우 광범위하고 실질적으로도 영향이 큰 의제다. 상징적 의제는 이슈의 범위가 좁지만 많은 사람에게 혹은 그 이슈의 직접 영향을 받는 사람에 대해 상징적으로 만족을 주기 위해 선택되는 의제다.

킹던(John W. Kingdon)은 의제를 정부관료 및 그들과 밀접한 관계를 형성하고 있는 정부 외의 사람들이 특정 시기에 심각한 관심을 표명한 문제 목록으로 보면서 의제를 정부의제(governmental agenda)와 의사결정의제(decision agenda)로 분류했다. 정부의제란 정부관료와 그들과 밀접한 관계를 가진 사람들이 심각하게 고려하는 주제들의 목록이다. 의사결정의제는 정부의제 가운데 실질적인 정부활동의 대상이 되는 주제들의 목록이다.

의제 항목의 관심 범위에 따라 국민적(국가적) 의제와 지역적(지방적) 의제로 분류하기도 한다. 즉, 전 국민적 관심을 불러일으키는 의제 항복을 국빈적(국가적) 의제라고 하고, 일정 지역이나 계층에 한정된 의제 항목을 지역적(지방적) 의제라고 한다.

의제의 종류를 사적 의제와 공적 의제로 나누기도 하는데, 사적 의제는 개인이 관심을 가지고 있는 문제나 이슈를 말하며, 공적 의제는 공공의 관심을 끌거나 정부의 권위 있는 의사결정자의 관심을 끌게 되는 경우를 말한다.

모든 문제나 요구가 모두 정책의제로 채택되는 것은 아니므로 주요 이슈들 사이의 경쟁이 일어나기도 하며, 의제 채택 과정에서 이슈 사이의 경쟁은 필연적이기까지 하다.[56] 의제 형성은 정치적이며 콥과 엘더에 의하면 사회적 문제

56) 무(無)의사결정(non-decision making)도 있는데, 이것은 어떠한 사회문제가 정책결정자에 의해 정책문제로 인지·채택되지 못하는 것을 말한다.

는 사회적 이슈를 거쳐 공중의제화한 다음에 정부의제가 된다. 이러한 의제 형성 과정은 서로의 이해관계가 걸린 이슈를 정부의제로 만들기 위해, 정책 과정에 진입한 이슈의 결정이 자기들에게 유리하게 내려지게 하기 위해 여러 사회집단 사이에 논쟁·로비활동·시위 등의 정치적 형태 성격을 띠게 된다. 그리고 어떤 이슈가 가지고 있는 내용이나 범위는 항상 변화해 나가는 것이 일반적이다.

일반적인 정책의제 설정 절차는 사회문제 → 사회적 이슈화 →체제의제(공중의제) → 정부의제의 순서가 일반적이지만, 콥(R. W. Cobb)과 로스(J. K. Ross)의 주도집단과 관련해서는 외부주도형, 동원형, 내부접근형(절충형) 등 세 가지로 나누기도 한다.

외부주도형은 정부 외부에 있는 민간집단에 의해 사회문제 → 공중의제 → 정부의제의 순서 과정을 겪는다. 정부 외부에 있는 민간집단에 의해 사회문제가 이슈화하고 그것이 확산돼 공중의제로 전환, 결국 정부의제로 채택되는 과정을 설명하는 모형이다. 외부주도형은 공식적인 권한을 갖고 있는 정부기관이 자기들의 불만, 피해, 고충 등의 해결을 요구하는 외부집단의 압력에 굴복하는 형태다. 정부에 대해 압력을 가할 수 있는 이익집단이 발달한 다원화된 민주체제에서 볼 수 있는 유형이다.

동원형은 정부 내의 정책결정자들에 의해 정책의제가 채택되는 과정을 설명하는 모형이다. 사회문제를 정책의제로 채택하는 것으로 사회문제 → 정부의제 → 공중의제라는 순서를 거치게 된다. 정부의제가 공중의제로 전환되는 과정에서 이것을 정책의제 설정 과정으로 보기는 힘들고 정책집행을 용이하게 하기 위한 방법으로 이해하면 된다. 동원형은 강력한 정치지도자가 주도집단일 경우 나타날 가능성이 높다. 정책의 집행을 위해, 정책 결정 과정에서 일반 대중의 지지를 확보하기 위한 활동으로 보면 된다.

내부접근형은 정부 내의 관료집단이나 정책결정자들에게 쉽게 접근할 수 있는 특정한 외부집단에 의해 주도되는 과정을 설명하는 모형이다. 즉, 사회문제 → 정부의제라는 순서로 진행되는데 공론화 과정을 거치기를 원하지 않는다는 점에서 '음모형'이라고도 불린다. 사회문제가 정부의제로 채택될 수 있도록 정책결정자에게 충분한 압력을 가해야 하는데 이를 위해 주도집단은 일반적으로 문제를 구체화하고 지지 세력을 확대시키려고 노력하게 된다.

콥(R. W. Cobb)과 로스(J. K. Ross) 모형의 비교

구분 \ 모형	외부주도형	동원형	내부접근형
전개 방향	외부→내부	내부→외부	내부→내부
공개성	높음	중간	낮음
참여도	높음	중간	낮음
공공의제 성립	구체화·확산 단계	확산 단계	공공의제 불성립
정부의제 성립	진입 단계	주도 단계	주도 단계
사회·문화 배경	평등사회	계층사회	불평등사회

이슈(issue)와 어젠다(agenda)의 차이

이슈	어젠다
◆ 여러 가지 공공문제 중 논쟁의 대상이 되는 문제	◆ 수많은 사회문제들 중에서 정부가 그것에 대한 정책적 해결을 위해 자발적·비자발적이든 공식적으로 채택한 의제 목록

풀이

이슈는 정치적 논점으로 부각된 문제나 요구로 공공의 관심을 끌고 있고, 공공정책상의 논점으로 제시돼 있어야 하는 등 두 가지 특성을 가지고 있다. 문제가 모두 다 이슈로 자연스럽게 되는 경우는 사실상 드물며, 예화에서는 문제가 이슈로 전환하는 과정에서 발생하는 사건에 초점을 두고 있으며, 이러한 사건을 이슈 유발 장치(issue triggering mechanism)라고 한다. 예컨대, 위 예화에서의 사라예보 암살사건 등이나 사회복지에 관한 부조리나 제도의 모순 등이 팽배해 있는 사회에서 일시적이거나 우연히 일어나는 사건 등이 이에 해당한다. 따라서 정답은 3)이다. 1)에서 전자를 국가적 의제, 후자를 지방적 의제라고 부르기도 한다. 2)는 맞는 설명이며, 따라서 의제를 획득하기 위해 이슈 간 경쟁이 나타나기도 하며 로비나 논쟁, 시위 등과 같은 정치 형태가 나타나게 된다. 4)처럼 사회복지정책에 대한 의제형성 참여자는 매우 다양하며, 이 밖에 이슈기업가, 이해당사자들 등도 있다.

34 탐정은 아니지만… – 정책대안의 탐색과 사회복지정책의 수단

정책을 결정하기 위한 대안(alternatives)을 찾아낸다는 것은 사실 쉬운 일이 아니다. 여러 가지 나와 있는 의견과 내용들을 식별해 가장 적합한 것을 찾아내는 것도 쉽지 않지만 특별한 의견이 나와 있지 않을 경우 새로이 만들어낸다는 것도 쉽지 않다. 결국 정책이라는 것은 고려할 수 있는 대안들에서 가장 적합한 것을 찾아내어 실제로 이를 수립하는 것이다. 그것이 효과적인 정책인가의 여부는 결국 얼마나 좋은 대안이 탐색되고 분석되는가에 달려 있다. 이대종 교수의 교수 방식은 문제를 해결할 수 있는 능력을 키워 주도록 하는 데 목적이 있고 여러 명이 한 팀을 이뤄 논의하는 팀제 방식을 사용한다. 이번에 주어진 과제는 사회복지정책에 대한 탐색과 수단에 관한 것이다. 네 개의 팀은 다음과 같이 정책대안을 찾는 방법을 제시했다. 지적받아 마땅한(?) 팀은 어느 팀인가?

1) '암벽 부수고 미들킥' 팀은 정부나 지방자치단체 및 공공기관이 이전에 이미 사용했거나 현재 시행하고 있는 사회복지정책, 또는 민간부문에서 사회복지와 관련돼 펼치고 있는 방안을 검토해 보기로 했다.
2) '만덕여왕' 팀은 외국의 정부나 지방정부 수준에서 사용한 결과를 비교적 쉽게 알아낼 수 있는 장점을 최대한 활용해 선진국에서 사용해 성공한 사회복지정책들을 일단 수용하고 이를 정책에 적극 반영하겠다는 계획을 세웠다.
3) '케이리스' 팀은 과학이나 기술 분야에서 나온 이론이나 지식을 사회복지정책의 대안에 적용해 새로운 대안을 창출해 내는 방법을 사용하고자 한다.
4) '슈퍼맨 바이러스' 팀은 이용할 수 있는 지식이나 이론이 부족하다면

판단력과 통찰력을 최대한 이용해 보기로 하고 델파이 방법으로 접근하려고 한다.

해설

정책대안을 탐색한다는 것은 정책에서 가능한 여러 방안을 찾아내고 만들어 내는 것이다. 정책대안에서 방안을 찾아내는 과정은 손쉽게 이용 가능한 대안이나 조직 내부의 지지자들이 제시한 대안을 검토하기 위한 수집 과정과 창출 과정을 거치게 되는데, 창출이란 정책에 대한 기존의 지지자들이 없고 조직에 알려지지 않은 대안을 적극적으로 찾아내는 과정을 말한다.

정책이 어떤 문제나 관심사 해결을 위해 의도적으로 추구하는 행동이란 점을 생각하면 결국 고려할 수 있는 많은 대안 가운데 가장 좋다고 생각되는 대안을 선택하는 것이 된다. 그것이 효과적인 정책인지의 여부는 얼마나 좋은 대안을 탐색하고 분석하는가에 달려 있다고 해도 과언이 아니다. 정책의 합리성 제고를 위해 대안 탐색에 더 많은 노력을 기울일 필요성은 여기서 대두된다.

정책대안은 ① 기존의 사회복지정책, ② 과학・이론 모형, ③ 판단력・통찰력 등을 통해 탐색하게 된다.

기존의 사회복지정책은 정책결정자나 정책분석가에게 이미 알려져 있거나 자료를 통해 파악할 수 있는 사회복지정책을 말한다. 과거 정부가 사용했거나 현재 시행하고 있는 사회복지정책, 해외 또는 국내의 다른 기관이나 지방자치단체에서 시행했거나 현재 시행하고 있는 정책, 민간부문에서 사용하는 비슷한 방안도 기존의 사회복지정책의 범주에 속한다.

기존의 정책을 이용하는 대안 탐색이 사용되는 이유는 정책대안의 결과 비교가 비교적 쉽다는 데 있다. 또한 특정 대안이 선택되는 과정이나 집행되는 과정에서 나타날 수 있는 정책 관련자들의 행태 파악도 비교적 용이하며 정책 집행에 필요한 활동, 소요되는 재원 또는 투입 자원, 발생 가능한 문제점 등을 파악하고 이에 대처하는 데 유리하기 때문이다. 기존의 사회복지정책을 이용하려면 해결하려는 문제의 성격을 규명하여 이와 유사하거나 처해 있는 환경이 비슷해야 한다는 점을 염두에 둬야 한다. 특히 외국이나 다른 기관의 사회복지정책을 참고하거나 이용할 때에는 정치적 · 경제적 · 사회적 · 문화적 환경 차이를 더욱 신중히 고려해야 한다.

과학 · 이론모형을 이용하는 대안 탐색은 과학 · 기술 분야에서 표명된 이론이나 지식이 사회복지정책의 새로운 대안 모색에 기여할 수 있다는 전제에서 사용한다. 이론은 연역적인 방법과 논증을 통해 도출해 낸 체계화된 지식이며 연역적인 지식은 경험을 통해 얻어낸 귀납적인 지식과 상호 보완적으로 사용된다. 이론의 설득력을 높이기 위해서는 경험적인 사실에 의한 실증이 있어야 하기 때문이다.

판단력 · 통찰력은 비슷한 기존의 사회복지정책을 찾아내기가 쉽지 않고, 또 이용할 수 있는 적절한 이론이나 지식도 부족한 경우에 사용하게 된다. 판단력 · 통찰력을 이용하는 정책대안 방법으로는 브레인스토밍(brainstorming)[57]과 델파이(delphi) 방법[58]이 자주 이용된다.

---

57) 브레인스토밍은 새로운 아이디어를 얻기 위한 방법으로 주제를 놓고 자유롭게 토론하는 방식으로서, 특정인이 제시한 의견에 대한 비판 없이 토론이 이뤄진 시간 동안의 생각들을 한데 모아 1차, 2차 검토 과정을 거친 뒤 토론의 주제에 가장 적합한 생각을 다듬어 나가는 것으로 아이디어 생산을 위한 기법이다.

58) 델파이 방법은 일련의 전문가들이 공동으로 작업을 추진하고 그들의 아이디어를 공유함으로써 얻을 수 있는 이점을 최대한 살릴 수 있도록 고안된 것으로 전문가들의 의견조사(poll)에 이용하는 방법이다.

대안이란 여러 개의 정책 수단과 구체적인 정책 목표를 포함하는 개념이다. 이 때 정책 수단은 정책 목표 달성을 위해 정부기관이 사용할 수 있는 여러 가지 수단을 말하는데, 샐러먼(Lester M. Salamon)은 정책 수단을 ① 직접적 시행, ② 보조금, ③ 지급 보증, ④ 조세 감면, ⑤ 규제 등으로 분류했다.

사회복지정책으로 대부분 사용되는 직접적 시행은 정부예산으로 공무원이 재화나 서비스를 전달하는 것을 말한다. 보조금은 역사가 길고 광범위하게 사용되는 정책 수단으로 중앙정부에서 지방자치단체나 비영리단체에 지급하는 국고보조금, 지방교부세 등도 일종의 보조금 형태다. 지급 보증은 제시 기간 내에 수표의 제시가 있을 경우에 지급인이 수표의 문언(文言)에 따라 지급할 것을 약속하는 수표행위를 말한다. 조세 감면은 특정한 정책 목적을 달성하기 위해 과세해야 할 일정한 세액을 경감하거나 면제해 주는 방법이다. 규제는 ① 지시, 기준 설정, 사전 승인 등의 형태로 해야 할 행동 선택을 제시하거나 해서는 안 될 행동 선택을 지정해 범주 외의 다른 행동을 하지 못하도록 하는 직접 규제와 ② 규칙에 간접적으로 의존해 경제에 개입하려는 간접 규제 등이 있는데, 두 경우 모두 정부가 설정한 목적을 달성하기 위한 것이다.

풀이

1) 및 2)는 사회복지정책에 대한 대안 탐색과 수단으로 기존의 사회복지정책을 활용하는 것을 설명하고 있다. 1)처럼 정책결정자나 정책분석가가 이미 알고 있거나 노력하면 식별할 수 있는 사회복지정책은 정책대안의 결과를 비교적 쉽게 예측할 수 있는 장점이 있는 것은 분명하다. 그러나 2)에서 선진국의 성공 사례와 같은 기존 정책에 대한 대안 탐색을 사용하기 위해서는 정치적·경제적·사회적·문화적 환경 차이를 신중히 고려해야 하며 문제점도 함께 식별하고 이를 대체할 수 있는 방안도 함께 마련해야 한다. 따라서 2)가 일부 틀린 접근을 해서 정답이 된다. 3)은 과학·이론모형, 4)는 판단력·통찰력을 이용한 사회복지정책 대안의 탐색과 관련된 것이며 모두 맞는 설명이다. 특히 델파이 방법이란 한 집단의 전문가들이 공동작업을 하고 그들의 아이디어를 공유함으로써 얻을 수 있는 많은 이점을 최대한 살릴 수 있도록 고안된 것으로 전문가들의 의견조사(poll)에 사용하는 방법이다.

35 불경기의 여파가 낳은 것은… – 사회복지정책 결정의 특징과 과정, 요인

한 집안에 어떤 문제가 생기면 이를 해결하기 위해 함께 모여 그 대안을 찾게 되고 여러 대안 가운데 가장 최선의 것을 선택하게 된다. 지금 좋지 못한 경기의 여파가 한 가정에 닥치고 있는데 바로 이순대 할아버지댁이 그렇다. 이순대 할아버지댁은 대가족으로 가장 권위 있는 사람은 바로 이순대 할아버지다. 이순대 할아버지는 집안 살림에 대해 긴축재정을 단행해야 할 시점에서 어떻게 하면 지출을 줄일 수 있을 것인가를 두고 집안 식구들에게 대안을 제시할 것을 요구했다. 집안 식구들의 제안과 그에 대한 반대 여론, 찬성을 뒷받침하는 논리 등이 나타났다. 그 결과, 크게 두 가지 대안으로 압축됐다. 첫째, 겨울철 난방비를 줄이기 위해 모든 사람의 건강을 생각할 수 있는 내복 입기, 둘째, 무조건 용돈을 절반 이상으로 줄이는 것이었다. 한 집안의 가정사도 이러한 의사결정과정이란 것이 있는데, 공공기관에서 행하는 사회복지정책 과정은 말할 필요도 없다. 이 예화를 참고하여 사회복지정책 결정과 관련된 다음 사항 중 틀린 것을 고른다면?

1) 사회복지정책 결정은 대개 사회복지에 관해 어떤 문제를 다뤄야 하는가를 먼저 결정하고 나서 이뤄지며, 집행이 되기 전에 이뤄지는 것이 보통이지만, 정책 집행 과정에서 결정이 행해지기도 한다.
2) 사회복지정책 결정 과정은 공공성을 추구하는 과정이며, 결정된 사회복지정책은 정치적 성격과는 거리가 멀다.
3) 사회복지정책 결정자는 전체 사회의 공익을 기준으로 판단해 정책대안 가운데 하나를 선택해야 한다.
4) 사회복지정책 결정은 아무나 하는 것이 아니라 정책 결정을 할 수 있는 권한을 가진 사람만이 할 수 있다.

해설

정책 결정(policy making)이란 설정된 국가 목표 달성을 위해 복잡하고 동태적인 과정을 거쳐 합리적이고 바람직한 정부의 미래 대안을 작성·선택하는 과정이다. 정책 결정은 대안을 선택한다는 의미에서 ① 정부가 정책 결정을 한다는 의미에서 공적 목적 또는 정치성을 띠고 있다는 점, ② 사회적 관심을 끌거나 이해 관계가 개입된다든가 또는 자원 배분 문제 등의 해결을 위한 것으로 공공성을 띤다는 점, ③ 최적 대안을 선택하려고 하지만 현실적인 대안 선택은 그 나라의 정치 및 행정의 발전 수준에 의해 좌우된다는 점, ④ 정부의 미래 행동대안 선택은 많은 갈등을 내포하는 동태적인 과정과 상호작용을 거쳐 이뤄진다는 점, ⑤ 항상 불확실한 미래를 다룰 뿐만 아니라 실제적인 정책 결정을 의미있게 만들기 위해서는 가능한 최적의 정책 결정을 하기 위한 주요 문제점을 다뤄야 하는 미래지향성을 갖는다는 점 등에 특징이 있다. 그리고 최적 대안의 선택과 관련해서는 정책 결정이 반드시 의제(어젠다) 형성 과정 이후에 일어나는 것도 아니며, 정책 집행 이전에만 이뤄지는 것도 아니라는 점에 주목해야 한다. 즉, 정책 결정은 정책집행자가 정책을 집행하는 과정에서 수시로 나타나게 된다.

이런 점에서 볼 때 사회복지정책의 결정 과정은 ① 권위 있는 결정, ② 공익적 성격, ③ 정치적 성격, ④ 거시적 시각의 필요성 등의 특징을 가지게 된다.

정책 결정은 권한을 가진 사람, 즉 권위 있는 정책결정자만이 할 수 있다는 점에서 정책의제의 형성이나 정책대안의 형성과는 구별된다. 사회복지정책을 결정하는 행위는 사회복지문제를 둘러싼 여러 세력 사이의 이해관계에 대해 고민하고, 제안된 여러 개의 정책대안 가운데 하나를 선택함으로써 그 사회복지 문제에 대해 권위를 가지고 결론을 내리게 된다. 이와 관련해 정책결정자가 직면하는 문제가 이전에는 없는 새롭거나 기존 프로그램이 만족할 만한 성과를 거두고 있지 않거나 환경적 조건이 급변하는 경우에는 쇄신적인 정책 결정이 요구되기도 한다.

그리고 권위 있는 정책결정자가 정책대안 가운데 하나를 선택할 때 그 기준이 되는 것은 사회 전체의 공익이다. 공익은 정책 과정에서 추구해야 할 본질적인 가치로 주요한 규범이 된다. 공익은 주관적 가치를 객관적 가치로 환원하고 다양하고 대립되는 이익의 공존 체계를 구축하며 국가 권력 발동 근거의 정당성을 제고하는 기능을 하게 된다. 또한 개인과 집단의 특정 행위를 금지시키고 억압이나 강요를 하기도 하는 근거가 된다.

사회복지정책의 결정이 사회 전체를 위한 공익적 성격을 띠기는 하지만, 결정된 사회복지정책은 사회복지 문제를 둘러싼 사회 세력 사이의 타협의 산물이라는 점도 함께 인식할 필요가 있다. 이런 점에서 사회복지정책의 결정 과정은 정치적 성격을 띠게 된다.

사회복지정책은 사회복지 문제의 해결만을 생각하는 것은 아니다. 사회복지정책 이외의 다른 정책과의 관계 및 미래의 사회적 상황 변화 등 사회 전체적인 입장에서 거시적 조망이 요구된다.

사회복지정책 결정에 영향을 미치는 요인으로는 ① 정책 과정의 참여자, ② 정책 결정 구조, ③ 정책대안의 존재, ④ 다른 정책과의 관계 등이다.

정책 과정의 참여자는 정책을 최종적으로 결정하는 사람을 의미하는 것은 아니고 하나의 정책을 구상하고 연구하는 과정에 참여하는 여러 사람을 의미하는 것으로 정책 결정에 많은 영향을 미친다. 정책결정자를 둘러싼 정책 참모들의 정책 성향과 능력 및 의지도 주요한 영향을 미치는 요인이며 이익집단과 클라이언트 및 사회복지 전문가는 정책 결정보다 정책의제 형성에 많은 영향을 미침으로써 이것이 정책 결정에 영향을 미치게 된다.

조직이 갖는 구조적 특성은 정책 결정을 제약하는 요인으로 작용하기도 한다. 조직 내 권한의 집중과 분산 정도, 의사 전달의 형태, 분화나 전문화 등 행정적 요인은 모두 사회복지정책 결정에 영향을 미치는 요인들이다.

사회복지에 대한 정책대안은 사회복지 실무를 담당 관료, 사회복지 전문가 또는 사회복지정책 전문가에 의해 제시되는 경우가 많다. 또한 국민의 여론은 사회복지정책 결정에 영향을 미치고 정책대안을 찾게 하는 데 결정적인 역할을 하기도 한다.

사회복지정책 결정에는 다른 정책과의 관계도 고려해야 한다. 특히, 경제와 사회복지는 많은 관련성을 갖고 있다. 경제가 호황인 경우에는 복지 재원에 큰 문제가 발생하지 않게 되며 사회복지정책이 촉진된다. 그리고 다른 정책과의 우선순위와도 많은 관련성을 갖고 있는데, 예컨대 사회복지 예산은 국방 예산 등을 감소시키고, 국방 예산이 증가하면 사회복지 예산이 감소하는 것을 볼 수 있다.

풀이

사회복지정책 결정은 사회복지 문제 해결을 위한 우선순위를 결정하는 것이며, 사회복지 문제의 해결을 둘러싸고 마련된 대안 가운데 하나를 선택하는 과정으로 이해할 수 있다. 사회복지정책 결정은 어젠다 형성 이후나 정책 집행 이전에만 이뤄지는 것이 아니며, 정책 과정 전반에 걸쳐 수시로 나타난다고 하겠다. 1)은 맞는 설명이다. 사회복지정책 결정은 공익적 성격을 띠는 것이긴 하지만, 사회복지 문제를 둘러싼 사회 세력 간 타협의 산물이어서 정치적 성격을 띤다. 따라서 2)는 틀린 설명으로 정답이다. 3)과 4) 모두 맞는 설명이다. 정책 결정을 할 수 있는 권한을 가진 사람을 권위 있는 정책결정자라고 한다.

36 사회복지정책은 어떻게 결정하나? – 사회복지정책 결정모형(I): 합리모형, 만족모형

율도국에서는 여러 가지 복잡한 사회복지문제가 산더미처럼 쌓이게 되었다. 그래서 율도국 정부는 문제 해결을 위한 지침을 마련하기로 했다. 그 지침에 따르면 사회복지와 관련한 문제 발생 시 정책결정자는 이성과 고도의 합리성에 따라 행동해 정책을 결정하도록 하는 것이 주요 골자였다. 우선 문제를 똑바로 인식하고 목표를 명확히 설정한 뒤 대안 탐색과 결과 예측에 따라 대안을 선택하도록 지시하기에 이르렀다. 정책문제와 관련한 정보와 지식은 빠짐없이 이용하도록 하고 철저히 분석하고 종합해 합리적인 정책을 내리라는 문구도 함께 넣었다. 다시 말하면 정책결정자는 합리적 사고 방식을 철저히 따르라는 것이다. 이러한 율도국의 사회복지정책 결정에 대한 지침에 대해 여러분의 의견은 어떠한가?

1) 인간의 문제 해결 능력은 무한한 것이어서 이러한 지침은 더욱 합리성을 제고할 수 있게 될 것이고 최선의 대안을 선택하게 할 수 있을 것이다.
2) 정보와 통신 기술의 발전으로 필요한 객관적 정보나 지식이 충분하므로 합리적 결정을 내릴 수 있으며 율도국 정부의 지침은 옳다.
3) 사회복지정책에 대한 목표는 변할 수 없는 것이므로 정책결정자는 자신의 지적 능력을 최대한 발휘할 수 있는 적절한 조치다.
4) 율도국의 지침은 대안의 결과를 정확하게 예측할 수 있는 능력은 존재하지 않는다는 것과 완전한 대안의 발견과 선택에는 많은 비용이 들 수 있다는 점 등을 고려하지 않고 있다.

해설

정책 결정은 국가의 목표 달성을 위한 복잡하고 동태적 과정을 거쳐 바람직한 정부의 미래 대안을 작성·선택하는 과정으로 이에 대한 이론 모형들은 매우 다양하고 나름대로의 특성을 가지고 있다.

합리모형(rationality model)은 정책 결정의 산출·결과를 분석하는 데 중점을 둔 모형이다. 합리모형은 처방적 성격이 강하며, 현재보다 더 나은 정책 형성을 위해 정책 내용이나 정책 결정 방법의 개선에 목적을 두는 산출 지향적 정책 중심 모형 가운데 하나다. 합리적인 의사 결정은 의사결정자로 하여금 흔히 문제 정의 → 목표 설정 → 대안 탐색 → 결과 예측 → 대안 선택이라는 분석적 절차를 거치도록 하는 것을 기본 골격으로 한다. 문제 정의 단계에서 무엇이 정책문제인지 파악해 명확히 정의해야 하는데 이때 이해관계자의 합의가 필요하다. 목표 설정 단계에서는 문제를 해결해 추구하고자 하는 목표·가치를 명확히 규정하고 이들 간의 우선순위를 결정하게 된다. 대안 탐색 단계에서는 정보에 대한 수집과 분석된 정보에 입각해 문제에 대한 모든 해결책 내지 대안을 작성하고 목표를 달성할 수 있는 대안들을 광범위하게 탐색한다. 결과 예측 단계에서는 각 대안이 선택됐을 때 나타날 수 있는 결과들을 예측하게 된다. 대안 선택 단계에서는 추구하는 목표·가치를 효과적으로 달성할 수 있는 최선의 대안을 선택하게 된다.

합리모형은 정책결정자는 누구나 이성과 고도의 합리성에 따라 행동하며 결정한다고 전제하는데 합리적 대안의 탐색·선택에 의해 목표 달성의 극대화를 추구하는 규범적·이상적 모형이라고 할 수 있다. 합리모형은 철저한 분석과 종합을 통해 합리적인 정책결정을 실현할 수 있다는 장점이 있다.

그러나, 합리모형에는 ① 인간의 심리, 즉 주관적 가치 판단을 고려하지 않으며, 인간 사회의 동태적 요소를 경시하는 폐쇄이론이라는 점, ② 대안의 결과를 정확하게 예측할 수 있는 능력은 존재하지 않는다는 점, ③ 결정자의 지적 능력에는 한계가 있다는 점, ④ 완전한 대안의 발견 및 선택에 드는 분석비용이 과다하다는 점, ⑤ 대안의 평가 기준에 대한 합의가 어렵다는 점, ⑥ 목표와 수단, 가치와 사실의 구분이 쉽지 않다는 점, ⑦ 정책 목표에는 유동성이 늘 존재한다는 점 등에서 비판이 제기된다.

그렇다 하더라도 완전 분석적 합리모형은 원래부터 비현실적인 주장이기 때문에 비판하는 학자들에 의해 규정된 면이 많고, 오히려 합리모형의 내용을 어느 정도 완화된 것으로 받아들여야 한다는 주장도 있다. 합리모형의 절차를 성실히 따르면 바람직한 정책 결정이 이뤄질 수 있다고 본다. 즉, 합리모형을 비판하는 학자들은 분석 과정에서 시간, 비용, 자원의 부족으로 철저한 분석이 불가능하다고 보는 반면 합리모형을 옹호하는 학자들은 불완전·분석적 합리모형을 합리모형의 실제 내용으로 삼아야 한다고 주장한다. 주어진 조건에서 분석에 최대한의 노력을 기울이면 충분하며 정책분석이나 관리과학 등의 학문을 발전시키면 어느 정도 한계가 극복 가능하다는 것이다.

만족모형(satisficing model)은 합리모형의 현실적 제약점을 극복하기 위해 제시된 것으로 합리모형과는 달리 완전 무결의 합리성이 아닌 제한된 합리성(bounded rationality)에 기초한다.[59] 즉, 인간이 가지고 있는 정보 처리 과정상의 제약, 선호성의 제약, 습관적 행동 성향 등으로 인해 완전한 의미의 합리성을 추구하는 것은 불가능하며, 이러한 제약 속에서 현실적으로는 합리적인 선택을 추구할 때에는 결국 제한된 합리성을 추구할 수밖에 없다는 것이다. 대안 탐색이나 선택도 모든 대안을 고려하는 것이 아니라 주위에서 쉽게 찾을 수

59) 학자들은 사이먼의 만족모형을 'satisficing model'이라고 부르는데, 여기서 'satisficing'은 'satisfy(만족하다)'와 'suffice(충분하다)'를 합해 만든 말이다.

있는 대안을 우선 검토해 그 대안이 당면하고 있는 문제를 해결하는 데 어느 정도 심리적으로 만족할 만한 것이라고 생각되면 그대로 채택한다. 불충분한 정보로는 미래를 정확히 예측하기 어렵기 때문에 정책결정자는 각 대안의 결과 중에서 중요하다고 생각되는 요소들에 대해서만 예측하게 된다.

만족모형은 실제의 정책 결정을 비교적 정확하게 설명할 수 있어 실증적 연구에 커다란 공헌을 했으며, 합리모형의 비현실성을 체계적으로 지적하며 대안 탐색과 분석비용을 강조함으로써 경제적 합리성을 달성할 수 있는 장점을 가지는 모형이다.

그러나 만족할 만한 대안을 찾았을 때 더 이상의 대안을 탐색하지 않게 되는데, 이런 경우에 훨씬 훌륭한 대안이 있을 수 있는데도 대안 탐색을 중단하게 되는 문제가 있다. 보수적이고 책임을 회피하려는 성향이 있는 조직 구성원에게 이 모형을 제시하는 것은 쇄신적·창조적 대안 탐색을 포기하게 하고 책임 회피를 조장할 가능성도 있다. 만족할 만한 대안이라는 판단은 대단히 주관적이어서 사람에 따라서 기대 수준이 다르고 유동적이라는 점과 만족의 정도를 결정지어 주는 객관적 척도가 부재하다는 단점을 가지고 있는 모형이다.

풀이

사회복지정책 결정에 관한 이론모형 가운데 합리모형은 정책 결정의 산출·결과를 분석하는 데 중점을 두는 모형으로 처방적 성격이 강하고 더 나은 정책 형성을 위해 정책 내용 또는 정책 결정 방법 개선에 목적을 둔다. 따라서 산출 지향적 정책 중심 모형 가운데 하나다. 합리모형은 정책결정자는 누구나 이성과 고도의 합리성에 따라 행동하고 결정한다고 전제한다. 합리모형은 최적 대안이 선택될 가능성과는 관계없이 최적안의 선택이 이뤄지도록 노력하는 데 중점을 두고 있다는데 의의가 있다. 또한 합리성에 대한 저해요인을 밝히는 데도 그 유용성이 인정된다. 그러나 인간의 문제 해결 능력은 무한한 것이 아니며 필요한 정보나 지식도 충분하지 않은 경우가 많다. 특히, 심리적 측면의 주관적 가치 판단을 고려하지 않는다는 데서 사회의 동태적 요소를 경시하고 있다는 비판을 면하기 어렵다. 이러한 점에서 합리모형에 대한 1), 2)의 설명은 잘못된 것이다. 또한 정책목표라는 것은 언제나 변치 않는 것이 아니라 상황이나 주어진 환경에 따라 유동적이고 가변성이 높은 것이며, 정책결정자의 지적 능력에도 한계가 있을 수밖에 없다. 3)도 잘못된 설명이다. 4)는 합리모형에 대한 비판으로 이 예화의 정답이 된다.

37 약간만 손보면 되겠군요 - 사회복지정책 결정모형(2): 점증모형, 혼합탐사모형, 최적모형

우리나라 못지않게 고도의 경제성장기를 거쳐 경제안정기에 접어든 이 세상에 있는지 없는지 대부분 사람이 모르는 몰라코라는 나라가 있다(고 하자). 이 나라는 경제뿐만 아니라 정치·사회·문화·교육 등 모든 면에서 안정적이다. 그러니 자연스럽게 사회복지는 큰 수정을 거치지 않아도 될 듯 탄탄한 제도를 갖춘 것으로 보인다. 기존의 사회복지정책을 잠시 들여다보니 이 나라에서는 사회보험, 공공부조, 사회서비스, 사회수당 등의 사회보장제도도 잘 갖춰진 듯하다. 대체로 개인적 형평성보다 사회적 충분성에 초점을 두고 있고 재정도 정부의 일반세입에서 충당되는 것이 기본이고 급여가 필요할 때에는 대상자의 욕구에 따라 결정되는 것처럼 보인다. 도움을 필요로 하는 모든 국민에게 상담을 통해 정상적인 사회생활이 가능하도록 지원하는 제도도 마련돼 있고 가족수당이나 노령수당도 잘 갖춰져 있다. 따라서 몰라코라는 나라는 기존의 사회복지정책이 갖고 있는 근본적 내용은 전혀 손댈 필요가 없는 나라로 보인다. 그런데 부분적으로, 아주 지엽적으로 사회보장제도를 수정할 필요가 있다면 다음 중 어떤 식의 정책결정모형이 가장 바람직할까?

1) 기존 정책 결과도 대체로 만족스러운 듯이 보이고 사회복지정책에 대한 근본적 내용은 바꾸지 않고 적절하지 못한 지엽적 부분만을 수정해 내는 것이므로 점증모형이 적합하다.
2) 사회복지정책에 대해 근본적 목표 달성을 위해 한 번 더 대안을 광범위하게 탐색할 필요가 있을 것 같고 근본적인 결정 이후 다시 세밀하게 탐색해 사회복지정책에 대한 세부지침을 마련해야 할 것 같다.
3) 사회복지정책에서의 근본적 변화 가능성을 염두에 두고 최고 정책결

정자의 직관과 같은 초합리성에 입각해 사회복지정책을 펴 나가야 한다.

4) 사회복지정책을 문제에 대한 정의부터 시작해 목표를 재설정하고 대안을 탐색한 뒤 결과를 예측하며 그 가운데 가장 좋은 대안을 선택해 나가도록 한다.

해설

정책 결정(policy making)은 주로 정부기관이 장래의 주요 행동지침인 정책에 대해 복잡한 동태적 과정을 거쳐 결정하는 것으로 정치·행정 과정을 통해 공익 실현을 위한 최선의 대안과 행동 방안을 선택하는 것이다.

점증모형(incremental model)은 정치·행정에서의 실제 정책 결정은 언제나 규범적이고 합리적으로 결정되는 것이 아니라 현실을 긍정하고 이보다 약간 향상된 범위에서 결정하는 것에 만족하게 되며, 크게 쇄신적이거나 창의적인 결정은 기대하기 어렵다는 데 주안점을 둔다. 설사 쇄신적이라고 할 만해도 현실적으로 채택될 가능성은 적으며, 따라서 이상적·경제적 합리성보다는 지지를 얻을 수 있는 정치적인 합리성을 중요시한다.

점증모형은 실제로 합리모형의 절차에 따라 정책 결정이 이뤄지기 어렵다는 것을 지적하면서 현실에서 나타나는 정책 결정 현상을 이해하려는 노력의 시도로 제시된 이론이다. 이런 점에서 점증모형은 정치적 의미의 이론이라고 할 수 있다.

점증모형에서는 기존의 근본적 정책 내용을 변경하지 않고 적절하지 못한 지엽적인 부분만을 수정·보완해 소폭적인 변화를 이끌어 나가는 것이 바람직하다. 따라서 광범위한 대안 탐색과 철저한 결과 예측을 그다지 필요로 하지 않게 된다. 한꺼번에 획기적인 정책대안을 선택하는 것보다는 정책을 조금씩 서서히 수정·보완해 가는 것이 오히려 합리적이며 정책대안의 탐색과 분석이 정책 결정 체제의 여러 하위 체제 혹은 구성원들 사이에서 부분적으로 또 분산적으로 이뤄지는 경우가 많다. 또한 추구해야 할 목표를 선정하는 것과 그 목표를 달성하기 위한 수단을 선택하는 것이 분명하게 구별되지 않고 밀접하게 관련돼 있다는 것이 점증주의의 내용들이다.

요컨대, 점증모형의 내용은 ① 정책에 관련된 모든 대안을 포괄적으로 평가·분석하기보다는 현 정책에 비해 약간 향상된 정책에 치중한다는 것, ② 비교적 한정된 수의 정책대안만 검토·분석한다는 점, ③ 대안들에 대해 한정된 수의 중요한 결과만 평가한다는 점, ④ 결정자가 당면한 정책문제를 끊임없이 재검토하고 목적과 수단을 계속 조정함으로써 정책문제를 원만히 다룰 수 있다는 점, ⑤ 완전무결한 정책 결정이나 해결책은 존재하지 않으며, 계속적인 분석과 평가를 통해 당면 문제를 계속 검토한다는 점, ⑥ 창조적이며 미래 지향적인 사회 목표를 추구하기보다는 현재의 사회가 안고 있는 구체적 결함을 경감시키는 데 목표를 둔다는 점 등으로 요약할 수 있다.

점증모형은 보수주의적·기회주의적 성격을 띠게 돼 쇄신·혁신을 요구하는 사회에는 적용하기 어렵고 과감한 정책 전환이 요구되며, 경제·사회 발전이 시급한 발전도상국에서 적용하기에는 적절하지 않다. 정치적 다원주의가 지배하는 미국과 같은 나라에서는 몰라도 정책결정자의 판단이 큰 비중을 차지하는 사회에서는 적용 가능성이 희박하다. 결국 점증모형은 외적 환경의 영향뿐 아니라 능동적인 정책 변화의 촉진에는 적절하지 못하다는 비판을 받고 있다.

혼합탐사모형(mixed-scanning model)은 합리모형의 비현실적인 측면과 점증주의의 보수적인 측면을 보완해 양자의 장점을 살리고 단점을 보완하는 제3의 모형이다.

혼합탐사모형은 근본적 결정에서는 목표 달성을 위한 대안을 광범위하게 탐색하고, 세부적 결정에서는 근본적 결정에서 설정된 테두리 안에서 세밀하게 점증적으로 탐색하는 것을 그 내용으로 한다. 두 수준의 결정을 위해 투입할 자원과 시간의 배분은 여러 가지 요인을 고려해 융통성 있게 설정할 전략적인 문제다. 각 수준에 따라 거시적 탐사와 미시적 탐사의 조합이 적절히 이뤄져야 한다.

혼합탐사모형은 점증주의의 보수성을 극복하기 위해 중요한 대안을 광범위하게 탐색하고 중요한 결과만을 개괄적으로 예측하게 된다. 그리고 소수의 대안만을 탐색하게 되고, 그 대안이 초래할 여러 가지 결과를 세밀하게 분석하게 되는데 이 과정은 합리모형의 비현실성을 극복하기 위한 것이다.

혼합탐사모형은 합리모형이 비현실적 측면과 점증주의의 보수적 측면을 극복할 수 있다는 전략을 제시함으로써 두 모형이 지닌 단점을 보완했다는 점에서는 긍정적이지만 불완전 분석적 합리모형의 성격이 강하다는 점, 근본적·세부적 결정 구분에 대한 기준이 부재하다는 점에서 단점이 제기된다. 즉, 근본적인 결정과 세부적인 결정의 구별이 쉽지 않으며 규범적·처방적 모형으로 어느 정도 타당성을 인정받으면서도 별반 새로운 점은 없는 이론으로 평가받고 있다.

합리모형의 비현실적인 측면과 점증주의의 보수적인 측면을 모두 비판하고 규범적·처방적 입장에서 제시된 최적모형(optimal model)은 정책 결정은 시간과 자원의 제약을 감안해 그 범위 내에서 최대한 합리성을 추구해야 한다고 함으로써 경제성을 감안한 합리성을 중시한다. 동원 가능한 투입물과 그로 인한 일정한 산출물 간의 관계를 최적화하려면 정책결정자 개개인의 지적인 합리성만을 유일한 정책 작성의 투입 요소로 할 수 없게 되고 따라서 직관, 통찰력과 같은 초합리적 요소의 중요성이 강조되고 계량적인 측면과 질적인 측면이 모두 조화롭게 결합돼야 한다.

최적모형은 초합리성의 개념을 도입함으로써 합리모형을 더 체계적으로 발전시키는 데 공헌했다는 점, 사회적 변동 상황 속에서 혁신적 정책 결정이 거시적으로 정당화될 수 있는 이론적 근거를 제시했다는 점에서는 긍정적으로 평가하나 초합리적 요소의 지나친 강조로 자칫 신비주의에 빠질 위험이 있다는 점은 비판받고 있다.

풀이

점증모형(Incremental model)은 기존의 사회복지정책이 갖고 있는 근본적인 내용을 변경함이 없이 적절하지 않다고 생각되는 지엽적인 부분만을 수정・보완해 나가는 것이 바람직할 때 적용 가능한 모형이다. 위 예화의 경우 사회복지에서 큰 수정을 거치지 않을 정도의 탄탄한 제도적 기반이 마련돼 있어 근본적 내용에는 손댈 필요가 없다는 단서로 보았을 때 점증모형이 적합하다. 점증모형은 기존 정책이 대체로 만족스러운 것이고 해결해야 할 문제가 안정적이어야 하며, 문제 해결을 위한 수단도 역시 체제에 비춰 안정된 것이어야 한다고 드로(Yehezkel Dror)는 이야기한다. 정답은 따라서 1)이다. 2)는 혼합탐사모형, 3)은 최적모형, 4)는 합리모형을 설명한 것이다.

38 그냥 살다보면 우연히… – 사회복지정책 결정모형(3): 쓰레기통모형, 제도모형, 공공선택모형

아침에 갑자기 설사가 나 출근 버스에서 내려 근처 건물에서 볼 일을 보게 된 율도국의 왕대변 복지보건 대신. 그는 도중 화장실에서 두 건전한(?) 백성이 나누는 대화를 듣게 됐다. 그 두 사람의 대화 내용을 요약해 보면 다음과 같다. 지금 율도국은 이른바 고용 없는 성장을 하고 있고, 이러한 경제 환경 변화에 따른 경제의 양극화 현상이 심하다고 한다. 그리고 이 때문에 일은 하고 있으나 가난에서 벗어나지 못하는 근로빈곤층(working poor)이 증가하고 있고, 근로빈곤층은 노령·질병·실직 등 사회적 위험으로부터 보호받을 수 있는 사회보험 혜택에서도 소외를 받고 있다는 것이다. 왕대변 대신은 한 나라의 복지보건 대신인 자신이 화장실에서 큰 볼 일을 보다가 이런 문제점이 있음을 알게 됐다는 사실 자체가 부끄러웠다. 볼일도 제대로 못 보고 택시 타고 아침 9시 회의 시간에 맞춰 들어간 왕대변 복지보건 대신이 이 문제를 제기한 것은 당연하다. 그런데 이러한 문제 제기에 대해 다들 관심을 일찍부터 가지고 있었고 그 문제에 대해 해결책도 가지고 있는 사람이 있었는데, 그 해결책을 제시한 사람은 장소변 국장이었다. 장소변 국장은 이웃나라에서 채택하고 있는 근로장려세제가 그 해결책이 될 수 있다고 제언했다. 사회복지정책과 관련한 이론 모형을 위의 예화에 따라 풀어 본다면?

1) 사회복지정책 결정을 수행하는 유일한 합법적 제도는 정부이며 위의 예화는 정부활동의 일환으로 보여 제도모형에 가깝다.
2) 일상생활에서 발견돼 관심을 끄는 문제가 해결책을 찾고 정책 결정을 위해 우연히 특정 시간에 선택 기회를 갖게 돼 정책 결정이 이뤄질 것으로 볼 수 있어 쓰레기통모형에 가깝다.

3) 장소변 국장이 제기한 해결책이 채택된다면 그것은 회의에 모인 모든 참여자의 이익이 일치하는 결과라고 볼 수 있고 공공선택모형으로 설명할 수 있다.

4) 이미 있는 정책에서 현실을 긍정하고 그것보다 약간 향상된 결정에 만족하는 과정이라고 보이므로 점증모형에 가깝다.

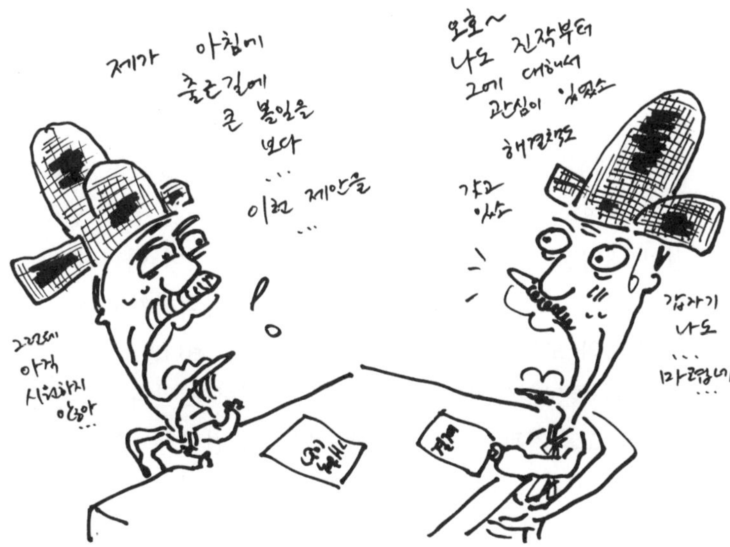

해설

의사 결정 과정에서 쓰레기통모형(garbage can model)은 마치 갖가지의 쓰레기가 우연히 한 쓰레기통 속에 모여지듯이, ① 문제, ② 해결책, ③ 선택 기회, ④ 참여자라는 네 가지 구성 요소의 흐름이 서로 다른 시간에 우연히 한 곳에 모두 모여지게 될 때 비로소 정책의 결정이 이뤄지는 것으로 본다. 여기서 네 가지 구성 요소의 흐름은 시간과 함수 관계를 맺고 있다.

일상생활에서 발견돼 우리의 관심을 끄는 무수한 사건들이 쓰레기통모형에서 말하는 문제들이다. 이와 관련해 언제부터 문젯거리로 등장하게 되는가, 문제가 선택 기회와 만나게 되는 경우 그 해결에 필요한 에너지는 어느 정도인가, 문제의 흐름이 선택의 흐름에 접근해 만날 수 있도록 하는 구조는 어떠한가? 등의 사항이 문제의 흐름에서 중요시된다.

해결책은 누군가가 이미 찾아낸 것인데 문제가 발생한 경우 그 해결을 위한 해답을 필요로 하게 되지만, 현실 사회에서는 해답이 먼저 발견되고 이것이 오히려 해결해야 할 문제를 찾으려고 하는 경우(solution looks for problems)도 있다.

선택 기회(choice opportunity)라는 것은 개인의 경우에는 결재를 하는 순간 집단의 경우엔 정책 결정을 하기 위해 모이는 것을 의미한다. 즉, 참여자에 의해 우연히 특정한 시간에 통 속에 뒤섞이게 되는 여러 가지 문제와 해결책이 서로 관련되는 요소끼리 만나게 되는 상태를 말한다.

참여자란 문제를 알고 있든지 모르든지, 해결책을 알고 있든지 모르든지 결정에 관여하는 모든 사람을 가리킨다. 참여자는 문제 발생에서부터 특정의 결정이 내려질 때까지 계속적으로 참여하는 것이 아니라 자신의 시간 사정이나 관심 여하, 그리고 문제의 성격에 따라서 참석하기도 하고 떠나기도 하기 때문에 결정의 모든 과정을 통해 계속 바뀌게 된다.

쓰레기통모형에서 가정하고 있는 조직화돼 있지만 혼란한 상태는 오늘날 공공조직, 교육기관, 불법 조직에서 많이 발견할 수 있는 만큼 그 실용성이 인정된다. 그러나 그러한 상태가 조직의 모든 결정 행태에서 발견되는 것은 아니라는 점에서 일부분 조직에서 또는 일시적으로 나타나는 결정 행태를 설명하는데 적합할 뿐이라는 비판이 제기될 수 있다.

제도모형(institutional model)은 정책 결정을 행하는 유일한 합법적인 제도는 정부이며 정부의 체계는 입법, 사법, 행정기관과 정당 및 선거기관 등 주요 정책 결정 기구들을 포함하고 있는데 정책(결정)은 이들 정부기관의 활동이라는 것이다. 따라서 정부기관을 구성하고 있는 헌법, 정부조직법, 행정법규 등을 중시한다.[60] 정부는 합법성, 보편성을 부여하고 독점적 강제력의 정당한 사용으로 정책은 일반적으로 시민의 복종을 명령하는 법적인 의무로 간주되며, 사회에 있는 모든 사람에게 거의 예외 없이 적용된다고 보는 것이다.

---

60) 제도모형의 한 예로 기초연금을 들 수 있다. 경로연금은 새로운 법규 규정에 의해 폐지되고 기초연금이 시행되는 것으로 볼 수 있기 때문이다. 제도모형은 모든 활동이 법규에 의해 규정되고 발전된다는 것과 관련돼 있다.

공공선택모형(public choice model)은 정치・경제학적인 입장에서 공공재와 공공서비스의 공급을 합리적으로 수행하는 것이 매우 중요하다는 전제 하에 전개하는 이론이다. 공공선택모형은 합리모형의 정책 결정 수단으로서의 성격을 인정하면서 공공재(public goods)와 공공서비스의 특징을 중요시하는 수단으로 파악하고 있다. 이는 모든 다른 사회 가치에 손실을 주는 일이 없이 특정 가치를 더 많이 성취하려는 이른바 파레토 최적의 법칙에서 가장 합리적인 정책 결정이 이뤄진다고 본다. 국가는 인격이 있는 유기체라기보다는 개인의 총합이며, 정치가, 관료, 기업가, 그리고 개인은 어떤 행위든지 이기적으로 행동한다는 것이며 모두 자신의 이익이 극대화되는 방향으로 정책을 선택한다는 것이다.[61] 결국, 공공선택모형의 시각에서 본다면 사회복지 재화와 서비스는 증가하는 욕구에 따라 제공되는 것이 아니라, 사회복지를 둘러싼 정치적 이해관계에 의해 제공되는 것이 된다.

풀이

쓰레기통모형은 의사 결정 과정에서 마치 갖가지 쓰레기가 우연히 한 통 속에 모여지듯이 문제, 해결책, 선택 기회, 참여자 등 구성 요소의 흐름이 특정 시간에 동시에 한 곳에 모두 모여지게 될 때 비로소 정책 결정이 이뤄진다고 설명하는 정책결정 이론모형이다. 쓰레기통모형은 조직화돼 있지만 혼란한 상태에 있는 공공조직, 교육기관과 같은 데서 많이 발견되며 실용성이 인정된다고 하겠다. 따라서 정답은 2)다. 그러나 쓰레기통모형이 설명하는 상태가 조직의 모든 결정 행태에서 발견되는 것은 아니며 일부 조직에서 또는 일시적으로 나타나는 결정 행태를 설명하는 데 적합할 뿐이라는 비판이 제기되기도 한다.

61) 공공선택모형의 이론적 관점은 개인주의이며, 어떤 식으로든 개인이 국가, 사회보다 우선한다는 것이다.

39 예측은 정확히 할 수는 없지만 그래도 해야 한다 – 사회복지정책의 결과 예측

신과 인간의 가장 큰 차이점은 무엇이라고 생각하는가? 어떤 사람은 신은 영원히 죽지 않지만 인간은 죽음을 맞이한다고 한다. 그러나 어찌 생각해 보면 인간은 결혼이라는 제도를 통해 자손을 낳고 그 자손으로 하여금 대를 잇게 한다는 입장에서 보면 나는 죽더라도 나와 닮은 개체가 그 명맥을 유지한다는 점에서 완전한 차이라고는 보기 어렵다. 또 어떤 사람은 신은 감정보다는 이성에 입각해 사리 판단을 하는데, 인간은 이성보다는 감정이 앞서기 때문에 완벽하지 않다고 한다. 하지만 이러한 말도 시대나 환경에 따라 달리 해석될 수 있는 부분이 있다. 신화 이야기이긴 하지만 그리스 신들은 인간과 똑같은 감정을 가지고 행동했고 실수도 하는 등 신적인 존재를 어떻게 보는가에 따라 달리 설명될 수 있는 부분도 있는 것 같다. 그렇지만 동서고금을 막론하고 신과 인간의 가장 큰 차이점이라면 역시 미래를 내다보는 힘을 인간은 보유하지 못했다는 것이다. 아무리 잘나 봐야 한 치 앞을 못 보는 게 인간이다. 그래서 보험이라는 인간의 약점을 이용해 등장한 상품도 있는 것 같다. 그러나 비록 신은 아니더라도 인간은 꾸준히 미래 예측의 한계를 극복해 왔고, 또한 정책이라는 것도 따지고 보면 미래의 바람직한 상태에 도달하기 위한 것이므로 예측이란 것은 빠질 수 없는 분야라고 할 수 있다. 사회복지정책과 관련해서도 예측은 매우 중요한 부분이다. 다음 중 사회복지정책에 대한 예측이라는 주제에서 그 내용이 잘못됐다고 생각되는 부분을 골라 본다면?

1) 사회복지정책에 대한 미래를 의미 있게 예측하기 위해 가치도 함께 예측하는 것이 중요하다.
2) 사회복지정책을 펼쳐온 과거부터 현재까지 관찰된 추세를 바탕으로

미래에 이를 연장해 추정하는 미래 예측 방법을 사용할 수 있다.

3) 사회복지정책 과정에서 한 사건이 다른 사건에 영향을 주어 발생할 것으로 예견하는 인과 관계에 관한 가정을 사용할 수도 있다.
4) 사회복지정책에서는 다수의 시점에서 수집해 시간의 흐름에 따라 배열한 수치를 분석하는 시계열 분석 방법만이 미래 예측 방법으로서 가치를 지니는 분석 방법이다.

해설

예측은 미래 상황에 대한 주장으로 실제로 그 상황이 발생할지의 여부는 확실하지 않다. 특정 상황이 미래에 발생할 확률을 계산하거나 추측하는 것은 쉽지 않으며 개인적 신념이 무엇인가에 따라서도 달라질 수 있기 때문에 여전히 불확실성은 남게 된다. 그러나 앞으로의 계획을 합리적으로 설계하고 손실을 최소화하기 위해서는 여전히 대처 방안을 마련할 수밖에 없고 예측은 중요한 도구로 사용된다.

사회복지정책에서 예측은 사회복지정책 시행 결과로 미래에 어떤 변화가 올 것인가에 대한 예측을 제공해 주므로 매우 중요하다. 정책결정자들은 과거나 현재의 사회복지정책의 결과가 미래 어떤 상황을 불러올 것인가를 예측함으로써 인적 · 물적 환경을 적절히 통제하려고 한다. 예측을 통해 어떤 결과가 나타날 것인가, 이것이 바람직한(또는 바람직하지 못한) 결과를 줄 것인가를 판단하기 위해서는 가치를 측정해야 한다. 선행적으로 가치를 예측하는 이유는 결과가 좋고 나쁨에 따라 어떤 가치가 중요한가와 관계가 있기 때문이다.[62)]

사회복지정책에서 예측하고자 하는 대상은 ① 현재의 정부활동이 지속되고 새로운 정부활동이 없다는 가정 하에 예상되는 변화를 추정하기 위한 기존 정책의 결과, ② 새로운 사회복지정책이 수립돼 시행을 앞두고 있을 경우 나타날 수 있는 사회 변화 추정, ③ 새로운 사회복지정책에 대한 지지나 반대 가능성에 대한 추정 등을 들 수 있다.

과거의 정책이나 또는 정책의 결과, 새로운 정책의 내용, 정책 관련자들의 행태 등의 추정치가 합당하다는 것을 밝히는 데에는 여러 가지 자료 · 가정 · 판단 등이 필요하다. 이러한 집합체를 흔히 예측 기초라고 하는데 추세 연장, 이론적 가정, 식견 있는 판단 등의 종류가 있다.

추세 연장은 과거에서 현재까지 관찰 · 경험된 추세를 미래로 연장하는 것으로 이해하면 된다. 이론적 가정은 한 사건이 다른 사건에 근거해서 발생할 것으로 인과 관계의 형태로 예견하는 체계적으로 구성되고 실증적으로 검증할 수 있는 일단의 법칙이나 명제를 말하며 연역적 이론에 근거한다. 식견 있는 판단은 귀납적 또는 연역적 추론보다는 개인적인 경험과 통찰력에 기초한 지식을 말하며 대개 전문가 또는 지식인들에 의해 표출된다.

예측 방법이나 기법에는 여러 가지가 있지만, 예측의 기초와 관련해 살펴보면 크게 ① 질적 예측 방법, ② 양적 예측 방법이 있다(이덕기, 1999: 4-5).

질적 예측 방법은 전문가 의견을 이용해 미래 결과를 주관적으로 예측하는 방법으로 예측에 이용할 과거의 경험이나 자료를 이용하기 곤란할 때 사용하게 된다. 질적 예측 방법으로는 새로운 사회복지정책이 나왔을 경우를 가정해 보면 사회복지 입안자들의 주관적 견해에 의해 추정되는 정책 입안 사이클을

62) 미래는 ① 실제로 나타나는 사회 상태와는 구별되는 것으로, 나타날 수도 있는 미래의 상태를 뜻하는 잠재적 미래(대안적 미래), ② 자연이나 사회의 인과 관계에 관한 가정에 기초해 생기게 되리라고 믿어지는 미래 상태인 개연적 미래, ③ 잠재적 미래와 개연적 미래 중에서 미래에서의 욕구, 가치, 기회 등에 대해 정책결정자나 정책분석가가 생각하는 것과 일치하는 것을 뜻하는 규범적 미래 등이 있다.

이용한 수요 예측 방법, 새로운 문제에 관해 예측하는 델파이 방법(delphi method), 미래에 일어날 수 있는 여러 상황의 순서를 가설로 전개하고 여기에 주관적 확률을 도입해 예측하는 시나리오 방법, 미래 사건들이 어떻게 상호작용하며 이러한 상호작용이 어느 시점에서 어떻게 일어날 것인가를 체계적으로 분석하며 예측하는 크로스 임팩트 방법(cross-impact method) 등이 있다.

양적 예측 방법은 관측된 과거 자료에 포함된 정보를 이용해 예측에 필요한 경험적 법칙을 추정하는 예측 방법으로 과거에 대한 정보가 관측 및 수집 가능할 경우에 사용된다. 이러한 정보는 양적인 자료로 나타낼 수 있고, 과거의 패턴은 미래에도 지속될 것이라고 하는 가정이 성립될 때 이용할 수 있다. 양적 예측을 위해 설정되는 모형에는 예측될 변수가 하나 또는 그 이상의 변수들과 인과 관계를 갖는다고 가정하는 인과모형(causal model)과 미래의 예측값은 예측 대상이 되고 있는 변수의 과거 자료나 오차에만 의존한다고 가정하는 시계열모형(time series model)이 있다. 즉, 인과모형은 투입변수와 산출변수의 인과 관계를 통해 나타나며, 시계열모형은 산출변수가 투입변수의 자체 생성 과정을 통해 나타난다.

풀이

예측은 미래 변화에 관한 정보를 제공하는 데 필요하다. 사회복지정책의 결과와 미래에 대한 상태를 예측하는 것은 사회복지정책과 관련한 인적・물적 자원을 최대한 이용하고 환경적 요소들을 통제하려는 데 목적이 있다. 예측에서의 결과가 바람직한가를 판단하기 위해서는 가치도 함께 예측해야 한다. 1)은 옳은 설명이다. 자료・가정・판단 등을 통해 미래에 대한 추정치가 합당하다는 것을 밝혀내게 되는데 이러한 집합체들을 흔히 예측 기초라고 하며, 2)는 추세 연장, 3)은 이론적 가정을 설명하고 있는 것으로 맞는 설명이다. 예측의 방법이나 기법에는 여러 가지가 있으며, 시계열분석과 같은 투사적 예측 방법, 이론적 예측 방법, 판단적 예측 방법 등이 있다. 그러나 4)처럼 시계열 방법만이 가치가 있다고 생각하는 것은 큰 잘못이다. 식견 있는 판단을 이끌어내고 종합하려는 판단적 예측 방법이나 인과 관계에 관한 가정에 기초한 이론적 예측 방법도 훌륭한 예측 방법이 될 수 있다. 따라서 정답은 4)다.

40 진정한 정책결정자는 누구? – 사회복지정책 집행과 유형

아직 국가 기틀이 제대로 마련되지 못한 율도국 초기에는 사회가 어수선하고 각종 제도가 완벽하게 갖춰지지도 않았다. 그리고 나라를 세웠다고는 하지만 최고 정책결정자라고 할 수 있는 왕의 권한도 그렇게 강하지 못했다. 대신 실제로 정책 내용을 실현하는 일선에 있는 집행자들의 권한은 매우 강하게 나타나는 모습을 띠고 있었다. 차츰 나라의 기강이 바로 서 가는 것도 몇몇 참모와 일선 현장에서 정책 내용을 일사불란하게 실행하는 관료들의 역할에 기인했다. 이번에 율도국에서 정책 결정을 위해 어전회의가 열렸다. 회의의 주된 내용은 사회보험제도에 관한 것이다. 보건복지 대신을 비롯한 몇 명이 이미 권력을 장악하고 있는 탓으로 사회복지정책 과정 전반을 지배하고 있는 상황이었으며, 무엇보다도 관련 정보가 이들을 통해 창출되고 있었고, 이들은 또한 정치적 능력도 상당히 보유하고 있었다. 이들은 이번 사회보험제도에 관해 이미 최저 소득의 보장, 법에 의한 급여, 정부에 의한 운영, 보험에의 강제 가입 등을 골자로 하는 안과 시행규칙까지 마련해 놓고, 사회보험제도에 관한 의미와 목표를 고려해 왕은 자신들의 안을 당연히 받아들이라는 입장을 보이고 있다. 정책결정자와 정책집행자의 관계 유형을 나카무라(Robert T. Nakamura)와 스몰우드(Frank Smallwood)는 다섯 가지 유형으로 나눠 제시한 적이 있는데, 이를 위의 경우에 적용한다면?

1) 정책집행자가 사회보험이라는 기술적인 문제에 관해 재량을 가지고 있으므로 고전적 기술관료형에 가깝다.
2) 정책집행자가 사회보험제도의 목표 달성에 필요한 기술적·행정적·협상적 능력을 보유하고 수단에 대해 결정하는 형태이므로 지시적 위

임자형에 가깝다.

3) 정책집행자들이 정책결정자와 사회보험제도라는 목표 달성을 위한 수단에 관해 협상하는 과정이므로 협상자형에 가깝다.

4) 정책집행자가 정책결정자의 권력을 장악하고 사회보험제도에 관한 정책 과정을 지배하는 경우에 해당하므로 관료적 기업가형이라고 할 수 있다.

해설

정책 과정(policy process)은 대체로 ① 사회문제 발생, ② 정책의제 형성(policy agenda-setting), ③ 정책 결정, ④ 정책 집행, ⑤ 정책 평가, ⑥ 정책 변동 등으로 구성된다.

정책 집행(policy implementation)이 무엇인가에 대한 개념은 논자에 따라 그 정의가 각각 다르지만 종합해 보면 정책 집행이란 정책 목표의 달성을 위한 집행기관의 하위 결정과 실행이 조직 내외 활동가의 권력 관계를 반영해 이뤄지는 순환 과정이라고 할 수 있다.

이와 같은 정의들을 바탕으로 정책 집행을 종합적으로 살펴보면 정책 집행은 권위 있는 정책 내용을 실현하는 과정이라고 할 수 있다.

정책결정자와 정책집행자와의 관계는 나카무라(R. T. Nakamura)와 스몰우드(F. Smallwood)가 ① 고전적 기술관료형, ② 지시적 위임자형, ③ 협상자형, ④ 재량적 실험가형, ⑤ 관료적 기업가형 등 다섯 가지 유형으로 나눴다.

고전적 기술관료형은 정책결정자가 구체적인 목표를 설정하며, 정책집행자에게 기술적인 권한을 위임한다. 정책집행자는 정책결정자가 수립한 목표를 지지하고 목표를 달성하기 위한 기술적 수단을 강구하게 된다.

지시적 위임자형은 정책결정자가 명확한 목표를 수립하고 정책집행자들은 목표의 필요성에 합의한다. 정책결정자는 정책집행자들에게 목표 달성을 지시하고 정책집행자들에게 광범한 행정적 권한을 부여한다. 정책집행자는 정책결정자의 목표를 지지하고 목표를 달성하기 위해 집행자 상호간에 수단에 관한 교섭을 벌인다.

협상자형은 정책결정자가 목표를 설정한다. 정책결정자는 정책집행자가 목표 또는 목표 달성을 위한 수단에 관해 협상하게 된다. 정책집행자들은 정책결정자와 목표나 목표 달성에 필요한 수단에 관해 협상을 벌이게 된다.

재량적 실험가형은 정책결정자가 구체적인 정책을 결정할 수가 없어서 광범위한 재량권을 정책집행자에게 위임하게 된다. 정책집행자는 정책결정자를 위해 목표와 수단을 명백하게 한다.

관료적 기업가형은 정책집행자가 정책결정자의 권력을 장악하고 정책 과정을 지배하는 경우다. 정책집행자가 정책 목표를 수립하고 공식적인 정책결정자에게 이 목표를 받아들이도록 종용하며 정책결정자는 이것을 지지한다. 정책집행자는 정책결정자와 협상해 정책 목표의 달성에 필요한 수단을 형성하고 정책결정자에게 그 목표를 받아들이도록 설득한다.

① 정책집행자가 정책 형성에 필요한 정보를 만들어내고 통제하는 경우, ② 관료제의 안정성과 계속성으로 인해 정책결정자는 물러가더라도 정책집행자는 계속 자리를 지키는 경우, ③ 정책집행자 중에는 기업가적 소질이나 정치적 능력을 발휘해 정책 형성 과정을 지배하는 경우에 정책 결정의 권한이 정책집행자에게 넘어가게 된다.

한편, 정책 집행을 ① 정형적 집행과 ② 적응적 집행으로 나누기도 한다.

정형적 집행이란 비교적 명확한 정책 목표에 의거해 사전에 수립된 집행계획에 따라 일사불란하게 이뤄지는 집행을 말한다.

정형적 집행은 흔히 구조화된 상황에서 일어난다. 구조화된 상황이란 변화의 범위가 작고 기술과 이론이 확실해 정책 목표나 수단을 둘러싼 갈등의 소지도 낮을 뿐만 아니라 집행기관의 구조가 비교적 계층적이어서 안정성을 띤 형태를 말한다. 이러한 구조화된 상황은 정책 목표를 둘러싼 갈등 양상이 심하지 않고, 이미 수립된 정책 목표가 본질적으로 정당한 것이라고 보기 때문에 정책 목표 수정의 필요성은 많지 않으며 관련자의 참여 필요성도 작다. 이러한 상황에서 정책집행자들에게 요구되는 것은 설정된 목표를 충실하게 구현하는 정도다. 정책집행자의 재량이 광범위할 필요도 없다. 평가의 기능은 단지 정책 목표를 어느 정도 달성했는가를 측정하는 데 있다.

적응적 집행은 비교적 불명확한 정책 목표에 의거해 여러 참여자가 협상과 타협을 통해 정책을 수정하고 구체화하면서 집행해 나가는 것을 의미한다. 적응적 집행은 주로 구조화되지 못한 상황에서 필요한 집행 방법이라 할 수 있는데 광범위한 변화가 필요하며 기술과 이론 또한 불확실한 경우가 많고 정책 목표와 수단을 둘러싼 갈등이 심한 상황에서 당사자들의 협상과 타협에 의해 정책이 수정될 가능성이 있는 경우다. 적응적 집행은 관련자의 적극적인 참여가 필요하며 정책집행자의 재량이 늘어날 수밖에 없다. 이 경우 평가의 기능은 정책 내용의 적용과 구체화 실현에 있다.

풀이

나카무라와 스몰우드는 정책결정자와 정책집행자와의 관계를 고전적 기술관료형, 지시적 위임자형, 협상자형, 재량적 실험가형, 관료적 기업가형 등 다섯 가지 유형으로 나눈 바 있다. 정책결정자에 대한 정책집행자의 역할을 보았을 때 고전적 기술관료형이나 지시적 위임자형의 경우에는 정책결정자의 목표 지지라는 형태로 나타난다. 협상자형은 목표 달성과 필요한 수단에 관해 협상하게 된다. 재량적 실험가형은 정책결정자를 위해 목표와 수단을 명백히 한다. 마지막으로 관료적 기업가형의 경우는 목표와 그 목표 달성을 위해 필요한 수단을 형성하며 나아가 정책결정자들로 하여금 목표를 받아들이도록 설득하게 된다. 위 예화의 경우에는 정책집행자가 정책결정자의 권력을 장악하고 정책 과정 전반을 지배하고 있다고 하겠다. 정책집행가가 사회보험제도라는 정책 형성에 필요한 정보를 창출하고 통제하는 경우를 근거로 삼을 수 있다. 따라서 정답은 4)다.

41 충돌을 피하기 위한 임시 방편책은 갈등을 조장할 수도 있다(?) - 사회복지정책 집행에 영향을 미치는 요인

지구의 한 오지에 있는 나라 몰라코에서는 한국을 모델로 삼아 고도 경제 성장을 꿈꾸고 국민이 단합해 열심히 일했다. 처음에 경공업 중심에서 차츰 중화학공업이 일어나더니 이젠 에너지 산업 분야에도 적극 참여하는 등 개발도상국의 이미지를 조금씩 벗어나고 있다. 지금 이 나라에서 관심을 두는 것은 산업의 발달로 인해 발생하는 근로자의 업무상 재해문제에 관한 것이다. 재해근로자의 재활과 사회 복귀 촉진을 위해 보험시설 설치와 운영을 골자로 한 근로자의 복지 증진사업을 국가 주도로 이루려고 한다. 이렇게 함으로써 근로자 보호에 이바지하는 명실공히 복지국가로의 길을 열 수 있다는 취지에서였다. 그러나 이를 둘러싸고 근로자와 고용자 사이에 심각한 다툼이 일어났다. 이른바 업무로 인한 부상, 질병, 신체장애, 사망 등을 어떻게 규정할 것인가에 대해 근로자 측은 폭넓은 재해를 인정해 줄 것을 요구하는 반면, 고용자 측은 그 범위를 축소할 것을 요구한다. 이러한 보험사업에 직접적인 관련이 있는 고용노동부 장관과 복지부 장관 사이에도 급여 방식이라든가, 재원 조달에 대한 방법 등 이견이 분분하다. 대통령은 어쩔 수 없이 어정쩡한 입장을 취하고 말았다. 그러다 보니 정책 결정은 주로 "…잘 해야 한다", "…근로자와 고용자가 합의를 하는 것을 유도하는 것이 바람직하다", "…공정하고 합리적인…", "…하는 것이 좋을 것이다"와 같은 용어를 사용하게 되고 당연히 집행 과정에서도 충돌이 발생할 수밖에 없게 됐다. 이러한 현상을 바라보는 여러분 시각은 다음 중 어느 것과 가장 가깝게 일치하는가?

1) 정책 과정에서 이해관계자들이 다수 존재하고 이들 간에 충돌이 일어날 경우 정책 목표는 추상적이 될 수밖에 없으며 집행 과정상 해석을

둘러싸고 논쟁이 일기도 한다.

2) 서로 이해관계가 다양한 집단의 의견을 통일하기는 사실상 매우 어렵다. 그러나 연합 형성을 위해 어쩔 수 없으며 비록 모호한 용어라도 정책 집행만 잘 해나가면 아무 문제가 없다.
3) 중앙에서 지방자치단체에 집행을 담당하게 하고 재량권을 부여하면 해석하는 데 문제 발생의 여지가 없을 것이다.
4) 서로 이해 관계가 처음엔 충돌하지만 시간이 지날수록 다양한 선호는 한 곳으로 집중하게 되고 관례가 생길 것이므로 아무런 문제가 없다.

해설

정책 집행이 성공하기 위해서는 ① 정책 목표가 얼마나 잘 달성됐는가를 나타내는 목표 달성 정도, ② 정책 집행 소요 기간, ③ 정책 집행이 갈등이나 마찰 없이 원활하게 이뤄졌는가의 여부 등이 기준이 된다.

정책 집행은 목표의 명확성, 수단의 현실성, 정책의 일관성 등에 의해 영향을 받게 된다. 이러한 변수들은 정책이 만약 더 이상 정책을 추진해서는 정책을 추진하지 않았던 경우보다 훨씬 못한 상황이 발생하게 되면 정책 집행 과정에서 이를 중단해 처음부터 없었던 것으로 하는 경우와 정책에 대한 취소 등의 형태로 정책 집행의 철회로 나타나게 된다. 그리고 정책 집행 과정에서 정책의 명확성이 이뤄지는 데 방해가 되는 요인으로는 ① 기술적 제약, ② 개념적 복잡성, ③ 정치적 조화 등이 있다.

기술적 제약은 정책결정자가 대상과 방법을 잘 모를 경우 명확한 지시를 내리기 어렵고 이런 경우 정책 목표를 달성하기 위한 구체적 수단을 제시할 수도 없게 된다는 점에서 정책의 명확성을 방해한다.

개념적 복잡성과 관련해서는 달성하고자 하는 정책에 관해 합의에 도달하지 못하게 될 경우 모호한 정책으로 이어지게 되는데 이 역시 정책의 명확성을 방해하게 된다.

한편, 이익집단 간의 이해가 서로 충돌되고 정책결정자들이 이들에 대해 정치적으로 조화시키려고 하다 보면 추상적인 표현과 모호한 목표가 설정돼 역시 정책의 명확성을 방해하게 된다. 모호한 정책이 연합 형성에 긍정적인 면도 있지만, 정책 집행 과정에서는 해석상의 충돌을 불러오는 등 부작용이 나타난다.

정책 집행이 성공적인가에 대한 변수에는 ① 정책 집행기관의 구조, ② 정책 집행 책임자의 성향, ③ 정책 집행 담당공무원의 성향, ④ 정책 집행기관들 간의 관계 등이 있다.

정책 집행기관의 구조에서 흔히 등장하는 문제는 내부구조와 관료제의 할거, 표준운영절차(standard operating system: SOP) 등이 제기된다. 만약 정책 집행기관이 규칙 준수가 만연할 때 경직성을 초래해 목표 전환과 같은 역기능이 발생하게 되고 목표 달성을 위한 규칙의 준수가 결과적으로는 규칙을 절대적인 것으로 믿는 동조과잉(overcomformity) 현상을 초래하게 된다.

집행 집행 책임자의 성향이 적극적이냐 소극적이냐에 따라서도 정책 집행의 성공 여부가 결정되는 경우가 있다. 정책 집행기관 책임자의 정책 목표 실현에의 열성 여부, 리더십 형태에 따라 결과는 달라질 수 있다. 정책집행 책임자들의 적극성은 책임자 선임 방법, 관련 기관의 지원, 개인적 가치관 등에 다시 영향을 받기도 한다.

정책 집행 담당공무원들의 성향과 관련해서는 그들이 정책 목표를 명확히 인지하고 이에 적극 나서며 목표 달성을 위해 능동적으로 행동하게 되면 좋은 성과로 이어질 수 있다.

정책 집행기관들 간에는 정책 결정이 중앙에서 이뤄지고 정책집행이 지방자치단체에서 이뤄지는 사업에서는 중앙정부가 정책 집행에 대한 제재 수단이나 유인 수단을 가지고 있기 때문에 집행력이 강해진다.

정책 집행에 영향을 미치는 변수로 고려해야 할 것으로는 환경적 변수가 매우 중요한데, 이들 환경적 변수로는 ① 사회경제적 상황, ② 상급기관의 지원, ③ 이익집단의 지원, ④ 일반 대중의 지원 등을 들 수 있다.

사회경제적 상황에 대한 변수는 특정 정책에 대한 중요성에 대해 관심을 떨어뜨릴 수 있고 지역 간 사회경제적 수준에 차이가 크다면 효율적인 정책 집행에 장애물로 작용할 수 있으므로 획일적인 정책 집행이 어려워져 상황에 맞는 정책 집행이 필요할 때도 있다. 경제 규모가 크고 대상 집단의 경제적 능력이 높을수록 규제정책의 집행이 쉬워지는 경향이 있으며, 기술과 직결되는 정책 집행은 기술적 발달과 밀접한 관계가 있다.

법적・재정적 지원을 장악하고 있는 상급기관의 지원에 따라 정책 집행에 영향을 많이 주게 된다.

이익집단의 지원은 정책 집행기관을 상대로 의견 표명, 지지 또는 비판을 통한 여론 조성 등도 정책 집행에 영향을 주게 된다.

일반 국민이 특정 정책에 대해 가지는 관심과 지지도 정책 집행에 상당한 영향을 주게 된다. 물론 일반 국민의 특정 정책에 대한 입장은 시간이 지남에 따라 바뀔 수도 있으며, 지역에 따라서도 차이가 생길 수 있는데, 이들의 여론은 또 다른 정책의제 형성으로 이어지는 경우가 많다.

풀이

정책 과정에서 나타나는 여러 이해집단 사이에 서로 충돌되는 요구나 정책결정자들이 다양한 선호를 가지고 있을 경우 그들의 정치적 고려로 인해 정책 목표가 추상적이고 모호하게 돼 버리는 경우가 있다. 위 예화의 경우는 산업재해보상보험과 관련된 내용으로 정책 결정에서 정책 목표가 모호하게 된 경우다. 정치적 고려로 인한 모호한 정책 결정은 연합 형성에는 도움이 될지 모르지만, 집행 과정에서는 해석상 충돌을 일으킬 수 있어 정책 집행에 영향을 미치는 변수로 등장하게 된다. 따라서 정답은 1)이다.

42 사업하지 말란 소리요? – 사회복지정책 집행에서 재량과 불응문제

율도국은 이상국가를 지향하며 홍길동이 세운 나라다. 이상국가를 실현하기 위해서는 반드시 복지국가를 만들어야 한다는 신념을 가지고 율도국은 밤낮으로 온갖 노력을 하고 있다. 지금 율도국은 하루가 다르게 발전하는 기술과 유통구조의 변화 등 시장의 환경 변화에 의해 생겨나는 유효인력을 활용하기 위해 새로운 수요 발생을 예측하고 직업훈련을 실시하려 하고 있다. 그리고 재취업을 알선하고 구산업과 신산업 간의 구조조정을 촉진하고 경영의 합리화도 도모하려고 한다. 인력 풀(pool) 구성, 직종과 직종, 지역과 지역 사이의 인력이 넘치는 쪽과 모자라는 쪽에 대한 정보를 알려 주는 등 산업에 대한 국가의 장·단기 인력 수급정책과 기업의 인력관리에도 도움을 주려고 한다. 이러한 노력이 기업 경쟁력을 강화함과 더불어 실직 근로자의 생활 안정을 도모하고 재취업을 촉진해 소위 복지국가로 발돋움하는 계기가 될 것으로 보았다. 그러나 고용보험 도입을 주내용으로 하는 사회복지정책은 곧 문제에 직면하게 됐다. 이 사회복지정책에 불응하는 집단이 발생했다. 복지재원이 충분히 마련되지 못한 상황에서 실업급여를 사업주가 80%나 부담해야 한다든가, 상시 근로자 한 명을 고용하더라도 무조건 고용보험에 가입해야 하는 사업주는 사업을 하지 말라는 소리냐며 항변한다. 이러한 불응의 원인을 분석하면?

1) 율도국 정부가 사회복지정책을 왜 도입하려고 하는지 백성들이 알지 못하기 때문에 불응이 발생한다. 백성에게 그 취지를 좀 더 명확히 해주어야 한다.
2) 율도국 정부가 추진하는 사회복지정책에 필요한 예산을 확보하지 못해 불응이 발생한다. 사업주가 대부분을 부담하는 정책은 당연히 사

업주로서는 받아들이기 힘들다.

3) 사회복지정책의 대상이 되는 백성들과 사업주가 정책 자체에 불만을 가지고 있는 것으로 보인다. 따라서 어떤 정책보다 1순위로 이 복지 정책을 추진한다는 성명이 공표돼야 한다.

4) 율도국 정부에서 추진하는 사회복지정책이 도대체 백성과 사업주에게 무엇을 요구하는가를 명확한 정보를 줄 필요가 있다.

해설

재량(discretion)은 어느 하나를 선택할 자유와 관련된 것으로 이때 어느 하나라고 하는 것은 작위(作爲)와 부작위(不作爲)를 포함하는 개념이다. 이처럼 하거나 또는 하지 않거나에 대한 선택이라는 문제가 정책 집행 과정에서 발생할 수 있는데 이러한 재량은 정책 집행 과정상 최종 단계에서 행사될 수도 있고 중간 단계에서 행사될 수도 있다. 또한 재량은 실질적인 문제에서뿐만 아니라 절차·형식·시기 등에서도 행사될 수 있다.

재량은 ① 전문적 재량, ② 행정적 재량, ③ 기속재량, ④ 자유재량 등으로 나눌 수 있다.

전문적 재량은 보건·교육·사회사업 등의 분야에서처럼 전문적인 지식을 갖고 있는 의사·교사·사회사업 종사자 등이 행사하는 재량을 말한다. 오늘날 정책이 전문적 지식을 필요로 하는 경우가 많아짐에 따라 정책 집행 과정에서도 전문직업인의 참여는 두드러지게 증가하는 추세다.

행정적 재량은 일반적으로 정책 집행 과정에서 공무원이 행사하는 재량을 말하는데, 법규나 지침에 의해 제한을 받는 경우가 많다.

기속재량은 무엇이 법인지 판단하는 재량으로 법을 해석해 적용하는 재량을 말한다. 행위나 재량에 잘못이 있으면 위법의 문제가 발생하며 행정소송의 대상이 된다.

자유재량은 무엇이 행정 목적에 더 적합한 것인지를 판단하는 재량을 말한다. 자유재량은 비록 잘못이 있다 하더라도 부당의 문제만 발생할 뿐, 원칙적으로 행정소송의 대상이 되지 않는다.

재량권이 본래의 범위를 초월하거나(재량권의 유월), 재량권의 남용이 있을 때에는 법원이 그 재량처분을 취소할 수 있다.

정책결정자와 정책집행자의 권력 관계는 상대적이다. 정책결정자의 권력 약화는 상대적으로 정책집행자의 권력을 강화하게 되고 정책집행자의 재량은 늘어나게 된다. 일반적으로 정책 목표가 모호할수록 정책집행자의 재량은 증대되며 불확실한 상황일수록 광범위한 재량이 부여된다.

정책은 정부 차원의 규칙이나 목적에 맞도록 대상자 또는 대상 집단으로 하여금 행동하도록 유도하고자 하는 경향이 있다. 순응(compliance)은 정책이나 법규에서 요구하는 특정한 규정에 일치하는 행동을 함으로써 이에 따른 것을 말하는데, 반대로 이에 따르지 않는 행위를 불응(noncompliance)이라고 한다(Young, 1979: 4; 안해균, 1997; 정정길, 1997: 653). 불응의 경우에는 심각한 문제로 이어질 가능성이 많기 때문에 원인을 찾아 순응을 확보해야 한다.

정책 집행에 대한 불응은 법의 모호함, 정책 기준의 혼란, 대상 집단에 대한 정책 전달의 실패 등 여러 요인에서 야기된다. 불응은 의식적이거나 고의적인 일탈행동에서도 나타나지만 법 자체와 집행상의 구조적 결함이나 법에 대한 무지와 이해 부족에서도 생겨나게 된다. 불응을 극복하기 위해서는 정책이 명확해야 하며, 정책 대상집단에 의사 전달이 왜곡되게 이뤄지지 않아야 한다. 또한 정책에 필요한 자원을 확보하지 못해 불응이 발생하는 경우도 있다.[63] 이를 위해 필요한 자원 제공, 예컨대 예산이 부족할 경우 예산의 증액, 특수한 기술이나 행동이 필요할 때에는 교육 및 훈련을 실시하도록 함으로써 정책에 대한 불응을 극복해 나가야 한다.

만약 정책 대상집단이 정책 자체에 대해 불만을 가지고 있을 때, 즉 정책 목표를 반대하거나 정책 목표에 대한 우선순위가 높지 않을 경우 불응이 발생하게 되는데 이때 대상집단이 정책 목표 자체에 대해서는 반대하지 않지만 가정(假定)에 찬성하지 않는 경우가 있을 수 있다. 이러한 경우에는 정책 수단이 효과적이라는 증거를 제시하거나 전문가를 동원해 설득하는 것이 필요하다.

정책에서 요구하는 행동이 경제적 또는 심리적 부담이 되는 경우 불응이 발생하게 되는데 이는 정책을 어김으로써 얻는 이득을 계산해 유인에 포함함으로써 극복해 나가도록 해야 한다.

주의할 점은 실제 정책 집행에서는 순응과 불응의 여러 요인이 동시에 나타나며, 이러한 요인이 복잡하게 얽혀 있어 구체적으로 어떤 요인이 순응과 불응의 원인인지 쉽게 알아낼 수 없다는 것이다(박병식 외, 2002: 163). 따라서 순응 확보 수단을 위해 여러 가지 요인을 두루 살펴보고 그에 합당한 조치를 취하는 것이 바람직하다.

풀이

정책 집행 과정에서 정책이나 법규가 요구하는 대로 행동하는 순응은 별로 문제가 되지 않지만, 불응이 발생하는 경우에는 심각한 문제가 발생할 경우가 상당히 많기 때문에 그 원인을 찾아 순응을 확보하도록 하는 것이 중요하다. 위의 예화에서 율도국 정부는 고용보험을 추진하는 제도를 마련하고자 하는데, 불응이 발생하는 것으로 보인다. 불응의 원인은 여러 가지가 있을 수 있다. 그러나 1)과 4)의 경우 예화의 설명상 율도국 정부는 고용보험의 도입 취지를 명확히 하고 그 내용도 분명히 제시한 것으로 보이므로 옳은 설명이 아니다. 특히, 4)는 소위 정보전략이 필요한 경우를 설명한 것인데, 이 예화와는 상관없다. 예화에서는 사회복지정책을 펴려는 율도국 정부가 자원을 확보하지 못한데서 나온 불응으로 보이며, 2)가 옳은 설명으로 정답이다. 3)의 설명에서 백성들은 고용보험에 대해 불만의 여지가 없어 보이며, 우선순위에 대한 것도 예화에서는 상관없어 보여 틀린 설명이다.

---

63) 자원은 단순한 재정적 자원뿐만 아니라 기술이나 정신적 능력까지 포함하는 개념이다.

43 평가를 하기 위한 기준은 어떤 것이어야 하나? – 사회복지정책 평가의 개념과 분류

지구의 오지에 있는 몰라코라는 나라가 지난 번 산업재해보상보험과 관련한 제도 마련에 어려움을 겪은 것을 우리는 잘 알고 있다. 그래도 우여곡절 끝에 사회복지정책에 일가견이 있는 이대종 교수의 조언을 받아 슬기롭게 잘 극복한 것으로 알려지고 있다. 그런데 몇 년이 지난 지금 한국에 있는 이대종 교수를 한 번 더 모셔올 일이 생겼는데, 그 내용은 다음과 같은 것이다. 몰라코에서 산업재해보상보험제도를 마련해 시행하긴 했는데 이 제도가 잘 시행되고 있는지 어쩐지, 원래 목표를 얼마나 달성했는지 궁금하기 때문이다. 다시 말하면 이 제도에 대한 평가를 해 보고 싶은 것이다. 몰라코는 나름대로 산업재해보상보험제도뿐만 아니라 사회복지정책을 평가하는 기준을 여러 관계 전문가를 통해 마련했다고 한다. 이대종 교수는 며칠 후에 몰라코에 도착했다. 그런데 몰라코 전문가들이 마련했다는 사회복지정책에 대한 평가 기준을 보고 잘못된 점이 있다고 지적했다. 이대종 교수가 잘못됐다고 지적한 평가 기준은 다음 중 어느 것일까?

1) 사회복지정책의 추진을 위한 투입이나 노력보다는 집행 결과 무엇이 얼마만큼 달성됐는가를 밝혀보는 것을 평가 기준으로 삼는다.
2) 사회복지정책도 투입되는 비용과 정책으로 인한 효과의 양면을 고려해 최소 비용으로 최대 효과를 냈는가를 평가 기준으로 삼는다.
3) 정부가 시행하는 각종 사회서비스에 대한 혜택을 그 간 소외된 계층이 받게 됨으로써 사회적 공평성이 어느 정도 달성됐는가를 평가 기준으로 삼는다.
4) 사회복지 문제 해결을 위한 수단과 방법이 어떠하든 사회복지정책 대상자를 얼마나 만족시켰는가를 평가 기준으로 삼는다.

해설

정책평가는 정책 과정의 중요한 단계로 정책 결정에 대한 환류 장치다. 정책평가란 정책이 결정돼 집행된 결과 또는 집행되고 있는 결과에 대한 평가·분석을 말한다. 이러한 정책평가는 행정기관 또는 행정기관 내부에서 행해지기도 하고 외부의 입법부를 포함한 정부기관 또는 민간의 비정부기관에 의해 행해지기도 한다. 정책평가를 좁게 보면 정책 집행에 대한 결과를 의미하며, 정책이 원래 달성하고자 했던 목표를 얼마나 이뤘는가를 평가하게 된다. 넓은 의미에서 정책평가는 정책 과정 전반에 걸친 평가활동으로 정책 결정 이전부터 정책 집행 이후까지의 모든 정책 과정 속에서 이뤄지는 정책활동이 대상이 된다.

정책평가에 대한 관심이 높아진 것은 교육·보건·복지 등 사회계획에 대한 방대한 예산 지출을 그 효과성과 비교·검토·평가해 보아야 한다는 의견이 높아진 데 따른다. 즉, 막대한 예산이 투입되는 사회복지를 포함한 교육, 보건, 직업훈련 등에 관한 사회개발계획을 효과 평가 없이 계속할 수 없게 됨으로써 정책평가에 대한 관심이 높아진 것이다.

사회복지정책을 평가하는 목적은 사회복지정책의 개선을 위한 정보를 제공하고, 새로운 사회복지와 관련된 정책대안을 개발하기 위한 기초 자료를 제시해 이론의 발전에 기여하기 위해서다.

공공부문의 양적 성장과 복잡성 증대는 정책결정자, 정책분석가, 일반 국민으로 하여금 공공정책에 대해 과연 효과가 있었는가에 관심을 갖게 만들었다. 정부의 정책이 형성·집행되는 과정에 참여하는 행위자 수의 증가는 정책 과정의 환경을 매우 복잡하게 변화시키고 있다. 이처럼 사회가 복잡화돼 감에 따라 체계적인 분석이나 평가는 과거 경험이나 통찰력에만 의존해 정책의 효과를 판단하는 것에 대한 근본적 변화가 나타나고 있다. 정부는 정책들을 좀 더 효과적이고 능률적으로 설계하기 위한 계속적인 정책학습이 필요하게 됐는데, 정책평가는 평가 과정에 대한 참여와 정책평가의 결과로 산출되는 정보에 의해 관료들의 정책학습을 촉진시킨다.

사회복지정책을 평가하는 기준은 여러 가지가 있을 수 있으나, 대체로 ① 효과성, ② 능률성, ③ 형평성, ④ 반응성(또는 대응성), ⑤ 적절성, ⑥ 정책영향성 등이 있다.

효과성은 투입이나 노력보다는 그 결과인 산출을 기준으로 삼아서 사회복지정책 집행의 결과 무엇이 얼마만큼 달성됐는지를 밝히고자 하는 것으로 '정책목표의 달성 정도'를 가리킨다.

능률성은 비용과 관련해 성과의 질을 평가하는 것으로 투입에 대한 산출의 비율을 말한다. 이는 최소의 비용으로 최대의 효과를 거두고자 하거나, 주어진 비용으로 사회복지 정책 목표를 최대로 성취할 수 있는 대안을 선택하는 것을 말한다. 능률성은 수단의 극대화와 관련된 평가 기준이다.

형평성은 정부의 각종 서비스 혜택을 누리지 못했거나 못하고 있는 소외 계층에게 복지서비스를 제공해 사회적인 공정성과 공평성을 기해야 한다는 것이다.

반응성은 사회복지정책 집행의 결과, 대상집단이 그 정책에 대해 얼마나 만족했는가 하는 것을 말한다.

적절성은 사회복지 문제 해결을 위한 수단과 방법이 바람직하게 이뤄졌는지를 평가하는 것이다.

정책영향성은 업무량이나 비용보다 문제를 더 잘 해결할 수 있는 전략과 관련된 것으로 사회복지 정책 목표 달성에 필요한 효과적 활동 정도를 말한다.

사회복지정책 평가는 평가 대상, 시간을 기준으로 ① 총괄평가(영향평가),

② 과정평가(형성평가)로 나눈다.

총괄평가(summative evaluation) 또는 영향평가(impact evaluation)는 정책 집행 후에 이뤄지는 사후평가로서 정책 효과와 수단 간의 인과 관계에 대한 분석이 주로 이뤄진다. 즉, 정책이 의도하는 방향에 따라서 어느 정도의 변화를 불러일으켰는지를 검토하는 것으로 전략적으로 한정된 정책 목표·성공에 대한 기준의 명시·목표를 향한 진도의 측정 등을 요구하는 경우가 많다.

과정평가(process evaluation)는 정책분석 과정에서 이뤄지는 사전평가인 형성평가(formative evaluation)와 정책 집행 과정에 나타난 활동을 분석·평가하는 집행과정평가(project monitoring)를 통칭한다. 집행과정평가는 정책이나 프로그램이 제시된 지침에 따라서 잘 구체화되고 있는가에 관한 평가를 말하며, 모니터링을 할 때는 커버리지(coverage)와 바이어스(bias)를 살펴야 한다. 커버리지는 정책이나 프로그램을 집행하는 과정에 정책 대상집단의 참여가 실제로 얼마나 이뤄지고 있는가 하는 정도, 즉 충족도(만족도)를 말한다. 낮은 커버리지는 욕구가 있으나 아직 충족되지 않고 남아 있는 대상의 비율, 초과 커버리지는 부적절한 수급자가 많음을 의미하는 것으로 정책설계가 잘못됐음을 말한다. 바이어스는 지정된 정책 대상집단의 각 하위집단들이 다르게 참여하는 정도를 나타낸다.

평가 범위에 따라 정책평가는 정책의 한 단면을 평가하는 단일평가와 정책의 모든 측면을 평가하는 포괄평가로 나누기도 하고, 평가 시점에 따라서는 정책 형성 이전에 이뤄지는 사전평가와 정책 종료 이후에 이뤄지는 사후평가로 나누기도 한다.

평가 주체에 따라서는 ① 정책 프로그램 담당자가 직접 자신들의 활동 전반에 대해 실시하는 자체평가, ② 기관 내부의 책임자나 동료에 의해 실시되는 내부평가, ③ 정책담당기관 외부의 평가자에 의해 이뤄지는 외부평가 등이 있다. 외부평가의 경우에는 자체평가나 내부평가에 비해 공정성과 일관성의 유지가 가능하나 정책에 관한 정보는 제한된다.

과정 중심의 평가라고 하면 ① 문제의 내용, 대상집단의 특성, 문제인지도, 문제의 심각성 등의 정책문제 평가, ② 사회정책가들에 의해 사회복지 문제가 어떻게 다뤄지는가를 평가하는 정책의제 평가,[64] ③ 정책의 능률성, 효과성, 사

64) 보통 정책의제 평가에서는 형평성·적절성·공평성 등이 기준이 된다.

회적 형평성, 공정성, 정치적 및 기술적 실현가능성 등을 평가하는 정책설계 평가, ④ 정책의 효과, 즉 목표달성도, 능률성, 클라이언트 만족도, 사회적 효과성 등에 대한 정책영향 평가, ⑤ 정책평가가 이뤄질 가능성이 있는가, 즉 비용효과성·제약점 등에 대한 평가가능성 평가, ⑥ 정책평가가 제대로 이뤄졌는가에 대한 정책평가에 대한 평가 등이 있다.

풀이

사회복지정책에 대한 평가는 기본적으로 사회복지정책으로 인해 달성하고자 하는 목적이나 원래 목표를 얼마나 달성했는가가 그 주된 내용이 된다. 사회복지정책을 평가하는 기준은 여러 가지가 있을 수 있으나 대체로 효과성, 능률성, 형평성, 반응성(또는 대응성), 적절성 등이 제시되고 있다. 1)은 정책 목표의 달성 정도로 요약되는 효과성, 2)는 투입과 산출 비율로서의 능률성, 3)은 사회적 공정성(또는 공평성)에 의거한 형평성을 각각 사회복지정책에 대한 평가 기준으로 삼고 있는 것으로서 옳은 설명이다. 4)에서 사회복지정책의 집행 결과, 정책의 대상이 되는 집단이나 사람들을 얼마나 만족시켰는가 하는 반응성도 주요한 사회복지정책 평가 기준임에는 틀림없다. 그러나 사회복지 문제에 대한 해결 수단과 방법 또한 바람직하게 이뤄져야 하며, 그 기준은 적절성이 될 것이다. 4)는 적절성을 결여한 평가 기준으로 잘못된 것이다. 따라서 정답은 4)다.

44 어떤 평가 방법이든 그 한계는 있기 마련 – 사회복지정책 평가의 절차와 한계

이대종 교수의 도움으로 사회복지정책 평가에 대한 기준이 어느 정도 마련된 국가 몰라코에서는 모든 것이 다 순조로워 보였다. 사회복지 정책 목표에 따른 평가자를 구성하고 이대종 교수의 조언대로 평가 기준도 정했으며 평가 범위도 여러 제언에 따라 분류했다. 사회복지 프로그램 시행에 따른 대국민 만족도를 대상으로 사회복지를 평가해야 할 부분, 결과 산출에 따라 사회복지정책에 대한 당초 목표를 몇 % 달성했는가를 평가할 부분, 전체 예산을 어느 정도로 얼마만큼 사용해 복지 수혜자가 얼마나 늘어났는가를 지역적으로 평가할 부분, 소외된 계층이 몇 명 정도 사회복지 프로그램의 혜택을 입게 됐는지를 전국적 · 지역적으로 파악하는 등이 그러한 것들이다. 이로 인해 정부의 관료들은 평가에 대한 과정 참여와 산출 정보에 의해 정책학습에도 도움이 되는 듯했다. 그런데, 국민의 노령 · 폐질 또는 사망에 대해 연금급여를 실시해 국민의 생활 안정과 복지 증진에 기여함을 목적으로 18세 이상 60세 미만의 근로자를 대상으로 실시한 국민연금에 대한 평가 과정에서 어려운 점이 나타났다. 이러한 국민연금에 대한 정책평가에서 나타나게 되는 곤란한 점은 다음 네 가지 중 어느 것일까?

1) 국민연금이라는 정책 목표가 뚜렷하지 않고 그 대상도 명확하지 않아 문제점이 나타날 수 있다.
2) 정책평가자 자신도 국민연금의 혜택을 받는 사람이어서 이해 관계에 얽매어 있으므로 적절하다고 할 수 없다.
3) 국민연금과 같은 사회복지정책의 평기에서는 광범위한 영역으로 인해 목표 대상이 되는 처리집단과 프로그램의 대상이 되지 않는 통제집단을 설정하기가 어렵다.

4) 평가를 위해 사용되는 각종 1차 및 2차 자료의 수집이 용이하지 않고 정책분석기법의 개발도 쉽지 않다.

해설

정책평가는 ① 탐색·상황 판단, ② 평가 목표·대상의 확정, ③ 조사설계, ④ 분석 및 해석의 단계를 거치는 것이 일반적이다. 정책평가가 제대로 이뤄지기 위해서는 평가 목표를 분명히 설정하고, 평가 목표에 따라 평가자가 선정되며, 평가 기준을 정하고, 평가 범위를 명확히 해야 한다. 정책이 표방하는 것이 무엇인가에 따라 어떤 부분을 평가할 것인가에 대한 범위 설정은 전체인지, 특정 부분인지, 관련 정책이나 상위 정책에 대한 것인지를 명확히 해야 한다.

탐색·상황 판단 단계에서는 평가활동의 필요성이 있는지 상황 판단을 내리고 평가활동에 대한 동의·지지를 얻는 단계로서 탐색을 하게 된다. 평가 목표·대상의 확정 단계는 평가할 목표나 대상을 명확하게 하는 단계로 평가 목표를 식별하고 목표 상호간의 관련성 내지 중요도의 등급화가 필요하다. 예컨대, 사회복지에 대한 예산지출 계획의 효과를 평가하는 데는 사회복지 활동의 일반 수준을 측정하는 것인지, 일반 수혜자가 범위를 측정하는 것인지, 혹은 특정 수혜자에 국한되는지 밝혀둘 필요가 있다. 조사설계 단계는 평가의 방법을 검토·결정하고 자료 수집을 하는 단계로 기간, 표본 크기, 통제집단 등의 문제와 경비·인력 등이 검토되고 측정 척도를 개발하게 된다. 전문지식을 가진 훈련된 인력이 확보돼야 하며 관계 공무원의 적대적·비협조적 태도도 극복해야 할 부분이다. 분석 및 해석 단계는 수집된 자료를 분석·해석하고 의미를 부여하는 단계로 실제로 일어난 변화가 사업계획에 의한 것인지 여부 등이 문제되며 자료 해석을 할 때 해석하는 입장이나 기준, 또는 타당성 평가 등을 중심으로 복잡한 문제가 제기되기도 한다.

일반적으로 사회복지정책 평가에서는 평가 대상이 되는 사회복지 프로그램의 목표와 내용(대상·급여·전달·재정) 및 관련 이익집단·정책 결정 과정 등에 대한 전반적인 정보를 수집한다. 프로그램의 내용이 파악되면 그 프로그램이 영향을 받거나 영향을 미치는 과정에 관한 인과모형을 개발하고 작성하며 자료의 수집과 측정이 이뤄지게 된다. 직접 조사를 통한 1차 자료와 기존 자료에서 가져오는 2차 자료가 있다.[65] 이렇게 수집·측정한 자료의 의미를 분석하고 해석하게 된다.

사회복지정책 평가에는 여러 가지 문제점(한계)이 뒤따른다.

첫째, 목표상의 문제점이 나타날 수 있다. 정책 목표는 유동적이며 불확실하고 사업계획의 목표가 정치적 타협이나 흥정의 결과로서 설정됨으로써 목표가 불명확하게 되는 경우가 있다. 행정기관도 사업계획의 목표를 명확하게 하기보다는 모호하고 추상적으로 제시하려는 경향이 있다.

둘째, 평가관리상의 문제점이 있다. 정책평가자의 평가가 공정성을 잃거나, 자신이나 관련 집단의 이해 관계에 연관시켜 평가를 할 경우, 정책평가는 그 의미를 잃게 된다.

셋째, 통제집단 설정상의 문제점이 나타날 수 있다. 정책평가에서 목표의 대상이 되는 처리집단과 프로그램 대상이 되지 않는 통제집단을 설정할 때, 사업계획이 광범위한 영역에 걸쳐 이뤄질 경우에는 통제집단의 설정이 곤란하다.

넷째, 규범적 평가상의 문제점이 있을 수 있다. 사업계획의 평가는 비용효과분석의 계량적 차원을 넘어서 사업계획의 타당도의 평가가 요구되지만 이러한 평가는 불가피하게 정책평가의 정치성(politics of evaluation) 때문에 비규범적

---

65) 1차 자료로는 주로 관찰·면접·설문 조사 방법을 통해 수집하며, 2차 자료는 정부문서, 각종 통계자료, 평가보고서 등의 자료를 말한다.

인 평가가 되기 쉽다. 정치적 평가는 규범적 전제에 대한 기본적인 의견 일치가 없는 경우 평가에 혼란을 가져오며 잘한 것도 못했다고 평가할 때도 있다.

정책평가 결과가 반드시 다음 정책 결정이나 정책설계 과정에 활용된다는 보장은 없다. 정책평가를 통해 정책의 성패에 대한 어떤 판단이 내려졌다고 하더라도 현상 개선을 위한 노력이 전개되지 않는다면 정책 형성이나 정책 집행 과정에서 그러한 정보가 이용될 여지가 없게 된다. 따라서, 평가 결과는 정책결정자가 이용 가능하도록 항상 마련돼야 하며, 평가자는 평가 결과에 대한 잘못된 해석과 악용 가능성을 예견하고 이를 방지하도록 노력해야 한다.

풀이

사회복지정책에 대한 '평가'는 자료의 수집, 측정 기법이나 방법을 창안해내는 것도 쉽지 않지만 평가 과정에서도 여러 가지 문제점이 수반된다. 1)처럼 정책 목표가 뚜렷하지 않거나 대상이 명확하지 않을 때 목표상의 문제점이 나타날 수 있다. 그러나 1)의 경우에는 예화의 국민연금에 대한 목표나 대상자도 비교적 명확하다는 데에서 정답이라고 볼 수 없다. 2)는 정책평가자가 정책평가를 할 때 공정성에 입각하지 않거나 집단의 이해 관계에 따라 평가하게 될 때의 평가관리상의 문제를 지적하는 것이지만, 예화의 경우와는 직접적인 상관 관계가 없다는 점에서 정답이라 볼 수 없다. 3)의 경우가 예화에 가장 가까운 사회복지정책 평가상의 한계라 할 수 있다. 국민연금의 경우 그 사업계획이 광범한 영역에 걸쳐 이뤄져 통제집단의 설정이 매우 어려울 수 있는데 이로 미뤄 정답은 3)이 된다. 4)의 경우는 사회복지정책 평가에서 일어나는 전반적인 어려움이라고 할 수 있고, 위 예화에만 국한되는 사회복지정책 평가의 한계라고 보기 힘들다.

제 4 장

사회복지정책의 분석과 제공 체계

45 문제 해결의 대안을 찾기 위해… – 사회복지정책 분석(1): 정책분석의 의의와 절차, 한계

우리는 살아가면서 깊이 의식하지는 않지만 분석적인 일을 행하는 경우가 많다. 마트에서 상품을 고를 때 자신의 영양 상태로 보아서 무슨 음식을 어떻게 조리할지 그리고 가격 대비 어떤 회사 제품이 더 나은지를 비교 선택해 구입하는 경우 등도 따지고 보면 분석적인 일을 행하는 것이다. 정책이 어떤 문제나 관심사를 해결하기 위해 행위자나 행위자 집단이 의도적으로 추구하는 행동을 지칭한다고 할 때 정책분석은 선택을 위한 대안의 체계적 검토와 분석이라고 할 수 있다. 정부의 정책을 결정하는 과정에서 당면하는 문제에 관해 수집된 정보・자료・지식과 과거의 경험을 토대로 하면서 정책대안을 체계적으로 탐색하고 그 장・단점을 분석해 결과를 예측하게 된다. 이렇게 함으로써 문제 해결을 위한 가장 적절한 대안이 선택될 수 있도록 하기 위한 정책분석과 관련해 틀린 설명을 하고 있는 사람은 다음 중 누구인가?

1) 김면민 씨는 좀 더 바람직한 정책을 결정하기 위해 옳고 그름에 대한 가치 판단의 문제는 과학적인 관점에서 배제돼야 한다고 주장한다.
2) 이나연 씨는 정책분석은 대개 정책문제 분석, 정책 목표 설정, 정책대안 탐색 및 개발, 정책대안 결과 예측, 정책대안의 비교・평가 및 선택의 절차로 진행된다고 한다.
3) 장곤석 씨는 정책분석은 계량적 차원에 주안점을 두는 것을 뛰어넘어 새로운 대안의 쇄신도 매우 중요하게 생각한다고 이야기한다.
4) 이지하 씨는 정책분석에 필요한 사회적 지식의 구성이 정책결정자의 입장이나 필요에 따라 크게 영향을 받는 관계로 객관적인 분석이 곤란할 수 있다는 문제점을 가지고 있다고 한다.

해설

정책분석(policy analysis)은 대체 가능한 정책선택(alternative policy options)을 위한 대안의 체계적인 검토와 분석이라고 할 수 있다. 요컨대, 정책분석이란 정부의 정책을 결정하는 과정에서 당면하는 문제에 대해 수집된 정보·자료·지식과 과거의 경험을 바탕으로 한 정책대안을 체계적으로 탐색하고 그 장·단점을 분석해 결과를 예측함으로써 문제 해결을 위한 가장 적절한 대안을 선택될 수 있도록 하는 창의적 활동이다. 결국 정책분석은 정책 판단의 근거를 질적으로 향상시키는 데 필요한 정보를 창출하고 제공하기 위해 합리적이고도 체계적인 방법을 동원한다. 정책분석은 정책 결정 단계에서만 필요하다기보다는 정책의 초기 단계인 문제의 발견에서부터 정책이 종결될 때까지의 전체 과정에 대한 분석이 필요하다.

정책분석의 목적은 정책에 대한 사전적인 분석으로 좀 더 바람직한 정책을 결정하도록 돕는 데 있다. 또한 합리적인 정책 결정에 필요한 정보를 산출하기 위해 합리적이고 이성적인 접근을 토대로 하며, 가치의 문제를 포함해 정책대안이 가져올 비용과 효과의 배분적 측면을 분석하고 정책대안의 실현가능성과 정책대안이 가져올 정치·경제·사회적 영향을 분석한다.[66]

---

66) 정책분석은 ① 해결을 요하는 문제와 대안을 넓은 체제적 관점에서 고찰한다는 점, ②

정책분석은 흔히 ① 정책문제의 분석, ② 정책 목표의 설정, ③ 정책대안의 탐색과 개발, ④ 정책대안의 결과 예측, ⑤ 정책대안의 비교·평가 및 선택의 절차로 진행된다.

정책문제의 분석은 먼저 합리적인 정책 결정을 위해 해결하고자 하는 정책문제가 무엇인지 명확히 파악하는 것에서 시작한다. 정책문제에 대한 분석이 잘못되면 정책 목표의 설정과 정책대안의 탐색과 개발, 대안 선택을 위한 정보의 산출도 잘못돼 정책 결정 그 자체가 잘못될 가능성이 높기 때문이다.

정책 목표의 설정은 정책문제를 파악해 무엇이 정책문제의 핵심인가를 밝혀내고, 정책이 실현됨으로써 얻게 되는 효과와 이를 해결하기 위한 비용 및 문제의 해결 가능성을 검토해 설정하게 된다.

정책대안의 탐색과 개발은 합리적·분석적 정책 결정 과정에서 가장 핵심적인 과정의 하나로 이 과정에서 바람직한 대안들을 개발해 최적 대안을 선택할 수 있도록 한다. 정책대안의 탐색과 개발 단계에서 많은 정책대안이 개발될수록 합리적인 정책 결정에 도움을 주게 되며, 정책문제 해결을 위한 정책대안으로 정밀 분석해 볼 가치가 있는 정책대안들만이 제시된다.

정책대안의 결과 예측에서는 능력과 시간이 부족한 정책결정자에게 정책분석이 도움을 줄 수 있는 가장 중요한 단계이며 정책대안의 바람직한 예측 방법으로는 예측모형의 작성과 활용, 정책실험 등이 있다. 이 방법들은 대체로 통계기법을 많이 활용한다.

정책대안의 결과를 예측하고 난 후에는 그러한 결과가 얼마나 바람직한지를 평가할 수 있는 기준을 적용해 정책대안을 평가하게 된다. 평가 결과를 토대로 여러 가지 정책대안 가운데 최선이라고 생각되는 정책대안을 설정하게 된다. 정책 목표를 달성하기 위한 정책대안들이 탐색·검토돼 각 대안의 예상되는

광범위한 비용·편익의 비교 테두리 안에서 여러 대안 가운데 명백한 대안이나 최종 대안을 탐색한다는 점, ③ 구체적인 목표에 입각해 기대 결과를 비교함으로써 명백하고 합리적인 대안을 찾되 이를 수학모형에서부터 전문가 의견조사에 이르는 각종 기법을 통해 행한다는 점에서 체제분석(system analysis)과 공통점을 가진다. 그러나 ① 체제분석이 경제적·응용적·계량적 결정이론인데 반해 정책분석은 여기에 더해 정치학·행정학·심리학·새로운 영역으로서 정책과학까지 포괄한다는 점, ② 체제분석이 계량분석에 주안점을 둔다면 정책과학은 계량분석뿐만 아니라 대안의 쇄신에 주목한다는 점, ③ 방법론에서도 체제분석은 계량분석과 비용편익분석을 주로 하지만 정책분석은 이 밖에 질적 분석도 중요시한다는 점 등에서 차이가 있다.

결과들이 예측되고, 이들을 비교 · 평가할 평가 기준까지 검토되고 나면 최선의 정책대안이 선정된다.

그러나 정책분석에서는 목표 설정의 곤란성과 문제의 다양성, 정보 · 자료의 부정확 및 불확실, 중요한 측면에 대한 계량화의 어려움, 객관적 분석이 곤란한 경우 등의 한계점이 있는 만큼 이를 극복하도록 노력해야 한다.

풀이

정책분석은 정책에 대한 사전적 분석으로 좀 더 바람직한 정책 결정을 하는 데 기여하기 위한 것이 목적이다. 합리적 정책 결정에 필요한 정보 산출을 위해 이성적 접근을 토대로 가치의 문제를 포함해 정책대안이 가져올 비용-효과의 배분적 측면을 강조한다. 따라서 1)과 같이 가치판단의 문제를 배제할 수 없으며, 여기서 정답은 1)이다. 정책분석은 대개 2)와 같은 절차로 진행된다. 3)과 관련해 체제분석이 경제적 · 응용적 · 계량적 결정이론인데 반해 정책분석은 체제분석 이외에도 정치학 · 행정학 · 심리학 등에서 개발된 이론이나 방법론을 원용하면서 대안의 쇄신에 주안점을 둔다. 맞는 설명이다. 정책분석은 4)와 같은 문제점 이외에도 추구할 가치나 목표가 명확하게 설정되고 결정 당사자 간 합의가 이뤄지지 않는 한 분석이 어렵다는 한계점을 지적할 수 있다.

46 최선의 정책을 찾기 위해… – 사회복지정책 분석(2): 사회복지정책 분석 유형

사람이 살아가는 데 어떤 필요에 의해 결정을 해야 할 경우 그 방법을 알아내는 데 가장 좋은 것을 찾아내기란 참 어렵다. 아니 어쩌면 최선이라고 생각하는 것도 그보다 더 나은 것을 모르고 있기 때문에 그것을 최선이라고 착각하는 경우도 있을 것이다. 사회복지정책에 대한 분석도 마찬가지다. 다만, 우리는 사회복지정책 분석과 관련된 것들을 몇 개로 유형화해 좀 더 단순화시켜 설명하는 것을 자주 보게 된다. 이렇게 사회복지정책 분석을 몇 가지로 유형화하는 이유는 경험상 나타나는 종류들을 몇 가지로 분류해서 볼 때 적용하는 데 용이할 뿐만 아니라 현상을 설명하는 데 기초적인 것에서 덧붙여 나갈 수 있기 때문이다. 사회복지정책을 공부하는 강뿔씨는 나름대로 사회복지정책의 분석과 그 유형에 관해 다음과 같이 정리했다. 여러분이 교정을 보아 준다면 강뿔 씨의 어떤 점이 틀렸다고 지적할 수 있는가?

1) 사회복지정책에서 과정분석은 사회복지정책이 목적하는 것이 무엇인가 하는 데 특별한 관심을 갖는다.
2) 사회복지정책에서 산출분석은 특정 사회복지정책으로 확정될 수 있는 모든 대안에 분석의 초점이 가해진다.
3) 사회복지정책에서 효과분석은 정책으로 선택한 프로그램의 결과에 대한 평가에 관심을 가지고 있다.
4) 길버트와 스펙트는 사회복지정책의 분석을 세 가지 유형으로 분류했는데 과정분석, 산출분석, 성과분석이 그것이다.

해설

사회복지정책을 포함한 많은 정책은 종류만큼이나 다양한 형태의 분석 방법을 가지고 있다. 제각기 필요에 의해 여러 가지 방법과 도구를 지니고 있지만 무엇보다도 정책대안의 최종 선택자로 하여금 판단과 이해를 돕기 위해 많은 정책분석 접근 방법이 있다.

사회복지정책에 대한 분석 유형 자체를 나눈다는 것이 무의미할지 모르지만 대체로 ① 사회 이해의 목적으로 이론을 형성하기 위한 학술적 사회과학 연구, ② 공공부문 또는 민간부문에서의 정책 추진 대상자에 따라 변동되는 프로그램과 이에 대한 효과를 탐색·예측·평가하기 위한 응용정책에 대한 연구, ③ 주어진 사회문제의 해결과 바람직한 미래 상태에 도달하기 위한 구체화된 사회계획, ④ 사회복지 문제에 대한 대중의 관심에 초점을 둔 저널리즘, ⑤ 개인 사회사업가의 활동 범위 안에서 정책에 대한 도움과 이해를 주고자 하는 실무자 정책분석, ⑥ 시민 참여를 위한 주된 쟁점으로서의 시민정책 분석 등으로 분류할 수 있다. 이러한 정책분석의 접근 방법은 주된 이용자가 누구냐에 따라 방법이 달리 나타난다.

길버트(Neil Gilbert)와 스펙트(Harry Specht)는 사회복지정책의 분석을 ① 과정(process), ② 산출(product), ③ 성과(performance)로 분류하면서 '3P'

분석이라고 명명했다(Gilbert & Specht, 1974).

사회복지정책의 과정분석은 사회복지정책의 전체 혹은 부분적인 과정과 관련된 분석이다. 이는 정책 형성이 어떻게 이뤄지는지를 이해하기 위한 목적에서 행해지는데, 정책 결정 시에 정치적·기술적 투입 요소에 대한 사례연구의 형태로 이뤄지게 된다(길버트와 테렐, 2007: 25). 과정분석은 시간적 차원과 분석 수준 등을 기준으로 다양하게 구분 가능하다. 즉, 사회복지제도 전체를 대상으로 할 수도 있고 특정한 제도 한 가지만 대상으로 할 수도 있으며, 장기간에 걸친 제도의 발달을 다룰 수도 있고 단기간을 다룰 수도 있다. 사회복지정책은 행정적·조직적 활동을 통한 사회서비스로의 전환을 거쳐 대상자에게 전달되는데 사회복지정책의 과정분석은 결국 어떤 과정을 거쳐 사회복지정책이 원하는 궁극적인 목적이 무엇인가에 관심을 가지게 된다.

사회복지정책의 산출분석은 사회복지정책 계획 수립이 정책적 선택 과정이라는 데 초점을 둔다. 선택에 초점을 두기 때문에 프로그램, 관련된 법률 등을 분석하고 선택된 정책 내용을 기준과 분석틀을 가지고 분석한다. 산출분석은 특정 사회복지정책에 대한 대안 가운데 하나 또는 두 가지 대안에 분석의 초점을 두게 된다.

사회복지정책의 성과분석은 정책 선택의 프로그램적 결과, 즉 잘 수행됐는가에 대한 설명과 평가에 관심을 두게 된다. 성과분석은 여러 분야에 걸친 학문의 방법론을 통한 질적·양적 자료의 수집에 의해 측정된다. 성과분석을 통한 사회복지정책 프로그램의 영향은 프로그램 실행 이전과 이후의 차이로 측정된다.

길버트와 테렐(2007)은 네 가지 선택 차원을 제시했는데 ① 사회적 할당의 기반 또는 근거(the bases of social allocation)는 무엇인가? ② 사회적 급여의 형태(the types of social provisons)는 무엇인가? ③ 사회적 급여를 전달하기 위한 전략(the strategies for the delivery)은 무엇인가? ④ 사회적 급여에 필요한 재정을 마련하기 위한 방법(the ways to finance)은 무엇인가?가 바로 그것이다. 이 중 앞의 두 가지 차원은 할당의 기반과 급여의 형태로 '누가 무엇을 얻는가(who gets what)'라는 질문으로 표현될 수 있다. 사회적 할당의 기반은 이 질문 가운데 '누가(who)'에 연관된다. 사회적 급여에 대한 수급자격(eligibility)을 누가 가지는가에 대한 결정은 연령, 교육 정도, 건강, 가족 구성원 수, 거주지 등 수많은 기준이 사용된다. 그러나 할당의 기반이라는 선택 차원과 관련해 중요한 것은 수급 자격을 결정하는 기준의 토대가 되는 원칙이 무엇인가에 있다.

그리고 사회적 급여의 성격에 관한 정책 선택은 사람들이 받기로 된 급여가 어떤 것인가(what)에 관련된 것이며 현금으로(in cash) 또는 현물로(in kind) 제공할 것인가가 전통적으로 논의돼 왔으나 사회복지정책에 의해 배분되는 형태는 이 밖에 권력(power), 증서(voucher), 기회(opportunity)와 같은 종류가 있으며, 소비자 주권(consumer sovereignty)의 구현도 있을 수 있다.

선택에 대한 세 번째 차원은 어떻게(how)라는 질문과 관련된 것으로 수급 자격을 갖춘 사람에게 이를 전달하는 것과 관련된 것이다. 재정이라는 네 번째 선택 차원과 관련해서는 재정 마련 방법과 재정 체계가 중요한 의미를 갖게 된다.

풀이

길버트와 스펙트는 사회복지정책의 분석을 세 가지로 분류할 수 있다고 했는데, 과정(process), 산출(product), 성과(performance) 분석이 그것이며 소위 '3P' 분석이라고 명명했다. 4)는 맞는 설명이다. 사회복지정책의 과정분석은 욕구 발생 단계에서 개인 및 사회 문제 과정을 거쳐 사회복지정책으로 확정되고 행정적 활동을 통해 사회서비스로 전환돼 대상자에게 전달되는 과정을 분석 대상으로 삼는다. 1)도 맞는 설명이다. 사회복지정책의 산출분석은 특정 사회복지정책으로 확정될 수 있는 모든 대안에 분석의 초점을 두는 것이 아니라 한두 가지 대안에 분석의 초점을 둔다. 따라서 2)는 틀린 설명으로 정답이다. 사회복지정책은 성과분석을 통해 사회복지정책 실행 전후 프로그램의 영향 등의 차이를 측정할 수 있다. 3)도 맞는 설명이다.

47 분석 방법을 찾아라 - 사회복지정책 분석(3): 정책분석의 방법

사회복지정책의 분석과 방법론을 공부하는 이유는 응용을 해서 실제 현상을 분석해 보려는 데 있다. 이대종 교수는 이와 같은 사실을 잘 알고 학생들에게 팀을 구성해 실제 사회복지정책을 분석하는 연구 리포트를 작성하게 했다. 학생들은 저마다 마음에 맞는 동료들로 팀을 구성해 총 네 개 팀이 만들어졌다. 팀이 구성된 그 다음 주 각기 자신들의 사회복지정책 분석 방법에 대한 설명을 하는 시간을 갖게 됐다. 총 네 개 팀 가운데 이대종 교수가 그냥 넘어가지 않고 지적을 한 팀이 있다. 고른다면?

1) '바닥 파고 로킥' 팀은 현대 사회에서 거론되는 노인문제를 합리적으로 규명하기 위해 고령화사회가 가지는 문제의 성격과 대상 범주를 규명하기 위해 현재 노인들의 욕구 상태를 설명하고 미래 발생할 수 있는 욕구를 예견하기 위해 욕구분석을 행하기로 했다.
2) '순덕여왕' 팀은 아동·청소년문제를 해결하기 위한 여러 가지 정부의 시행 예상 지침들 가운데 어느 대안이 한정된 예산을 가장 효율적으로 사용해 달성할 수 있을 것인가를 찾아내기 위해 비용편익분석을 사용하기로 했다.
3) '제이리스' 팀은 여성문제 해결에 대한 정책대안을 선택하기 위해 일정한 효과 수준은 최소 비용으로 달성하고, 일정 비용으로는 최대 효과를 달성할 수 있는 대안 선택 마련을 위해 반드시 화폐가치로 측정하기 위해 비용효과분석을 사용하기로 했다.
4) '배트맨 바이러스' 팀은 장애인정책이 나라마다 다르게 형성, 적용되는 과정을 상세하게 분석하기 위해 선진국과 개발도상국 나라들을 비교하는 사례연구 방법을 사용하기로 했다.

해설

사회복지정책을 분석하는 방법에는 여러 가지가 있다. 정책분석의 핵심이 정책문제의 해결 및 정책대안의 결과를 예측하고 합리적인 대안을 제안함으로써 정책 결정을 돕는 데 있는 만큼 정책 결정의 합리성을 높이고 정책을 위한 제안을 하기 위한 분석 방법으로는 ① 비용편익분석, ② 비용효과분석, ③ 결과물연구, ④ 사례연구, ⑤ 민감도분석 등이 있다.

비용편익분석(cost-benefit analysis)은 자원 배분에 관한 합리적 의사 결정을 위한 기법으로 일정한 편익을 얻기 위해 최소의 자원의 투입이 어느 수준에서 이뤄져야 할 것인가를 분석하는 방법이다. 비용편익분석은 공공사업의 경제적 타당성을 검토하는 데에 핵심적인 역할을 하게 된다. 한정된 자원에 대한 합리적 배분을 통해 투자에 대해 효율화를 기하고자 하는 것이 비용편익분석의 주된 목적이다. 특정 사회복지정책에 대한 공공사업의 채택이 가져올 유형 또는 무형의 비용과 편익을 망라해 이를 일정한 기준에 따라 분석함으로써 한정된 복지 예산으로 가능한 많은 복지 혜택을 가져다 줄 사업을 선택·시행하고자 할 때 사용되는 분석 방법이다.[67] 요컨대 필요한 비용과 대안의 최종 선

67) 공공사업을 통해 발생하게 될 사회복지 증가분(즉, 편익)이 사업으로 인해 피해를 본 집단의 사회복지 감소분(즉, 비용)보다 클 때에는 사업을 실시할 수 있다는 것이 비용

택이 가져올 편익을 체계적으로 비교·평가함으로써 희소자원을 가장 효율적으로 사용하게 될 정책대안이 무엇인가를 찾아내는 분석 기법이다. 비용편익분석은 경제적 효율성만을 중시하기 때문에 사회복지 부문의 정책분석에 직접 활용하는 데에는 한계점을 가진다. 왜냐하면 사회복지정책은 경제적 효율성과 관계없는 일이 많기 때문이다. 즉, 사회복지정책의 대부분은 비시장성·비이윤성에 특징이 있고, 편익의 계량화가 곤란할 뿐만 아니라 비공통성 편익의 비교가 어려우며 전반적 효과를 화폐가치로 환산해 기간별로 추정하는 것도 쉽지 않다.[68]

비용효과분석(cost-effectiveness analysis)은 총비용과 총효과를 비교해 최적 대안을 선택하는 기법인데 비용편익분석처럼 편익을 화폐가치로 측정하는 문제를 피할 수 있어 사용상 간편하다는 특징이 있다. 그리고 정책대안의 효용을 경제적 기준이나 사회복지의 총량과 같은 것을 가지고 결정하는 것이 아니기 때문에 기술적 합리성을 대표한다. 따라서 외부경제와 측정할 수 없는 가치의 분석에 더 적합하다. 비용효과분석에서 사용하는 기준은 최소 비용과 최대 효과라는 두 가지다. 최소 비용 기준은 일정한 효과 수준을 최소 비용으로 달성 가능한 정책대안을 선택하는 것이며, 최대 효과 기준은 일정한 비용으로 최대의 효과를 달성할 수 있는 정책대안을 선택하는 분석 기법이다. 그러나 비용효과분석은 비용과 효과가 서로 다른 단위로 측정되기 때문에 총효과가 총비용을 초과하는지의 여부에 대한 직접적인 증거를 제시할 수 없다. 또한 비용효과분석의 결과는 정책 제안을 총체적인 사회복지와 연결짓기가 어렵다. 주어진 문제, 관리 지역, 대상집단 등에 한정되고 공동체 구성원들의 총만족을 순편익과 같은 개념을 사용해 측정할 수 없게 되는 제약점을 가진다.

결과물 연구는 정책의 비용 또는 급여의 화폐가치에 대한 정보가 없음에도 불구하고 정책의 효과성은 평가할 수 있음을 이용하는 것이다. 정책분석가들은 관례적인 유사 실험설계 혹은 실험조사설계의 방법을 통해 특정 정책의 개입

편익분석의 기본 가정이다. 그 이유는 공공 투자로부터 얻는 이익을 그로부터 손해를 보는 사람들에게 나눠 주고도 남는 것이 있다면 투자할 가치가 있기 때문이다.

68) 가치판단, 결국 개개인의 지불용의 의사(Willingness To Pay: WTP)를 판단하는 문제, 이에는 개인의 선호를 평가의 목적에 접근시키는 일과 또 시장가격에 의해 영향을 받는 이 지불의사를 실제로 측정하는 문제다. 즉, 형평성 도외시, 경제성만으로 판단하는 데는 한계가 있다(김동건, 2012).

이 그것이 관여하도록 고안된 문제에 얼마만큼 많은 영향을 미쳤는지에 관해 평가하게 된다.

사례연구는 사회복지정책의 형성, 적용, 평가에 관해 체계적이고 상세한 분석을 행할 수 있다. 사회복지정책에 관한 많은 연구가 사례연구 혹은 비교 사례연구 방법을 통해 수행되고 있다.

민감도분석(sensitivity analysis)은 비용편익분석 또는 비용효과분석의 결과가 비용이나 효과의 발생 확률에 대한 가정의 변동에 따라 얼마나 민감하게 변동하는가를 분석하는 기법이다. 두 개의 대안 비교 시 순편익이나 비용·편익의 비율을 계산했음에도 불구하고 과연 그러한 결과가 나타날 것인가에 대해서는 불확실한 경우가 발생하게 되는데, 이때 미래의 여건에 대한 몇 개의 다른 가정을 통해 각각에 대한 순편익비를 계산함으로써 비용·편익비나 순편익이 여건의 변화에 얼마나 민감하게 변하는가를 알 수 있게 된다.

이 밖에도, 사회복지 문제 해결을 위해 정보를 이용한 현재 욕구 상태의 설명과 미래의 발생 가능한 욕구를 예견하는 욕구분석, 선행 조사 결과 분석에 관한 양적 방법론인 조사문헌 또는 연구를 비교하고 분석하는 체계적인 분석 방법인 메타분석, 정책대안을 실제 집행하지 않고 비슷한 조건 아래에서 유사실험을 함으로써 예측하는 모의실험(simulation) 기법 등이 있다. 특히, 모의실험 기법은 실제 상황에서의 행동을 통한 분석이 불가능할 경우 유용하다.

풀이

사회복지정책의 분석 방법에는 위의 1)과 같이 사회문제를 합리적으로 규명 또는 개선하고자 하는 노력들의 결과 산출을 위해 욕구 범위에 대한 평가작업을 수행하는 욕구분석, 2)처럼 각 대안의 실행에 필요한 비용과 대안이 결과적으로 가져오게 될 편익을 체계적으로 비교·평가하는 비용편익분석, 4)처럼 특정 사회정책의 형성, 적용, 평가에 대한 체계적·상세적 분석을 수행하는 사례연구 등의 방법이 있다. 3)과 관련해 여성문제를 해결하기 위한 여러 가지 정부의 시행 예상 지침 가운데 어느 대안이 한정된 예산을 가장 효율적으로 사용해 달성할 수 있을 것인가에 대해 비용효과분석을 사용할 수 없는 것은 아니다. 그러나 비용효과분석의 경우는 개념상 시장가격에 대한 가치를 측정할 수 없는 경우에 다루는 분석 기법으로서 화폐가치로 측정하지 않는다. 따라서 3)이 틀린 방법으로 정답이다.

48 자녀의 용돈을 불만 없이 분배하려면… – 사회복지정책 분석(4): 사회복지정책 분석틀의 유형

정책에 대한 분석틀이라고 하면 어느 특정의 부류만을 생각해 만들 수는 없다. 목적의 대상은 당연히 포함돼야 하겠지만 주위의 모든 관계자의 반응이나 그들의 대응, 또는 예측 행동도 또한 고려해야 한다. 예컨대, 어느 가정에서 세 명의 자녀에게 용돈을 준다고 할 때 첫째아들에 대한 용돈만 고려한다는 것은 말이 되지 않는다. 첫째아들이 받는 용돈에 대해 결국 둘째와 셋째 자녀가 받아들일 수 있는가에 대한 수용 가능성을 고려해야 하고, 나이에 대한 용돈 차등 지급으로 인해 둘째와 셋째의 불만은 없는지 등도 생각해야 한다. 그러고 보면 자녀 키우기가 그렇게 쉽지만은 않은 것 같다. 물가를 감안해야 하고 그들이 필요로 하는 절대적 금액이 얼마인지, 등교 수단은 무엇인지, 나아가 또래 아이들이 받는 용돈은 얼마인지도 고려해야 한다. 사회복지정책에 대한 분석틀을 마련하는 것도 비슷한 맥락에서 이해될 수 있다. 다음 중 상식적으로 사회복지 분석틀이 어떠해야 하는가에 대한 서술 중 잘못 기술된 것을 고른다면 어느 것일까?

1) 사회복지정책 분석틀은 입법, 사법, 행정뿐만 아니라 모든 수준에 있는 정책입안자들과 이해 관계가 있는 집단에 의해 사용될 수 있도록 고안돼야 한다.
2) 분석하려는 특정 사회정책이 가지고 있는 문제를 이해할 수 있어야 한다.
3) 주어진 정책을 실시함으로써 나타나는 장기와 단기의 실질적 영향력이 무엇인지 찾아낼 수 있어야 한다.
4) 정책이 경제적으로 실현 가능한가가 제일 문제가 될 수 있을 뿐 다른 가능성은 크게 생각하지 않아도 좋다.

해설

사회복지정책 분야에서 정책분석을 위한 틀은 이미 여러 학자에 의해 다양한 형태로 제안돼 왔다. 프리그모어(Charles S. Prigmore)와 아서튼(Charles R. Atherton)은 사회복지정책 문제를 다루는 데 고려해야 할 요소들에 초점을 뒀는데 사회복지정책은 근본적으로 문화와 그 문화에 내재하는 가치 및 지식들과 밀접한 관련성을 갖는다고 강조했다. 이들이 제시한 분석틀은 현재 추진 중인 정책들에 대한 분석에 도움이 될 뿐만 아니라 정책을 수립할 때 대안들을 평가하는 데도 하나의 기준이 될 수 있다. 그들은 사회복지정책의 분석틀로 ① 문화적 가치와 관련해 고려해야 할 사항, ② 영향과 의사 결정의 차원, ③ 지식과 관련해 고려해야 할 사항, ④ 비용과 편익에 관련된 사항 등 네 가지 부문으로 구분하고, 이를 다시 세분해 제시했다.

문화적 가치와 관련해 고려해야 할 사항으로는 ① 고려하는 정책이 현재의 방식(style)과 양립하는가? ② 그 정책은 평등과 정의에 기여하는가? ③ 그 정책은 사회사업 가치와 일관성이 있는가? ④ 그 정책은 사회의 다른 중요한 가치와 일치하는가? 등이다.

영향과 의사 결정의 차원으로는 ① 그 정책은 정치적으로 수용가능성이 있는가? ② 그 정책은 합법적인가? ③ 그 정책은 관련되는 이해집단을 만족시키는가? 등이다.

지식과 관련해 고려해야 할 사항은 ① 그 정책은 과학적으로 건전한가? ② 그 정책은 합리적인가? 등이다.

비용과 편익에 관련된 사항으로는 ① 그 정책은 경제적으로 실현가능성이 있고, 경제적인 면에서 다른 어떤 대안보다 나은가? ② 그 정책은 현실성(workable)이 있는가? ③ 그 정책은 효율적인가? ④ 그 정책이 다른 사회문제를 야기할 가능성이 있는가? 등이다.

질(David G. Gill)은 사회복지정책 분석틀은 사회의 모든 분야에 있는 사회행동집단이나 이해집단에 의해서도 사용될 수 있도록 해야 한다고 주장했다. 그는 입법, 행정, 사법뿐만 아니라 모든 수준의 정책입안자도 사용할 수 있도록 ① 분석·개발하고자 하는 특정한 사회정책들에 대한 문제를 이해할 수 있도록 해야 하며, ② 정책이 행해짐에 따라 일어날 수 있는 영향력이 무엇인지 파악해야 하고, ③ 정책대안을 제시할 수 있도록 해야 한다고 했다.

길버트와 스펙트(Gilbert & Specht, 1974)는 산출분석에 관한 사회복지정책의 분석틀을 제시했는데, 사회복지정책을 시장 외부에서 기능하는 급여와 할당의 메커니즘이라는 맥락에서 분석틀을 구상했다. 사회복지의 급여와 할당은 간접적이고, 추상적이며, 비경쟁성을 띤다는 특징이 있다. 산출분석과 관련해 그들은 ① 할당(allocation), ② 급여(benefits), ③ 전달(delivery), ④ 재정(재원; finance)의 네 가지 선택 차원에 관한 질문을 던졌고 선택 대안의 차원을 언급했다. 사회복지정책을 선택할 때 대안의 차원을 고려한다는 것은 동일한 목적을 달성하기 위한 대안에는 다양한 형태가 존재할 수 있다는 것을 의미한다. 동일 목적을 달성하기 위한 것이라도 제시되는 정책들은 서로 다른 특성을 가질 것인데, 이러한 여러 가지 정책 가운데 가장 적절한 사회복지정책으로서 채택할 수 있는 정책이 무엇인지를 고려하는 것이 중요하다.

사회적 할당에 대한 의미는 수급 자격이나 대상 체계와 관련된 것으로 그 기반은 사회복지정책을 통해 수혜자와 관련된 것을 말한다. 사회복지정책의 분석에 사회적 할당은 사회적 급여가 사회 내에 존재하는 사람들과 집단에 대한 다양한 원리 사이의 선택인 셈이다. 이러한 선택의 대안으로는 사회적 공헌, 사회적으로 부당하게 당한 손실에 대한 보상, 전문가 판단에 의한 진단적 차별 등으로 구체화된다.

사회적 급여는 급여 종류나 급여 체계와 관련된 것으로 급여를 받을 자격을 갖춘 사람들이 받는 급여 형태에 대한 분석과 연관돼 있다. 사회적 급여의 형태는 전통적으로 현금과 현물이 대부분이었지만, 그 밖에도 증서(voucher), 권력, 기회 등 다양한 형태가 있다.

전달장치의 설계 및 분석과 연관되는 선택은 전달 방법과 전달 체계에 관한 것으로 사회적 급여의 제공자와 수혜자 사이의 관계, 연계성 및 교환을 어떻게 구조화할 것인지를 의미한다.[69] 구체화된 형태로는 중앙집권 또는 지방분권, 협력 관계, 전문가에 대한 의존 등을 들 수 있다.

재원 조달의 선택은 재정 마련 방법과 재정 체계와 관련된 것으로 사회적 급여가 이동하는 여러 형태의 모습과 사회급여가 분배자까지 도달되는 지점까지의 움직임을 둘러싼 조건들도 포함된다. 선택 대안으로는 민간재원, 공공재원, 공공과 민간재원의 혼합 등으로 구체화된다.

길버트와 스펙트(Gilbert & Specht)의 사회복지정책 분석틀

선택 차원	질문	선택 대안
할당	누구에게 급여가 제공돼야 하는가?	선별주의, 보편주의 세부 원칙(귀속적 욕구, 보상, 진단적 구분, 자산조사 욕구)
급여	급여로 무엇을 제공해야 하는가?	현금, 현물, 바우처, 기회, 권력, 서비스, 상품
전달	어떻게 급여가 제공돼야 하는가?	중앙, 지방, 민간
재정	어떻게 재정이 충당될 것인가?	공공) 일반세, 목적세, 조세비용 민간) 사용자 부담, 자발적 기여, 기업복지, 가족 간 이전

69) 전달 체계의 문제는 어떻게 급여를 제공할 것인가에 관한 것이다. 사회복지급여를 받을 대상이 선택되고 급여 형태가 결정되면 어떤 방법으로 급여를 제공할 것인가를 결정해야 한다. 전달 체계란 급여 대상자에게 선택된 급여를 전달하는 조직적 장치다. 즉, 수급자를 둘러싼 일체의 공적 또는 사적인 사회복지조직과 이들 조직의 서비스 전달망을 전달 체계라고 한다(남기민, 2004: 169).

풀이

실제로 질(D. G. Gill)은 사회복지 분석틀을 1)과 같은 목적에 의해 고안돼야 한다고 하면서 2), 3)과 같은 목적을 달성해야 한다고 주장했다. 분석하려는 특정한 사회정책의 문제를 이해하기 위해 문제가 가지는 성질, 범위, 상태를 검토하고 인과적인 분석에 기반을 둔 이론을 도출해낼 수 있어야 한다. 그리고 주어진 정책 시행에 따른 영향력이 무엇인지를 찾아내어야 한다고 했다. 4)와 관련해 사회복지정책에서 고려해야 할 사항은 비단 경제적으로 실현 가능한가뿐만 아니라 현재 방식과의 일치 여부, 평등과 정의, 정치적 수용 가능성, 합법성, 과학적 건전성, 현실성, 효율성, 다른 사회문제를 일으킬 가능성 등 무수히 존재한다. 따라서 정답은 4)다.

49 사회복지정책은 누가 담당해야 하나? – 사회복지정책의 공급 주체(1)

주장해 씨는 사회복지란 고통과 빈곤의 완화가 목적이고 사회 유지에 필요한 사회 · 경제 · 보건의료 · 교육적 욕구들을 해결하도록 원조하는 서비스 체계라고 생각하고 있다. 따라서 사회복지의 실제적인 면을 책임지고 실행하는 주체는 공공기관이든 민간부문이든 봉착하는 문제가 없는 것이 제일 좋은 것이라고 생각한다. 주장해 씨는 그렇다면 사회복지정책을 담당하고 공급하는 주체가 누가 돼야 할 것인가를 묻지 않을 수 없을 것인데, 여러분은 이러한 물음에 어떤 답을 줄 수 있겠는가?

1) 지방정부들은 서로 경쟁을 통해 비용을 낮추고, 서비스의 질을 향상시킬 가능성이 높다. 당연히 지방정부 수준에 사회복지정책을 담당하게 해야 한다.
2) 복지 서비스 대상자들의 선택권을 제한하고 공공부문이 서비스 독점권을 갖게 하면 오히려 효율성이 높아지게 되며 관료들은 융통성을 더 발휘할 수 있다. 따라서 공공부문이 이를 맡아야 한다.
3) 보험 분야에서 일어나는 역선택이나 도덕적 해이 등을 비춰보면 복지를 공공부문이 맡아야 할 개연성이 존재하며, 시장에 대한 외부 조정자로서 국가의 역할이 필요하게 된다.
4) 공급자 간 경쟁을 통해 비용을 낮추기 위해서는 정부 개입이 필요하고 따라서 정부 개입으로 인해 효율성을 높이고 서비스 질을 향상시킬 수 있으므로 공공부문이 사회복지를 공급하는 주체가 되는 것이 낫다.

해설

정책 주체란 정책에 대한 책임과 실행하는 주된 행위자를 말한다. 사회복지 정책의 주체는 크게 ① 국가의 중앙정부와 지방정부와 같은 공공부문과 ② 가족, 친족, 종교, 기업, 상호부조 등과 같은 민간부문으로 나눌 수 있다. 복지국가 위기 이후, 공공 복지부문의 축소와 민간부문의 확대 경향으로 자원봉사조직, 사회단체, NGO, 기업, 종교단체 등과 같은 공급 주체가 다양해지고 또한 활성화돼 왔다.

공공복지는 사회복지가 공공부문에서 이뤄져야 한다는 것을 의미하는 것으로 재화나 서비스를 제공한다는 입장에서 볼 때 시장실패[70]를 극복해야 하기

---

70) 시장에 의한 자원 배분이 효율적이라는 말은 완전경쟁이 전제됐을 때 성립된다. 그런데 완전경쟁은 ① 모든 생산품은 동질적이어야 한다는 것, ② 시장에 참여하는 구매자나 판매자 개개인의 비중이 시장 전체 규모에 비해 너무 작아서 개개인은 시장가격에 영향을 미치지 아니한다는 것, ③ 모든 자원은 완전히 자유롭게 이동할 수 있어야 한다는 것, ④ 소비자, 기업 및 자원 소유자들은 필요한 경제적·기술적 자료에 대한 완전한 정보를 가지고 있어야 한다는 것 등의 조건이 필요하다. 이들 조건이 모두 갖춰진 이상적인 상태가 충족됐을 때 시장 기구에 의한 자원 배분의 효율성을 기대할 수 있을 뿐이다. 어느 하나라도 충족되지 못하면 시장 기구에 의한 자원 배분은 비효율적이게 되고 이를 시장실패(market failure)라고 한다.

때문에 그 필요성이 인정된다.

① 공공재: 공공재(public goods)는 비경합성(non-rivalry), 비배제성(non-excludability)의 성격을 가지고 있어 가격을 매기는 자체가 불가능하거나 또는 바람직하지 않게 된다. 사회복지를 제공함으로써 다른 사람에게 불이익을 발생시키지 않으면서(비경합성) 모든 사람에게 혜택(비배제성)을 줄 수 있기 때문이다.

② 외부성의 존재: 외부성(externalities)은 어떤 한 사람의 행동이 제3자에게 의도되지 않은 이득이나 손해를 끼치게 돼도 이에 대한 대가를 받지도 지불하지도 않을 때 자유로운 시장 기구에 맡기게 되면 이로운 외부성은 사회적 최적 수준보다 떨어지는 반면, 해로운 외부성은 최적 수준보다 더 많이 만들어지게 된다는 것이다. 사회복지의 재화와 서비스는 외부성을 많이 만들어내게 된다. 예컨대 어떤 지역의 좋은 의미의 복지 기반시설(welfare infrastructure)을 확충하게 되면, 그 지역과 인근 지역의 사람들이 혜택을 누릴 수 있게 되는데 이 때 이로운 외부성이 나타나게 된다. 반면 사람들이 혐오하거나 선호하시 않는 시설들을 구축하거나 확충하게 되면 해로운 외부성이 나타나게 되는 것과 같다.

③ 불완전한 정보: 공정한 거래가 이뤄지기 위해서는 정보의 양과 질이 공급자와 수요자 모두에게 충분히 주어져야 한다. 정보의 충분성이 충족되지 못하면 비효율적인 배분이 될 가능성이 높아진다. 즉, 공급자에게 유리한 정보, 소비자에게 불리한 정보가 주어진다면 소비자의 합리적 선택은 이뤄질 수 없게 된다. 이런 맥락에서 국가가 재화에 대한 정보를 많이 가지고 있다면 국가가 재화의 공급 주체가 되는 것이 더 효율적으로 자원을 배분할 수 있는 근거가 된다. 불완전한 정보는 역선택, 도덕적 해이 현상을 불러오기도 한다.

④ 미래에 대한 불확실성: 불확실성(uncertainty)은 시장 기능의 효율성을 떨어뜨리는 중요한 요인이다. 시장 기능의 효율성은 모든 것이 확실하다는 암묵적 가정에서 이뤄지는 것인데 불확실성이 개입하게 되면 시장 기능은 그 의미를 잃게 된다.

⑤ 불완전 경쟁: 특허나 전매처럼 인위적 요소에 의한 것이라든가 자연 발생적 독점화 현상으로 인해 시장실패를 초래하게 된다.

⑥ 완비되지 못한 시장: 현실에서 시장이 완벽을 기할 수 없는 경우, 즉 현

실에서 보완적 시장이 갖춰져 있지 않은 경우 시장은 제 기능을 발휘할 수 없게 된다.

이러한 시장실패 이외에도 공공복지의 필요성은 ① 역(逆)선택 문제, ② 규모의 경제, ③ 위험 발생의 상호의존 문제 등에서도 나타난다.

역선택은 보험 분야에서 도입된 것으로 위험 발생 가능성이 높은 사람들이 보험에 많이 가입하게 되면 평균적 위험 확률과 보험료가 높아지는 악순환이 생겨 위험 분산이 되지 않는 경우가 발생하는 경우 사회복지와 관련해서는 건강보험과 실업보험이 대표적인 예에 속한다. 이와 관련된 도덕적 해이(moral hazard)는 보험 가입자가 위험 발생을 예방, 회피하려는 적극적 노력을 별로 하지 않아 위험 발생이 높아지는 경우다. 이런 도덕적 해이를 방지하기 위해 사회보험의 보험료 납부 등을 의무화하기도 한다.

규모가 일정 규모 이상이 되면 단위당 비용이 적게 들고, 재화나 서비스가 민간부문의 여러 공급자에 의해 제공되는 것보다 필요한 거래비용을 줄일 수 있다는 장점이 있다. 이것이 규모의 경제다. 대중교육, 대량의 공공주택 건설, 전국민 의료서비스 등이 이에 해당한다.

만약 어떤 사람에게 발생할 위험과 다른 사람에게 발생할 위험이 서로 관련이 있을 때에는 보험회사의 재정 안정이 이뤄지기 어렵게 된다. 이것이 위험 발생의 상호의존 문제다. 결국 민간시장에서는 이러한 위험에 대한 보험상품을 판매하려 들지 않게 될 것이다.

그러나 이러한 시장실패에 대한 대응으로 만약 서비스 독점권을 공공기관이 가지게 되면 경쟁 상대가 없어 비경쟁적이 될 수 있으며, 이로 인해 업무의 효율성이 저하될 수도 있다는 문제가 제기될 수 있다. 또한 여전히 정부도 필요한 정보를 완전하게 갖고 있지 못하다는 것, 공익보다 사익을 앞세운 관료들의 집행 과정에서 굴절 현상 발생, 비용 부담자와 수혜자의 불일치 문제, 정부 개입의 파생적 효과 등의 문제가 발생할 수 있다.[71] 이러한 이유들 때문에 최근 민간부문이 더욱 강조되는 경향에 있는데 사회복지 위탁사업, 바우처제도(voucher system) 활용, 비영리단체들의 증가 등은 이를 반영하는 것이다. 민

71) 이것을 정부실패(government failure)라고 한다. 시장실패에 대한 정부 대응이 오히려 또 다른 실패로 귀착하면서 작은 정부론이 대두되고 시장 원리에의 회귀 · 시장 복권 등이 주장되는 것은 바로 이러한 이유들 때문이다.

간부문은 서비스 공급·전달에서 경쟁을 통한 비용을 낮추고, 서비스의 질을 향상시킬 수 있다는 점에서는 분명 공공기관이 주체가 되는 것보다 장점이 있다는 것이 일반적이다.

풀이

1)과 4)의 경우 공급자 간 경쟁을 통해 비용을 낮추고, 서비스 질을 향상시킬 수 있는 곳은 지방정부나 중앙정부와 같은 공공부문보다 민간부문이라고 보아야 한다. 2)의 경우 서비스 독점권을 가진 공공부문이 사회복지를 맡게 될 경우 비경쟁적으로 업무 효율성이 떨어질 수 있고 강한 관료성으로 경직돼 융통성 또한 결여될 수 있는 단점이 나타난다. 틀린 설명이다. 3)은 시장실패에 대한 정부의 공공복지의 필요성을 설명하고 있는 것으로 정답이다.

50 사회복지정책은 누가 담당해야 하나? – 사회복지정책의 공급 주체(2)

어느 형태로든지 사회복지 자체가 필요하다는 데 이견(異見)을 가질 사람은 없다. 그렇다면 사회복지정책을 누가 담당하는 것이 가장 바람직한가? 이런 문제에 대한 해답은 간단하지 않다. 사회복지정책론 중간 과제로 이런 주제를 받아들게 되자 황정엄 양은 난감할 수밖에 없었다. 벌써 내년이면 졸업반인데 아무렇게나 과제를 제출해 학점에 펑크라도 나면 곤란하기 때문이다. 그래서 심사숙고해 선배와 동료들로부터 많은 조언을 받아가며 열심히 과제를 작성했다. 그녀가 내린 결론은 사회복지 발달은 역사적으로 봤을 때 중앙정부, 지방정부, 민간부문의 역할 간 변화 관계라고도 요약할 수 있다는 것이다. 따라서 이 3자를 중심으로 사회복지에 대한 공급 주체와 관련한 과제물을 작성해 나갔다. 그러나 역시 우리가 예상한 대로(?) 그녀의 과제 결과물에는 문제가 있었다. 다음 대목 가운데 어느 것이 문제인지 지적한다면?

1) 사회복지 발달 초기 단계에서는 민간부문이, 다음 단계에서는 지방정부가 중요한 역할을 했고, 마지막 단계에서는 중앙정부가 가장 중요한 역할을 하고 있다.
2) 공공재적인 성격이 강한 의료나 교육과 같은 서비스는 전체 사회의 이득과 관련된 만큼 중앙정부가 해야 한다.
3) 지방정부는 특성상 지역주민의 욕구를 더 효율적으로 해결할 수 있는 여지를 안고 있어 사회서비스를 지방정부 단위로 제공할 경우 사회통합에 매우 유리하다.
4) 가족, 친구, 이웃 등과 같은 비공식부문이 사회복지정책의 주체가 되면 욕구의 다양성과 급변하는 사회에 대응하는 데 효과가 높지만, 오늘날 가족 규모 축소와 핵가족 등으로 역할이 감소했다.

해설

사회복지를 제공하는 주체는 크게 ① 한 국가의 중앙정부와 지방정부 같은 공공부문과 ② 가족, 친족, 종교, 기업, 상호부조 등과 같은 민간부문 등 두 가지로 나눠 논의되는 것이 일반적이다. 사회복지의 경우, 이를 공공부문에서 공급해야 한다는 주장은 앞에서 본 바와 같이 재화나 서비스 제공 측면에서 보면 시장실패가 일어날 가능성이 크기 때문이다.[72)]

사회복지에 대한 주체는 중앙정부, 지방정부, 민간부문의 역할이 어떻게 변해 왔는가와 그 맥을 같이한다. 사회복지 발전의 초기 단계에서는 민간 부문, 다음 단계에서는 지방정부가 가장 중요한 역할을 했고, 마지막 단계에서는 중앙정부가 중요한 역할을 담당해 왔다.

---

72) 사회복지정책를 담당하는 주체가 누가 돼야 하는가에 대해 학자들은 전달 체계를 기준으로 해서 분류하고 있는데, 대표적으로는 다음과 같다. ① 길버트(Neil. Gilbert)는 가족을 포함한 친족, 종교, 기업, 시장, 상호부조, 정부 등으로, ② 존슨(Louise C. Johnson)은 국가, 자원부문(민간), 비공식부문, 상업부문 등으로, ③ 에버스(Albert Evers)는 가계, 국가, 시장경제의 세 부문이 주축이 되는 자조집단, 자원봉사조직, 소규모의 직업조성집단, 협동조직 등과 같은 다양한 형태의 공급 주체, ④ 글레네스터(Howard Glennester)는 공적 공급-공적 재원, 공적 공급-사적 재원, 공적 공급-혼합재원, 사적 공급-공적 재원, 사적 공급-사적 재원, 사적 공급-혼합재원 등으로 분류했다.

시장실패의 하나로 지목되는 공공재와 관련해 생각해 본다면 사회복지 재화나 서비스 가운데 의료나 교육서비스는 대표적인 내용 가운데 하나가 된다. 이러한 사회서비스 분야는 전체 국민을 대상으로 하는 것이 사회 전체의 이익이므로, 현실의 제도로 비춰본다면 사실상 중앙정부만이 담당할 수 있다. 재화의 성격상 대상자가 많을수록 기술적인 측면에서 유리하며, 사회복지정책이 추구하는 가장 중요한 목표인 평등, 소득재분배와 같은 사회적 적절성의 가치 구현에는 중앙정부가 공급 주체가 되는 것이 훨씬 나은 경우가 많다. 또한 수많은 사회복지에 대한 욕구를 체계화해 여러 종류의 프로그램을 통합하고 조정하며 사회복지정책을 지속하고 안정적으로 유지하는 데도 중앙정부가 다른 어떤 공급 주체보다 유리한 경우가 많다.

그러나, 중앙정부가 주체가 돼 행하는 사회복지정책은 기능상 분명 한계가 있는 것도 사실이다. 그 중 가장 큰 제약점은 비효율적인 배분문제가 발생할 가능성이 높다는 것이다. 재화 가격이 너무 높거나 혹은 재화의 가격이 통제된다면 재화나 서비스의 질은 낮아질 가능성이 매우 높다. 또한 시장이나 민간부문에 사회서비스나 재화 공급을 맡기는 것보다 새로운 욕구나 변화된 욕구가 발생했을 때 이에 대한 적시의 공급 면에서 중앙정부는 대응 능력이 떨어지는 것도 사실이다.

이에 반해 지방정부는 지역주민의 욕구를 수용하고 이를 더 효율적으로 해결할 수 있는 가능성이 중앙정부보다 높다. 사회복지의 재화나 서비스를 지방정부 단위로 제공하게 되면 지방정부 간의 경쟁을 불러일으킬 수 있고, 지방정부 간의 경쟁 논리를 통해 수급자에 대한 재화의 가격과 서비스의 질이 높아질 수 있다. 지방정부는 중앙정부에 비해 비교적 창의적이고 실험적인 서비스 개발이 쉬우며 수급자들의 욕구 변화에 적극적으로 대처해 나갈 수도 있다. 수급자들의 정책 결정에 대한 참여 기회가 많아지게 되며, 수급자의 입장이 반영될 가능성 또한 높아지게 된다.

지방정부가 주체가 돼 행하는 사회복지정책에도 기능상 한계점이 있다. 가장 큰 취약점은 지역 간의 커다란 불평등을 불러일으켜 사회통합을 저해할 가능성이 높다는 것이다. 사회보험을 예로 들자면 지방정부 단위는 중앙정부에 비해 규모의 경제 효과가 적어 기술적인 측면에서 불리하다. 지방정부 단위에서 개발하는 사회복지 프로그램은 지엽적이거나 단편화할 가능성이 크고, 안정성과 지속성도 떨어진다.

민간부문의 사회복지 공급 주체로는 ① 자원조직, ② 종교조직, ③ 기업, ④ 시민단체, ⑤ 비공식부문 등이 있다.

자원조직(自願組織)은 자원봉사자에 대한 의존 비중이 높고, 재원을 자선적 기부에 크게 의존하며, 집단 구성원 스스로의 보호를 위해 재원 조달과 활동을 하는 경우가 많다. 자원조직의 형태는 보호조직, 대표조직, 캠페인조직, 서비스 조직 등이 있다. 자원조직의 다른 공적 조직이나 시장조직 등과 맺는 관계는 대안적 관계, 보충적 관계, 파트너십 관계, 계약 관계, 옹호적 관계 등으로 나타난다. 종교조직은 선교나 포교활동의 연장선상에서 사회복지를 실천하며, 기업은 이미지 제고나 이익의 사회 환원 차원에서 실시한다. 시민단체는 사회복지에 대한 주요 이슈자로 활동하며 여론 형성과 특정 분야의 사회복지운동을 행하기도 한다.

비공식부문은 가족, 친구, 이웃 등과 같이 공식적인 체계를 갖추지 않은 비조직화된 집단으로 사회서비스를 공급, 전달한다. 비공식부문은 다양한 사회복지 욕구에 대한 대응이 빠르며 비용의 효율성을 극대화하고 서비스 효과를 높이는 데 큰 장점이 있다. 비공식부문은 그동안 공식적 사회복지를 지탱해 왔으나 현대 사회로 들어올수록 가족의 규모 축소, 핵가족화, 여성의 사회적 참여 증가 등으로 인해 그 역할이 점차 축소되고 있다.

풀이

사회복지 발전의 역사는 중앙정부, 지방정부, 민간부문의 역할 간 변화라고도 할 수 있다는 황정엄 양의 요약은 훌륭하다. 사회복지에 대한 공급 주체는 제1단계의 산업화 이전 빈민층을 대상으로 한 시기, 2단계의 산업화로 인해 발생한 다양한 사회문제의 대안으로 제기된 사회보장제도의 도입 시기, 3단계의 제2차 세계대전 후 변화된 사회적 상황에서 문제 해결의 책임을 국가에 두는 시기 등의 변화 과정을 겪으면서 1)과 같이 그 주체가 변화해 왔다고 할 수 있다. 1)은 맞는 설명이다. 사회복지 재화나 서비스 가운데는 2)와 같이 의료나 교육처럼 공공재적 성격이 강해 전국민을 대상으로 하는 것이 전체 사회로 보아 이득이 되고 또 현실적으로 중앙정부만이 할 수 있다고 보인다. 2)도 맞는 설명이다. 3)과 관련해 볼 때 지방정부가 지역주민의 욕구를 효율적으로 해결할 여지는 분명히 있다. 그러나 지역 간 커다란 불평등을 불러올 수 있어 사회통합을 오히려 저해하게 될 가능성이 높다. 따라서 3)의 후반부는 틀린 설명으로 정답이다. 4)에서 설명하는 것처럼 비공식조직의 특성은 비용의 효율성 극대화, 서비스 효과가 높지만 오늘날에는 핵가족화, 여성의 사회적 참여 증가 등으로 그 역할 감소가 두드러졌다. 4)도 맞는 설명이다.

51 사회복지정책은 누가 담당해야 하나? – 사회복지정책의 공급 주체(3)

지난 번 "사회복지정책을 누가 담당하는 것이 가장 바람직한가?"라는 주제로 사회복지정책론 리포트를 부여받고 열심히 공부했으나 만족할 만한 성적을 받지 못해 안타깝기 그지없는 황정엄 양이 다시 기말 과제물을 부여받았다. 중간 과제물의 연장선상에도 있다고 보이는 이번 과제물은 "사회복지정책의 공급 주체로서 중앙정부가 지방정부에 대해 재원을 일부 보조할 경우"에 대한 전반적인 방법과 효과에 관한 것이다. 그 내용을 이해하기 쉽게 이대종 교수는 다음과 같이 설명했다. "친척인 부자가 있는데 가난한 친척을 돕기 위해 자금을 일부 보태 준다고 가정해 보자. 아무리 친척이라고 하지만 도움을 필요로 하는 친척의 장래를 생각하면 무조건 자금을 보태 주는 것이 좋은 것만은 아닐 것이다. 따라서 일정한 조건을 제시하거나 사용에 대한 제한을 가하게 될 것인데, 이 때 부자인 친척이 중앙정부라고 생각하고, 도움을 받는 친척이 지방정부라고 생각하면 이해하기 쉽다." 황정엄 양도 이해를 하고 지난 번의 일을 설욕(?)하기 위해 다시 열심히 이에 대한 서적들을 참고하고 조언도 들었다. 그러나 우리는 그 결과를 역시(?) 알고 있다. 황정엄 양이 제시한 다음 내용 중 무엇이 문제일까?

1) 사회복지정책을 실현하기 위해 지방정부가 사용할 세부적인 항목을 지정해 당해 항목에 대해 중앙정부가 지원하는 액수의 일정 비율을 사용하게 하는 방법을 활용한다.
2) 중앙정부가 지방정부에 대해 재정 보조를 해주면서 대상자 자격과 급여 액수뿐만 아니라 세부적 전달 방법도 미리 정해 준다.
3) 중앙정부가 지방정부에 대해 재정 지원을 하면서 지방정부의 인구 수나 수요가 많은 지역에 대해 그렇지 않은 지방정부보다 더 많이 재정

지원을 하도록 해서 지역 간 불평등 문제를 완화하고 중앙정부의 재정 부담을 줄이는 방법을 활용한다.

4) 중앙정부가 지방정부에 재정 지원을 할 때 운영에서 일정한 절차를 요구함으로써 지방정부의 오용과 남용을 막는 방법을 활용한다.

해설

중앙정부는 지방정부에 재원의 일부를 보조한다. 이에 따라 중앙정부는 지방정부에 재화나 서비스를 제공하는 방법에 대해 ① 재정, ② 프로그램, ③ 수급자 숫자나 욕구, ④ 절차 등에 대해 일정한 규제를 가하게 된다.

중앙정부는 지방정부에 대해 재원 사용에 대한 세부적인 항목을 지정해서 제공하게 되는데 이것이 재정적 규제다. 이러한 재정적 규제에는 중앙정부가 지원하는 액수의 일정 비율을 지정된 항목에 사용하도록 지방정부에 부과하는 방법, 지정된 항목에 사용할 일정한 한도를 둬 지방정부에 부과하는 방법, 주어진 항목에 사용하도록 단순히 일정한 액수를 제공하는 등의 방법이 있다.

프로그램에 대한 규제는 중앙정부가 지방정부에 재정을 보조해 줄 때 사회복지 프로그램에 대해 대상자 자격, 급여의 형태와 액수, 세부적인 전달 방법 등과 같은 세부적인 내용을 규제하는 것과 관련돼 있다. 프로그램에 대한 규제는 지방정부의 독립성을 크게 축소할 수 있어 지방정부 단위의 전달 체계의 장점들이 부각되기 어렵고, 오히려 중앙정부가 가지고 있는 전달 체계의 단점이 나타날 우려가 상당히 높다. 다시 말하면, 지방정부가 가지고 있는 프로그램에 대한 창의성, 실험적 서비스 개발, 수급자의 욕구에 대한 신속한 대응, 사회복지정책 결정에 대한 참여 기회의 확대와 같은 장점이 줄어들게 될 가능성이 매우 높아지게 된다.

수급자 숫자나 욕구에 따른 규제는 특정한 사회복지 프로그램에 대해 지방정부의 수급자의 숫자, 욕구를 가진 사람들의 숫자 등을 고려해 차등 지원하는 것을 말한다. 지방정부의 인구 숫자나 욕구가 많다고 판단되는 경우에 더 많은 재정 지원이 이뤄지는 것을 의미한다. 이러한 규제는 지역 간 나타날 수 있는 불평등 문제를 어느 정도 극복할 수 있지만, 중앙정부의 재정 부담은 상대적으로 늘어나게 되는 문제점을 안고 있다.

절차적 규제는 중앙정부가 지방정부에 대해 재정 지원을 할 때 특정 프로그램에 대해 운영상 절차를 요구하는 것을 말한다. 절차적 규제의 궁극적 목적은 사회복지 프로그램 운영과 관련해 지방정부의 오·남용을 막고, 국가 차원에서 사회복지의 기본 목표인 인권 존중이나 시민 참여 등이 제대로 이뤄지고 있는지를 알기 위해서다.

사회복지정책의 공급 주체로 중앙정부(또는 지방정부)와 민간부문이 혼합된 형태로 나타나는 경우도 있다. 중앙정부 또는 지방정부와 민간부문의 혼합 체계 가운데 대표적인 형태는 ① 정부가 제공할 재화나 서비스를 민간부문이 제공하도록 하고, 수반되는 비용은 정부가 부담하도록 정부와 민간부문이 계약하는 형태, ② 정부가 민간부문 사회복지기관에 재정 보조를 하고 서비스를 지원하되 규제는 가하지 않는, 정부의 민간부문에 대한 재정보조 형태 등 두 가지로 나눌 수 있다.[73)]

---

73) 국가에 따라서 일반예산과 사회보장성 조세에 대한 상대적 의존에서 차이가 나는 경우가 있다. 그러나 전반적으로 어떤 국가를 막론하고 정부의 일반 예산이 여러 사회복지정책의 재원 가운데 하나로 상당히 중요한 위치를 차지하는 이유는 다른 재원에 비해 사회복지정책이 추구하는 가장 중요한 목표인 평등이나 사회적 적절성을 이루기 쉽기

복지국가는 모든 국민의 복지를 국가 책임으로 하는 것이다. 이러한 복지국가의 목표를 달성하기 위한 재정과 운영을 민간부문에 맡기게 되면 효율성 달성에 큰 차질을 빚게 된다. 따라서 국가는 민간부문에 개입하게 된다. 이러한 이유로 인해 순수 민간부문 전달 체계의 역할은 제한돼 있다.

사회복지 재화나 서비스들은 공공재와 외부성의 크기 면에서 각각의 차이를 가지고 있다. 특정 재화나 서비스는 공공재의 성격과 외부성이 너무나 커서 세금의 형태로 모든 사람에게 강제로 부담시켜야 할 필요가 있는데 의료서비스, 교육, 아동복지를 위한 재화나 서비스들이 대표적인 경우다.

한편 특정한 사회복지 재화나 서비스들은 기술적인 측면에서 봤을 때 대규모로 혹은 강제적으로 제공하는 것이 오히려 모두에게 유리한 경우도 있는데 사회보험이 대표적인 경우다. 사회보험 프로그램은 가입자 수가 많을수록 보험의 대상 위험에 대한 분산 효과가 크기 때문에 재정 안정에 도움이 되므로 보험료는 적어지는 반면 받게 되는 보험금은 커지게 된다. 따라서 이러한 보험은 정부에서 제공하는 것이 바람직하다.

풀이

중앙정부는 지방정부에 대해 재원을 일부 보조하면서 재화나 서비스를 제공하는 방법에 대해 규제를 하게 된다. 이에는 1)처럼 재원이 사용될 세부 항목을 지정해 제공하는 방식을 채택할 수 있는데, 이를 재정적 규제라고 한다. 1)은 맞는 설명이다. 2)와 같은 방법을 프로그램 규제라고 하며, 지방정부의 독립성을 크게 줄이게 되고, 지방정부 단위의 전달 체계의 장점을 잘 살리지 못할 가능성이 높다. 2)도 맞는 설명이다. 3)과 관련해 프로그램 성격에 따라 지방정부의 수급자 숫자나 욕구를 가진 사람들의 숫자에 따라 차등 지원하는 방법을 사용할 수 있다. 그러나 이는 지역 간 불평등을 문제를 극복할 수 있으나, 중앙정부의 재정 부담은 오히려 상대적으로 커질 수 있는 단점이 있다. 3)의 후반부 마지막 부분은 틀린 설명이며 여기서의 정답이다. 4)와 같은 방법을 절차적 규제라고 하며, 지방정부의 오용 및 남용을 막는 취지 이외에도 사회복지정책의 기본 목표라고 할 수 있는 인권 존중이나 시민 참여 등에 대한 조사를 위한 목적도 있다.

때문이다. 그리고 사회복지정책의 대상을 확대하고, 급여 내용의 보편성을 이룰 수 있으며 재원의 안전성, 지속적 측면에서 정부의 일반 예산이 다른 재원에 비해 유리한 점이 많기 때문이다.

52 사람들은 어떤 욕구를 가지고 있을까? - 사회복지정책과 사회 구성원의 욕구

사회복지정책을 제대로 펴자면 사회 구성원이 가지고 있는 욕구가 무엇인지 제대로 파악해 내야 한다. 새로운 나라를 세우고 국가 기틀을 세운 율도국의 홍길동도 이러한 생각을 가지고 있었다. 사람마다 제각기 생각하는 바가 다르고 행동하는 가치 기준이 다르기 때문에 주어진 환경이 다양한 상황에서 모두의 욕구를 충족시킨다는 것은 사실상 불가능하다. 홍길동도 이를 모를 리 없다. 그러나 백성의 생활 안정을 기하고 개인의 욕구가 다양하게 결합돼 있는 사회적 욕구를 해결하지 않으면 애써 이룬 나라의 기틀이 한꺼번에 무너져 버릴 우려 또한 있음을 간과할 수 없다. 결국 사회복지정책이 제대로 효과를 거두려면 사회 구성원이 무슨 욕구를 가지고 있는가를 고민해 봐야 한다. 그렇다면, 이러한 사회적 욕구를 알아보는 방법은 어떤 것이 있을까? 최근 율도국으로 귀화를 요청한 외국인 브래드(Brad) 씨는 욕구의 유형을 공부한 학자로 알려져 있다. 그가 홍길동의 부름을 받고 대화를 나누게 됐는데, 여러 말을 했다고 한다. 그러나 별로 내키지 않는 발언은 무엇일까?

1) 사회복지정책을 펴기 위한 개인들 각각에게 필요한 욕구가 무엇인지 이에 대해 탁월한 지식과 경험을 가진 전문가로 하여금 판단케 해서 최저생계비와 같은 것을 정하게 하는 방안이 있을 수 있다.
2) 사람들이 무엇을 느끼고 있는가는 인터뷰나 설문조사 형태로 파악하는 것이 옳다. 이로써 사람들이 체감하는 바를 모아서 사회적 욕구로 볼 수 있다.
3) 사람들이 표현하는 욕구를 모두 모아 보면 사회적 욕구로서 그들이 요구하는 바가 나타날 수 있다.

4) 사람들은 절대적으로 충족돼야 한다고 생각하는 욕구들을 가지고 있는데 이러한 총합이 사회적 욕구이며, 이는 비교에 의해 느끼는 욕구 상태가 아니라 논리와 타당성만으로 측정되는 것이어야만 한다.

해설

사회복지정책은 사회 내 다수의 사람이 겪고 있는 문제를 해결하기 위해 사회적 조건이 개선되도록 하기 위함이며, 따라서 사회복지정책의 목표 가운데 하나는 바로 사회적 욕구, 사회문제[74]의 해결이라고 할 수 있다. 욕구(needs)는 상대적 긴급성의 측면에서 본다면 신속히 해결돼야 한다. 사회복지 분야에서는 욕구를 인간이 사회생활을 영위할 때 충족시켜야 할 기본적인 전제 조건 또는 필수적 수단으로 인식하고 있다.

욕구의 유형은 여러 가지로 분류할 수 있겠으나, 여기서는 머슬로(Abraham H. Maslow)의 욕구단계이론과 브래드쇼(Jonathan Bradshaw)의 욕구 유형을 소개한다.

---

74) 사회문제는 문제의 본질이 되는 발생의 원인을 개인적인 것이 아니라 제도의 미비나 모순으로 인해 발생된 문제를 말한다.

머슬로는 인간 욕구의 5단계 모형을 제시했다. 여기서의 일반적인 가정은 인간 행동의 동기는 그의 욕구가 충족되거나 충족이 억제되는 방법에 의해 부여된다는 것이다. 욕구란 자극(stimuli)에 의해 충족될 수 있는 모든 감정을 포함하는 것으로 이해된다. 머슬로는 욕구단계이론을 제창하면서 인간의 욕구는 다섯 계층으로 이뤄지며, 하위 욕구에서 상위 욕구로 발달한다고 보고 있다.

머슬로의 욕구단계이론

인간 욕구의 5단계	내용
① 생리적 욕구 (physiological needs)	욕구 중에서 최하위에 있는 가장 기초적인 욕구로서 우선순위가 가장 높은 욕구를 말한다. 식욕 · 수면욕 · 성욕 등이 해당된다.
② 안전의 욕구 (safety needs)	위험 · 위협에 대한 보호, 경제적 안정, 질서에 대한 욕구 등 일종의 자기보전 욕구를 말한다.
③ 사회적 욕구 (social needs)	다른 사람과의 친밀한 인간 관계, 집단에의 소속감, 애정 · 우정을 주고받는 것 등에 대한 욕구로서 애정 욕구(belonging needs and love needs)라고도 한다.
④ 존경의 욕구 (esteem needs)	긍지 · 자존심에 대한 욕구와 지위 · 인정 · 명예 · 위신 등에 대한 욕구이며 다른 사람의 존경을 받으려 하는 욕구를 의미한다.
⑤ 자아실현의 욕구 (self-actualization needs)	인간 욕구의 최상의 단계에 속하는 것으로 자기의 잠재력을 최대한 발휘하고 자기가 할 수 있는 일을 많이 해 보려는 욕구이며 자기 발전 · 창의성과 관련되는 욕구다.

머슬로의 이론은 복합적인 인간 욕구를 체계적으로 분석했다는 점에서는 높게 평가받고 있으나 지나친 획일성으로 인간의 개인차나 상황의 특성을 고려하지 못하고 있다는 비판을 받고 있다.

즉, ① 욕구의 계층이 고정돼 있는 것은 아니며 개개의 단계가 명확하게 나뉘는 것이 아니라는 점, ② 인간의 행동은 단일 욕구가 아니라 복합적 욕구에 의해 동기가 부여될 수 있다는 점, ③ 동일 욕구가 모든 개인에게 반드시 동일한 반응을 일으키는 것이 아니며, ④ 어느 계층의 욕구가 완전히 충족된 후에 다음 단계의 욕구가 나타나는 것도 아니라는 점 등이 문제점으로 지적된다.

한편, 브래드쇼는 욕구의 유형을 ① 규범적 욕구, ② 인지적 욕구, ③ 표출적 욕구, ④ 비교적(상대적) 욕구 등 네 가지로 구분했다.

규범적 욕구는 전문가의 판단에 의해 규정된 욕구로 개인이나 집단의 바람직한 욕구 수준과 실제에서 차이가 발생하게 되면 욕구 상태에 머물러 있는 것으로 본다. 최저생계비를 산정할 때 전문가들이 필요한 생활필수품의 수준을 정하는 것과 같이 개인에게 필요한 욕구를 파악해 전문가들이 결정하게 되는 것이 이에 속한다.

인지적 욕구는 주관적인 것으로 개인이나 집단의 욕망(want)과 비슷하며, 개인들이 느끼고 체감하게 되는 욕구다. 흔히 인터뷰나 질문지를 통해 개인에게서 파악해 내는 것이 보통이며 클라이언트 중심주의 방법이라고 할 수 있다.

표출적 욕구는 사람들이 표현하는 욕구로 서비스가 필요하다고 인지되는 실제 욕구의 충족을 요구하는 행위가 적극적으로 표현되는 것을 말하는데 서비스를 받기 원하는 사람들의 수로 나타내는 것이 보통이다.

비교적 욕구는 비교를 통해 상대적으로 느껴지는 욕구로 그와 비슷한 사람들의 욕구로 서비스를 받는 사람과 그렇지 못한 사람들을 비교할 때 서비스를 받지 못하는 사람들이 느끼는 것을 욕구 상태에 있는 것으로 인식하는 것을 말한다. A 복지관에서 행하는 프로그램을 B 복지관의 수급자가 이를 보고 자신에게 그것이 필요하다고 느끼게 되는 것이 그 한 예다.

풀이

1)은 브래드쇼가 주장한 네 가지 욕구의 유형 가운데 규범적 욕구를, 2)는 인지적 욕구를, 3)은 표출적 욕구를 설명한 것이다. 브래드쇼는 이 밖에도 비교적 욕구라는 형태를 제시했는데, 비교적 욕구는 상대방(또는 상대집단)과의 비교로 느껴지는 욕구를 의미한다. 즉, 상대방이나 다른 지역의 경우와 서로 비교해 자신에게도 그것이 필요하다고 생각되는 것처럼 비교를 통해 느껴지는 욕구를 비교적 욕구라고 했으며, 4)와 같이 절대적이 아니라 상대적 비교 개념을 사용했다. 따라서 정답은 4)다.

53 사회복지정책의 수혜자는 누구? - 사회복지정책의 대상(1)

모든 사람에게 필요한 모든 것을 다 줄 수는 없다. 이것은 지고지순의 원리로서 당연하다. 만약 그렇게 생각하지 않은 사람이 있다면 건전한 상식과 가치 판단을 결한 사람이며 지구를 떠날 준비를 해야 할 것이라고 생각하는 두 사람이 있다. 보편주 씨와 선별주 씨가 바로 그들이다. 이들은 이유야 어쨌든 사회복지정책이 필요하다는 데에는 동의한다. 다만, 급여 대상과 관련해 서로 다른 의견을 내고 있어 그 좋던 사이가 요즘 좀 소원해졌다.

보편주 씨의 주장을 요약하자면, 사회복지정책의 수혜 대상은 전 국민이어야 하며 이는 하나의 권리로 사회복지 서비스를 제공받아야 한다는 것이며, 사회복지급여의 자격과 기준을 모두에게 균등하게 적용해 사회복지정책의 수혜자들이 낙인감이나 열등감을 갖지 않게 하는 것이 중요하다는 것이다. 이렇게 함으로써 사회복지정책을 통한 사회통합이 가능해지며 모든 시민에게 최저한의 동일한 급여를 제공하는 한편, 욕구가 가장 큰 취약집단에게는 상대적으로 많은 급여의 제공으로 소득재분배 효과를 기대할 수 있다는 것이다.

선별주 씨의 주장은 다르다. 사회복지정책의 수혜 대상자들을 사회적·신체적·교육적 기준에 따라 구분하고 사회복지 서비스를 제공해야 한다는 것이다. 사회복지정책의 혜택을 받는 조건에 대한 조사 과정에서 낙인은 피할 수 없겠지만, 개인 및 가족이 필요로 하는 사항들을 토대로 대상자 선정을 해야 하며 사회복지급여가 가장 필요한 사람들 순으로 사회복지정책의 수혜자로 선정하는 것이 사회적 정의에 부합한다는 것이다. 즉, 사회적 욕구가 큰 사람에게 우선적으로 배분하면 사회적 형평성이 제고되며, 이른바 사회적 평등 실현에 기여할 수 있다는 것이 그의 주장이다. 여러분은 이 두 사람의 주장에 대해 어떤 평을 내릴 수 있는가?

1) 보편주 씨의 주장이 옳다. 한정된 자원을 효과적으로 사용하기 위해서는 행정절차가 간편하고 쉬워야 하기 때문이다.
2) 선별주 씨의 주장이 옳다. 수혜 대상이 되지 못하는 사람과 대상이 되는 사람 간에 사회적 긴장감과 적대감이 생기게 되는 문제는 있겠지만, 사회적 형평성 면에서는 바람직하다.
3) 두 사람의 주장이 모두 틀린 것은 아니다. 다만, 보편주 씨는 한정된 자원의 효과적인 사용 면에서 한계가 있는 주장을 하고 있고, 선별주 씨는 수혜 대상 선정을 위한 명확한 기준을 고려해야 한다.
4) 선별주 씨의 주장은 원래 목적이나 의도야 어찌됐든 간에 정치적으로 선진 복지를 지향한다고 할 수 있으므로 그를 지지해야 할 것 같다.

해설

사회복지정책의 급여 대상과 관련해 가장 기본적인 기준은 보편주의와 선별주의(또는 선택주의)다.

보편주의(universalism)는 사회복지의 대상을 국민 전체로 보는 것이다. 보편주의에서는 사회복지정책을 모든 국민이 해결해야 할 어떤 처지나 상태에 맞부딪치게 됐을 때에 대한 대책으로 간주한다. 보편주의는 복지 서비스를 누리는 것은 시민권에 입각한 하나의 권리이며 복지 수혜 자격과 기준을 균등히 해 복지서비스의 수급자들이 낙인감, 열등감을 갖지 않게 해야 한다는 것이다. 즉, 사회적 서비스는 평등을 촉진하는 것으로 동일한 조건에 있는 사람들이 보편적으로 서비스를 활용할 수 있을 때 사회적 서비스의 목표를 달성할 수 있게 되는 것으로 이로써 사회복지정책을 통한 사회통합이 가능하다고 본다. 포괄성의 원칙에 입각한 복지 프로그램의 정치적 장점을 중시하며 다음에 설명할 선별주의에 의한 프로그램보다 더 대중적이다. 요컨대, 보편주의는 사회적 서비스의 혜택을 받을 수 있는 경제적·사회적 권리를 국민에게 제공해야 한다는 것으로 이러한 원리야말로 경제적·사회적 평등을 촉진하는 사회적 서비스의 목표라는 관념을 반영한다. 보편주의는 모든 국민에게 최저한의 동일 급여를 제공해 행정절차가 상대적으로 용이하다. 그리고 시혜의 균일성을 유지하게 되며 유효 수요를 유지시켜 경제적 안정과 성장에도 기여할 수 있다. 그러나 한정된 자원을 효과적으로 사용하는 데에는 한계를 가진다. 영국의 국민보건서비스(National Health Service: NHS), 우리나라의 사회보험과 사회수당이 이 기준에 입각한 제도라고 할 수 있다.

선별주의(selectivism)는 모든 사람이 사회적 서비스의 혜택을 받는 대상이 될 수 없다는 것이다. 만일 누구나 사회적 서비스에 대한 대상이 된다면 유용한 자원이 고갈돼 정말로 필요한 욕구 충족이 달성될 수 없기 때문이다. 요컨대, 선별주의는 복지서비스를 받을 대상자들을 사회적·신체적·교육적 기준 등에 따라 구분하고 복지서비스를 제공하는 것이다. 따라서 자산조사를 통해 수혜의 대상을 선별해야 하며 이들에게 복지 혜택을 집중시키게 되는데 혜택을 받게 되는 조건을 조사하는 과정에서 낙인을 피할 수 없다는 단점이 제기된다.[75] 선별주의가 가장 우선시하는 것은 개인이나 가족에서 드러나는 욕구이며, 제한적 급여의 필요성을 강조하는 것이다. 이의 장점으로는 복지서비스의 도움이 진정으로 필요한 사람에게만 집중됨으로써 자원의 낭비가 적고 비용이 절약된다는 데 있다. 복지서비스에 대한 급여를 사회적 욕구가 있는 사람에게만 집중시키게 되면 사회적 긴장감이나 적대감을 줄일 수 있다고 보는 입장으

75) 선별주의는 사회적·신체적·교육적 기준에 따라 복지서비스를 제공하는 것인 만큼 이때 그 기준이 장애가 되는지, 부양 의무가 있는지, 자산이 얼마나 되는지 등과 같은 조사가 이뤄지게 된다. 조사 자체가 대상자나 외부인들에게 '대상자는 가난한 사람, 불쌍하고 형편이 어려운 사람'이라는 느낌을 주게 돼 이른바 낙인감을 심어 줄 수 있다.

로 사회적 욕구가 큰 사람에게 우선적으로 배분하면, 사회적 형평성을 제고할 수 있게 되고 사회적 평등이라는 데 충실할 수 있다는 것이 선별주의의 입장이다.

풀이

위 예화에서 보편주 씨가 주장하는 사회복지정책의 급여 대상 기준을 보편주의라고 하고, 선별주 씨가 주장하는 사회복지정책의 급여 대상 기준을 선별주의라고 한다. 이 두 가지 급여 대상 기준은 가장 기본적인 급여 대상의 기준이라고 할 수 있다. 보편주의의 가장 큰 단점은 한정된 자원을 효과적으로 사용하는 데 한계가 있다는 것이며, 선별주의의 가장 큰 단점은 자산조사 과정에서 낙인감을 줄 수 있으며, 특정 기준에서 그 기준이 무엇인가 하는 문제다. 따라서 정답은 3)이 된다. 1)의 경우, 보편주의는 행정절차가 간편하지만, 전 국민을 사회복지 대상자로 삼는 것이어서 한정된 자원을 효과적으로 사용한다는 자체가 틀린 서술이며, 2)의 선별주의의 경우 급여를 사회적 욕구가 있는 사람에게만 집중시키게 되면, 사회적 긴장감과 적대감이 오히려 줄일 수 있으므로 틀린 설명이다. 4)의 경우, 정치적으로 선진 복지를 지향하고 정치적 장점을 중시하는 것은 보편주의의 설명에 관한 것이므로 틀린 설명이다.

54 사회복지급여 대상자를 선정할 때 그 기준은? – 사회복지정책의 대상(2)

사회복지라는 이름으로 제공되는 각종 재화나 서비스가 왜 항상 부족할 수밖에 없는 것일까? 그것은 바로 사회복지 재화나 서비스가 시장 원리로 기능하지 않기 때문이며, 또 그것이 바람직하지도 않기 때문이다. 다시 말하면 사회복지의 재화나 서비스는 상호간 대가를 주고받는 교환 성질을 가진 것이 아니며 국가가 일방적으로 제공하는 것이기 때문에 당연히 수요보다 공급이 턱없이 부족하기 때문이다.

오늘날 사회복지가 과거의 주요 대상이었던 빈곤층이나 저소득층에서 중산층으로까지 확대돼 온 것을 볼 수 있다. 누구보다도 이 사회에 몸바 쳐 잘사는 나라를 이룩하고야 말겠다는 신념을 가지고 고급 관료를 꿈꾸며 사회복지정책론을 공부하고 있는 정준오 군은 다음과 같은 것을 생각해 봤다. 사회복지정책은 그 대상자를 선정할 때 여러 가지 기준이 있을 수 있다. 예컨대, 사회복지정책의 수혜 대상 자격 기준 가운데는 노령연금처럼 일정한 연령에 속해야만 하는 경우도 있고, 편모 가정에 대한 소득보장처럼 결혼 여부가 중요한 사항인 경우도 있다. 언젠가는 정준오 군 자신이 사회복지에 대한 정책 입안과 결정을 해야 할 수도 있으므로 심도 있게 생각하고 있는지도 모르겠다. 다음은 정준오 군이 사회복지정책의 대상자 선정을 위한 자격 기준과 관련해 중요하다고 생각하는 사항을 정리한 것이다. 잘못 기술하고 있는 것은 무엇인가?

1) 기여의 정도가 사회복지정책의 수혜 자격이 되는 경우는 있을 수 없다. 무언가 기여할 수 있는 정도라면 군이 사회복지정책에 대한 수혜를 받을 까닭이 없기 때문이다.
2) 사회복지 프로그램 중 어떤 것은 노동 능력이 없어야 복지급여의 자

격이 부여되기도 하고, 노동 능력이 있어야만 복지급여의 자격이 주어지기도 한다.

3) 소득과 자산 기준이 사회복지급여의 자격 기준이 되기도 한다.
4) 사회사업가나 관료, 전문가의 판단이 사회복지급여의 자격 기준이 될 수도 있다.

해설

사회복지는 사람이 가지고 있는 욕구에 대응하기 위한 사회적 제도이자 인간의 삶의 질을 개선하는 데 목적을 둔 사회적인 활동이다.[76] 일반적으로 욕구는 사람이 살아가고 성장하고 발전하는 데 필요한 것, 필수적인 것이 결핍된 상태를 일컫는다. 사회복지정책으로 이뤄지는 재화나 서비스의 공급은 시장에

---

76) 사회복지가 정부나 민간부문의 활동으로 이뤄지며 전문직을 포함하는 것을 의미하지만, 사회사업에만 국한되는 것은 아니다. 사회복지가 필요한 것의 결핍 상태를 해소하기 위한 제도적 프로그램이라면 사회사업은 사회복지제도에 의해 수반되는 계획적 변화 활동을 관리하는 전문직들 가운데 하나라고 할 수 있다(Johnson, 1990; Hefferman, 1992; 전재일 · 배일섭 · 정영숙, 2000: 15).

서 이뤄지는 교환 방식이 아니라 국가로부터 주어지는 일방적 이전 형태이기 때문에 재화의 공급은 수요보다 적게 되며 공급 부족 현상이 나타나게 된다.

과거에는 사회복지에 대한 욕구를 가지고 있는 사람, 즉 문제가 있거나 문제를 불러일으킬 조건을 가지고 있는 사람, 주로 빈곤층이나 저소득층이 사회복지의 대상이었다. 그러나 현대로 오면서 사회적 변화와 함께 사회복지의 대상은 중산층까지 그 범위가 확대됐고 다양한 사회적 욕구가 나타나고 있다. 모든 국민이 사회복지의 대상이라고 인식되고는 있지만 국가가 모든 일에 대해 항상 개인의 복지에 대한 책임을 지는 것은 아니다. 아동복지시설, 노인복지시설, 장애인복지시설, 모자복지시설, 그리고 (종합)사회복지관 등 사회복지시설들은 사회복지사가 주도하는 대표기관이기도 하다.

누가 사회복지정책 수혜자가 될 수 있는가에 대한 문제는 어떤 조건을 갖춰야 하는가의 문제와 직결된다. 사회복지정책에 대한 수혜자가 되기 위해서는 일정한 지역이나 거주 기간이 요구되거나 그 나라 국민에게로 제한되는 경우도 있다. 이러한 자격 조건은 사회복지에 대한 수급을 하나의 권리로 보는 것이며 거주 및 주거 기간 등에 대한 조건은 사회복지 급여의 수혜에 대한 필요조건이 되는 경우가 많다.

인구학적 조건을 갖췄을 때 사회복지정책의 대상으로 규정되는 경우도 있다. 아동수당·노령수당이나 연금은 대표적인 예로서 일정한 연령에 도달하거나 일정한 범주에 속해 있을 때만 자격이 인정된다. 가족 수, 결혼 여부(국민연금의 배우자급여, 한부모가정에 대한 소득 보상), 특정 인구집단(여성이나 특정 인종)에 속해 있어야 자격 조건으로 충족되는 경우도 있다.

사회복지정책의 대상으로 규정되는 또 다른 형태는 기여의 정도다. 보험료를 낸 사람에게만 사회보험급여의 수급 자격이 주어지는 것이 좋은 예다. 농·어민, 철도·광업과 같은 국가기간산업에 종사하는 사람의 경우는 보통의 사회보험 대상자에 비해 유리한 적용을 받게 되는데 사회에 대한 경제적 기여를 고려한 것이다. 또한 전쟁으로 전사하거나 부상당한 군인이나 그의 가족에 대한 보상은 사회적 기여 형태에 해당한다.

사회복지 발달 과정에 비춰 보면 노동 능력 정도는 사회복지에 대한 급여 수급의 매우 중요한 자격 조건이었다. 노동 능력이 있는 빈민에게는 급여가 제공되지 않았는데 이는 원조받을 자격이 없는 빈민(undeserving poor)으로 간주됐기 때문이다. 사회복지 프로그램은 장애인·고령자 등과 같이 노동 능력이 없는 것을 전제로 사회복지급여에 대한 자격이 부여되기도 하고, 실업수당이나 각종 고용과 훈련 프로그램처럼 근로의 의사와 능력이 있어야만 자격을 부여하는 경우도 있다.

소득과 자산이 사회복지정책의 대상이 되는지의 기준이 될 수도 있다. 사회복지 급여를 받을 수 있는 자격을 소득 기준을 통해 살펴보면 ① 급여 자격의 소득 수준을 최소한의 '기본적 욕구'를 충족시킬 수 있는 수준으로 절대적으로 결정하는 것, ② 사회 구성원 대다수가 누리는 생활 수준을 고려해 상대적으로 결정하는 방법 등 두 가지 형태로 나눌 수 있다. 우리나라의 국민기초생활보장제도는 개별 가구의 소득평가액과 소득환산액을 합산한 소득인정액으로 최저생계비 이하인 자를 수급권자의 범위로 규정하고 있다.

사회사업가 · 의사 · 행정관료의 판단이 자산 또는 소득과 함께 동시에 요구되는 경우도 있다. 우리나라의 국민기초생활보장제도에서 규정하고 있는 '부양의무자가 없거나 부양 의무자가 있어도 부양 능력이 없거나 부양을 받을 수 없는 자로서 소득인정액이 최저생계비 이하인 자'는 자산이나 소득에 따르는 조건을 규정하고 있는데 한편으로 사회복지 전담 공무원에게는 동시에 비경제적 측면을 조사와 함께 전문적 판단이 요구된다.

풀이

얼마만큼 사회적으로 또는 경제적으로 기여했는가가 사회복지정책의 자격이 되는 경우가 있다. 사회보험으로 보험료를 납부한 사람에게만 급여의 자격이 주어지는 것이 그 예다. 또한 농 · 어민이나 철도나 광업에 종사한 사람의 경우 유리한 사회복지의 적용을 받는 경우가 있는데 이는 사회에 대한 경제 기여나 국가기간산업에 대한 일정한 기여를 인정받기 때문이다. 따라서 1)은 틀린 설명으로 정답이다. 2)와 관련해 전자에 해당하는 것으로 장애인, 고령자, 자녀 양육을 위한 휴직 등이 대표적인 예이고, 후자에 해당하는 것으로는 실업수당이 대표적인 예다. 3)과 같이 소득과 자산 기준이 사회복지급여의 자격 기준이 되는 예로 대표적인 것은 우리나라의 국민기초생활보장제도에서의 수급권자다. 우리나라는 개별 가구의 소득평가액과 소득 환산액을 합산한 소득인정액으로 최저생계비 이하인 자를 수급권자로 정하고 있다. 이때 사회복지 전담 공무원에 의한 비경제적 조사를 근거로 한 전문적 판단도 동시에 요구된다. 따라서 4)도 맞는 설명이다.

55 사회복지급여 대상자 자격 기준 선택의 딜레마 – 사회복지정책의 대상(3)

우리는 살아가면서 늘 선택의 문제에 직면한다. 선택을 한다는 것은 여러 가지 욕망의 대상 가운데 가장 절실한 것을 가려내고 그 밖의 것은 포기하거나 희생한다는 것을 뜻한다. 경제학에서는 선택을 한다는 것을 기회비용을 부담한다고 한다. 좀 더 확장해 모든 사람에게 다 혜택을 베풀 만큼 재원이 넉넉하지 못한 상황에서 몇 사람에게만 그 혜택을 부여할 수밖에 없다면 어떻게 해야 할까? 이러한 예는 우리 주위에서 너무도 흔히 볼 수 있다. 집안이 가난해서 한 명만 대학에 보내야 하는 쌍둥이 자녀를 둔 가정이 있다고 하자. 어느 자녀를 대학에 보내야 할 것인가? 물론 지금 더 공부를 잘하고 똑똑한 자녀를 대학에 보내는 방법을 먼저 생각할 수 있다. 그러나 반드시 그런 것만은 아니어서 성실성이나 근면성 면에서 좀 더 우월한 자녀가 장래 더 발전할 가능성이 있다고 판단해 우선적으로 이 아이를 대학에 보내는 방법이 있을 수도 있다. 더 나아가 사회복지급여 대상자를 누구로 삼아야 할 것인가? 이는 사회복지급여 대상자를 어떻게 보는가에 따라 여러 가지가 있을 수 있다. 주장하는 사람의 수만큼이나 많은 접근 방법이 나올 수도 있겠지만 그 가운데서 가장 받아들이기 힘든 주장은 어느 것인가?

1) 사회복지급여 대상자는 사회적인 희생자로 인식돼야 하며 인간은 누구든지 잠정적으로는 사회적 희생자이므로 사회복지의 대상자는 사회 전체 구성원 모두가 될 수도 있다.
2) 사회복지급여 대상자는 사회구조와 제도에 적응하지 못하거나 심지어 일탈행동을 하는 사람들이다.
3) 국가나 사회는 사람들에게 일정 수준의 욕구를 충족시킬 수 있도록

해야 하며, 따라서 사회복지급여 대상자는 욕구를 가진 존재라고 보아야 한다.

4) 사회복지급여 대상자는 게으른 자, 부담스러운 존재, 가난하고 불쌍한 자와 같이 낙인을 찍을 수 있는 사람만이 그 대상이 돼야 한다.

해설

사회복지급여 대상자를 어떻게 보는가에 대해서는 크게 ① 구조적·갈등적 접근, ② 기능주의적 접근, ③ 관계론적 접근 등 세 가지로 나눠 살펴볼 수 있다.

구조적·갈등적 접근 방법에서는 사회복지급여 대상자를 사회 구성원 전체든 일부 계층이든 사회적인 희생자로 보고 있다. 현대 사회에서 나타나는 생활상의 위험은 노동 능력, 소득의 감소 및 상실, 가족의 해체 등 개인에게 희생과 피해를 가져다 준다. 급여나 서비스를 제공할 때에는 공식적이거나 법적인 근거가 필요하다. 만약 제공하는 사람의 개인적인 선심이나 자선은 제공받는 사람의 자존심을 크게 상하게 하는 것이 된다. 이것은 제공받는 사람들로 하여금 무능력자, 부담스러운 존재, 게으른 자, 부도덕한 자, 가난하고 불쌍한 자 등의 낙인이 찍히도록 한다. 사회복지의 급여나 서비스를 받는 사람은 단순한 도움을 요하는 사람이 아니라 사회와 국가에 대해 어떤 것을 요구할 수 있는 권리의 주체로 인지해야 한다.[77] 사람은 누구나 잠정적인 사회적 희생자다. 이것이 전체 사회 구성원을 사회복지급여 대상자로 보는 이유이기도 하다. 빈민·장애인·노인·여성·아동 등 특수한 계층에 놓인 사람들이 인간다운 생활을 영위하는 데 위협받는 것은 사회구조가 지니는 문제점 때문이다.

기능주의적 접근 방법에서 사회복지급여의 대상이 되는 사람들은 사회구조와 제도에 제대로 적응하지 못하거나 심지어 일탈행동을 하는 사람들로 보고 있다. 사회 체제(social system)를 현상대로 유지하기 위해서는 체제에 적응하지 못하는 자나 일탈행동을 일삼는 개인들로 하여금 사회에 위해(危害)를 가하지 못하도록 통제해야 한다. 만약 사회 체제에 적응하지 못하거나 일탈행동을 하는 것이 개인적 성향의 문제에서 기인하는 것이라면 치료를 받아야 하고, 좀 더 우호적으로 생각한다면 동정심으로서 자선의 대상이 된다.

관계론적 접근 방법에서는 사회복지급여 대상자를 욕구를 가진 존재로 본다. 인간은 누구나 타인, 사회제도와 관계를 맺으며 생활한다. 이를 위해서는 필요한 물질과 자원, 관계를 맺을 인간, 제도적 시스템이 마련돼야 한다. 국가와 사회는 인간적·사회적 욕구를 스스로 충족할 수 없는 사람이나 그러한 상황에 처한 사람들에게 일정 수준의 욕구가 충족될 수 있도록 해야 한다.

사회복지급여 대상자의 선정 기준은 ① 귀속적 욕구, ② 보상, ③ 진단적 차등, ④ 자산조사 욕구 등으로 나눠 볼 수 있다.

귀속적 욕구(attributed need)에 의거한 대상자 선정이란 건강 보호처럼 모든 인구집단이 다 같이 지니고 있는 욕구가 존재하며, 가구주가 일을 하고 있음에도 불구하고 여전히 가난한 가정(working poor)의 자녀 보호와 같이 체제 자체가 지니는 한계로 인해 충족되지 못하는 욕구가 존재한다는 인식 아래 대상자를 선정하는 것이다. 인구학적 기준만으로 급여를 지급하기 때문에 데모그란트(demogrant)라고 한다. 우리나라에서 65세 이상 노인에게 매월 제공되는 노인교통수당제도와 중학교 의무교육제도라든가 영국의 국민보건서비스(NHS) 등은 귀속적 욕구에 근거한 대상자 선정이라고 할 수 있다. 귀속적 욕구에 근거한 대상자 선정은 동일 소득계층 내에서의 재분배 효과가 높고 소득계층 간

77) 권리와 비교되는 개념으로 반사적 이익이 있다. 반사적 이익은 권리는 아니지만 권리와 유사하게 보이는 것이다. 반사적 이익은 국가 행정의 처분에 의해 우연히 주어지는 이익이다.

재분배 효과는 낮으며 사회통합 효과는 크다는 특징이 있다.

사회적·경제적 기여가 인정되는 특정 인구집단이나 종교적·인종적·성적 편견과 같은 사회적 편견 등으로 인해 희생을 당하고 있는 집단을 사회복지 대상자로 선정해 보상 차원에서 사회서비스를 제공하는 것을 생각해 볼 수 있다. 보상은 사회보험제도에 보험료를 납부한 기여(contribution)에 따른 급여다. 사회보험급여의 대상자가 되기 위해서는 보험료를 납부해야 하며, 형평성에 입각하여 전문가가 규범적으로 판단한 특정 집단이 그 대상자가 된다.

진단적 차등(diagnostic differentiation)은 신체·정서적·정신적 손상을 입은 사람처럼 특정 재화나 서비스가 필요한 개인이 전문가의 판단에 따라 그 대상이 된다. 이때 판단은 전문가의 분류 심사에 근거한다. 우리나라 「장애인복지법」은 장애인의 장애를 장애 분류와 등급으로 판정하고 있다.

자산조사를 전제로 한 대상자 선정(means-tested need)이란 '개인의 잘못'을 가장 적극적으로 반영한다. 이것은 개인적으로 재화나 서비스를 구입할 능력을 상실한 빈곤 계층임을 증명하는 조사에 근거해서 대상자를 선정하는 것을 의미한다.

자산조사 욕구는 개인을 대상으로 자산조사를 실시하고 만약 일정 기준 이하라면 급여를 제공하게 된다. 우리나라의 경우 국민기초생활보장법상의 수급자나 의료 보호의 대상자들은 개인별로 자산조사를 통해 사회복지급여를 받고 있다. 자산조사를 전제로 하는 대상자 선정에 의한 수급 여부는 결국 개인의 경제적 여건에 좌우되며 대상이 제한적이고 수직적 재분배, 즉 소득계층 간의 재분배 효과가 높은 것이 특징이다.

풀이

사회복지 대상자를 어떻게 보는가에 따라 구조적·갈등적 접근, 기능적 접근, 관계론적 접근 등 세 가지로 분류할 수 있다. 1)은 구조적·갈등적 접근으로 사회복지 대상자를 파악한 것이다. 2)는 기능적 접근, 3)은 관계론적 접근으로 사회복지 대상자를 파악한 것이다. 구조적·갈등적 접근에서는 사회복지 대상자는 사회와 국가에 대해 무엇인가 요구할 수 있는 권리의 주체로 보며 기능적 접근에서는 사회구조나 제도에 적응하도록 돕는 것이고, 관계론적 접근의 경우에는 욕구의 소유자로 인식하고 있다. 그러나 4)와 같이 낙인을 찍어서 이들을 사회복지 대상자로 파악하는 것은 많은 문제점이 있다. 따라서 정답은 4)다.

56 추상성과 구체성의 연결고리 - 사회복지제도의 전달 체계

한때 허당(?)이라는 별명을 가지고 있던 이숭기 씨는 사회복지사 자격증을 취득하고 이번에는 공무원 시험에 당당히 합격해 자신이 하고자 하는 일을 하게 됐다. 그가 맡은 업무는 사회서비스를 필요로 하는 사람들에게 양질의 서비스를 효율적으로 받도록 하는 것이다. 이숭기 씨는 평소 사회복지정책이란 것이 상당히 추상적일 수밖에 없다고 생각하던 사람이었다. 그런데 자신이 맡고 있는 업무에서 추상적인 사회복지정책이 구체적인 사회서비스로 전환된다는 사실에 무척 자부심을 느끼고 있는 터다. 사회복지대상자 자격 요건 조사, 심사, 자격 조건의 설정, 급여 과정과 절차 등을 담당하던 이숭기 씨는 그제서야 지난 날 공부한 사회복지제도의 전달 체계란 것을 돌이켜보게 됐다. 대학 시절 강의를 들으며 메모한 노트를 보게 된 것도 이번 일을 계기로 해서다. 그러나 그가 작성한 수강 노트에 사회복지제도 전달 체계의 주요 원칙이라는 제목 아래 잘못 기재된 사항이 있다. 어느 것인가?

1) 사회서비스는 그것을 필요로 하는 사람들이면 누구든지 쉽게 접근할 수 있도록 해야 한다.
2) 사회복지조직은 시민의 권리인 사회서비스 수혜에 대한 전달 책임을 져야 한다.
3) 사회서비스의 수혜자가 처해 있는 독특한 사정이나 환경도 중요하지만 정해진 절차와 규칙이 있다면 관료적 절차와 원칙이 항상 우선시된다.
4) 개인 욕구는 다양하며 한 가지 문제는 다른 문제와도 연결돼 있으므로 다양한 서비스를 필요로 한다.

해설

사회복지정책은 전반적으로 추상적인 경우가 많다. 이러한 추상적인 사회복지정책을 사회서비스로 구체화해 필요한 사람에게 전달하는 과정이 필요한데 이러한 활동과 관련된 것이 사회복지 전달 체계다. 즉, 사회복지제도의 전달 체계란 사회서비스가 필요한 사람들에게 질적·양적으로 구성된 적절한 서비스를 효율적으로 제공하는 체제 또는 제도와 관련된 것이며, 정부의 정책이나 민간의 서비스 프로그램을 현실화하기 위한 실현 과정이다. 이러한 과정에서는 대상자와 연결할 수 있는 조직과 기관 및 시설들이 필요해지는데 이들이 구체적인 전달 체계 역할을 맡게 된다. 또 클라이언트를 중심으로 살펴본다면 공공복지를 담당하는 중앙정부나 지방정부에만 국한되는 것도 아니며 개인이나 비영리 사회단체 및 기업과 같은 민간부문의 사회서비스 활동도 포함된다.

이러한 사회복지 전달 체계는 사회복지정책에서 규정하고 있는 사회복지급여와 서비스를 적절하고 효율적으로 대상자에게 전달해 효과적으로 그들의 욕구를 충족시켜 주어야 한다는 점에서 필요성이 인정된다. 사회복지 전달 체계는 사회복지의 대상이 될 수 있는 자격 요건에 대한 조사, 심사를 행하고 자격조건을 설정하며, 바람직한 서비스를 실현할 수 있는 조직 방식의 선택과 사회서비스 신청·급여 과정과 절차 등이 주요 내용이다. 그러나 사회복지 전달 체계 역시 일반행정에서 볼 수 있는 것처럼 대체로 상의하달식 행정 체계를 갖추고 있어 사회복지정책의 수혜 대상자를 한정시키게 되고, 전문적·개별적 서비스를 받는 데 한계가 있으며, 이러한 상황에서 재원 투입에 따른 복지 효과의 성과를 제대로 얻을 수 있는가 하는 문제점이 제기되기도 한다. 이에 대해 사회복지 전달 체계가 효과적으로 작동하기 위해서는 여러 사회서비스 전달 체계의 통합이 이뤄져야 하고 지속적이어야 하며, 사회복지 대상자들의 접근이 쉽고 책임 소재의 명확성이 확보돼야 한다.

사회복지제도 전달 체계에 대한 주요 원칙으로는 ① 접근용이성의 원칙, ② 책임성의 원칙, ③ 포괄성의 원칙, ④ 평등성의 원칙, ⑤ 적절성의 원칙, ⑥ 통합성의 원칙, ⑦ 전문성의 원칙, ⑧ 지속성의 원칙 등이 있다.

접근용이성의 원칙이란 사회서비스가 필요한 사람은 쉽게 받을 수 있도록 접근이 용이해야 한다는 것이다. 클라이언트가 사회서비스에 접근하고자 할 때 내용 자체를 알지 못하고 있거나 교통 수단의 부재, 자신의 문제 노출에 따른 불안감, 자원 부족 등의 장애 요인이 있다면 이를 제거해 나가야 한다.

책임성의 원칙이란 사회복지조직이 국가가 시민의 권리로 인정한 사회서비스를 전달하도록 위임받은 조직인 만큼 사회서비스 전달에 대해 책임을 지게 된다는 것이다. 사회복지조직이 갖는 책임의 주요 내용 및 범위는 전달하고자 하는 사회서비스가 효과적이고 효율적인가에 관한 것이며, 책임을 지게 되는 대상자는 사회나 국가를 대표하는 실체인 중앙정부 및 지방정부와 서비스의 수혜자가 된다.

포괄성의 원칙은 사람들의 욕구가 개인마다 다를 수 있고 내용도 다양하며 여러 문제의 복합작용에 의해 문제가 발생할 수도 있고 여러 문제가 얽혀 있는 것도 많으므로 다양한 욕구와 문제 해결을 위해서는 다양한 서비스가 필요하다는 것을 말한다.

평등성의 원칙은 사회서비스의 주된 내용과 정의에 비춰보아 소득 수준이나 연령에 의해 제한을 둬야 하는 것 등 특별한 경우를 제외하고는 원칙적으로 성별, 연령, 소득, 지역, 종교, 지위에 상관없이 모든 국민이 사회서비스 제공을 받을 수 있도록 해야 한다는 것이다.

적절성의 원칙은 효과적인 전달 체계가 이뤄지기 위해 수혜자가 직면한 환경에 따라 적절한 대응이 이뤄질 수 있도록 해야 한다는 것을 의미한다. 이는 흔히 관료주의의 폐해 가운데 하나로 지적받는 정해진 규칙과 절차에만 충실히 따르는 것보다 수혜자의 독특한 사정을 먼저 고려해야 함을 의미한다.

통합성의 원칙이란 클라이언트가 직면하는 문제들은 복합성과 상호관련성을 띠는 경우가 많기 때문에 이러한 문제 해결을 위한 사회서비스 대책도 서로 연관성을 지녀야 한다는 것을 의미한다. 통합된 사회서비스를 제공하기 위해서는 행정에 대해 책임을 지는 사람이 한 명이어야 하고 서비스를 제공하는 장소와 조직들이 지리적으로 근접해야 하며, 서비스 프로그램 간 또는 서비스 조직 간 상호 유기적인 연계와 협조 체계를 갖춰야 한다.

전문성의 원칙이란 사회서비스 제공 업무는 국가 또는 전문직업단체의 시험 또는 기타 자격심사에 의해 자격증을 부여받아 자격이 객관적으로 인정된 사람이 행함을 원칙으로 해야 하며, 전문가가 자신의 전문적 업무에 대한 권위와 자율적 결정권 및 책임성을 가지고 임무를 수행해 나가야 함을 의미한다.

지속성의 원칙은 사회서비스를 필요로 하는 사람이 이의 제공을 받는 과정에서 서비스의 종류와 질이 달라져야 할 경우가 발생할 때 이에 필요한 다른 서비스를 지역사회 내에서 계속적으로 제공받을 수 있도록 해야 함을 의미한다.

풀이

사회복지 전달 체계는 추상적인 사회복지정책을 구체적인 사회서비스로 전환해 서비스가 필요한 사람들에게 전달하는 과정에 관한 활동을 의미한다. 이러한 사회복지 전달 체계는 1)과 같은 접근용이성의 원칙, 2)와 같은 책임성의 원칙, 4)와 같은 포괄성의 원칙 등이 있다. 1), 2), 4)는 모두 옳은 서술이다. 3)과 관련해서 살펴보면 전달 체계가 효과적이 되기 위해서는 수혜자가 직면한 환경에 따라 적절하게 대응해야 한다는 적절성 원칙과는 거리가 있다. 미리 정해진 규칙과 절차에 너무 얽매이다 보면 경직된 관료주의적 태도가 형성되고 재원 투입 대비 복지 효과가 나타나지 않는 결과를 초래할 수 있다. 따라서 3)은 적절성의 원칙에 반하는 것으로 여기서의 정답이다. 현행 전달 체계의 문제로 많이 지적되는 상의하달식 행정 체계도 이와 관련이 많으며, 이 때문에 수혜 대상자를 한정시키고 전문적이고 개별적인 서비스를 제대로 제공하지 못하고 있다는 비판을 받기도 한다. 따라서 절차의 중요성과 적절성 원칙이 조화를 이루는 형태로 사회서비스가 제공되는 것이 가장 바람직하다.

57 도대체 뭐가 달라요? – 사회복지제도의 재원(1)

개인이든 기업이든, 혹은 국가든 무엇을 하든 간에 돈, 즉 재원이 필요하다. 사회복지정책도 마찬가지다. 당연히 이러한 재원은 조직적이고 계획적이며 체계적으로 전달돼야 함에는 누구든 동의할 것이다. 복재원 씨도 마찬가지다. 문제는 이러한 사회복지정책을 펴기 위해 필요한 재원을 필요한 때에 사용하기 위해 어떻게 확보할 것인가 하는 데 있다. 복재원 씨는 사회복지정책을 위한 재원 조달 방식을 살펴보면서 생긴 의문은 다름이 아니라 바로 공공재원에 관한 것이다. 공공재원은 일반세와 조세비용 그리고 사회보험료가 있다고 하는데, 복재원 씨는 조세와 사회보험료가 말만 다르지 그 내용은 같은 것이라고 생각하고 있다. 왜냐하면, 보험료가 조세처럼 국가에 의해 강제적으로 부과되고, 관리와 운영도 공공기관에서 하기 때문이다. 적립된 보험료는 국가에 의해 재투자되고 그에 의한 수익은 사회보장보험으로 재환원된다는데, 그럼 말만 조세이고 사회보험이지 모두 국가가 주체가 돼 강제성을 가지고 하는게 아닌가라는 점이다. 이 점에 대해 여러분은 복재원 씨에게 어떻게 설명해 주겠는가?

1) 복재원 씨의 주장이 옳다고 칭찬해 준다. 사회보험도 국민의 사회복지라는 일반적 목적을 위해 거둬들이는 조세 형태이므로 조세와 사회보험은 전혀 차이가 없다.
2) 복재원 씨의 주장이 옳다. 조세처럼 국가에 의해 강제적으로 부과되는 것뿐만 아니라 국가에 의해 임의로 주어지는 혜택이라는 점에서도 국민이 실제로 가지는 권리는 없다는 점에서 조세와 사회보험은 별 차이가 없어 보인다.
3) 개개인의 과거 소득 수준을 유지할 수 있다는 점에서 조세와 사회보

험은 차이가 없으므로 복재원 씨는 당연한 이야기를 하고 있다.

4) 사회보험은 사용자 또는 피고용자가 부담하는 것으로 조세 형태로 거둬들이는 것이기는 하지만 위험에 대한 대비라는 특별한 목적이 있고 원리, 기술 및 방식도 보험의 원리를 적용한다는 점에서 조세와는 차이가 있음을 복재원 씨에게 이야기해 준다.

해설

사회복지재정을 충당하는 데 조세 방식을 사용하는 것은 국민이 납부한 세금으로 사회복지정책을 수행하는 것이다. 조세를 통한 사회복지정책 수행은 소득을 재분배하는 기능을 가지고 있다. 일반세 중에서도 직접세 비중이 높을수록 조세 형평성은 높아지고 사회복지정책에 사용할 수 있는 재원도 많아지게 되는 것이 일반적이다. 한 가지 유념할 것은 조세를 통한 사회복지정책을 수행하는 방식은 이러한 재원을 직접적으로 사회복지급여 제공으로 이어지는 것이 아니라 조세를 감면해 주는 방식으로 사회복지의 목표를 이루고자 한다는 점이다. 예컨대, 사회복지시설에 기부한 개인의 세금 감면이나 소득 공제, 노인

부양 가구에 대한 세금 감면 등은 국가가 간접적으로 복지비용을 지불하는 형태로 결과적으로는 국가의 사회복지 재정비용으로 볼 수 있다.

사회복지정책을 수행하기 위해 보험의 원리, 기술과 방식을 도입해서 만든 경제사회제도 가운데 하나인 사회보험은 가입의 강제와 급여 조건과 내용에 대한 법적 틀을 갖추고 있으며 공적 기관이 그 운영 주체가 된다. 즉, 이러한 점에서 사보험과는 구별되며 가입자의 갹출에 의해 만약에 대비한 인간적 최저 수준을 보장하는 의미에서 사회성을 갖추게 되며 보험성, 강제성, 부양성이라는 특징을 가지고 있다.[78]

사회보험은 특별한 목적을 위해 거둬들이는 조세 형태의 성격을 띤다. 보험료는 고용주와 피고용주에게 강제로 부과하는 사회보장성 재원이다. 사회보험은 국민 개개인이 직면하는 질병·상해·분만·사망·노령·실명 등의 위험에 대한 국가적 부담 또는 보험 방법에 의해 행하는 경제적 보상이며, 현대 자본주의가 만들어내는 빈곤·생활 불안 등의 문제에 대해 국민생활을 보증하는 일을 통해 국내·외의 사회주의에 대항하면서 현대 자본주의 국가를 유지하고 안정을 도모함을 목적으로 한 정책이다. 따라서 사회보험은 사회적 위험에 당면했을 때 개개인의 과거 소득 수준을 유지할 수 있으므로 개별적 공평성 측면에서 사회보장성 조세로서의 중요한 위치를 차지한다(강영실, 2006: 110-111). 그리고 일반세와는 달리 장래 받을 수 있는 급여에 대한 권리를 가질 수도 있다.

사회보험이 소득재분배 효과를 위해 급여액이나 보험료 계산 방식을 소득에 비례해 부과하지만 조세 방식과 큰 차이점은 ① 보험료는 누진적으로 부과하지 않는다는 점, ② 가족 수를 고려하지 않고 보험료율에서는 모든 소득계층에 대해 일정하게 적용하는 점 등이다. 따라서 실질적인 면에서는 저소득층의 보험 부담률은 고소득층에 비해 높다고 할 수 있으며, 보험급여는 납부한 보험료에 따라 지급되므로 저소득 계층보다는 고소득계층이 더 많이 받게 된다. 따라서 사회보험을 통해서는 소득재분배 효과를 기대하는 데 한계점을 지니게 된다.

---

78) 사회보장제도가 인간적 최저 수준을 보장하는 사회제도라는 관점에서 보면 최저 수준에는 최저 소득보장과 최저 건강보장으로 구성되고, 전자를 위해서는 연금보험제도가, 후자를 위해서는 의료보험제도가 있다(김태수 외, 1998: 300-301).

풀이

조세와 사회보험은 모두 공공재원이다. 사회보험을 공공재원으로 분류하는 이유는 보험료가 조세처럼 국가에 의해 강제적으로 부과되고 있으며, 관리 및 운영도 공공기관에서 하기 때문이다. 그리고 적립된 보험료는 국가에 의해 재투자되고 그에 의한 수익은 사회보장성 보험으로 재환원되고 있다. 이 점에서 복재원 씨의 주장이 전혀 틀리다고는 할 수 없다. 그러나 사회보험은 특별한 목적, 즉 노령·실업·장애와 같은 사회적 위험에 당면했을 때를 대비한 것이므로 1)의 설명은 잘못돼 있다. 한편, 사회복지 재정에서 일반세와는 달리 앞으로 받을 수 있는 급여에 대한 권리를 가진다는 점에서도 2)의 주장은 잘못됐다. 개개인의 과거 소득 수준을 유지할 수 있는 개별적 공평성을 강조하는 것은 조세가 아니라 사회보험이므로 3)의 설명도 잘못된 것이다. 4)가 옳은 설명이며, 여기서의 정답이다.

58 재원 마련을 어떻게? - 사회복지제도의 재원(2)

가정에서든 기업에서든 누군가의 복지 수준을 높이기 위해 반드시 필요한 것이 재원, 즉 돈이다. 국가나 지방자치단체도 마찬가지다. 재원이 마련된 바탕 위에라야 사회복지정책이며 제도가 그 의의가 있을 것이기 때문이다. 사회복지정책이 결국 나라 전체의 국민경제에서 생산된 자원 일부를 재원으로 사용하는 것이기 때문에 누구에게서, 어떤 방식으로 그것을 조달할 것인가는 매우 중요한 일이 아닐 수 없다. 율도국 대신들은 사회복지 재원 마련에 대해 아주 원론적인 이야기만 하고 있다. 즉, 공공부문 영역이든 민간부문 영역이든 재원은 부족함이 없이 조달돼야 한다는 것이다. 그리고 조달 방식을 구체화해 형평성과 소득재분배에도 효과가 있어야 하며, 국가의 경제 규모 수준을 고려해 전체 사회복지 재원 조달 수준도 결정해야 한다는 것이다. 율도국의 왕 홍길동은 화가 난다. 당연한 소리만 하는 대신들에게 화가 난 것이다. 그래서 사회복지 재원의 조달을 어떻게 할 것인지에 대해 생각해 오라고 하고 그 날 회의를 마쳤다. 다음 날 한 소리 들은 여러 대신이 밤새워가며 공부한 바를 토대로 자신의 의견을 내놓았다. 그러나 다시 한 번 호된 꾸지람을 받은 대신의 말은 다음 중 어느 것인가?

1) 현재 국가가 거둬들이는 세금 가운데 간접세보다 직접세 비중을 더 올려야 한다. 왜냐하면 일반세 가운데 직접세 비중이 높으면 높을수록 조세 형평성이 높아지고 사회복지정책에 사용할 수 있는 재원이 많이 확보되기 때문이다.
2) 사회보험을 통한 사회보장성 조세 확보는 저소득층의 보험 부담률을 줄이고 저소득층이 고소득층보다 많은 혜택을 받도록 한다는 측면에서 매우 필요하다.

3) 조세를 거둬 직접 사회복지급여를 실행하는 것보다 저소득층을 중심으로 내야 할 조세를 감면해 주는 것이 바람직하다.
4) 정부재정만으로는 모든 사회 구성원의 욕구를 충족시키기 어려운 만큼 개인, 기업, 각종 사회복지재단에서 자발적으로 기여하는 재원인 후원금을 확보할 필요가 있다.

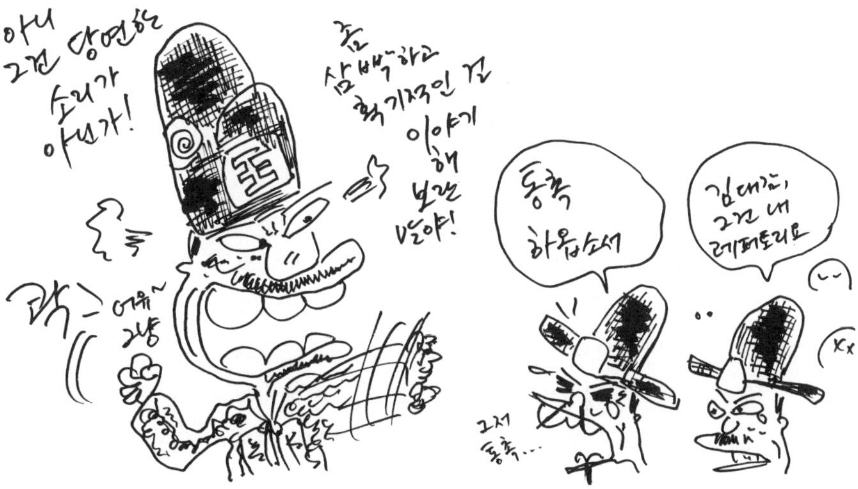

해설

사회복지정책이 가치 함축적인 의미를 지니게 되는 것은 국민경제에서 생산된 자원의 일부를 사회복지정책을 위한 재원으로 사용하고 있으며, 이러한 재원의 조달 방법과 사회급여에 대한 대상자를 결정해야 하기 때문이다.

사회복지정책의 재원 조달 방법은 ① 공공재원, ② 사회보험료, ③ 민간부문의 재원 등으로 구분할 수 있는데, 이들 재원 가운데 어느 재원을 주로 하고 어느 재원을 부차적으로 하는가, 또 어느 정도의 비율로 할 것인가는 중요한 결정 문제들이다. 사회복지정책을 수행하기 위한 재원에 대한 분석은 어떤 재원에 의존할 것인가에 따라 정책의 목표나 내용이 달라질 수 있기 때문에 매우 중요한 문제다. 즉 공공재원, 사회보험료, 민간재원 중에서도 그것이 정부의 일반예산인가, 사회보장성 조세(사회보장세)인가, 보험료인가, 자발적 기여금인가 등에 따라 사회복지정책의 목표와 자격 조건, 급여 형태 등에서 달라지게 된다.

사회복지정책의 재원은 공공부문에서는 개인과 기업으로부터 조세와 사회보험료를 징수해 조달하며, 민간부문에서는 기여금이나 수익자 부담 또는 기업복지, 본인 부담금 등을 통해 조달된다.

조세와 사회보험료(사회보장성 조세)는 공공부문의 사회복지정책 재원 중에서 매우 큰 부분을 차지한다. 공공부문에서 사회복지예산이 차지하는 비중이 높을수록 사회복지정책이 발달하는 것이 일반적이다.

사회복지정책에서 재정문제를 함께 살펴보아야 하는 이유는 복지에 지출되는 재정 규모를 파악하는 데 있다. 선진국의 경우 정부의 재정에서 복지지출이 차지하는 비중이 매우 높아서 절반이 넘는 국가들도 흔하다. 따라서 대부분의 선진국에서 복지지출은 정부재정의 운영에 큰 부담으로 작용한다. 따라서 복지재정이 항상 정부 재정문제의 가장 우선순위를 차지하게 되는 것이다.

사회복지정책과 관련한 조직의 입장에서 보면 사회복지조직은 재정 자원을 동원하고 예산을 수립해 효율적으로 집행하려는 과정을 거치게 된다. 이들 조직은 일반적으로 재원의 지속적인 조달을 직접적으로 통제할 수 없고 통제하려고 하지도 않으며, 소비자와의 접근성에서는 영리 부문과 비교할 때 소비자와의 접근성은 떨어진다. 사회복지조직은 정부보조금, 기부금, 이용료 수입 등 매우 다양한 재원을 갖는데, 좀 더 다양한 원천으로부터 재원을 확보하기 위해서는 특별한 업무 수행, 즉 재원 확보 전략이 여전히 요구된다.

사회복지조직의 예산은 사회복지법인, 시설 재무회계규칙이 정하는 바에 따라 법인이 일정한 규칙과 형식에 의해 편성하고 이사회 또는 예산에 대한 심의·의결을 거쳐 확정된 1회계연도 기간 동안의 재정계획을 수립하게 된다.

사회복지 예산은 재원을 들여 무엇을 하려고 하는가를 검토하게 되며 모든 사업계획과 행정활동 및 관리 방법에 대해 집행부에 대한 통제를 행하게 된다. 이로써 사회복지사업에 대한 사업계획을 승인하기도 하고, 삭감하기도 하고, 거절하기도 한다. 또한 승인하는 경우에도 최소 경비로 최대 효과를 올리도록 요구하게 된다. 사회복지 예산의 이러한 관리·통제 기능을 통해 사업이나 조직 운영에 대한 우선순위를 결정하게 되고 최선의 대안을 선정하게 된다. 사회복지 예산은 이러한 기능 이외에도 ① 이해관계 조정, 정책 형성과 같은 조직운영에 대한 기능, ② 시설 운영자에 대한 정해진 항·목에 따른 집행과 법의 절차에 따르게 하는 법적 기능, ③ 시설이 보유하고 있는 자원 일부에 대한 목적사업 추진 재정으로 전환하는 세입과 전환된 재정을 운영·관리하는 세출에 대한 재정적 기능, ④ 시장경제를 통해 생산되지 않는 재화와 용역의 생산을 위한 자원 할당과 관련된 자원 배분 기능, ⑤ 경제적 약자에게 그들이 부담한 세금 이상으로 혜택이 돌아가게 함으로써 사회적 형평을 달성하고 저소득층의 소비를 확대함으로써 유효 수요를 창출하여 경제를 활성화시키도록 연결하는 소득재분배 기능 등을 가지고 있다.

풀이

1)은 조세의 일반세 가운데 직접세와 간접세의 비중이 어느 정도라야 적정한가가 문제될 수는 있으나, 일반적으로 옳은 설명이다. 사회보험은 사용자나 피고용자가 부담하는 것으로 완전한 정부예산이라고 보기는 어렵다. 그럼에도 불구하고 사회보험을 사회복지정책을 위한 공공재원으로 분류하는 것은 보험료가 조세와 마찬가지로 강제로 부과되기 때문이다. 또한 사회보험에 대한 관리와 운영도 공공기관에서 하고 있으며, 적립된 보험료는 국가에 의해 재투자되고, 수익 발생 부분은 사회보장보험으로 재환원되고 있다는 것도 하나의 이유이기도 하다. 사회보험도 소득재분배 효과를 목표로 급여액이나 계산방식을 소득 비례에 따라 부과한다. 그러나 조세 방식과는 다르게 보험료는 누진적으로 부과하지 않으며, 가족 수 등을 고려하지 않은 상태에서 보험료율은 모든 소득계층에 대해 일정하게 적용되고 있어 실질적으로는 저소득층의 보험부담률이 고소득층에 비해 높다고 할 수 있다. 2)는 잘못된 설명이며 여기서의 정답이다. 3)은 공공재원 형태 가운데 조세비용과 관련된 것으로 결과적으로는 국가의 사회복지 재정비용으로 볼 수 있는 간접적 지불 형태라고 할 수 있어 옳은 설명이다. 4)는 민간재원 가운데 하나인 후원금을 통한 재원 조달도 한 방법이 될 수 있다.

59 조세 부담을 통한 재원 마련? - 사회복지제도의 재원(3): 공공재원

공공부문의 사회복지정책에 대한 재원을 마련하는 데 로마공화국 역시 난관에 부딪치지 않을 수 없었다. 레루는 시민의 지지를 받아 황제의 자리에 오르면서 사회복지정책에 힘쓰겠다고 약속한 공약도 있고 하여 이만저만 신경 쓰이는 게 아니었다. 레루 황제가 동트기 전 새벽 시간에 조세테리우스를 부른 것도 사회복지정책 재원 마련을 어떻게 할 것인가를 의논하기 위해서였다. 레루 황제는 조세테리우스로부터 현재 로마는 생각보다 국민총생산의 규모가 크다는 의견과 함께 비교적 낮은 조세부담률로도 조세수입이 커지기 때문에 사회복지정책에 사용할 수 있는 재원이 커진다고 조언했다. 따라서 조세부담률을 약간 더 인상하자는 의견을 제시했다. 이에 레루 황제는 원로원 회의를 소집하고 인상된 조세수입을 통해 로마의 사회복지정책을 펴나갈 것을 제안했다. 원로원이 웅성거리기 시작했고, 의견들이 쏟아져 나왔다. 모두 똑똑한 사람들로 구성돼 있었지만, 어젯밤 술이 아직 덜 깬 사람이 하나 섞여 있는 모양이다. 가장 합리적이지 못한 발언을 하고 있는 원로원 멤버는 누구일까?

1) 줄리우스는 로마 시민들로부터 별다른 조세 저항을 받지 않고 재원을 용이하게 조달할 수 있는 간접세를 중심으로 조세부담률을 약간 인상하자고 주장한다.
2) 불룩투스는 소득재분배 효과를 높이기 위해 재산 수준에 따라 부과하는 재산세의 조세부담률을 약간 인상하자고 주장한다.
3) 주저리우스는 현재 로마 시민들은 저축 성향보다는 소비 성향이 더 강한 만큼 조세부담률을 약간 인상한다 하더라도 국민총생산의 양에는 크게 변함이 없을 것이라고 한다.

4) 옥타부아누스는 소득이 많을수록 조세부담률을 높게 하는 누진세율을 적용하는 것이 사회 정의에 부합하므로 증여와 유산에 대해 부과하는 증여세율을 조금 인상하자고 주장한다.

해설

사회복지정책을 확대해야 한다고 주장하는 사람들은 사회복지정책의 실행을 위한 재원이 주로 정부의 일반예산에서 충당되어야 한다고 한다. 이는 정부의 일반예산이 가지는 특징, 즉 일반예산은 다른 재원들과 비교해 사회복지정책 대상을 넓힐 수 있고, 급여 내용에 대한 보편성이 있다는 이유 때문이다. 또한 다른 재원들에 비해 일반예산은 재원 확보에서 안정성과 지속성을 가지고 있다.

조세부담률을 높이게 되면 사회복지정책에 사용될 재원이 증가될 것이라고 생각할 수 있다. 그러나 조세부담률이 계속 상승한다고 해서 반드시 조세수입도 이에 비례해 사회복지정책을 수행하는 데 필요한 재원이 증가되는 것은 아니다. 이른바 공급경제학에서의 '래퍼(Laffer) 곡선'이 보여주듯이 일정한 조세부담률까지는 조세수입이 증가하지만, 그 이상부터는 줄어들 수 있다.[79]

---

79) 래퍼 곡선은 세율이 정부수입의 극대가 최적세율 수준을 넘어서게 되면 기업의 투자 의

조세부담률과 사회복지 재원은 접근하는 방법에 따라 달리 나타난다. 조세부담률은 국내총생산(Gross Domestic Product: GDP) 대비 조세(국세와 지방세)의 비중을 말한다. 이러한 조세부담률은 일반적으로 국민의 조세 부담 수준을 나타내는 데 이용된다.[80] 일반적으로 조세부담률이 낮을수록 민간부문이 차지하는 비중이 높아져 시장경제에 기능이 강화되지만, 사회복지 예산이 차지하는 비중이 낮아지면서 사회적 불평등을 강화하게 된다.

다른 제반 조건이 같다면, 국내총생산 규모가 커지게 될 경우 비교적 낮은 조세부담률에서도 조세수입은 증가해 사회복지정책의 재원도 늘어나게 된다. GDP를 증가시키게 되는 사회복지정책에 조세수입의 사용이 늘어나게 되면 조세부담률은 증가시키지만, 총생산을 감소시키는 정책에 사용되는 재원이 늘어나면 조세부담률을 높이는 데는 한계가 있다.

만약 평등의 분배 가치 혹은 국민연대감을 강조하는 것을 우선순위로 하는 국가라면 GDP가 어느 정도 줄어들더라도 조세부담률은 높아질 수 있다. 국민의 근로 동기나 저축 동기가 강하게 작동하는 국가에서는 조세부담률이 높다 하더라도, GDP의 양은 줄지 않을 수 있다.

일반예산을 구성하는 것은 조세다. 조세는 일반적으로 국가가 수입을 목적으로 특정한 개별적 보상 없이 사경제로부터 징수하는 화폐 또는 재화를 의미하며, 이에는 ① 소득세, ② 소비세, ③ 법인세, ④ 상속세, ⑤ 증여세, ⑥ 부가가치세, ⑦ 부유세, ⑧ 목적세 등이 있다.[81]

개인소득세(personal income tax)는 개인의 소득을 과세의 기준으로 삼고 정부가 개인에 대해 강제적으로 부과하는 조세를 말한다. 조세의 대상은 개인들이지만, 세원은 소득이 된다. 소득은 개인의 연간 소비액과 연간 자산의 순증

욕이 위축될 뿐만 아니라 사적 저축도 억제되어 국민총생산이 감소되고 따라서 정부의 조세수입이 감소한다는 것을 말한다. 결국 래퍼 곡선에서는 조세수입을 극대화할 수 있는 최적 세율을 어떻게 결정할 것인가가 주된 논점이라 할 수 있다.

80) 한편, 국민부담률이란 국세와 지방세를 합한 총조세에 건강보험, 고용보험, 국민연금 및 사학연금 등의 사회보장성 기여금을 합한 금액이 GDP에서 차지하는 비중을 말하며 실질적으로 국민이 국가에 대해 강제적으로 납부하는 조세성 부담 수준이다. 따라서 국민부담률에서 조세부담률을 빼면 사회보장성 기여금이 차지하는 비중을 알 수 있다(박노욱, 2005; 김은정, 2007: 107).

81) 조세 징수의 1차적 목적은 재정수입을 확보하는 데 있다. 조세수입이 충분하지 못하게 되면 국가재정의 부족분은 국공채 등 세외수입으로 충당될 수밖에 없는데, 이러한 수입 조달은 정치 저항을 받기 쉬우며 나아가 재정 균형을 파괴할 가능성도 안게 된다.

가분을 합한 것이다.[82] 소득세는 일반예산을 구성하는 조세들 가운데 누진성이 가장 높다.[83] 선진국을 기준으로 했을 때 일반예산을 구성하는 조세 가운데 두 번째로 큰 것은 소비세다. 소비세(consumption tax)는 재화 및 서비스의 생산・판매・소비 과정에서 부과되는 조세다.[84] 소비에 대한 조세는 개인소득세와 달리 부담 능력을 고려하지 않고 상품을 소비할 때 부과하기 때문에 개인소득세에 비해 고소득층의 조세부담률이 저소득층보다 상대적으로 적고, 이러한 소비에 대한 조세는 다양한 형태를 취하고 있기 때문에 소비세의 소득재분배 효과는 서로 다르다. 법인세는 법인의 소득에 대해 과세하는 조세이며, 상속세는 사망으로 인해 피상속인에게 귀속되는 모든 경제적 가치가 있는 재산에 대해 과세하는 조세다. 증여세는 타인의 증여로 인해 그 증여재산에 대해 수증자에게 부과하는 조세이며, 부가가치세는 일반소비세, 재화 및 서비스의 공급, 재화의 수입에 대해 생산 단계에서부터 최종 소비 단계까지 과세하는 조세다. 부(富)세는 정부의 일반예산 가운데 가장 적은 비중을 차지하는 것으로 부에 관한 조세이며, 이에도 여러 형태가 있는데 가장 중요한 조세는 재산세다. 목적세는 일반 조세와 달리 교육, 교통, 환경, 사회보장 등과 같은 특별한 목적을 달성하기 위한 세출에 대해 재원을 조달하는 것을 말한다.

조세는 또한 전통적으로 직접세와 간접세로 구분된다. 직접세(direct tax)는 조세 주체가 직접 부담하는 세금이며, 간접세(indirect tax)는 과세 주체가 그 세금을 직접 부담하는 것이 아니라 다른 경제 주체에 부담을 전가하는 세금을 말한다. 따라서 개인소득세와 같은 인세(人稅)는 직접세이며, 부가가치세(value added tax) 같은 물세(物稅)는 간접세다.[85]

---

82) 이를 수식화해 흔히 Y = C + △W로 표시한다. 이때 Y는 소득, C는 연간 소비액, △W는 연간 자산의 순증가액을 나타낸다. 이런 개념에서는 개인이 소유하는 자산(부동산)의 가치 증가, 저축에 의해 발생되는 이자소득, 투자로부터 발생하는 배당소득, 상속, 증여 등이 모두 소득으로 간주된다.

83) 소득의 원천(source of income)이 어디에 있는가에 따라 과세에 대한 차별이 이뤄지기도 한다. 영국에서는 이자・배당・집세 등과 같은 자본소득(금융소득)의 경우 임금과 같은 노동소득에 비해 상대적으로 높은 세율을 적용해 노동자들에게 유리한 조치를 취하고 있다.

84) 소득세가 가계수입의 원천에 대해 과세되는 인세(人稅)인데 반해 소비세는 가계소득의 사용(지출)에 대해 과세하는 물세(物稅)다. 따라서 소득세는 인적 공제와 같은 인적 사정의 참작이 있지만 소비세에서는 이러한 인적 사정이 고려되지 않는다.

85) 그러나 직접세와 간접세의 구분이 항상 인세와 물세의 분류와 일치하는 것은 아니다.

직접세는 경제활동을 통해 얻은 소득원에 대해 부과하는 세금으로 소득세와 법인세로 크게 대별되며 재산 수준에 따라서 부과하는 재산세와 증여 및 유산 등에 부과하는 증여세도 직접세에 속한다. 직접세는 일반적으로 경제적 능력이 클수록 또는 소득이 많을수록 조세부담률을 높게 하는 누진세율을 적용하게 된다. 누진세는 소득 수준에 따라서 평균 세율을 높이는 방법과 한계 세율을 높이는 방법을 사용하는데 일반적으로 한계 세율을 높이는 방법을 많이 사용한다.[86)]

간접세는 정부가 소비활동을 하는 과정에서 발생하는 이득에 대해 부과하는 세금으로 가장 큰 장점은 조세 저항이 크지 않으면서 상대적으로 재원을 쉽게 조달할 수 있다는 데 있으며, 일반적으로 소비액에 일정한 비율을 곱해 정하는 비례세로 소득 수준이 높을수록 조세부담률이 낮아지는 역진적인 특성을 지닌다. 저소득층의 한계소비 성향이 고소득층의 한계소비 성향보다 높기 때문에 저소득층의 조세부담률이 고소득층에 비해 상대적으로 높아서 소득재분배에 부정적으로 작용한다.

조세 방식을 통한 사회복지정책은 사회보험이나 민간부문에서의 사회서비스가 사용자 부담 원칙에 입각해 수급 자격이 주어지는 것을 감안하면 전 국민을 대상자로 하는 등 그 폭을 넓힐 수 있다. 또한 조세는 전국민을 대상으로 징수하므로 수입 측면에서도 차별이 작다는 장점이 있다. 그러나 사회복지정책이 표방하는 목표는 국가의 다른 정책 목표들과 경쟁할 때 자주 후순위로 밀리고, 정치 과정 속에서 재정의 불균형을 불러일으킬 위험성도 존재한다. 또한 조세는 사회보험료에 비해 조세 저항이 강하고, 사회비용을 세금으로 충당할 경우 심각한 도덕적 해이와 국가 간섭의 강화로 인한 제도 운영의 경직성과 관료주

기업의 이익에 대해 부과하는 법인세는 인세이며 기업의 직접 부담이라는 점에서 직접세다. 한편 기업은 법인세 부담을 가능한 상품에 이를 반영해 소비자에게 이것을 전가시키려고 하기 때문에 법인세도 간접세의 성격을 상당 부분 가지고 있다. 재산세의 경우 재산 소유자에게 부과되므로 물세인데 재산 소유자는 세 부담을 타인에게 전가할 수 없기 때문에 직접세다.

86) 한계세율이란 소득의 한 단위의 변화에 따라서 세액이 변화한 비율을 말하는데, 소득의 한 단위가 증가할수록 한계세율이 높아지면 누진세율이고, 낮아지면 역진세율이 된다. 소비세는 지출 능력에 따라 납부하는 조세라기보다 각자 받는 이익에 따라 납부하는 조세로 가난한 사람이든 부자든 모두 단일 세율의 적용을 받기 때문에 역진적인 성격을 띠게 된다.

의의 폐단 현상을 가져올 수도 있다.

한편, 국가가 세금을 감면해 주는 조세감면제도는 세금을 거두고 예산을 집행하는 데 따르는 거래비용(transaction cost)을 줄이고, 관료주의의 경직성과 관련된 문제를 완화하는 장점이 있다.

풀이

조세부담률과 사회복지 재원은 접근하는 방법에 따라 효과에 차이가 나타나게 된다. 일반적으로 국민총생산 규모가 크다면 나머지 조건이 동일하다고 가정할 경우 비교적 낮은 조세부담률로도 조세수입은 커질 수 있어 사회복지정책에 사용할 수 있는 재원은 커진다. 또한, 한 나라가 처해 있는 상황, 예컨대 국민의 근로 동기나 저축성 동기가 강하다면 다소 높은 조세부담률에도 불구하고 국민총생산의 양은 큰 변화가 없다고 할 수 있다. 그러므로 3)의 경우는 틀린 설명으로 여기서의 정답이다. 소비활동을 하는 과정에서 발생하는 이득에 대해 부과하는 간접세의 경우에는 큰 조세 저항이 일어나지 않고 재원을 조달할 수 있는 장점이 있다. 1)은 맞는 설명이다. 그러나 소득 수준이 높을수록 조세부담률이 낮아지는 역진적 특성도 있음을 고려해야 한다. 2) 및 4)와 관련해서는 재산세와 증여세 등 직접세는 일반적으로 경제적 능력이 클수록 또는 소득이 많을수록 조세부담률을 높게 하는 누진세율을 적용하게 되는데 소득재분배의 효과가 있다. 모두 옳은 설명이다.

60 민간부문으로 눈을 돌려서… – 사회복지제도의 재원(4): 민간재원

레루 황제가 조세부담률을 높임으로써 국가가 필요로 하는 사회복지정책을 위한 재원 마련에 적극 노력했으나 소기의 성과를 거두지는 못했다는 뉴스가 오늘 아침 조간신문 1면에 크게 기사화됐다. 조세부담률을 높이면서까지 재원을 거둬들이는데 도대체 로마 정부는 무엇을 하고 있는가라는 비난의 목소리 또한 적지 아니하다. 레루 황제는 새로운 방안에 부심했다. 그래서 그는 민간재원에 대해 생각해 보기로 했다. 레루 황제는 즉각 원로원들을 불러 모았고 조세수입과 비교해 민간재원을 활용해 사회복지정책을 편다면 어떤 점들이 유리 또는 불리할지 의견을 제시하라고 종용했다. 찬반 양론이 많이 오갔고, 새로이 구성된 내각은 여러 의견을 제시했다. 그중 레루 황제로부터 엄한 질책을 받고 사표를 수리당한 원로원도 있었다. 그는 누구일까?

1) 순재리우스는 사용자 부담을 하게 되면 사회서비스의 남용을 막을 수 있고 과다한 사회복지 비용에 대한 정부 부담에서 벗어날 수 있다고 한다.
2) 다니엘리우스는 순재리우스의 말이 옳다고 하면서 사용자 부담은 사회서비스의 질을 높일 뿐만 아니라 자기존중감도 높일 수 있어 좋다고 한다.
3) 주얼리우스는 재화나 서비스가 공공재적 성격을 갖고 있기 때문에 무임승차 현상이 발생하고 사회적으로 적정한 수준만큼 공급이 어려우므로 사회서비스에 대해 사용자 부담을 하면 이를 해결할 수 있다고 한다.
4) 현경일리우스는 자발적 기여 같은 민간재원을 활용한다면 국가 전체의 포괄적이고 통합적 정책 발전이 오히려 장애를 겪게 될 수도 있다

고 한다.

해설

민간부문 재원은 사회복지기관과 시설을 이용하는 사람이 비용을 부담하는 이른바 사용자 부담을 특징으로 한다. 사용자 부담은 다음과 같은 점 때문에 필요성이 인정된다. 먼저, 사용자가 이용 요금을 부담하게 되면 사회서비스에 대한 남용을 막을 수 있다. 사용자 부담은 과다한 정부 부담의 한계를 극복할 수도 있다. 대표적인 예를 들자면 다수의 사람에게 공공주택 완전 무료 제공이라는 사회적 서비스를 달성하기 위해서는 천문학적인 비용이 들게 되는데 만약 사용자 부담을 적용하게 되면 어느 정도 문제 해결을 가시화할 수 있게 된다. 사용자 부담의 적용으로 서비스 제공자는 서비스의 질에 대해 강한 책임감을 가지게 되며, 따라서 사회서비스의 질을 높일 수 있고 서비스를 이용할 때 본인이 일부라도 비용을 부담하게 되면 낙인감을 없앨 수 있고 자기존중감을 높일 수 있게 된다. 또한 사용자 부담 원칙의 적용으로 공급 주체 간의 경쟁을 유발시켜 낮은 가격으로 질 높은 서비스를 제공하기 위한 노력을 유도할 수 있다. 이로써 공급 효율성을 향상시키게 된다.

그러나, 사용자 부담은 비록 서비스 제공자의 입장에서는 안정적 재원을 확보하는 수단이 될 수 있지만 기본적으로 역진적 성격 때문에 저소득층의 부담이 고소득층에 비해 상대적으로 크기 때문에 소득재분배 효과를 악화시킬 수 있다. 사용자 부담 액수가 크지 않더라도 저소득층에게 부담이 돼 필요한 서비스의 이용이 제한될 수 있다. 사용자 부담의 장점이 수급자의 선택 폭을 넓히는 데 있다고 하지만, 사회서비스 수급자 가운데 많은 사람은 선택할 능력이 없다면 사용자 부담은 오히려 불필요한 것이 되고 만다.

사회복지의 재화나 서비스가 조세를 재원으로 하여 국가가 제공해야 한다는 논리는 결국 사회복지의 재화나 서비스는 공공재적인 성격을 가지거나 외부성이 크기 때문이며 시장에서 이러한 재화나 서비스가 제공되면 '무임승차(free ride) 현상' 때문에 사회적으로 적정 수준의 재화나 서비스가 공급되기 어렵다는 데 있다. 따라서 자발적 기여에 대한 내용에 귀를 기울이게 되는데 자발적 기여란 이름 그대로 민간의 자발적인 기부금을 말한다. 조세에 의한 국가의 사회복지정책이 제도 운영의 경직성과 관료주의의 폐단 현상으로 인한 단점이 있다면 자발적 기여를 통한 사회복지정책은 새롭고 창의적인 서비스의 개발이 용이하다는 장점이 있다.

이러한 자발적 기여가 소득 분배의 역진성 현상이 나타난다. 집단적 혹은 지역적인 특수한 욕구를 자발적 기여에 의해 해결하려는 정책이 발전하게 되면 국가 전체적인 포괄적이고 통합적인 사회복지정책 발전에 걸림돌이 될 수 있다. 자발적 기여에 의한 재원도 불안정해 지속적이고 체계적인 정책의 수립과 집행에 어려움을 겪을 수 있다.

직업복지 또는 기업복지는 기업연금, 유급휴가, 사택 제공, 무이자 대출, 사내 취미동아리 지원 등 근로자에게 임금 외의 급여나 부가급여를 말한다. 사용자의 입장에서 보면, 근로자에 대해 직접적인 임금 대신 기업복지 형태의 지급을 하게 되면 세제상 유리하다. 사용자는 우수 인력의 확보, 양질의 근로자 고용, 노사관계 안정을 유지하고 그들의 동기 강화를 위해 기업복지가 필요하다. 기업복지는 국민의 총사회복지를 책임지고 있는 국가의 입장에서도 국가복지에 사용될 재원을 줄일 수 있는 장점이 있다. 그러나 정규직에만 적용되며 실업자는 대상에서 제외되는 등 소득 역진적인 성격이 강하며 소득재분배가 악화될 수 있다는 문제점이 있다.

국가에 따라서는 국가에 의해 제공되는 복지 수준이 높아진다고 하더라도 그 사회가 가지고 있는 문화적인 관습·규범에 의해 비공식 부문이 중요한 위치를 차지할 수 있다. 가족이나 이웃을 통한 비공식 부문의 지원은 시간적·공간적인 측면에서 국가복지보다 욕구를 빨리 해결할 수 있으며, 비물질적 측면에서는 질 높은 서비스가 이뤄질 수 있다는 장점이 있다.[87)]

특히 전통적으로 가족 구성원의 부양에 대한 책임 의식을 강하게 가졌던 우리나라의 경우에는 복지제도가 본궤도에 오르기 이전까지 매우 중요한 역할을 담당했다. 그러나 오히려 이러한 점이 복지제도를 발전시키는 데 장애 요소가 됐다는 비판도 제기된다. 국가의 책임보다 가족의 책임으로 남게 되는 의료비나 부양비는 저소득층의 경우 제도적 서비스를 이용하지 못하는 경우를 발생시키고 있다(강영실, 2006: 114).

풀이

민간부문 재원을 활용할 때의 가장 큰 특징은 사용자 부담을 적용할 수 있다는 것이다. 즉 1), 2)처럼 사용자 부담은 사회서비스 남용을 막을 수 있고 정부가 부담하게 될 과다한 사회복지정책 비용을 줄일 수 있으며 사회서비스의 질 을 높일 수 있다. 그리고 서비스를 이용할 때 일부라도 비용을 부담하게 됨으로써 낙인을 줄일 수 있어 자기존중도 높이는 장점이 있다. 1)과 2)는 모두 옳은 설명이다. 3)은 오히려 사용자 부담에 대한 논리가 아니라 조세를 재원으로 사회복지정책을 펼쳐 나가야 하는 이유라고 보아야 한다. 즉, 사회서비스나 재화에는 공공재적 성격, 즉 가격을 매기는 자체가 불가능하거나 바람직하지 않은 경우가 많은데 사회적으로 적정 수준만큼 재화나 서비스의 공급이 어렵게 되고 정부가 조세를 재원으로 하여 이를 공급할 수밖에 없게 된다. 3)은 틀린 설명으로 여기서의 정답이 된다. 그러나 자발적 기여에 의한 민간재원은 불안정하고 지속성이 떨어져 국가 전체 안목에서 체계적 정책 수립과 집행을 어렵게 할 수도 있다. 4)도 맞는 설명이다.

87) 국가복지에 비해 비공식 부문의 재원을 통한 복지 욕구의 해결은 상대적으로 수급자나 기여자의 자유로운 선택의 폭을 넓힐 수 있다. 특히 국가가 복지서비스나 재화를 공급하는 과정에서 발생하는 절차상의 비효율성과 비용을 줄이는 데 도움이 된다.

61 돈이 있어야 뭘 하든지 하지 – 사회복지정책의 공공재원과 공공복지

신흥 선진국으로 발돋움하고 있으나 우리에겐 잘 알려지지 않은 수리랑카라는 나라가 있다. 특정한 복지정책 시행과 관련한 공공재원을 마련하기 위해 이 나라는 많은 고민을 하게 됐다. 사회복지정책을 위해 공공재원이 필요하다는 것은 누구나 아는 일이지만, 이러한 재원 마련은 쉽지 않은 형국이다. 특히 이 나라는 재원으로서의 안정성을 높이고자 하는 데 우선순위를 두려고 하고 있다. 출신 국가는 다르지만 분명히 수리랑카인인 네 명의 유능한 사회복지 전문가가 있다. 이들은 이 나라에 대해 각기 다른 조언을 하기에 이르렀는데, 사회복지정책을 공부하고 있는 여러분은 어느 의견이 특정 복지정책과 관련한 가장 적정한 공공재원 마련 방안이라고 생각하는가?

1) 안졸리나 젤리: 공공재원은 조세 형태를 띠어야 하고, 조세 지출 용도를 일단 정하지 말고 세금을 징수하도록 한다.
2) 아롱 드롱 : 특정 복지정책 시행이라는 특성상 지출 용도가 정해져 있어야 하는 만큼 목적세 형태의 사회보험료를 징수하도록 한다.
3) 샤롱 스톤: 세금을 거둬들이는 형태를 띠지 말고 오히려 특정인들에게 세금 징수를 하지 않으면 같은 효과를 거둘 수 있게 될 것이다.
4) 로버트 드리로 : 세금은 납부 능력이 있는 모든 사람에게 징수하도록 하고, 저소득자에게는 현금으로 되돌려 주도록 하는 방식을 사용하면 된다.

해설

사회복지정책을 행하기 위해 필요한 재원은 조직적으로 계획하고 체계적으로 조달돼야 하며 필요한 재원을 필요한 시기에 사용하기 위해 이를 확보하는 방법 또한 재원 조달의 우선적인 문제가 된다. 사회복지정책의 공공재원에는 ① 일반세, ② 사회보험료, ③ 조세 비용(조세 지출), ④ 부(負)의 소득세 등이 있다.

공공재원으로서의 일반세는 목적세와 구별된다. 목적세가 지출 용도가 정해진 세금인데 반해, 일반세는 조세의 지출 용도를 정하지 않고 징수하는 세금으로 소득세·소비세·재산세 등으로 구성된다.[88]

사회보험료는 지출 용도가 정해져 있는 일종의 목적세 성격을 띤다. 소득 비례의 원칙이 적용되는 보험급여는 조세에 비해 역진적이다. 사용 목적이 정해져 있는 목적세의 성격을 띠기 때문에 다른 정책 부문과 경합되지 않아 재원의

88) 공공요금은 사용자 가격(user price)의 성격을 띤다. 이러한 사용자 가격의 대체 수단으로 목적세(earmarked tax)가 징수되는데, 목적세는 특정 공공서비스와 관련해 이의 소비에 부과되는 조세다. 이런 조세를 재원으로 해서 지출되는 사용처를 분명히 정해 두고 있으므로 목적세는 재정 운용상의 경직성을 가져온다는 비판이 있기도 하다. 그러나 특정 조세를 특정 지출에 연결시킴으로써 수혜자의 직접적인 부담에서 오는 효율성 내지 공평성을 목적세가 달성할 수 있다는 긍정적인 면도 있다.

안정성 면에서는 높다고 할 수 있다. 그러나 재원의 확대가 어렵다는 점과 실질적으로는 저소득층의 보험부담률이 고소득층에 비해 높다는 점, 그리고 사회복지제도의 프로그램 혜택을 받지 못하는 사람들이 조세 저항을 할 가능성이 있다는 등의 문제점을 안고 있다. 주로 보험료로 충당되는 사회보험의 재정은 목적세와 본인부담금으로 보충되기도 한다. 사회보험료는 ① 소득의 일정률을 갹출하는 소득비례보험료와 ② 소득·재산에 관계없이 동일 액수의 보험료를 부담하는 정액보험료의 두 가지 종류가 있다. 사회보험 재원의 기본 원칙은 가입자(근로자)와 고용주, 정부가 재정을 공동으로 부담하는 삼자부담제도다.

조세 비용(tax expenditure) 또는 조세 지출은 세금 징수를 하지 않거나 일부만 징수하는 것을 말한다. 즉, 특정 집단에 대해 조세를 감면, 공제, 면제해 주는 제도를 말하며,[89] 조세를 부과하는 것이 아니다. 이의 혜택을 받는 사람들은 세금을 내는 사람들이며 세금을 내지 않는 사람들에게는 혜택을 받지 못해 역진적인 성격을 갖게 된다. 즉, 정부 입장에서는 세입의 감소, 수혜자의 입장에서는 정부로부터 지원을 받는 것이 되며 그 혜택은 주로 중상위 소득계층에게 가고, 저소득층은 조세 비용의 수혜를 받기 어렵다는 점에서 소득 역진적 성격이 있다. 조세 비용 또는 조세 지출은 시간적·인적 비용이 적게 들고 잠재적 예산에 속하며 납세자의 구매력을 실질적으로 증가시키는 효과를 가진다.

부(負)의 소득세(negative income tax: NIT)는 소득신고액이 과세 최저한도 이하인 경우에 해당하는 부족분에 대해 일종의 세율과 같은 일정률을 적용해 그만큼의 금액을 정부가 조세의 환부와 같은 방법으로 지급하는 일종의 소득보장제도다. 세금은 보통 납세자로부터 징수하는데 이와 반대로 저소득 계층에게 지급하기 때문에 부의 소득세라고 한다. 부의 소득세는 조세를 면제해 주는 기준이 되는 한도 이하의 사람들에게 현금으로 급여를 제공하는 방식이다. 일종의 공공부조의 성격을 가지고 있으나 부조금의 결정을 소득세제도의 테두리 안에서 실시하려는 것이 주요한 특징이다. 부의 소득세가 가지는 장점은 일반적인 소득세제도 아래에서는 과세 최저 한도 이하의 소득자에 대한 세제상 혜택이 없으나 부의 소득세에서는 존재한다는 점이다. 그리고 공공부조에서처럼 근로 의욕을 저해할 위험성을 어느 정도 제거할 수 있다.[90] 부의 소득세는

89) 예컨대, 특정한 물품(예: 자동차)을 구입하는 장애인에 대한 특별소비세를 면제해 주면 장애인은 물품 구입비가 적게 들고 결과적으로는 장애인의 소득 향상을 가져오게 된다.

일종의 세금 환급과 같은 방식으로 우리나라의 유가환급금제도도 부의 소득세의 한 종류라고 할 수 있으며, 과세 최저 한도 이하의 빈곤층에게 혜택이 가기 때문에 소득재분배 효과가 크다. 이러한 부의 소득세는 소득세와 공공부조의 결점을 제거하고 양자의 기능을 모두 달성하려는 목적을 갖고 있는 셈이다.

공공재원을 바탕으로 중앙 또는 지방정부가 주체가 돼 시행하는 각종 사회복지정책을 공공복지라고 하며,[91] 소득보장, 보건의료복지, 주택복지, 교육복지 등을 포함한다. 우리나라의 사회보장은 ① 소득보장(사회보험, 공공부조)과 ② 사회서비스로 이뤄져 있다.

풀이

공공재원에서는 조세가 큰 비중을 차지하게 되는데, 사회복지정책과 관련한 재원 조달은 일반세, 사회보험료, 조세 비용, 부의 소득세 등을 생각해 볼 수 있다. 1)의 경우는 가장 일반적인 일반세에 대한 설명으로 이는 조세 지출 용도를 정하지 않고 징수하는 세금이며 소득세, 소비세, 재산세 등으로 구성된다. 사회보험의 경우에는 지출 용도가 정해져 있는 목적세 성격을 띠는데, 사용 목적이 정해져 있으므로 다른 정책 부문들과 경합되지 않아 재원으로서의 안정성을 기할 수 있다. 예화의 정답은 2)라고 할 수 있다. 그러나 재원 확대의 어려움과 조세 저항의 가능성은 존재한다. 3)은 조세 비용 또는 조세 지출의 성격을 지니는데 특정 집단에게 조세를 감면함으로써 납세자 구매력을 증진시키는 데 의의가 있다. 4)는 일종의 부의 소득세에 대한 설명으로 소득 수준이 면세점에 도달하지 않는 저소득계층에게 면세점과 소득과의 차이에 대한 일정 비율을 정부가 지급하는 소득보장제도라고 할 수 있다.

---

90) 보통 공공부조제도 하에서는 개인 소득이 최저 한도에 도달하지 못하게 될 경우 부족분을 정부가 보조해 주어 항상 최저 한도의 소득이 보장되므로 근로 의욕을 저하시킬 가능성이 있다. 그러나 부의 소득세제도 하에서는 과세 최저 한도까지의 부족분을 일정 금액이 아니라 일정 비율에 따라 급부되므로 근로를 하는 것이 유리하다고 판단된다.

91) 중앙정부가 공공복지의 주체가 되면 ① 전 국민의 인간다운 삶의 보장, ② 사회적 재분배와 평등 가치 구현, ③ 다양한 프로그램의 통합 및 조정, ④ 전국적으로 통일성 있는 서비스 제공과 같은 장점이 있다. 그러나 ① 획일성과 낮은 탄력성, ② 다양한 대상자들의 욕구에 대응하고, 욕구를 반영하는 데는 한계를 지니게 된다. 지방정부가 공공복지의 주체가 되면 ① 주민의 욕구에 빠르게 대응할 수 있고 ② 주민의 참여나 입장 반영이 쉽다는 장점이 있으나, ① 재정 규모에 따라 지역 간 서비스의 불균형을 초래하고, ② 중앙정부에 비해 프로그램의 안정성이 떨어지는 단점이 있다.

62 사회복지는 정부만 하나? – 사회복지 분야의 민간위탁과 민간복지

사회복지에 대한 서비스를 반드시 정부가 주도해야만 하는가라는 의문을 품고 있는 이가 있다. 자기가 번 돈 가운데 상당 부분의 돈을 사회에 기부하는 김장운 씨가 바로 그 사람이다. 김장운 씨는 얼마든지 개인이나 영리가 목적이 아닌 사회단체가 주체가 돼 사회복지활동을 할 수 있다고 믿고 있다. 나아가 영리를 목적으로 하는 기업일지라도 복지서비스를 행할 수 있다고 보는 것이다. 따지고 보면, 정부보다도 이러한 비정부부문에서 행하는 복지서비스야말로 박애, 자선의 성격이 더 강하고 자발적이라는 데 그 특징이 있다고 본다. 따라서 이제는 정부 주도의 사회복지정책이 민간에게 넘겨져야 한다고 믿는다. 이러한 주장은 이른바 민영화의 일환으로 보이는데, 공공기관이 직접 운영하는 사회서비스를 민간기관에 이양하는 것을 뜻하기 때문이다. 또는 일정한 계약만 이뤄진다면 민간기관이나 영리를 목적으로 하지 않는 단체에 운영을 맡기는 방식으로도 이것이 가능하기 때문이다. 이러한 사회서비스를 민영화하는 것에 대한 의견 중 디당히지 않다고 생각하는 것은 어느 것인가?

1) 민영화도 일종의 경쟁적 시장 형태를 이룰 수 있다고 생각된다. 경쟁적 시장은 비용-효과 면에서 정부 직영보다 효과가 높을 수 있어 찬성한다.
2) 정부가 직접 사회서비스를 제공하게 된다면 관료제의 역기능으로 인한 낭비가 초래될 수 있다. 만약 민영화를 한다면 이러한 단점을 많이 줄일 수 있을 것이므로 찬성한다.
3) 정부가 직접 사회서비스를 제공하는 것보다 이를 민간부문에서 맡아하게 되면 소비자 선택의 폭이 좁아지게 되는 단점이 있다. 따라서 반

대한다.

4) 만약 민간부문에서 사회서비스를 제공하게 되면 정부가 직접 사회서비스를 제공할 때보다 고비용과 위탁관리의 유착문제 등이 발생하게 된다. 따라서 이러한 문제 해결이 선행되지 않으면 민영화로 인한 문제가 더 많이 생기게 될 것이다.

해설

민간위탁은 각종 법률에 규정된 행정기관의 사무 가운데 일부를 정부가 아닌 법인·단체 또는 기관이나 개인에게 맡겨 그의 명의와 책임 하에 행사하도록 하는 것을 뜻한다. 민간위탁은 지방자치단체가 공공서비스를 직접 공급 방식에서 일정 부분을 민간에게 대신 공급하게 하거나 민간이 가진 기술이나 자원 등을 활용해 조직의 경량화를 통해 행정비용을 적게 들이면서도 효율적인 공공서비스를 공급하고 전문적인 민간부문의 기술이나 경영으로 서비스를 제공하려는 데 그 목적이 있다.[92]

---

92) 민간위탁과 비슷한 개념으로 사용되는 민영화는 공공서비스 경영을 민간이 맡는다는 개념이다. 민간위탁은 정부와 민간이 '계약' 형태로 나타나는 민영화 방식 가운데 하나로

공공기관이 직영하던 사회서비스를 민간기관에 이양하는 것과 일정한 계약 아래 민간기관 및 비영리단체에게 운영을 위탁하는 민영화는 자유시장 이데올로기 확산, 시민 참여의 확대 등이 그 영향을 미쳤다. 민영화는 ① 경쟁적 시장은 비용-효과적 접근을 가능하게 하는 측면을 가지며, 효율성이 높다는 점, ② 관료제의 역기능을 줄일 수 있다는 점, ③ 소비자의 선택의 자율성을 높인다는 점, ④ 융통성, 창의성, 서비스 제공의 신속성 등의 장점을 갖고 있다. 그러나 ① 고비용의 문제, 위탁관리의 유착문제 등으로 인해 소비자 부담이 증가할 수 있다는 것, ② 지역 간 차별, 불평등의 문제가 발생할 수 있다는 단점이 제기된다.

이러한 민영화 외에도 민간복지 부문과 관련해 염두에 둘 것은 상업화에 대한 것인데, 최근 들어 영리기관의 참여가 늘어나면서 상업화 경향도 나타나고 있다. 그 예로 유료 실버타운이 각광을 받고 있는데, 이는 영리기관의 활동으로서 대표적인 상업화라고 할 수 있다.

우리나라의 경우, 지방자치제가 실시되면서 주민들의 지방자치단체에 대한 공공서비스에 대한 요구가 늘어나고 있고 질적 요구 수준은 높아지고 있다. 한편 정부 재원의 효율적인 사용에 대한 주민의 관심 증대에 따라 중앙정부는 지방자치단체에 대해 적극적으로 민간위탁을 권장하고 있다. 민간위탁은 적은 비용으로 양질의 많은 서비스를 공급해야 하는 정부 내외의 요구를 충족시킬 수 있는 유형으로 여러 나라에서 지방정부의 공공서비스 생산과 전달을 위한 대안 가운데 하나로 자리잡고 있다.[93]

한편, 민간복지는 개인이나 비영리 사회단체 및 기업과 같은 민간부문이 주

볼 수 있다. 광의의 민영화는 공공부문에서 담당하던 재화나 서비스 생산·제공뿐만 아니라 규제와 책임까지 민간부문에서 담당할 뿐만 아니라 공공서비스와 관련된 경제적 자원과 정치적 권한까지 민간에 이전됨을 뜻한다. 협의의 민영화는 공공부문에서 담당하던 공공서비스 공급에 민간부문이 참여하는 것을 뜻하며 정부가 독점으로 생산·공급하던 공공서비스를 민간부문이 생산·공급하는 체제로 전환해 효율성을 향상시키도록 하되 정책 결정이나 규제의 기능은 여전히 정부가 가지고 있는 것을 말한다(강인성, 2008: 5-6).

93) 현재 우리나라의 민간위탁 관련 규정으로는 헌법(제96조), 정부조직법(제6조 제3항)과 지방자치법(제104조 제1항, 제2항, 제3항, 제4항), 행정 권한의 위임 및 위탁에 관한 규정(대통령령 제25985호, 제10조~제16조) 등이다. 지방자치단체와 관련해서는 각 지방자치단체별 민간위탁에 관한 조례가 있고 행정자치부의 지방자치단체 사무의 민간위탁 추진지침도 법적 근거가 될 수 있다.

체가 돼 행하는 비정부 사회복지활동을 말하는데 박애사업, 자선사업, 민간 사회복지기관과 시설, 기업복지 등이 이에 해당한다. 신자유주의 이전인 1980년대 이전에는 대부분 사회복지정책들이 정부 주도로 운영됐으나 그 이후에는 민간복지의 형태로 바뀌어 가는 추세에 있다.

풀이

민간복지가 1980년대 신자유주의의 정신과 맞물리면서 정부가 직접 운영하는 형태에서 민간 이양이 많이 이뤄져 왔다. 공공기관이 직접 운영하는 사회서비스를 민간기관에 이양하거나 계약을 맺어 운영을 위탁할 경우, 경쟁적 시장의 원리를 사회복지 분야에 적용할 수 있기 때문에 효율성이 높다는 점, 관료제 역기능을 줄일 수 있다는 점 등에서 긍정적이다. 1)과 2)는 맞는 설명이다. 그러나 복지서비스를 많이 제공하는 자치단체와 그렇지 못한 자치단체 간의 불균형 문제가 발생할 수 있고, 위탁관리의 유착문제가 발생할 소지도 있어 4)도 적절한 설명이다. 그러나 정부가 직접 사회서비스를 제공하는 것보다 이를 민간부문에서 맡아 하게 되면 소비자 선택의 폭이 넓어진다고 보아야 한다. 따라서 3)이 틀린 설명으로 정답이다.

제 2 편

사회복지정책의 실제

제 5 장

소득보장정책과 사회보험제도

63 정말 빈곤한 사람은 누구? - 빈곤의 개념과 빈곤선

빈곤(poverty)은 글자 그대로 하자면 가난해서 곤란한 처지에 빠져 있는 것을 말한다. 가난한 사람에 대한 정확한 정의를 내리기가 어렵긴 하지만, 여기에 이승업, 박잔호, 주신수 등 유능한 세 사회과학도는 이에 접근해 보기로 했다. 우선 세 사람은 기본 욕구가 불충분하다는 데는 대체로 의견을 모은 것 같다. 하지만, 그 다음이 문제였다. 이승업은 라면조차 먹을 수 없고 옷이 없어 추위와 습기를 막을 수 없으며 집이 없어 밖에서 잠을 잘 수밖에 없는 처지가 바로 빈곤이라고 한다. 박잔호의 견해는 좀 다르다. 그는 라면도 먹고 옷을 입고 있으며 비록 다른 사람 집에 얹혀 산다 하더라도 내가 다른 사람보다 무엇인가 결핍되어 있다고 생각하면 그것이 바로 빈곤한 것이라고 했다. 주신수도 지지 않았다. 본인 스스로가 빈곤하다고 생각하면 그게 바로 빈곤이라는 주장이다. 어제 라면을 먹어도 괜찮았는데 오늘 불고기를 못 먹어서 가난하다고 생각해 곤란한 처지라면 그게 바로 빈곤이라는 것이다. 자, 이 세 유능한(?) 사회과학도의 견해에 대한 여러분의 생각은?

1) 이승업의 주장이 옳다. 최소한의 생존에 필요한 생필품 또는 그것을 얻기 위한 경제적 자원이 없는 상태가 바로 빈곤이며, 이는 소득 수준이 기본적 생존에 미치지 못하는 것이다.
2) 박잔호의 주장이 옳다. 내가 다른 사람과 비교해 충분히 견딜 만하고 또 불만이 없다면 아무리 생존에 필요한 경제적 자원이 부족하더라도 그것은 빈곤이 아니다. 빈곤은 바로 상대적 박탈이라는 생각이 존재해야 비로소 성립된다.
3) 주신수의 주장이 옳다. 자기 스스로가 빈곤한 상태에 있다면 그것이 바로 빈곤 상태인 것이다.

4) 자원의 결핍 상태, 빈곤은 결국 그 기준이 문제되고 시대와 사회의 양식에 따라 그리고 위의 세 사람처럼 견해에 따라 각기 다르게 이해할 수 있기 때문에 세 견해 모두 틀리다고 말할 수 없다.

해설

일반적으로 빈곤은 절대적 빈곤(absolute poverty), 상대적 빈곤(relative poverty), 주관적 빈곤(subjective poverty) 등으로 구분한다.

절대적 빈곤은 생존에 필요한 최소한의 재화와 서비스를 획득하기 위한 경제적 자원을 가지지 못한 것을 말한다.[94] 결국 절대적 빈곤은 인간으로서 최소

---

94) 절대적 빈곤에 대한 개념은 부스(Charles Booth)가 처음으로 도입했고, 빈곤선(poverty threshold, poverty line)의 개념이 등장하게 되었다. 라운트리(Benjamin S. Rowntree)는 부스의 빈곤선 개념을 발전시켜 음식, 연료, 주택(거처), 피복 등 네 가지 기초 생활필수품에 대한 구입 능력이 안 되는 수준으로, 2차 빈곤을 네 가지 기초 생활필수품에 대한 구입 능력은 있지만, 소득의 일부를 다른 용도로 사용하는 경우 등으로 구분했다.

생활을 유지하는 데 필요한 것이 부족한 상태를 말하며, 소득 수준이 기본적 생존을 위한 수준에 미치지 못하는 경우다. 이러한 절대적 빈곤은 경제 발전과 더불어 상대적 박탈감이 커지게 되거나 시대 변화에 따라 생존에 필요한 생필품의 내용이 바뀔 수도 있으며 한 사회의 문화나 지역적 차이로 인해 다르게 나타날 수도 있다. 절대적 빈곤을 측정할 때 최소한의 생계(minimum needs of life)를 충족하는 데 필요한 소득이나 소비 지출의 수준을 측정하는 빈곤선의 개념을 정하고 있다(Dandekar, 1981; 조성한, 2002: 160에서 재인용). 최소한의 생계 수준은 생리학적(physiological)인 차원의 것으로 생존이나 기본적 노동력 보전을 위해 필요한 정도의 의식주를 의미하고, 대부분 전문가에 의해 최소한의 생계를 유지하기에 필요한 재화들이 결정된다.[95] 이 개념의 빈곤선은 가격 변화에 민감해 경제 수준이나 사회적 변화에는 원칙적으로 반응하지 않는다.

상대적 빈곤은 사회의 일반적 생활 수준에 비교해 규정되는 것으로 절대적 빈곤과는 달리 소득 및 소비와 같은 경제적 측면보다는 문화적 요소를 함께 내포하고, 소득불평등 문제가 함께 제기된다. 따라서 상대적 박탈의 개념으로 이해하기도 한다. 상대적 빈곤 개념을 사회적으로 인식시킨 학자는 타운젠트(Peter Townsend)로 그의 상대적 빈곤 개념은 사회·문화적 차이에 따라 빈곤 개념의 차이가 존재한다는 명제에 기반을 두고 있다. 상대적 빈곤선을 정하는 방법은 타운젠트와 같이 사회의 대표적 생활 양식을 나타내는 60가지 지표를 선정해 그 어느 것이라도 결핍돼 있으면 박탈이 발생한다고 결정해 박탈지수(deprivation index score)를 계산하는 방법과 중위 소득의 x%나 평균 소득의 x%를 사용하는 방법 등이 있다.

---

95) 일반적으로 최저생계비를 기준으로 빈곤을 측정한다. 최저생계비의 산출은 그동안 ① 엥겔(Engel) 방식과 ② 라운트리(Rowntree) 방식으로 계측해 왔다. 엥겔 방식은 최저 식료품비를 구해 엥겔계수의 역수를 곱한 금액을 최저생계비로 본다(최저 식료품비 × 엥겔계수의 역수 = 최저생계비). 이때 엥겔계수는 생계비 중에서 음식비가 차지하는 비율을 말하는데 이를 수식화하면 엥겔계수 = (총생계비 ÷ 음식물비) × 100과 같다. 라운트리 방식은 인간 생활에 필수적인 모든 품목에 대해 최저한의 수준을 정하고 이를 화폐가치로 환산한 뒤 최저생계비를 정하는 방식이다. 즉, 라운트리 방식에 의한 최저생계비의 산출은 Σ(필수품의 가격 × 최저 소비량)과 같이 나타난다. 또한 오샨스키(Mollie Orshansky)는 라운트리의 빈곤선 계측 방법을 수정해 소득 증가에 따른 음식비 지출의 상대적 감소의 상관 관계를 바탕으로 평균 엥겔계수의 역에 영양 유지를 위한 최저한의 음식비를 곱한 뒤 빈곤선을 산출했다. 이 방법은 현재 미국의 공식적인 빈곤선으로 사용되고 있다.

주관적 빈곤은 사회의 일반적인 생활 수준과는 관계없이 스스로 빈곤하다고 느끼는 상태를 일컫는다. 이러한 주관적 빈곤은 생활 수준과 생활 양식에 대해 구체적 지표가 객관적으로 산출되는 것이 아니며 개개인이 느끼는 최저생계비에도 차이가 있고, 지역과 시대 변화에 따라 상대적이기 때문에 주관적 빈곤에 대한 명확한 기준선을 제시하기도 어렵다. 주관적 빈곤선은 사회 구성원을 대상으로 최소한의 생활 수준을 위한 소득이나 지출에 대해 조사해 빈곤선을 정하는 것이다. 주관적 빈곤선 개념은 시민권과 사회통합이라는 차원에서는 가장 이상적 빈곤 개념으로 빈곤 그 자체가 사회적 합의에 의해 결정된다고 한다(조성한, 2002: 164). 주관적 빈곤선에 대한 계측은 라이덴(Leyden) 방식이 대표적이다. 이 방식은 개인의 실제 소득 증가는 주관적으로 판단하는 최소 소득도 상승할 것이라는 가정에 기초한다. 자신이 생각하는 최소 소득과 실제 소득을 도출하고, 이를 비교 분석해 빈곤선을 결정하게 된다.

풀이

빈곤이 무엇인가 하는 것과 측정 방법에 대한 연구는 아직 이론적으로나 방법론적으로 완성도가 낮은 수준에 머물고 있다. 라운트리(B. S. Rowntree)는 요크시 빈민조사에서 1, 2차 빈곤을 개념화했다. 1차 빈곤을 네 가지 기초 생활필수품(음식, 연료, 주택, 피복)을 구입할 능력도 안 되는 수준으로, 2차 빈곤을 네 가지 기초 생활필수품을 구입할 능력은 있지만 소득의 일부를 다른 용도로 사용하는 경우 등으로 나눴다. 그러나 국가마다 다른 방법을 제시하고 있으며, 빈곤에 대해 연구하는 학자들 간에도 합의점이 별로 도출되지 않고 있다. 빈곤의 개념은 일반적으로 위 예화에서처럼 이승업이 주장하는 내용과 비슷한 절대적 빈곤, 박잔호가 주장하는 상대적 빈곤, 그리고 주신수가 주장하는 주관적 빈곤 등 세 가지로 구분해 설명해 왔다. 그러나 이와 같이 빈곤의 주요 개념들을 단절적으로 설명하는 것은 빈곤을 이해하는 데 편견을 초래할 수도 있으며, 사회적 환경과 이념적 변화에 따라 변화 발전하고 있어 어느 것이 틀리다는 이야기는 할 수 없다. 따라서 4)가 정답이다.

64 지겨운 악순환의 고리들… – 사회적 배제와 소득불평등

악순환이라는 말은 나쁜 현상이 계속해서 되풀이되는 것을 말한다. 이는 원인과 결과가 되풀이돼 상황이 악화되는 것으로 배비장 씨가 딱 그런 경우다. 배비장 씨는 가난한 집안에서 태어났다. 그는 초근목피로 연명하는 것이 무엇인지 몸소 겪으며 살았다. 대표적인 예로 제대로 먹지 못한 것이었는데, 아침은 굶고 점심은 건너뛰고 저녁은 그냥 잔 날이 1년 중 절반은 될 것 같았다. 그런 때문인지는 몰라도 배비장 씨는 이제 먹는 것이 오히려 더 고통스럽게 느껴지기도 했다. 즉 어떤 병인지는 몰라도 아무튼 먹으면 오히려 통증이 오는 것을 느낀 것이다. 그러나 병원에 갈 수는 없었다. 돈이 있어야 하니까…… 초등학교를 겨우 졸업한 그가 할 수 있는 일은 많지 않았다. 신문 배달이나 우유 배달 정도였다. 학력이 낮다는 이유로 그는 일자리를 얻는 데 무척 어려움을 겪고 있다. 그는 나이가 들수록 오히려 더 어려운 생활을 이어가고 있다. 이런 현상을 어떻게 풀이해야 할까?

1) 사람은 각기 태어날 때 운명이 결정난다. 배비장 씨는 자신이 처한 상황을 그저 운명으로 받아들일 수밖에 없다.
2) 우리나라는 많은 시대적 변화를 겪어 왔다. 그 때 자신에게 온 기회를 잘 발전시키지 못해 지금과 같은 상황에 도달한 것이다. 누굴 탓하랴!
3) 그가 처한 상황은 사회구조적으로 박탈이나 결핍을 당한 형태이고 이것이 빈곤을 더욱 악화시키고 최소한의 기본권마저 침해되고 있는 상태라고 보아야 한다.
4) 배비장 씨가 겪고 있는 상황은 사회의 가진 자의 계층이 가지지 못한 계층과 착취 관계에 기반을 두고 있기 때문이라고 보인다. 전체적으로 평등치 못한 분배가 문제다.

해설

사회적 배제(social exclusion)는 사회구조적으로 사회·경제·정치 분야에서 다양한 활동과 기회로부터 많은 사람이 박탈과 결핍, 불이익을 당하게 돼 이러한 활동에 제대로 참여할 수 없게 됨으로써 인간으로서 지녀야 할 최소한의 기본권마저 침해당하게 되는 상황을 말한다. 사회적 배제는 빈곤에서 더 확대된 개념으로 전반적으로 팽배해 있는 사회문제를 나타내는 새로운 개념으로 등장했다. 사회적 배제와 관련된 내용들은 대체로 유럽을 중심으로 확산됐다.96)

사회적 배제가 나타나는 범위는 주거, 고용, 취업, 교육, 건강, 사회적 관계, 물질적 차원 등 다양하다. 이러한 영역에서 나타나는 사회적 배제는 범위의 항목들 간에 상호작용하면서 빈곤을 낳거나 악화시키게 되며, 빈곤 상황은 다시 사회적 배제를 더욱 심화시키는 악순환을 전개할 수 있다.97)

---

96) OECD는 1998년에 「사회적 배제에 대한 대처 방안」이라는 보고서에서 과거에는 고용정책의 영역으로 여겨졌던 여러 서비스가 노르웨이나 벨기에, 네덜란드 등에서 사회부조제도로 제공하게 되고, 이에 이르게 된 과정들을 분석한 바 있다(길버트와 테렐, 2007: 99).

97) 그 예로 가난한 사람은 제대로 먹지 못하고, 아파도 병원에 갈 수 없다. 학비가 없어

한편, 한 계층과 다른 계층 사이의 분배에서 평등하지 못한 분배 현상이 일어나는 것을 소득불평등 또는 소득분배의 불균형이라고 하는데, 이에 대한 원인으로는 능력·교육 수준·가족 상황·상속 등 다양하다.

소득불평등을 측정하는 방법으로는 흔히 로렌츠 곡선, 지니계수 등을 사용한다.

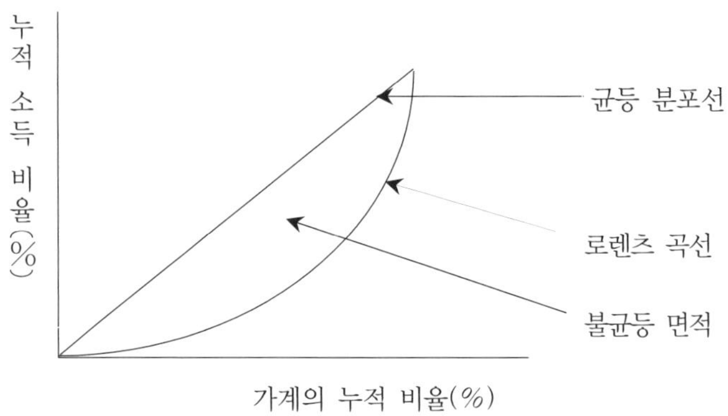

로렌츠 곡선

로렌츠 곡선(Lorenz curve)은 소득분포의 불평등을 측정하는 방법이다. 가로축에 소득이 낮은 가계로부터 가장 높은 순서로 비율(%)을 누적해 표시하고, 세로축에는 가계 소득 수준을 누적한 비율(%)을 표시한 후, 각 비율에 해당하는 누석 가계들의 소득이 전체 소득에서 차지하는 백분율을 확인해 그 관계를 선으로 나타낸 것이다. 예를 들자면, 소득이 가장 낮은 20%에 해당하는 가계가 전체 소득에서 차지하는 백분율을 계산하고, 그 다음의 20%를 추가시킨 40%의 가계가 전체 소득에서 차지하는 백분율을 계산하게 된다. 이렇게 함으로써 100%의 가계까지 계속해 나가는 것이다. 균등 분포선은 완전 평등선으로 소득분배가 완전히 균등한 상태를 말하는데, <그림>의 대각선과 일치한다. 균등분포는 소득 전액이 전체 국민에게 완전 균등하게 분배된 상태다. 소득분포가 불균등하면 할수록 로렌츠 곡선은 대각선에서 멀리 떨어지게 된다. 즉, 균등 분

제대로 교육을 받지 못하면 일자리를 구하는 데도 제약을 받게 되고 결국 가난으로 이어지게 된다. 이처럼 어떤 사람에게 가해진 사회적 배제는 빈곤을 초래하게 되는 것이고, 또한 그러한 가난은 안락한 주거, 건강한 생활을 가로막게 되며 사회적 배제를 심화시킨다.

포선과 로렌츠 곡선이 만나 만들어지는 부분 불균등 면적이 클수록 소득 분배의 불평등이 심하다는 것을 의미한다. 로렌츠 곡선은 단일 도표로 전체적 불균등의 정도를 한눈에 알아볼 수 있다는 점에서 유용성이 인정된다. 그러나 균등분포선과 로렌츠 곡선 사이의 면적에 의존하기 때문에 빈부 격차 정도를 정확하게 나타낼 수 없는 한계점이 있다. 이 때문에 빈부 격차를 정확하기 알기 위해 지니계수 등과 같은 수량적 평가 방법이 보완적으로 사용된다(홍은주, 2006: 150).

지니계수(Gini coefficient)는 로렌츠 곡선과 관련된 면적의 비율을 통해 구할 수 있는데 대각선과 로렌츠 곡선 사이 면적을 대각선 아래 전체 삼각형 면적으로 나눈 것으로 생각할 수 있다. 지니계수는 0에서 1 사이의 값을 가지는데, 값이 0에 가까울수록 소득 분배의 불평등 정도가 낮음을 뜻하고, 보통 0.4를 넘게 되면 소득 분배의 불평등 정도가 심한 것으로 본다. 지니계수를 이용하면 근로소득·사업소득의 정도뿐만 아니라, 부동산·금융자산 등과 같은 자산 분배 정도로 파악할 수 있다.[98]

사회복지정책과 관련하여 지니계수를 이용한 소득불평등에 관한 연구는 전체 소득뿐 아니라 노인, 여성 등에서 많이 활용된다. 이 가운데 지니계수를 이용해 OECD 국가의 65세 이상 은퇴 후 세대의 소득불평등을 나타낸 자료에 의하면 우리나라의 지니계수는 0.396으로 멕시코(0.560)에 이어 두 번째로 높은 국가로 나타났다(반정호, 2009a: 63-64).

그에 의하면, 2008년의 OECD를 자료로 해서 국가별 근로세대(18세~65세)와 은퇴 후 세대(65세 이상)의 소득불평등 정도를 비교했는데, 우리나라와 멕시코 등 일부 국가에서 은퇴 후 세대의 지니계수가 높은 것으로 분석하고 있으며, 대부분의 국가는 은퇴 후 세대의 지니계수가 근로 세대보다 낮게 나타나고 있다고 한다. 즉, 우리나라는 근로 세대(0.303)에 비해 은퇴 후 세대(0.396)의 지니계수가 크게 높은 것으로 나타났고, 덴마크·스웨덴은 은퇴 후 세대의 지니계수가 각각 0.201, 0.217로 근로 세대의 지니계수(덴마크 0.228, 스웨덴

98) 지니계수를 계산할 때 주의할 점은 명목소득과 세금이나 연금 등을 뺀 가처분소득으로 다시 계산했을 경우에 나타나는 지니계수다. 이 차이는 일반적 소득에서는 지니계수가 높게 나타났다 하더라도 세금을 납부한 후에 지니계수가 낮아졌다면 정부의 세금정책이 부의 불평등을 일정 부분 해소한 것으로 볼 수 있기 때문에 의미가 있다(홍은주, 2006: 151).

0.236)보다 낮게 나타나고 있다.[99] OECD 주요국의 기준 연령별 상대소득(가처분소득 기준 41~51세)에서는 우리나라의 경우 50세 이후 상대소득이 급격하게 하락하는 양상을 띠고 있으며, 전반적으로 소득의 감소 현상이 다른 나라에 비해 빠른 생애주기에서 경험되며 그 감소폭도 상대적으로 큰 것으로 나타났다. 따라서 우리나라는 노년기 불평등의 완화 및 노후 소득 보장을 위한 정책 노력이 요구된다고 주장한다(반정호, 2009a: 64).

이처럼 지니계수 측정을 통해 사회복지정책에서는 여러 시사점을 얻을 수 있는 분야가 매우 많다.

풀이

3)은 고용, 취업, 교육, 건강, 사회적 관계에 대한 사회적 배제가 빈곤과의 관련이 있다는 것이다. 예화에서도 사회적 배제 영역이 상호작용하면서 빈곤을 낳거나 악화시키고, 빈곤 상황이 다시 사회적 배제를 심화시키는 악순환을 낳을 수 있는 것으로 보인다. 따라서 정답은 3)이다. 4)는 소득불평등에 대한 설명과 가까우며 예화의 경우와는 큰 관계가 없다.

99) OECD 국가 가운데 노년기 소득불평등 수준이 높은 나라는 우리나라, 멕시코, 미국, 일본, 오스트리아 등으로 우리나라와 멕시코의 노년기 불평등의 심화 양상은 공적 연금의 미성숙 등에서 원인을 찾고 있으며, 일본과 미국의 경우는 노년층의 노동시장 진입이 확대되는 현상에서 부분적으로 원인을 찾을 수 있다고 분석한다(반정호, 2009a: 63).

65 소득보장에는 당연히 원칙이 있게 마련… – 사회보장과 소득보장정책

사회보장이란 사회 구성원들이 일상생활을 하면서 부딪치는 일정한 형태의 사회적 위험에 대해 정부가 입법을 통해 적절한 조치를 부여하는 것을 일컫는다. 의료나 재활, 법률적 지원 등도 포함되지만, 대개는 소득의 중단이나 감소로 인해 생활비를 보조하는 형태로 이뤄지는 경우가 많다. 베버리지(W. H. Beveridge)가 사회보장을 본질적으로 소득보장이라고 했을 만큼 사회보장의 내용은 물질적 지원을 통해 이뤄지는 경우가 많다. 소득보장정책이 소득 중단이나 감소가 발생했을 때 소득의 일부나 전부를 보장해 주는 제도라면 무턱대고 소득을 보장해 줄 수는 없는 노릇이다. 따라서 어떤 원칙이 마련돼야 할 것인데, 다음에 제시하는 사항 중 소득보장의 원칙으로 채택되기 곤란한 것은 무엇일까?

1) 모든 국민을 대상으로 할 수는 없는 노릇이기에 우선 노동자 계급과 같은 특정 계급을 대상으로 소득보장의 원칙을 세워야 한다.
2) 모든 사회보장제도의 관리 운영은 국가가 담당하는 것이 원칙이다.
3) 급여는 국민의 최저생활을 보장하는 데 그 금액과 기간에 충분한 것이어야 한다.
4) 사회보험은 모든 국민을 대상으로 하되 그 적용에서는 전 인구를 몇 개 계층으로 구분할 필요가 있다.

해설

우리나라의 사회보장은 사회보험, 공공부조, 사회서비스로 이뤄져 있다.[100] 사회보장(social security)이란 개념은 미국이 가장 먼저 사용했고, 독일이 이 제도를 최초로 시행했다. 사회보장은 노령, 장애, 사망, 질병, 실업 등과 같은 사회적 위험과 결혼, 양육, 사망과 같은 지출로부터 시민을 보호하기 위한 재정

100) 산업화 이전에도 질병·노령·장애·빈곤 등의 문제는 존재했지만, 이 시기의 위험은 사회구조적인 성격을 띤 것이 아니라 개인의 위험 차원에서 머물러 있었고 주로 개인이나 가족의 책임 아래 해결했다. 산업사회가 되면서 산업재해, 실직과 같이 개인의 힘으로는 해결할 수 없게 된 각종 사회적 위험은 부양 공동체 역할을 해오던 대가족제도의 해체로 인해 국가 개입이 요구되는 사회문제가 됐다. 이에 따라, 각종 사회적 위험으로부터 모든 국민을 보호하고 빈곤을 해소하며 국민생활의 질을 향상시키기 위한 제도적 장치가 마련됐는데 이것이 바로 사회보장제도다. 우리나라는 ① 노령, 장애, 사망 등으로 소득활동을 할 수 없을 때 기본적인 생활이 가능하도록 연금을 지급하는 국민연금제도, 건강보험, 산재보험, 고용보험, 노인장기요양보험 등 사회보험, ② 생활보호, 의료보호 등 공공부조, 그리고 ③ 사회서비스 등의 제도를 갖추고 있다. 우리나라의 사회보장제도는 1970년대까지는 주로 구호사업 및 구빈정책 위주였다고 할 수 있다. 1970년대 후반에 실시된 의료보험 및 1988년 실시된 국민연금제도는 실질적인 사회보장제도로서의 틀을 갖추게 하는 요인이 됐다.

적 지원 프로그램을 말한다. 이러한 사회보장에 대해 영국의 베버리지는 사회보장을 이론적으로 체계화했다. 1942년 발간된 「사회보험과 관련 서비스에 관한 보고서」, 이른바 베버리지 보고서에서 사회보장을 정의했고, 이에 따른 하위 프로그램들을 체계화했으며, 사회보장과 관련된 각종 제도와 용어의 실천적·이론적 의미를 규정했다.[101)]

주로 물질적 내용에 대한 지원으로 이뤄진 사회보장에 대해 베버리지는 사회복지에 대한 전문적 서비스와 일상생활에 대한 서비스는 사회보장의 급여가 아니라고 하면서 본질적으로 사회보장은 소득보장이 돼야 한다고 주장했다. 그의 기본 이념은 보편주의와 최저한의 소득보장이 기본 이념이었다.

소득보장정책은 노령, 사망, 장해, 실업, 질병, 사고 등에 의해 소득이 중단되거나 감소됐을 때 소득의 일부 또는 전부를 보장해 주는 것을 말한다(강영실, 2006: 25). 이는 연금제도, 산업재해보상보험제도, 장해보상제도, 유족연금 등과 같은 사회보험제도 등을 통해 소득의 감소나 중단시 본인 또는 피부양자의 생활 불안정을 해소하기 위해 소득을 유지하게 하는 것이다. 한편 저임금으로 인해 생계 유지가 어려운 사람의 경우에는 최저임금제도 등을 통해 소득을 보장하게 된다.

소득보장의 기본 원칙으로는 ① 소득 수준, 직업, 재산과 같은 사회경제적 수준과 가족 수나 연령 및 성별과 같은 인구학적 차이에 상관없이 모든 사람에게 동일한 액수를 급여로 제공해야 한다는 최저 수준의 정액 급여 원칙, ② 소득이 많고 적음을 떠나 누구나 동일한 갹출금을 내도록 하는 균일 갹출의 원칙, ③ 모든 사회보장제도는 국가가 담당해 관리 운영해야 한다는 행정 책임의 통일 원칙, ④ 급여는 국민의 최저생활을 보장에 필요한 금액과 기간에 충분한 것이어야 한다는 충분한 급여의 원칙,[102)] ⑤ 특정한 계급뿐만 아니라 모든 국민이 대상이 되어야 한다는 포괄성의 원칙, ⑥ 생활 방식에 따른 최저생활의 차이, 고용 형태, 소득원, 가정주부, 그리고 발생 사고의 종류에 따라 구분해 보

101) 우리나라가 가지고 있는 사회보험제도는 ① 국민연금, ② 건강보험, ③ 산업재해보상보험, ④ 고용보험, ⑤ 노인장기요양보험 5대 사회보험과 공무원·군인·사립학교 교원 등 특수직 종사자를 대상으로 하는 공무원연금, 군인연금, 사립학교교원연금 등의 특수직연금이 있다. 한편 공공부조제도는 사회보험의 범주에 들지 않은 대상자들에게 보상 수단으로 제공되는 것으로 대표적으로는 국민기초생활보장제도가 있다.

102) 즉, 사회보험 급여만으로 국민 최저 수준이 보장될 수 있어야 한다는 것을 의미한다.

험을 조정하는 대상의 분류화 원칙[103] 등이다.

소득보장의 대상은 경제적으로 가난해 어려움을 겪고 있는 사람과 근로자뿐만 아니라 자영인, 농・어민 등 전체 국민이며 내국인뿐만 아니라 외국인도 포함한다. 이런 면에서 소득보장은 보편주의를 원칙으로 한다.

모든 국민은 최저생계비, 최저임금법 등 소득보장에 관한 관계 법령이 정하는 바에 따라 소득보장의 급여를 받을 권리를 가지며 타인에게 양도하거나 담보를 제공할 수 없고, 이에 대한 압류를 할 수 없게 해서 소득보장 수급권을 보호하고 있다. 따라서 국가나 지방자치단체는 소득보장에 관한 관계 법령을 참작해 소득보장급여 수준을 결정해야 하며 소득보장 급여 수준을 향상시키기 위해 노력해야 한다.

풀이

소득보장정책은 노령, 사망, 장해, 실업, 질병, 사고와 같은 사회적 위험의 발생으로 인해 소득 중단이나 감소 상태가 발생했을 때 소득의 일부나 전부를 보장해 주는 것을 말하는데, 사회보험제도 등을 통해 소득을 유지하게 하는 것이다. 이러한 소득보장에 대한 원칙으로는 경제적 빈곤자와 근로자뿐 아니라 자영인, 농어민 등도 포함돼 전 국민이 소득보장의 대상이 되는 것이며, 나아가 외국인도 포함하는 것이어야 한다. 1)은 국민 모두를 그 대상으로 함으로써 보편주의 또는 포괄성의 원칙에 어긋나는 것으로 틀린 설명이다. 따라서 1)이 정답이다. 2)는 행정책임의 통일 원칙, 3)은 충분한 급여의 원칙, 4)는 대상의 계층화 원칙을 설명한 것이다. 이 밖에도 소득보장정책의 원칙으로는 최저 수준의 급여 원칙, 균일 갹출의 원칙 등이 있다.

103) 사회보험은 소유하고 있는 재산에 상관없이 전 국민이 대상이 되긴 하지만 실제 적용할 때는 전체 인구를 몇 개의 계층으로 나눌 필요가 있다.

66 나 좀 어떻게 해 줘요! – 공공부조(1): 개념

IMF 경제불황기에 직장을 잃어 10년째 실업자 상태가 된 박복해 씨는 도움받을 가족이나 부양받을 사람 하나 없이 나이 60 고개를 넘기게 됐다. 그가 마지막으로 기댈 곳은 정부가 시행하는 사회복지제도였다.

헌법에 보장된 인간다운 생활을 할 권리가 분명 구체화돼 자기를 구제할 방법이 존재할 거라 믿고 있던 박씨는 이러한 자기의 처지를 하소연하고 있다. 이 세상에 국가나 지방자치단체가 존재하는 것도 박씨처럼 가족이나 친척에 기댈 곳이 없는 사람을 위해 존재하는 것이 아니겠는가 하고 생각했다. 이 같은 처지가 꼭 남의 일이라고만 할 수 없을 듯한데, 여러분은 박복해 씨에게 어떤 조언을 해 주겠는가?

1) 팔자 소관이니 달리 방법이 없을 것이라고 이야기해 준다. 사람은 타고나면서 이미 그 운명이 정해져 있는 게 아니던가!
2) 시청에 가서 1인 시위를 하는 것이 가장 좋은 방법이라고 알려 준다. 지방자치단체장이 선거에 의해 뽑히니 당연히 이를 무시할 수 없을 것이라고 조언해 준다.
3) 우선 시민들의 서명을 받아 자신이 부양가족이 없는 빈곤한 사람임을 시청에 알리고 책임을 지라고 민원을 제기한다.
4) 생활 유지 능력이 없거나 생활이 어려운 국민의 최저생활을 보장하고 자립을 지원하는 공공부조제도를 있음을 알려 주고 이를 활용하라고 조언해 준다.

해설

공공부조(public assistance)는 근로 능력 등 자활 능력이 없는 국민에게 공적 부담(public burden)에 의해 생존권적 기본인 최저 생계 수준을 보장하고 자활 능력을 배양하는 사회보장제도를 말한다. 사회보장법 제3조 제3호에 의하면 공공부조는 "국가 및 지방자치단체의 책임 하에 생활 능력이 없거나 생활이 어려운 국민의 최저생활을 보장하고 자립을 지원하는 제도"로 정의하고 있다. 이는 도움을 필요로 하는 사람들에게 국가가 책임지고 무기여 급여를 제공하는 것을 뜻하는데, 생활 곤란자를 경제적으로 공적 비용으로 지원하는 제도를 말한다.[104)]

17세기 초 영국에서 제정된 구빈법에 기원을 두고 있는 공공부조는 그 대상이 빈곤계층으로 역사가 오래된 사회복지제도다. 이는 산업사회에서 사회적 위험의 증가로 뜻하지 않은 빈곤 상태에 처하게 되는 사람을 사회적으로 보호해야 할 필요성과 함께 발전하게 됐다.

---

104) 공적부조, 사회부조, 국민부조, 빈곤구제정책, 무기여 소득보장정책 등의 이름으로 불려졌던 공공부조는 1995년「사회보장기본법」제정으로 인해 그 명칭이 공식적으로 '공공부조'로 불리게 됐다.

우리의 경우도 1960년대 이후의 산업화를 거치면서 경제불황기나 실업으로 인해 경제적 어려움을 겪는 사람들이 가족제도의 변화로 가족이나 친인척의 부양을 받게 되지 못함으로써 사회복지에 대한 요구가 늘어나게 됐고, 공공부조제도가 도입됐다. 특히 1997년 IMF 이후에 빈곤과 공공부조와 관련한 국민의식이 현저히 바뀌게 됐고, 실업으로 인한 빈곤문제가 구체적으로 나타나면서 정부의 복지에 대한 책임을 요구하게 됐다. 1960년대 제정된 생활보호법을 개정하고, 2000년 10월에 국민기초생활보장제도로 정착하는 데 중요한 영향을 주었다.

공공부조는 일반 조세수입을 통해 재원을 마련하고 국가 또는 지방자치단체가 주체가 되며 이는 헌법에 보장된 인간다운 생활을 할 권리를 구체화한 것이다. 공공부조는 중산 계층 이상의 부(富)가 조세제도를 통해 저소득층으로 이전됨으로써 소득재분배 기능을 수행하게 되는 효과와 함께 빈곤 예방적 성격보다는 빈곤 상황으로 인해 발생되는 문제들에 대한 사후적 제도라는 지적을 받기도 한다. 그리고 근로 능력이 있거나 자신의 자산이 일부 있을 경우 또는 부양가족이 있을 경우에는 이를 먼저 활용하도록 하는 보충적 성격을 지닌다.

풀이

박복해 씨의 위 사연을 살펴보면 부양할 친인척이 없어 보이고 경제적 어려움을 겪고 있는 듯하다. 이에 더해 생활 유지 능력이 없거나 생활이 어렵다고 판단하면 최저생활을 보장하고 자립을 지원하는 공공부조제도를 활용할 수 있다. 우리나라의 경우 2000년에 「국민기초생활보장법」이 새롭게 제정·시행됐는데, 이의 수급권자는 부양 의무자가 없거나 부양 의무자가 있어도 부양을 받을 수 없는 자로서 소득인정액이 최저생계비 이하인 자다. 따라서 4)가 정답이다.

67 최저생활 보장을 위한 원칙 – 공공부조(2): 기본 원리 및 원칙

밀림을 여행하다 비행기 추락으로 인해 어려움을 겪게 된 해리손 포더는 식인종이 살고 있지 않다는 데에 우선 안도의 한숨을 쉬었다. 자신이 하늘에서 내려온 신의 사자(使者)로 여긴 주민들은 그를 깍듯이 모셨다. 차츰 이 나라에서 적응하면서 살다보니 오히려 이런 오지의 나라로 온 것이 어쩌면 축복이라고 생각할 정도로 문명도 개화된 그런 나라였다. 사실 높은 건물만 없다 뿐이지 선진국에서 사용하는 대부분의 제도와 체계가 잘 정비된 그런 나라라고 생각했다. 이 나라에서 현재 추진하고 있는 것은 놀랍게도 사회복지정책이었다. 그 가운데서도 국민의 최저생활을 보장하려는 기본 목표를 가지고 제도 정비에 나서고 있다는 데서 다시 한 번 해리손은 놀라게 됐다. 이른바 공공부조제도인 셈이다. 고고학을 공부하다 사회복지정책으로 방향 전환한 그는 자신을 구해 준 이 고마운 나라를 위해 뭔가 공헌해 보겠다고 결심했다. 이 나라의 정책결정자들도 흔쾌히 이를 받아들였다. 그는 우선 제안된 몇 가지 사항을 검토하고 나섰다. 사회복지정책학의 전문가인 해리손이 다음 사항 가운데 수정해야 할 공공부조 원칙을 지적했다. 다음 중 어느 것일까?

1) 국가에 대해 먼저 신청을 하여 보호를 개시하는 것이 원칙이며 수급권자가 독거노인일 경우에는 국가가 직권으로 보호한다.
2) 대상자의 연령은 자산조사를 통해 최저한의 생활 부족분만을 보충해 주는 정도여야 한다.
3) 자격이 있는 수급자에 대해 그 수급자가 거주하는 가정에 제공하는 것을 원칙으로 한다.
4) 개인이나 세대가 실제로 필요하다면 연령이나 성별에 관계없이 즉시

행해야 한다는 것을 원칙으로 한다.

해설

국민의 최저생활을 보장하는 데 기본 목표를 두고 있는 공공부조는 생활 곤궁으로 인해 스스로 자립하기 힘든 사람에게 국가의 자산으로 최저생활을 보장하고 자립을 지원하는 제도로 국가의 사회보장정책의 하나다.

공공부조제도의 대상은 생활 유지 능력이 없는 가난한 생활 상태에 놓인 사람이기 때문에 어떤 사람이 과연 빈곤 상태에 있는지 여부는 객관적으로 판단해야 하고 이를 위해 자산조사를 실시하게 된다. 또한 자신의 근로 능력으로 독립적인 생활을 할 수 있는지 또는 부양할 친족이 있는지 여부를 판단하기 위한 상태조사를 실시하고 있다. 급여 혜택은 자산조사를 통해 대상이 되는 사람들의 재정 상태와 욕구에 의해 결정되며 재정은 정부의 일반세입에서 충당되고 사회보험의 비대상자가 그 대상이 되는 경우가 많다. 사회보험료를 낼 수 없을 정도로 개인 소득이 적은 저소득층의 경우 사회보험을 통한 사회적 위험 대비가 사실상 불가능하기 때문에 공공부조는 그 역할을 대신함으로써 사회보험을 보완하는 기능을 가지고 있으며, 빈곤에 빠진 원인, 성별, 학력과 관계없이 평등하게 보호가 이뤄지기 때문에 공공부조는 무차별 평등의 원리가 저변에 깔려 있다.

공공부조의 기본 원리로는 ① 생존권 보장의 원리, ② 평등 보장의 원리, ③ 최저생활 보장의 원리, ④ 보충성(보완성)의 원리, ⑤ 국가 책임의 원리, ⑥ 자립 보장의 원리 등을 들 수 있다.

생존권 보장의 원리는 모든 국민은 생활 불안정으로 인해 국가에 대해 보호를 청구할 권리가 있다는 것으로 이에 대해 국가는 생존권 보장에 근거해 생활유지 능력이 없거나 생활이 어려운 자에게 필요한 급여를 제공함으로써 최저생활을 보장하고 자활을 조성해야 하는 것을 의미한다.

평등 보장의 원리는 수급자가 성별, 종교, 사회적 신분과 같은 차별을 받지 않고 평등하게 보호받아야 한다는 원리로 그 결과로서 보장되는 최저생활 수준이 실질적으로 동일하게 보호가 이뤄져야 함을 의미한다.

최저생활 보장의 원리는 대상자의 보호 수준은 건강하고 문화적인 생활 수준을 유지할 수 있는 최저한의 생활이 보장돼야 한다는 것을 말한다. 국민 각자는 소득의 많고 적음, 어떤 직업을 가지고 있는가, 가족이 많고 적음 등에서 차이를 보이지만, 최저 한도의 생활이 객관적으로 보장될 수 있도록 하고 이러한 보장을 위협하는 원인을 배제해야 한다.

보충성(보완성)의 원리는 수급권자나 법의 보호를 받으려 하는 사람은 그 전제 요건으로서 개인적으로 이용 가능한 자산·능력 및 그 밖의 모는 자원을 동원해 생활 유지에 최대한 활용하고 노력해야 하며 그렇게 하고도 최저생활을 유지하기에 부족한 경우, 그 부족한 부분을 법을 통해 보충해야 한다는 원리를 말한다.

국가 책임의 원리는 국민의 생활이 불안정해 보호가 요청될 때 그 요구를 들어 줘야 한다는 것을 의미한다. 우리나라 헌법 제34조 제5항에 의거해 공공부조를 통한 생존권을 보장하는 제도로서, 국가나 지방자치단체가 재정 및 행정의 일부를 책임지는 제도다.[105]

---

105) 단, 개인의 책임을 일정한 전제로 하고 있으므로 개인의 빈곤에 대해 무조건적인 책임을 지는 것은 아니다. 어디까지나 일부를 국가나 지방자치단체가 행정이나 재정을 통해 책임지는 것이다.

자립 보장의 원리는 수급자 스스로 자신의 생활을 책임질 수 있도록 하는 것으로 수급자의 잠재 능력을 개발하고 육성해 스스로의 힘으로 사회생활에 적응하도록 해야 한다는 원리를 말한다.

또한 공공부조는 ① 국가에 대해 신청을 함으로써 보호가 개시하는 것을 원칙으로 하고, 수급권자가 신청 수속을 모르거나 독거노인의 경우 직권 보호를 보충적으로 한다는 원칙, 즉 선(先) 신청 보호 후(後) 직권 보호의 원칙, ② 대상이 사람의 연령, 세대 구성, 소득 관계 및 자산조사를 통해 최저 한도의 생활의 부족분을 보충해 주는 정도의 것이어야 하며 이를 초과해서는 안 된다는 원칙, 즉 급여 기준과 정도의 원칙, ③ 수급자의 연령, 성별, 건강 상태, 기타 생활 여건 등을 고려해 개인 또는 세대에 실제로 필요한 급여를 즉시 행해야 한다는 원칙, 즉 필요 즉응의 원칙, ④ 세대 단위의 원칙, ⑤ 현금 부조의 원칙, ⑥ 보호 방법에서 수급자가 거주하는 가정에 제공되는 원칙, 즉 거택 보호의 원칙 등과 같은 기본 원칙이 적용된다.

풀이

공공부조제도는 생활 유지 능력이 없는 빈곤 상태에 있는 사람을 대상으로 국민의 최저생활을 보장하는 데 그 목표를 둔 제도다. 국가의 자산으로 생활곤궁자들에게 부조함으로써 그들을 빈곤에서 벗어나게 하려는 국가의 사회보장정책 가운데 하나다. 공공부조는 1)과 같은 선 신청 보호 후 직권 보호 원칙, 2)와 같은 급여 기준과 정도의 원칙, 3)과 같은 거택 보호의 원칙 등이 있다. 1), 2), 3) 모두 맞는 설명이다. 4)의 경우와 관련해서는 필요 즉응 원칙을 고려해 살펴보아야 한다. 즉 수급자에게 실제 필요한 급여를 즉시 행해야 하는 것은 틀림없으나 그 대상은 반드시 연령, 성별, 건강 상태, 기타 생활 여건 등을 충분히 고려해야 하는 것이 원칙으로 정해져야 한다. 따라서 4)는 원칙상 잘못된 것으로 여기서의 정답이 된다. 이 밖에도 공공부조의 원칙에는 세대 단위의 원칙, 현금 부조의 원칙 등이 있다.

68 이거나 그거나… – 공공부조(3): 필요성과 급여 형태

공부라는 것은 하면 할수록 더 의문점이 생기게 마련이다. 의문점이 없다는 것은 여러 가지를 비교해 본 경험이 부족하다는 뜻도 될 수 있다. 이것을 부인하는 사람이 있을지 모르지만, 적어도 부족한 씨의 경우는 그렇다. 부족한 씨는 사회복지정책론을 공부하는 학도다. 그런데, 그가 배우고 있는 공공부조제도와 사회보험제도는 자꾸 헷갈리기만 한다. 그게 그거 아닌가 싶은 것이다. 그의 논거에 의하면 공공부조든 사회보험이든 모두 국가의 존재 근거로서 국민의 생존권을 보호하기 위해 마련된 제도이고, 기본적 욕구(basic need)를 보장하기 위한 것이란 점을 들고 있다. 그러니 이 두 가지 제도가 모두 공존할 필요가 있는가 하는 것이고, 따라서 이 가운데 한 가지 제도는 없어도 되는게 아닌가 하는 의문을 품기 시작했다. 그뿐이 아니다. 베버리지 보고서가 5대 악으로 규정하고 있는 것 가운데 공공부조와 사회보험은 모두 결핍에 대한 대책으로 나온 것이라는 것, 그리고 소득재분배 효과를 위한 것이란 점에서도 자신의 주장이 맞다는 것이다. 부족한 씨의 이러한 주장에 대해 여러분은 어떤 조언을 해 줄 수 있는가?

1) 부족한 씨의 주장이 옳다. 사실 우리나라는 제도의 박물관이라고 할 만큼 너무 많은 제도가 있다고 이야기해 준다.
2) 정부는 말만 바꾸지 그 내용은 사실상 같고 혜택도 거의 차이가 없어 보인다. 부족한 씨는 정말 사회복지정책에 대해 많이 공부한 것 같다고 말해 준다.
3) 부족한 씨가 이야기하는 것은 사회보장제도의 전체의 틀을 말한 것이다. 사회보장제도를 구현하는 형태는 공공부조나 사회보험 등 다양하게 나타날 수 있다고 이야기해 준다.

4) 공공부조나 사회보험 같은 제도는 나라마다 차이가 있을 수 있다. 부족한 씨의 주장은 우리나라에는 적용될 수 있는 말이지만, 일반화시키기에는 어렵다고 이야기해 준다.

해설

공공부조는 근로 능력 등 자활 능력이 없는 국민에게 공적인 부담(public burden)에 의해 무상 제공을 원칙으로 하고 생존권적 기본인 최저 생계 수준의 보장과 자활 능력을 배양하는 사회보장제도로서 사회보장의 가장 기초가 되는 항목을 구성한다. 이미 사회보장이라는 개념이 정착되기 이전부터 사회적 구휼 차원에서 부분적으로 이뤄져 왔던 공공부조는 사회보장제도가 발전함에 따라 가장 기본적인 제도로 자리 잡았다.

이러한 공공부조는 ① 인간의 생존권적 최저 요건에 대한 보장을 실현하려는 경제부조제도라는 점, ② 사회조직이나 제도의 변천 과정에서 요구되는 필수불가결한 제도라는 점, ③ 현대 산업사회에서 등장한 경제적 불안에 대한 보완책으로서의 제도라는 점, ④ 보호를 필요로 하는 대상자의 자립을 지원해 건전한 성장에 이바지할 수 있는 제도라는 점에서 그 필요성이 인정된다.

공공부조는 ① 국가나 지방자치단체 또는 관련된 공공기관이 프로그램의 수행 주체가 된다는 점, ② 개인이나 집단의 활동에 대한 통제, 경제적 부담, 강제를 기하는 것이 아니라 도움이 필요한 사람에 대한 원조를 제공하는 프로그램이라는 점, ③ 규제적 · 선별적 프로그램이라는 점, ④ 생활 유지의 어려움과 이로 인해 발생하는 고통을 덜어 준다는 점, ⑤ 빈곤의 악순환에 대한 방지를 위해 노력한다는 점, ⑥ 최저 생계 수준을 보장해 주는 제도라는 점, ⑦ 생활하는데 어려움을 겪는 사람들의 욕구가 제각기 다르고 직면해 있는 상황이 상이하기 때문에 개별적으로 필요한 욕구에 대한 충족과 처한 상황에 대처할 수 있도록 필요한 원조를 제공한다는 점에 특징이 있다.

공공부조 급여는 보통 ① 현금급여, ② 현물급여, ③ 바우처제도 등의 형태를 띤다.

현금급여는 공공부조 수혜자가 최적 수준의 인간다운 삶을 영위하도록 화폐형태(현금이나 수표)를 지급하는 것이다. 대상자에게는 사용하기 편리하고 관리비용이 적게 들며 행정 처리도 간편하다. 시장구조에서 구매가 자유로워 급여의 대상자가 선호하는 급여 형태로 개인 각자의 자유 의지를 존중하고 소비자로서 자기결정권을 중시한다는 장점이 있다. 그러나 서비스 대상자 욕구를 충족시키는 형태가 아닌 다른 용도로 사용될 경우, 본래의 목적을 달성하기 어렵고 확인이 어렵다는 단점이 있다.

현물급여는 공공부조 수혜자가 최소한의 인간다운 삶을 영위하도록 하기 위해 현금 대신 필요한 물품 또는 서비스 등을 직접 지급하는 것이다. 급여를 대량으로 지급하며 대상자 본래의 욕구 충족이라는 목적에 맞게 전달된다는 측면에서 효과적이다. 다만 현금급여에서와 같은 개인 선택에 대한 존중을 기대할 수 없고 관리비용도 많이 든다는 단점이 있다.

바우처제도(voucher system)는 복지 수혜 대상자에게 사용 용도가 특정 분야로 정해진 일정 금액의 현금 가치가 있는 증서, 증권, 쿠폰, 또는 교환권을 제공하는 제도를 통칭해 부른다. 이는 일정한 용도 내에서 본인이 원하는 재화나 서비스를 자유롭게 선택하도록 하는 것이다. 증서제도는 민간부문의 효율성을 이용해 정부 정책을 수행하게 돼 이에 필요한 최소한의 행정만을 담당하고 민간부문의 자율적인 경제 질서가 정부의 정책을 수행한다는 점에서 유용성이 인정된다. 또한 민간부문의 경쟁을 유도해 그것을 이용할 수도 있는 장점이 있다. 그러나 만약 바우처를 다른 목적으로 이용할 우려로 암시장이 형성되고 바우처를 현금과 교환하게 되면 이에 못 미치는 금액으로 교환될 가능성이 있는 단점도 제기된다.

공공부조 급여는 크게 ① 범주적 공공부조와 ② 일반적 공공부조라는 형태로 구분하기도 한다.

범주적 공공부조는 특정 인구학적 집단에 대해 일정 소득 수준 이하인 사람들에게만 급여를 제공하는 제도다. 2000년 10월부터 시행된 국민기초생활보장법 이전의 생활보호제도에서는 소득과 재산이 일정 수준 이하인 자 가운데 근로 능력이 없는 노인, 아동, 장애인 등의 범주에 속하는 사람들을 생계보호대상자로 하고 있었다.

일반적 공공부조는 엄격한 자산조사를 실시함이 없이 일정 소득 수준 이하의 모든 사람에게 제공하는 무갹출급여를 말한다. 일반적 공공부조로는 재해구호, 전몰유가족보호, 아동부양수당, 장애아동특별수당, 노령수당 등이 있으며, 2000년 10월부터 시행된 국민기초생활보장법에서는 근로 능력이 있는가의 유무와는 관계없이 소득인정액이 최저생계비 이하인 모든 사람을 급여 대상으로 한다. 따라서 기초생활보장 중 생계급여는 일반적 공공부조의 대표적인 경우라고 할 수 있다.

공공부조는 ① 사회적 위험에 대해 보험 방식에 의해 사전 대응하는 사회보험에 비해 빈곤 등의 사회적 위험 발생 후 이를 해결하기 위한 사후적 대응책이라는 점, ② 사회보험이 강제적인데 비해 도움이 필요한 사람에 대해 선정해 개입한다는 점에서 선별적이라는 점, ③ 사회보험이 적정한 급여 수준을 제공하는 데 반해 사회적으로 최소한의 급여를 제공한다는 점, ④ 사회보험이 기여금 등의 자격 조건을 갖추고 있는데 비해 자산조사를 통해 그 요건을 정하고 있다는 점, ⑤ 사회보험이 전 국민을 대상으로 하는데 비해 소수의 저소득층이 대상이 된다는 점, ⑥ 사회보험이 자신이 낸 것으로 권리성이 강한 반면 특별히 개인이 느끼는 부담이 없어 권리성이 상대적으로 약하다는 점, ⑦ 사회보험이 노동 능력이 있는 사람의 사회적 위험을 보험 방식으로 극복하게 하는 방빈(防貧) 제도인데 비해, 65세 이상 또는 18세 미만의 보호를 필요로 하는 아동에 대한 생계 보호를 위한 구빈제도라는 점 등이 사회보험과의 차이점이다.

풀이

위 예화에서 부족한 씨가 주장하는 것이 모두 틀린 것은 아니다. 다만, 부족한 씨는 공공부조와 사회보험이라는 제도가 모두 사회보장제도의 한 유형이라는 것을 간과하고 있는 것이다. 사회보장은 부족한 씨가 말하는 것처럼 국민의 생존권 보장을 위한 기본 생활보장이고 빈곤구제(relief of poverty)가 주된 목적이며, 이를 구현하기 위해 사회보장제도의 유형으로 공공부조와 사회보험이 존재한다. 공공부조와 사회보장은 모두 소득재분배 효과가 두드러지는 것이 틀림없으며 이를 통해 사회적 연대감도 증대시킬 수 있다는 점에서 공통점이 있다. 그러나 이것은 어디까지나 전체 틀 속에서 사회보장제도의 목적이 그러한 것이고 구현 형태는 여러 차이점을 가지고 있다. 따라서 정답은 3)이다. 사회보험은 개인이 낸 보험료를 낸 것에 급여를 받는 것이지만, 공공부조는 무차별 평등의 원리에 따른 것이란 점에서 근본적인 차이점이 존재한다. 또한 공공부조와 사회보험은 적용 조건, 대상, 이념, 원리, 재정, 자격 조건, 주체, 급여 수준, 권리성, 재정예측성, 낙인 효과 등에서 많은 차이를 보인다.

69 뭐가 달라졌나요? - 국민기초생활보장제도(1)

1999년 9월 7일 제정하고, 2000년 10월부터 시행한 국민기초생활보장법을 아리송 군은 유심히 쳐다보고 있었다. 이전에 있었던 생활보호법과 비교해 무언가 달라지긴 한 것 같은데, 도대체 뭐가 어떻다는 것인지 그의 이름 그대로 아리송하기만 했다. 그는 이전인 1961년 생활보호법이 제정된 이래 40년간 빈곤계층을 보호하기 위한 생활보호제도의 실행과 지금의 국민기초생활보장법이 별로 다른 것이 없다고 생각한다. 글쎄, 새롭게 실시된 것이라면 근로 능력자 가구별 자활 지원계획 수립을 통한 체계적 자활 지원을 위한 자활급여 정도라고 할까…… 좀 어려운 질문일 수도 있는데, 지금 실시되고 있는 기초생활보장제도가 생활보호제도와 어떻게 달라졌는가를 아리송 군은 여러 사람에게 들었다. 이 중 아리송 군에게 사실을 제대로 전달하고 있지 못한 사람은 누구인가?

1) 해박해 군: 우선 법적 용어에서 보면 보호 대상자가 아니라 수급권자로 부르는데, 이것은 국가에 의한 보호적 성격에서 저소득층의 권리적 성격으로 바뀐 것이다.
2) 박식해 군: 기존에는 가구의 소득이 최저생계비 이하인 경우에만 생계, 의료, 주거, 교육급여 등 모든 급여를 지원해 왔지만, 맞춤형 급여 개편을 통해 소득이 증가해 기준을 초과하더라도 수급자의 상황에 맞춰 필요한 급여는 계속 지원해 드리는 것으로 바뀌었다.
3) 정다운 양: 생계 보호라는 측면에서 생계를 위한 급여로 개념이 바뀐 것도 중요하다. 거택보호자에게만 지급하던 것을 모든 대상자에게 지급하고 근로 능력자는 자활 관련 사업에 연계하는 조건부로 지급하는 것이 두드러진다.

4) 고리라 양: 이전에 없던 인구학적 기준에 의해 대상자를 구분한데 따른 특징이 나타난다. 즉, 18세 미만 아동과 65세 이상 노인으로 거택보호자를, 인구학적으로 경세활동 가능한 근로 능력자를 자활보호자로 하여 대상자를 명확히 구분한 것이 특징이다.

해설

국민기초생활보장제도는 국가의 보호를 필요로 하는 저소득 빈곤계층에 대해 국가가 생계, 주거, 교육, 의료 등 기초생활을 보장하는 공공부조제도다.

우리나라는 1961년 생활보호법 제정 이래 오랫동안 저소득층을 보호하기 위한 생활보호제도를 실시했다. 그러나 생활보호법이 저소득층에 대한 지원제도로서 한계가 있다는 비판이 꾸준히 제기돼 왔다. 이러한 한계성은 1997년 말 외환위기를 겪으면서 대량실업 사태 등 경제위기를 맞아 경기 침체와 장기적 실업으로 인해 생존의 위협을 느끼면서도 저소득 실직자 등 최저생계비 이하의 많은 국민을 보호하기 위한 공공보조제도로부터 도움을 받기에는 미흡한 점이 많았다. 이처럼 광범위한 절대 빈곤층 문제에 국가가 적극적으로 대응할 수 있는 제도 도입이 필요하다는 여론 확산과 함께 국가의 보호를 필요로 하는 최저생계비 이하의 가구에 대해 최저 수준 이상의 생활을 제도적으로 보장하고, 스스로 자립할 수 있도록 지원하는 생산적 복지의 실현을 위해 1999년 9월 7일 「국민기초생활보장법」을 제정하고, 2000년 10월 1일부터 시행에 들어갔다. 그리고 15년 만에 2015년 7월 기초생활보장제도가 개편돼 새롭게 시행하게 된다.[106]

국민기초생활보장제도(「국민기초생활보장법」)가 생활보호제도(「생활보호법」)과 비교해 보았을 때 다음과 같은 특징이 나타난다(박송규, 2003: 277-278; 남기민, 2004: 260-270).

첫째, 생활보호제도가 국가에 의한 보호적 성격을 갖는 것이라면 기초생활보장제도는 저소득층의 권리적 성격을 지닌다. 이것은 법적인 용어로 확인할 수 있는데, 생활보호제도에서는 보호 대상자, 보호기관이라는 법적 용어를 쓰는데 비해 국민기초생활보장제도는 수급권자, 보장기관, 생계급여 등의 용어를 사용하고 있다.[107]

둘째, 생활보호제도는 인구학적 기준에 의해 거택보호자 및 자활보호자 등으로 대상자를 구분해 왔다. 거택보호자는 18세 미만 아동, 65세 이상 노인 등이고, 자활보호자는 경제활동이 가능한 근로 능력자를 가리켰다. 국민기초생활보장제도에서는 대상자 구분을 폐지했다. 다만, 근로 능력이 있는 자는 구분해 연령 기준 외에 신체적·정신적 능력과 부양, 간병, 양육 등 가구 여건 감안이 가능하도록 했다. 부언하면, 종전의 「생활보호법」 아래에서는 근로 능력 있는 자에 대해서는 생계비를 지원하지 않았으나, 「국민기초생활보호법」에서는 근로 능력의 유무와는 무관하게 국가의 보호를 필요로 하는 빈곤선 이하에 있는 국민에게는 최저생활을 보장받게 했다.

---

106) 2015년 7월 이후 기초생활보장제도의 혜택은 다음과 같다. 첫째, 기초생활보장 지원 대상을 추가하고, 급여별 혜택의 범위도 넓어진다. 둘째, 부양의무자 기준 완화로 더 많은 분이 지원을 받게 된다. 셋째, 주거생활에 맞게 지원이 확대된다. 넷째, 현재 받고 있는 기초생활보장 수준은 유지된다.

107) 수급권자라 함은 「국민기초생활보장법」에 의한 급여를 받을 수 있는 자격을 가진 자, 수급자는 동법에 의해 급여를 받는 자, 보장기관은 동법에 의한 급여를 행하는 국가나 지방자치단체를 말한다.

셋째, 생활보호제도에서는 보건복지가족부 장관이 정한 소득과 재산 이하인 자, 즉 1999년 기준으로 1인당 월 소득 23만 원, 가구당 재산 2,900만 원으로 대상자를 선정했으나 국민기초생활보장제도에서는 소득인정액이 최저생계비 이하인 자가 대상자 선정 기준이 됐다.[108] 하지만 소득인정액 기준을 조금만 초과해도 급여가 일시에 중단되므로 수급자의 생계가 급격히 곤란해지거나 수급자가 일자리를 통한 자립·자활을 기피하는 문제가 있었다. 이번에 개편하는 맞춤형 급여는 수급자의 소득이 증가해 기준을 초과하더라도 수급자의 상황에 맞춰 필요한 급여는 계속 지원받을 수 있도록 한다.

넷째, 생활보호제도에서의 급여는 생계보호, 의료보호, 자활보호, 교육보호, 해산보호, 장제보호 등 여섯 가지로 지급했다. 국민기초생활보장제도는 생계급여로 모든 대상자에게 지급하되 근로 능력자는 자활 관련 사업에 연계하는 조건부로 지급하고 주거급여, 긴급급여가 신설됐으며, 의료급여·교육급여·해산급여·장제급여 등이 이뤄지도록 해서 급여 종류는 일곱 가지가 됐다. 2015년 7월부터 맞춤형 급여 체계로 개편돼 최저생계비 단일 기준의 기존 통합급여 제도가 생계·주거·의료·교육 등 급여별로 다층화되고, 지원 기준에 중위소득이 반영된다.[109] 또 부양의무자가 수급자를 부양하고도 중위소득 수준의 생활을 유지하도록 소득 기준이 높아지며, 교육급여에 한해 부양의무자 기준이 폐지된다.

다섯째, 국민기초생활보장제도에서는 생활보호제도에는 없던 자활 지원계획이 신설됐다. 즉, 근로 능력이 있는 국민에 대해 체계적 자활 지원 서비스를 제공함으로써 일할 수 있도록 했다. 기초생활을 권리로서 보장함과 동시에 근로 능력이 있는 사람에게 근로의 기회를 부여함으로써 개인의 능력을 최대로 발휘하게 해서 개인의 행복 추구와 사회통합을 지향하고 있다는 점이 인정된다

---

108) 소득인정액은 개별 가구의 소득평가액과 재산의 소득환산액을 합산한 금액이다. 최저생계비는 국민이 건강하고 문화적인 생활을 유지하기 위해 최소한으로 소요되는 비용을 말하며, 보건복지부 장관이 3년에 한 번씩 계측해 매년 9월 1일에 공표하는 금액을 말한다.

109) 기준 중위소득이란 보건복지부 장관이 급여의 기준 등에 활용하기 위해 중앙생활보장위원회의 심의·의결을 거쳐 고시하는 국민 가구소득의 중위값을 의미한다. 즉, 「통계법」 제27조에 따라 통계청이 공표하는 통계자료의 가구 경상소득(근로소득, 사업소득, 재산소득, 이전소득을 합산한 소득)의 중간값에 최근 가구소득 평균 증가율, 가구 규모에 따른 소득 수준의 차이 등을 반영해 가구 규모별로 산정한다.

(남기민, 2004: 260).

가구별 최저생계비 및 현금급여 기준[110]

가구 규모	1인	2인	3인	4인	5인	6인	7인
최저생계비(원/월)	617,281	1,051,048	1,359,688	1,668,329	1,976,970	2,285,610	2,594,251
현금급여 기준(원/월)	499,288	850,140	1,099,784	1,349,428	1,599,072	1,848,716	2,098,361

주: 1) 2015년 현재임.
2) 8인 이상 가구의 최저생계비, 1인 증가 시마다 308,641원씩 증가함(8인 가구: 2,902,892원).
3) 8인 이상 가구의 현금급여 기준, 1인 증가 시마다 249,645원씩 증가함(8인 가구: 2,348,006원).

2015년부터는 맞춤형 급여로 개편돼 기초생활수급자의 가구 여건에 맞는 지원을 하며, 부양의무자 선정 기준도 대폭 완화된다.[111] 즉, 기존의 단일한 최저생계비 기준의 통합급여 제도를 개편해 생계·주거·의료·교육 등 급여별 특성을 고려해 지원 대상자 선정 기준과 지원 수준을 다층화한다. 아울러 전체 국민의 생활 수준 향상 및 상대적 빈곤 관점을 고려한 지원이 가능하도록, 지원 기준에 중위소득을 반영한다. 급여 체계 개편과 함께 부양의무자가 수급자를 부양하고도 중위소득 수준의 생활을 유지하도록 소득 기준을 현실화해, 제도의 사각지대를 완화한다. 중증장애인의 경우 장애로 인해 생계비가 추가로 소요(의료비, 장애용구)되는 점을 반영해, 부양의무자가 중증장애인인 경우 부양 의무 소득·재산 기준을 추가로 완화할 예정이며, 교육급여에 대해서는 교육이 기회 균등 및 미래 세대에 대한 투자라는 점, 교육부 교육비 지원사업과 연계·통합 등을 고려해 예외적으로 부양의무자 기준을 폐지한다. 급여 체계 개편 시 지원 대상자가 현재(2014.11) 약 134만 명에서 약 210만 명으로 약 57% 증가하고 지원 수준이 강화되는 한편, 일할 능력있는 사람은 소득이 증가해도 필요한 지원을 지속적으로 받을 수 있어 탈(脫)빈곤 인센티브가 강화될

110) 현금급여 기준은 최저생계비에서 현물로 지급되는 의료비·교육비 및 타법령에 의한 지원액을 제외한 금액으로 소득인정액이 전혀 없는 수급자 가구가 지급받을 수 있는 최고 금액이다. 수급자에게는 가구 규모별 현금급여 기준에서 수급자 가구의 소득인정액을 제외한 금액을 생계급여·주거급여로 지급한다. 교육급여, 해산급여, 장제급여, 의료급여는 해당 가구원이 있는 경우 별도 지급한다.

111) 2002년까지는 수급자로 선정되기 위해서는 소득평가액 기준, 재산 기준(금액 기준, 주택·농지 면적 기준, 승용차 기준), 부양 의무자 기준을 동시에 충족시켜야 했다. 2003년부터 소득인정액 기준이 도입됐고, 산정 기준은 소득인정액, 부양 의무자 기준이 됐다.

것으로 예상한다.

풀이

1)은 법적 용어의 성격 변화, 2)는 대상자 선정 기준 및 최저보장 수준, 3)은 급여 수준에서의 이전의 「생활보호법」에 비해 현재의 국민기초생활보호제도가 가지는 특징을 설명하고 있다. 4)의 대상자 구분에서 거택보호자와 자활보호자로 인구학적 기준에 의한 대상자 구분은 「생활보호법」에서 규정하던 것이다. 현재 국민기초생활보호제도에서의 인구학적 대상자 기준은 폐지됐다. 따라서 정답은 4)다.

70 급여 신청하려고 하는데요 -국민기초생활보장제도(2): 급여 종류

국민기초생활보장제도는 빈곤계층에 대해 국가가 기본적인 생활을 보장하는 공공부조제도임에 틀림없다. 공공부조는 국가의 일반재정으로 운영된다는 것이 가장 큰 특징이라는 점은 누구나 주지하는 바다. 국민의 기본권으로 최저생계비 이상의 생활을 유지할 수 있는 급여를 제공한다는 점이 국민기초생활보장제도가 가지는 특징이라면 이에 대한 급여가 이뤄져야 한다. A씨는 우리나라에 급여의 종류로 생계급여, 주거급여, 교육급여, 해산급여, 장제급여, 자활급여, 의료급여 등 일곱 가지가 있음을 알게 됐다. 이러한 사항을 모르고 있는 사람들에게 여러 가지 방법과 대상자의 여부를 가르쳐 주게 됐는데, 다음 중 국민기초생활보장제도에서 제공하는 급여에 대한 대상자가 되지 못하는 사람은 누구일까?

1) 김노숙 씨는 올해 55세로 노숙자쉼터에서 생계 지원을 받으며 살아가는 노숙자인데, 생계급여를 신청하려고 한다.
2) 김장철 씨는 생활 유지 능력이 없다. 폐품 수집 등으로 많이 벌었을 때 월소득이 30만 원 정도 되는 57세의 남성이다. 기본적인 의료 혜택이라도 제공받기 위해 진찰을 받으려고 의료급여를 신청하려고 한다.
3) 주리혜 씨는 29세로 가족이 있지만 부양 능력은 없다. 곧 아이를 출산해야 하는데 조산, 분만 전과 후에 필요한 조치와 보호를 받길 원하며 해산급여를 신청하려 한다.
4) 노미호 씨는 50세로 가족이 있지만 부양 능력은 없다. 고등학교 1학년에 입학하는 아들에게 입학금, 수업료 등에 대한 지급을 원하는 교육급여를 신청하려 한다.

해설

「국민기초생활보장법」 제7조에 의한 급여의 종류에는 ① 생계급여, ② 주거급여, ③ 의료급여, ④ 교육급여, ⑤ 해산급여, ⑥ 장제급여, ⑦ 자활급여가 있다.[112)]

급여 신청은 신청주의와 직권주의가 혼재한다. 신청주의는 저소득 가구의 가구원, 그 친족 및 기타 관계인이 해당 가구의 급여를 신청하는 것을 말한다. 직권주의는 사회복지 전담 공무원이 급여를 필요로 하는 자가 누락되지 않도록 본인의 동의를 얻어 직권으로 급여를 신청하는 것을 말한다.

생계급여는 수급자에게 의복·음식물 및 연료와 기타 일상생활을 영위하는 데 기본적으로 필요한 금품을 지급해 생계를 유지하도록 하는 것을 말한다. 생계급여는 현금급여를 지급 원칙으로 하며, 만약 이에 의하는 것이 적당하지 않다고 인정될 경우에 한해 물품을 지급한다. 생계급여는 의료·교육·자활급여의 특례자, 에이즈쉼터 거주자, 노숙자쉼터 또는 한국갱생보호공단시설 거주자 등 정부로부터 생계를 제공받는 자를 제외한 모든 수급자가 대상이 된다. 생계급여 수급권자는 부양의무자가 없거나, 부양의무자가 있어도 부양 능력이 없거나 부양을 받을 수 없는 사람으로서 그 소득인정액이 중앙생활보장위원회의

112) 「국민기초생활법」 제7조에 의해 급여는 생계급여와 수급자의 필요에 따라 주거급여, 의료급여, 교육급여, 해산급여, 장제급여, 자활급여 등을 함께 행하도록 하고 있으며, 기존 단일한 최저생계비 기준의 통합급여 제도를 개편해 생계·주거·의료·교육 등 급여별 특성을 고려해 지원 대상자 선정 기준과 지원 수준을 다층화한다.

심의 · 의결을 거쳐 결정하는 금액 이하인 사람으로 한다. 이 경우 생계급여 선정 기준은 기준 중위소득의 100분의 30 이상으로 한다. 생계급여 최저보장 수준은 생계급여와 소득인정액을 포함해 생계급여 이상이 되도록 한다. 생계급여는 일반생계급여, 긴급생계급여, 시설수급자 생계급여, 조건부 생계급여가 있다(남기민, 2004: 265). 일반생계급여는 의료 · 교육 · 자활급여의 특례를 제외한 모든 수급자에게 제공되며 최저생계비에서 의료비, 교육비 및 다른 법령에 의한 지원을 차감한 금액을 지원하게 된다. 긴급생계급여는 주 소득원의 사망, 질병 또는 행방불명 등으로 갑자기 생계 유지가 어려운 경우, 천재지변이나 화재 등으로 재산 소득상 손실이 발생해 갑자기 생계가 어려워진 경우에 최저생계비 가운데 식료품비에 해당하는 금액을 지급한다. 시설수급자 생계급여의 경우 시설에서 보호받고 있는 대상자에게 주식비, 부식비, 연료비, 피복비 등을 현금으로 지급한다. 조건부 생계급여는 근로 능력 있는 수급자에게 자활 지원 계획에 의거해 자활에 필요한 사업에 참가할 것을 조건으로 생계급여를 실시한다.

주거급여는 주거 안정에 필요한 임차료, 수선유지비, 기타 대통령령이 정하는 수급품을 지급하는 것으로 시설수급자와 의료 · 교육 · 자활급여의 특례자를 제외한 모든 수급자가 대상자가 된다. 특히 주거의 경우는 사는 지역별로 월세 부담이 다르다는 현실을 고려해 지역별로 다른 지원 상한선을 정해 임차료 지원을 확대한다. 집을 가지고 있는 경우도 주택노후도 등을 고려해 최대 950만원까지 집수리비를 지원해 준다. 수급자에 대해서는 기준에 의해 현금급여를 제공한다.[113] 이 경우 주거급여 선정기준은 기준 중위소득의 100분의 43 이상으로 한다.

의료급여는 생활 유지의 능력이 없거나 일정 수준 이하의 저소득층을 대상으로 국가 재정에 의해 기본적인 의료 혜택을 제공해 국민보건의 향상과 사회복지 증진에 이바지하기 위한 공공부조 방식의 사회보장제도다. 의료급여의 내용으로는 진찰 · 검사, 처치 · 수술과 그 밖의 치료, 약제 또는 치료재료의 지급, 예방 · 재활, 입원 · 간호, 이송과 그 밖의 의료 목적의 달성을 위한 조치 등이 있다. 이 경우 의료급여 선정 기준은 기준 중위소득의 100분의 40 이상으로 한

113) 과거 「생활보호법」에서는 주거비를 생계급여에 포함시켜 지급했으나 「국민기초생활보장법」에서는 주거 실태에 따라 적정 급여가 이뤄지도록 했고, 더 나은 주거환경에서의 거주를 유도하기 위해 주거급여를 분리 · 신설했다.

다. 의료급여는 「의료급여법」에 따르며 주로 현물급여를 원칙으로 한다.[114]

의료급여 수급권자의 유형은 본인 부담 없는 1종과 일부 본인이 부담하는 2종이 있다. 의료급여 1종 수급권자는 ① 국민기초생활보장 수급권자 가운데 근로 능력이 없는 자만으로 구성된 세대의 구성원, ② 이재민, 의사상자, 국가유공자, 무형문화재 보유자, 북한 이탈주민, 광주민주화 보상자, 입양 아동(18세 미만), ③ 보건복지부 장관이 정하는(차상위 계층) 희귀난치성 질환자 또는 그가 속한 세대의 구성원이다. 의료급여 2종 수급권자는 ① 국민기초생활보장 수급권자 가운데 근로 능력이 있는 세대의 구성원, ② 차상위 수급권자(만성 질환자, 18세 미만 등)다. 국민건강보험공단에서는 의료급여사업 중 일부 업무를 위탁받아 수행하고 있다. 위탁 업무에 포함되는 것으로는 급여 비용의 지급, 수급권자의 자격, 개인별 진료 내역의 관리, 의료급여의 제한에 필요한 실태조사 및 자료 수집 등이다.

교육급여는 저소득층 자녀에 대해 적정한 교육 기회를 제공해 자립 능력 배양과 빈곤의 세대 전승을 차단하기 위해 실시하고 있다. 대상자는 수급자 가운데 「초·중등교육법」 제2조 규정에 의거해 중·고등학교에 입학 또는 재학 중인 자 및 이와 동등한 학력이 인정되는 학교, 평생교육시설의 학습에 참가하는 자로 입학금, 수업료, 학용품비, 그 밖의 수급품을 지급한다. 이 경우 교육급여 선정 기준은 기준 중위소득의 100분의 50 이상으로 한다.[115]

해산급여는 수급자에 대해 조산, 분만 전과 후의 필요한 조치와 보호를 내용으로 한다. 출산 시 60만 원을 지급한다.

장제급여는 수급자가 사망한 경우 사체의 검안·운반·화장 또는 매장 기타 장제 조치를 행하는 것으로 한다. 사망자 1인당 75만 원을 지급한다. 이에 응할 수 없거나 이에 응하는 것이 적당하지 않다고 인정될 때 물품을 지급하게 된다.

자활급여는 수급자의 자활을 조성하기 위해 행해진다. 자활급여는 관련 공공기관·비영리법인 등에 위탁해 이를 행할 수 있다. 이 경우 그에 소요되는 비용은 보장기관(「국민기초생활보장법」에 의한 급여를 행하는 국가 또는 지방자치단체)이 이를 부담한다. 자활급여에는 ① 자활에 필요한 금품 지급 또는 대

114) 의료급여는 국민기초생활보장제도의 공공부조 방식이다. 따라서 기여 없이 이뤄진다는 점에서 기여를 요구하는 사회보험과는 다르다.

115) 수급자가 다른 법령에 의거해 중학교 의무교육을 받는 경우 및 학비 감면이나 면제를 받게 되는 경우 그 감면 범위에 해당하는 학비는 지원하지 않는다.

여, ② 자활에 필요한 근로 능력의 향상 및 기능 습득의 지원, ③ 취업 알선 등 정보의 제공, ④ 자활을 위한 근로 기회의 제공, ⑤ 자활에 필요한 시설 및 장비의 대여 ⑥ 창업교육, 기능 훈련 및 기술·경영지도 등 창업 지원 ⑦ 자활에 필요한 자산 형성 지원, ⑧ 기타 대통령령이 정하는 자활 조성을 위한 각종 지원 등의 종류가 있다.

제도 개편으로 생계 및 의료급여는 보건복지부, 주거급여는 국토교통부, 교육급여는 교육부에서 담당한다. 그러한 수급자 불편이 없도록 모든 급여의 신청은 지금과 동일하게 읍·면·동 주민센터에서 하면 된다.

급여별 세부 개편 방안 개요

<table>
<tr><th colspan="2">현행</th><th>⇨</th><th colspan="2">개편 후</th></tr>
<tr><th>선정 기준</th><th>급여 수준(내용)</th><th></th><th>선정 기준</th><th>최저 보장 수준(내용)</th></tr>
<tr><td rowspan="4">최저생계비</td><td rowspan="2">최저생계비의 80% 수준 현금급여 (현물급여 등 제외)</td><td>생계</td><td>중위소득 30% 수준</td><td>중위소득 30% 수준</td></tr>
<tr><td>주거</td><td>중위소득 43% 수준</td><td>지역별 기준 임대료</td></tr>
<tr><td>필수 의료서비스의 낮은 본인부담률 (현물급여)</td><td>의료</td><td>중위소득 40% 수준</td><td>현행과 동일</td></tr>
<tr><td>수업료, 교과서대 등 (현물급여)</td><td>교육</td><td>중위소득 50% 수준</td><td>현행과 동일</td></tr>
</table>

* 보건복지부(2014). 2015년 이렇게 달라집니다 - 주요 제도 변경 사항 안내, p.18.

풀이

1)의 경우 김노숙 씨는 노숙자쉼터라는 정부로부터 생계를 제공받는 자에 포함돼 생계급여 대상자의 수급자는 될 수 없다. 따라서 정답은 1)이다. 2)에서 김장철 씨는 생활 유지 능력이 없거나 일정 수준 이하의 저소득층이라고 할 수 있으므로 국가 재정에 의해 의료 혜택을 제공하는 의료급여를 받을 수 있다. 3)은 해산급여 신청이 가능하며 출산 시 60만 원을 지급받을 수 있다. 4)의 경우, 중고등 학생에게 입학금, 수업료, 교과서대, 학용품비, 부교재비 등을 지급하는 교육급여를 받을 수 있다.

71 좀 알아서 척척 해 주었으면… –의료급여 대상자

없고 헐벗은 사람들에게 갖가지 혜택을 부여하려는 제도들은 그 취지가 참 좋다. 의료급여제도만 보더라도 그러하다. 의료급여제도가 무엇인가? 생활 유지 능력이 없거나 생활이 어려운 사람들이 스스로의 힘으로 의료문제를 해결하지 못할 경우, 국가가 나서서 의료 혜택을 제공하는 게 아니던가? 다만 그 절차가 복잡하고 무슨 말인지 잘 알아들을 수가 없어서 문제일 뿐이다. 1종 의료급여 수급권자인 박덕배 할아버지도 자신이 그런 혜택을 받을 수 있는 대상자인지 자체도 몰랐으니, 나중에 아주 친절한 사회복지학과 학도가 알려 주어 알게 됐다는 후문이 있다. 제도가 아무리 좋아도 몰라서 이용하지 못하는 사람들을 위해 공무원들이 좀 알아서 척척 해 줬으면 좋겠다는 생각을 해 본다. 공무원들은 또 자신들이 무슨 죄냐며 서류가 들어와야 심사하고 혜택을 줄 것이 아닌가, 어디에 누가 어떻게 살고 있는지 일일이 어떻게 다 조사하느냐고 이의를 제기할 수 있을지 모른다. 그래도 국민의 봉사자라는 취지에 좀 맞게 행동해 주었으면 하는 것이 없는 사람들의 하소연일지도 모른다. 어쨌거나 말 나온 김에 우리나라의 의료급여제도에 대해 알아보자. 여러분이 가지고 있는 상식으로 잘못된 설명은 어느 것인가?

1) 의료급여제도는 건강보험과 같이 2단계의 급여 절차를 시행하고 있는데, 제1차 의료급여기관, 제2차 의료급여기관의 순서로 이용해야 한다.
2) 의료급여 1종 수급권자는 국민기초생활보장법에 의한 수급자 가운데 만 18세 미만, 65세 이상인 자가 해당된다.
3) 「국민기초생활보장법」에 의한 수급자 가운데 임산부는 1종 수급권자다.
4) 이재민이나 5·18 민주화운동 관련자 보상 등에 관한 법률 규정에 의해 보상금 지원을 받는 자는 1종 수급권자다.

해설

의료급여는 「국민기초생활보장법」에 의한 수급자 등 일정 수준 이하의 저소득층을 대상으로 자력으로 의료문제를 해결할 수 없는 경우, 국가 및 지방자치단체가 의료 혜택을 제공하는 공공부조 방식의 사회보장제도다.[116] 의료급여 보장기관은 거주지 관할 시장, 군수, 구청장 등이다.[117]

의료급여는 국민보건의 향상과 사회복지의 증진에 이바지하려는 목적으로 생활 유지 능력이 없거나 생활이 어려운 국민의 최저생활을 보장하고, 자립을 보장하기 위해 실시하는 공공부조 방식의 사회보장제도를 의료보장 분야에서 구체적으로 실현하기 위한 것이다. 수급권자의 질병이나 부상, 출산 등에 대한 진찰, 검사, 약제·치료 재료의 지급, 처치·수술과 그 밖의 치료, 예방, 재활, 입원, 간호, 이송과 그 밖의 의료 목적의 달성을 위한 조치를 행하게 된다.[118]

116) 의료급여제도는 국민기초생활보장제도와 함께 사회보장제도의 근간을 이루는 제도다.
117) 주거가 일정하지 아니한 수급권자에 대해서는 그가 실제 거주하는 지역을 관할하는 시장·군수·구청장이 행한다.
118) 건강보험제도와 의료급여제도는 국민의 의료문제와 관련해 국가가 개입하는 점에서는 유사한 점이 많다. 그러나 적용 대상, 재정 부담, 급여 비용의 본인 부담 등 운영 면에

의료급여 대상자는 매년 보건복지부 장관이 책정 기준을 시·도지사에게 시달해 거주지를 관할하는 보장기관장이 세대를 기준으로 소득이 없거나 일정한 소득이 있어도 생계 유지가 곤란한 저소득층 및 다른 법률에 의한 의료급여가 필요하다고 요청한 자 중에서 보건복지부 장관이 인정한 자다. 의료급여 수급권자는 의료급여법상 최저생계비 이하이거나 이재민 등 생활이 어려운 사람으로 시·군·구청에서 선정한다. 의료급여 수급권자는 근로 능력의 유무에 따라 1종과 2종으로 구분해 본인 부담금에 다소의 차등을 두고 있다. 기본적으로 1종 수급권자는 ① 국민기초생활보장 대상자로 근로 무능력 세대,[119] 107개 희귀난치성 질환자가 속한 세대, 시설 수급권자, ② 타법 적용자, ③ 행려환자[120] 등이다. 국민기초생활보장 대상자 중 근로 능력 세대, 즉 국민기초생활보장 대상자 중 1종 수급권자 기준에 해당하지 않는 자가 2종 수급권자가 될 수 있다.

더 나은 진료를 받고자 하는 의료 수요자의 욕구에 비해 의료급여는 본인 부담이 없거나 소액만 지급하는 특성이 있다. 따라서 대형 의료기관으로 진료가 집중될 수 있는 가능성이 상당히 높다. 이 때문에 의료자원의 효율적 활용과 대형병원으로의 환자 집중 현상 방지, 의료급여 기금의 재정안정화를 기하기 위해 자신이 부담하는 건강보험과는 달리 3단계의 급여 절차를 시행하고 있다.[121]

시 차이가 있는데, 그 중에서 가장 큰 차이라고 하면 건강보험은 건강보험 가입자를 대상으로 가입자들이 낸 보험료를 그 재원으로 해서 운영되지만 의료급여는 수급권자를 대상으로 국가의 조세로 운영된다는 점이다.

119) 근로 무능력 세대라 함은 18세 미만인 자, 65세 이상인 자, 중증 장애인, 치료 또는 요양 필요자 중 시·군·구청장이 판정한 근로 무능력자, 임산부, 병역 중인 자이며, 이 밖에 보건복지부 장관이 인정한 근로 무능력자 등을 말한다. 국민기초생활보장 대상자 가운데 이러한 근로 무능력자로만 구성된 세대원일 경우에만 해당 세대원 모두가 1종 수급권자가 될 수 있으며, 이 가운데 한 명의 구성원이라도 근로 능력자가 있는 경우 동 세대 구성원 모두가 2종 수급권자가 된다.

120) 행려환자는 「의료급여법」 제3조 제1항 제9호 및 동법 시행령 제2조 제1호의 규정에 해당하는 자로 간단히 말하면 연고자가 없이 병원에 입원한 자를 말한다. 행려환자 선정 기준는 다음 요건을 모두 충족해야 한다. ① 일정한 거소가 없는 자, ② 「응급의료에 관한 법률」 제2조 제1호 내지 제3호의 규정에 의한 응급의료(응급처치 및 응급진료)를 받은 응급 환자(의사소견서 등 확인), ③ 신분증 또는 경찰관서 지문 조회 등을 통해 무연고자로 파악된 자 등이다.

121) 1단계 진료는 제1차 급여기관인 의원, 보건기관(보건소, 보건지소, 보건진료소), 보건의료원에서의 진료이며, 입원 진료 비용을 산정할 수 없다. 2단계 진료는 제2차 급여기

의료급여 수급권자가 의료급여를 받고자 하는 경우에는 먼저 제1차 의료급여기관, 제2차 의료급여기관, 제3차 의료급여기관의 순서로 이용해야 하며, 반드시 의료급여 의뢰서를 발급받아 이용해야 한다. 의료급여 의뢰서는 발행일로부터 7일 이내(공휴일 제외)에 의료급여기관에 제출해야 한다.

풀이

의료급여 수급권자는 1종 수급권자(무료 대상자)와 2종 수급권자(일부 유료 대상자)로 구분되며 1종 수급권자가 혜택이 더 많은 것으로 봐도 무방하다. 의료기관을 이용할 때 2단계인 건강보험 환자와는 다르게 의료급여제도는 3단계의 의료전달 체계가 있다. 이것은 의료자원의 효율적 활용, 대형병원으로의 환자 집중 현상을 방지하고 의료급여 기금의 재정안정화를 기하기 위함이다. 따라서 1)은 틀린 설명으로 정답이 된다. 「국민기초생활보장법」에 의한 수급자 가운데 1종 수급권자는 2)와 3) 이외에도 「장애인고용 촉진 및 직업재활법」 제2조 제2호의 중증 장애인, 보건복지부 장관이 정하는 질병 또는 부상에 해당하지 아니하는 질병이나 부상 또는 그 후유증으로 인해 3개월 이상 치료나 요양이 필요한 자, 「병역법」에 의한 병역 의무를 이행 중인 자가 해당된다. 「국민기초생활보장법」에 의한 수급자가 아니더라도 4)의 경우나 희귀난치성 질환으로 6월 이상 치료를 받고 있거나 6월 이상의 치료를 요하는 자가 속한 세대의 구성원도 1종 수급권자가 된다.

관인 병원 및 종합병원에서 입원 및 외래진료를 받는 경우다. 3단계 진료는 보건복지부 장관이 지정한 제3차 급여기관에서 진료를 받는 경우다.

72 화재로 살 곳이 없어요 – 긴급복지지원제도

고단해 씨는 최근 집에 큰 화재가 났다. 일곱 식구가 거주하는 단칸방은 화재로 인해 주택을 완전히 태워버려 건물에서 생활하기 극히 곤란해졌다. 생계 유지 자체가 어렵게 된 것이다. 벌이도 시원치 않아 그는 기초생활보장제도를 신청하고 급여가 나오기를 기다리고 있는 상태였다. 그러나 필요할 때 즉각 나오지 않은 것은 모든 사건이 종료되고 나서 출동하는 영화 속의 경찰들 같았고 기다리는 입장에서는 시간이 너무나 오래 걸리는 것 같았다. 기초생활보장제도가 긴급한 경우 제 기능을 못하게 되는 것을 그는 뼈저리게 체험하고 있는 터다. 이러한 상황에 처한 고단해 씨를 위해 당신은 어떤 조언을 해 주겠는가?

1) 화재보험 들어 둔 것이 없는지를 물어보고 만약 들지 않았다고 하면 보험의 중요성을 설명해 준다.
2) 화재로 인해 거주하는 주택이나 건물에서 생활하기가 어렵게 보이고 생계 유지도 곤란하게 된 데 대해 식료품비 · 의복비 등 1개월 생계유지비 지원과 같이 신속히 지원하는 제도가 있음을 이야기해 준다.
3) 위와 같은 위기 사유 발생으로 생계 유지가 곤란한 가구는 난방비 정도만 지급받을 수 있고, 사회복지시설 입소나 이용 서비스는 제공되지 못한다는 것을 알려 준다.
4) 위와 같은 위기 사유 발생으로 현물 지급은 제공되지 않고, 300만 원 이내의 의료 지원이 있을 수 있으며, 사회복지시설에 입소해 이용 서비스를 받을 수 있다고 이야기해 준다.

해설

긴급복지지원제도는 「긴급복지지원법」 제1조에서 "생계 곤란 등의 위기 상황에 처하여 도움이 필요한 자를 신속하게 지원함으로써 이들이 위기 상황에서 벗어나 건강하고 인간다운 생활을 영위하게 함을 목적"으로 2005년 제정됐다.[122]

「긴급복지지원법」에서는 대상자를 '위기 상황에 처한 자'로 규정하면서 법 제2조에서 이 제도의 급여 대상자에 해당하는 위기 사유로 ① 주소득자가 사망, 가출, 행방불명, 구금시설에 수용되는 등의 사유로 소득을 상실하고 가구 구성원에게 다른 소득원이 없는 때, ② 중한 질병 또는 부상을 당한 때, ③ 가구 구성원으로부터 방임, 유기되거나 학대 등을 당한 때, ④ 가정 폭력을 당하여 가구 구성원과 함께 원만한 가정생활이 곤란하거나 가구 구성원으로부터 성폭력을 당한 때, ⑤ 화재 등으로 인해 거주하는 주택 또는 건물에서 생활하

122) 긴급복지지원제도는 2005년 제정돼 2006년과 2007년 시행된 한시적 제도로 사회양극화 현상의 방지 및 위기 상황에 처한 저소득층의 건강하고 인간다운 삶을 보장하기 위해 마련된 최후의 공적인 사회안전망이라고 할 수 있다(김한나, 2008: 34-35).

기 곤란하게 된 때, ⑥ 보건복지부령으로 정하는 기준에 따라 지방자치단체의 조례로 정한 사유가 발생한 경우, ⑦ 기타 보건복지부 장관이 정해 고시하는 사유가 발생한 경우 등으로 구체적으로 명시하고 있다.

위와 같은 위기 사유의 발생으로 생계 유지의 곤란, 의료비 감당 곤란, 주거 확보의 곤란 및 사회복지시설 이용 서비스를 필요로 하는 상태에 이르게 되면 긴급복지제도를 이용할 수 있다. 긴급한 상황에서 서비스를 제공하고 난 이후 사후 처리로 자산조사를 실시해 대상자로서의 자격이 적격했는지를 심사하는 과정을 거치게 되며 이 과정에서 실제와 다르거나 거짓이 나타나 부적격자로 판정나게 되면 받은 서비스를 다시 반납해야 함을 원칙으로 한다.[123)]

긴급복지지원제도에서는 현금급여가 원칙이며, 지원 대상자가 거동이 불편해 금융기관을 이용할 수 없거나, 물건을 살 수 없을 때 예외적으로 현물 지원을 실시한다.

금전·현물 지원의 종류로는 위기 상황 주급여와 부가급여로 나뉜다. 먼저, 위기 상황 주급여로는 ① 생계 지원, ② 의료 지원, ③ 주거 지원, ④ 사회복지시설 이용 지원이 있다. 다음으로, 부가급여는 ① 교육 지원, ② 그 밖의 지원으로 나눠 볼 수 있다.

생계 지원의 경우 위기 상황으로 인해 생계 유지가 곤란하게 된 자로 식료품비, 의복비 등 1개월 생계유지비가 지원되며 최저생계비의 120% 수준에서 이뤄지도록 정해져 있다. 지원 기간은 원칙적으로 1개월이며 시장, 군수, 구청장이 긴급 지원 대상자에게 위기 상황이 계속되고 있다고 판단할 경우 1개월의 범위 내에서 지원 연장이 가능하다. 또한 대상자가 위기 상황이 계속되고 있다고 판단할 경우 긴급지원심의위원회의 심의를 거쳐 지원 연장을 할 수 있으나,

---

123) 자산조사 기준을 보면 소득은 최저생계비의 150% 이하(4인 기준 2,446천 원), 재산은 대도시 13,500만 원 이하, 중소도시 8,500만 원 이하, 농·어촌 7,250만 원 이하이고, 금융재산이 300만 원 이하로 설정돼 있던 것을 2015년 1월 1일부터는 500만 원 이하로 완화해 적용된다. 또한, 긴급지원 지원단가를 2.3% 인상해 4인 가구를 기준으로 생계지원 월 108만 원에서 월 110만 원으로 인상되는 등 위기가구에 좀 더 큰 도움을 주고자 한다. 그리고 위기 상황으로 인정하는 사유를 확대해 더 많은 위기가구를 보호할 것이다. 즉, 6개월 이내의 실직, 휴·폐업만 위기 상황으로 인정했으나, 2015년부터는 12개월 이내로 경과 규정을 완화한다. 교정시설 출소자의 경우 가족이 없거나 가족관계가 단절된 경우에만 보호했지만, 앞으로는 가족 구성원이 모두 미성년자, 노인 등 취약계층인 경우도 지원한다(보건복지부, 2014: 21).

지원 기간을 합해 총 6개월을 초과해서는 안 된다.

의료 지원은 중한 질병 또는 부상으로 인해 발생한 의료비를 감당하기 힘든 자를 대상으로 의료서비스를 제공한 의료기관에서 소요된 비용을 300만 원 범위 안에서 지원하는 것으로, 급여 형태는 현금이며 1회 지원을 원칙으로 하며, 1회 지원 후에도 위기 상황이 계속되는 경우에 긴급지원심의위원회의 심의를 거쳐 지원 횟수를 합해 총 2회까지 추가 지원이 가능하다.

주거 지원은 위기 사유의 발생으로 거소 또는 주거비 지원이 필요한 자에게 국가·지방자치단체 소유의 임시 거소 또는 타인 소유의 임시 거소를 제공하거나 주거에 소요되는 비용을 직접 지급하는 것을 말한다.[124] 주거 지원 기간은 1개월이 원칙이며 심의 과정을 거쳐 2회 연장 지원이 가능하다. 그리고 지원 기간을 합해 총 12개월을 초과해서는 안 된다.

사회복지시설 이용 지원은 위기 사유 발생으로 사회복지시설에서 제공하는 서비스가 필요한 사람으로 해당 시설의 운영자에게 비용을 지급하는 것을 원칙으로 한다. 사회복지시설의 이용 지원은 1개월 지원을 원칙으로 하고 심의 과정을 거쳐 2회 연장이 가능하다. 그리고 지원 기간을 합해 총 6개월을 초과해서는 안 된다.

교육 지원은 초·중·고등학생의 수업료, 입학금, 학교운영지원비 및 학용품비 등 필요한 비용을 지원한다. 1회 지원이 원칙이며, 지원 횟수를 합해 총 4회를 초과해서는 안 된다.

그 밖의 지원으로 연료비, 해산비, 장제비, 전기요금을 지급하는 것으로 위기 사유 발생으로 생계 지원, 의료 지원, 주거 지원, 사회복지시설 이용 지원을 받는 자로 추가적인 지원 수요가 발생한 자를 그 대상으로 한다. 전기요금과 연료비의 지원 결정이 이뤄졌을 경우 지체없이 제공자에게 지원을 하지만, 해산비나 장제비는 지원 대상자에게 지급 지원하게 된다. 장제비, 해산비, 전기요금의 경우 지원이 1회이지만, 연료비의 경우 1개월 지급이 원칙이고 2회 연장 가능하다. 전기요금은 보충적 의미를 갖는 것으로 50만 원 범위 내에서 지원을 하지만 다른 기관으로부터 지원을 받은 경우 지원 요금을 차감한 나머지 요금에 대해 지원을 받는 것을 원칙으로 한다.

124) 주거 지원의 경우 1차적으로 현물(주거지) 급여를 제공하고, 필요한 경우에는 주거비용에 필요한 금액을 현금급여 형태로 제공하게 된다.

긴급복지지원제도에 의한 연료비, 해산비, 장제비, 전기요금 지원 기준

(단위: 원/회)

지원 종류	연료비	해산비	장제비	전기요금
지원 금액	90,800	600,000	750,000	500,000

주: 2015년 기준임.

민간기관·단체와의 연계 등을 통한 지원도 이뤄진다. 이는 대한적십자사·사회복지공동모금회 등과 같은 사회복지기관·단체와의 연계를 통해 상담 및 정보 제공을 수시로 지원하고 정부의 지원이 있은 후에도 위기 상황이 지속적으로 나타나 계속적인 지원이 필요한 대상자들을 연계시켜 주는 것이다. 따라서 급여 형태는 엄격히 말하면 현물이나 현금의 급여 형태가 아닌 서비스이며 지원 횟수에 대한 제한은 없다.

풀이

2)는 긴급복지지원제도의 생계 지원에 대한 내용의 일부로 생계유지비 지원을 설명하고 있다. 이 밖에도 최저생계비의 120% 수준에서 생계 지원을 받을 수 있다. 따라서 정답은 2)다. 3)의 경우 위기 사유 발생으로 인해 생계 유지가 곤란한 가구의 경우 ① 동절기(10월~3월) 난방비 90,800원, ② 해산비(60만 원), 장제비(75만 원), 전기요금(50만 원)이 1회에 한해 지원된다. 그리고 사회복지시설 입소나 이용 서비스를 제공하므로 3)은 틀린 설명이다. 4)의 경우 원칙적으로 현금급여가 원칙이며 예외적으로 현물 지원도 실시할 수 있다는 점에서 틀린 설명이다.

73 나도 국가와 사회 발전에 이바지했소 - 기초연금

노인에 대한 대접이 옛날 같지가 않은 것이 현 실태다. 물론 옛날이라고 하는 것이 어제일 수도 있고, 10년 전일 수도 있고, 조선 시대일 수도 있겠지만, 아무튼 세월이 갈수록 노인이 푸대접받는다는 것만은 틀림없는 사실인 것 같다. 1차 산업이 중심이고, 정보라는 개념이 그다지 발달하지 못한 시대에는 경험이 가장 가치 있는 자산이었기에 노인이 대접받고 살았던 것 같다. 임걱정 씨는 이런 생각만 하면 앞으로 자신도 노인이 될 터인데 이름 그대로 걱정이 이만저만 아니다. 임걱정 씨는 노인에 대해 다음과 같이 생각했다. 즉, 현재의 노인도 한때는 젊었을 것이고, 다음 세대를 길러내고 지금 우리나라가 이만큼 살도록 국가와 사회의 발전을 위해 노력하고 이바지했다는 것만은 분명하다는 것이다. 자신도 사실은 그 세대들 때문에 현재 이렇게 옷 한 벌이라도 걸치고 있는 것이 아닌가? 그렇다면 과거의 이런 노력들에 대한 보상이라기엔 좀 뭐 하지만 적어도 생활이 어려운 사람들에게는 무언가 해 주어야 하지 않을까라는 생각이 드는 것이다. 임걱정 씨 생각에 대한 여러분의 견해는 어떠한가?

1) 임걱정 씨의 말에는 일리가 있다. 노인들이 후손의 양육과 우리나라의 발전에 공헌한 점을 고려한다면 적어도 생활이 어려운 노인에게는 연금을 지급하는 것이 옳다고 생각된다.
2) 임걱정 씨는 별 걱정을 다하고 있다. 노인이 된다는 것은 누구나 예측 가능하고 자연 섭리인데, 국가가 나서서 이를 해결한다는 것은 지나치다. 다 팔자 소관이다.
3) 임걱정 씨의 말이 틀린 것은 아니지만, 갑자기 고소득이 생길 수도 있다. 한 번 받게 되는 연금은 영구성이 있어 곤란한 면이 있다.

4) 임걱정 씨의 말에 일부 동의하지만, 같은 조건의 수급자 중에서도 소득이 많을 수 있는데, 이때 형평성의 문제가 제기될 수 있다.

해설

기초연금은 어려운 노후를 보내는 노인들을 도와드리기 위한 제도로 국가 발전과 자녀 양육에 헌신해 온 노고에 보답한다는 취지의 제도다. 현재의 노인들[125]은 현대사에서 격동의 세월을 겪었으며, 오늘날 우리나라가 발전하는 데 토대를 마련했고 자녀들의 양육에 크게 헌신했으나 자신들의 노후는 사실상 제대로 하지 못했다는 점을 직시해 실제로 소득이나 재산이 전혀 없이 살아가는 경제 사정이 어려운 노인들에게 매월 기초연금을 지급함으로써 노인의 생활 안정을 지원하고 복지를 증진함을 목적으로 하고 있으며, 이러한 노인을 부양하는 자녀들의 경제적 부담도 덜어 주자는 의미에서의 제도라고 할 수 있다. 기존 경로연금제도(국민기초생활보장제도 수급권자에게 지급)가 폐지되고, 기초노령연금제도는 2007년 4월 25일 제정돼 2008년 1월부터 시행됐다. 2014년 7월 기초연금으로 명칭이 변경됐다. 재원은 조세이고, 자산조사를 통해 급여가

125) 보건복지부 홈페이지에는 노인을 '어르신'으로 표현하고 있다. 여기서는 학문적 성격으로 어르신이라는 표현 대신에 노인으로 명명한다.

실시되기 때문에, 공공부조에 해당한다.

대상자는 만 65세 이상이고 한국 국적을 가지고 주민등록이 돼 있는 노인 중 가구의 '소득인정액'이 '선정 기준액'[126] 이하인 사람에게 지급한다. 즉, 만 65세 이상 전체 노인 중 소득과 재산이 적은 하위 70%를 선정하기 위한 선정 기준액은 2015년 1월 기준 단독가구 930,000원, 부부가구 1,488,000원이다. 이에 따라 소득이 전혀 없는 노인의 경우, 보유한 재산이 최대 3억 58백만 원(부부가구 최대 4억 92백만 원)인 분들까지 보호 가능하다. 특히, 근로소득이 있는 노인의 경우 기초연금 근로소득 공제액이 52만 원으로 확대됨에 따라 월 근로소득이 최대 184만 8천 원(부부가구, 홑벌이 기준 264만 5천 원)인 사람들까지 보호가 가능하다.

아울러 보건복지부는 기본재산액[127] 공제한도를 대도시 1억 3,500만 원, 중소도시 8,500만 원, 농어촌 7,250만 원으로 2009년[128] 대비 각각 25% 상향 조정됐다. 이는 2009년 기본재산액 공제한도 제도 도입 시, 기준이 된 전세가격 상승률이 2014년 현재 큰 폭으로 상승, 공제 취지에 맞게 기본재산액 공제한도를 현실화했다.

공무원연금, 사립학교교직원연금, 군인연금, 별정우체국연금 수급권자 및 그 배우자는 원칙적으로 기초연금 수급 대상에서 제외된다. 다만, 다음에 해당하는 사람의 소득인정액이 기초연금 선정 기준액 이하인 경우에는 기초연금을 받을 수 있다. ① 직역(공무원·사립학교 교직원·군인·별정우체국 직원) 재직 기간이 10년 미만인 국민연금과 연계한 연계퇴직연금 또는 연계퇴직유족연금 수급권자 및 그 배우자, ② 장해보상금·유족연금일시금·유족일시금(유족연금 대신 받은 경우)을 받은 이후 5년이 경과한 수급권자 및 그 배우자, ③ 2014년 6월 30일 당시 기초노령연금을 받은 자, ④ 기초연금법 시행 당시 장애인연금 특례수급자였던 자가 나중에 만 65세에 도달해 기초연금 특례대상자로 전환된 경우다. ③, ④의 경우 기초연금액은 10만 원으로 산정된다. 단, 소득 수

126) 선정 기준액은 65세 이상인 사람 중 기초연금 수급자가 100분의 70 수준이 되도록 설정한 기준액으로, 소득평가액과 재산의 소득환산액(재산을 소득으로 환산한 금액)을 합산한 금액인 소득인정액이 선정 기준액 이하일 경우 기초연금수급자로 선정된다는 의미다(보건복지부, 2014.12.30).

127) 기본재산액이란 최소한의 주거 유지에 필요하다고 인정되는 금액이다.

128) 2009년 대도시 1억 800만 원, 중소도시 6,800만 원, 농어촌 5,800만 원이다.

준이 상대적으로 높거나 부부 모두 기초연금을 받는 경우 감액될 수 있다.

기초연금액 산정

소득인정액 = 월 소득평가액 + 재산의 월 소득환산액
* 월 소득평가액 = { 0.7×(근로소득－48만 원)} + 기타 소득
* 재산의 월 소득환산액 = [{(일반재산－기본재산액) + (금융재산－2,000만 원)－부채} × 0.05(재산의 소득환산율, 연 5%) ÷ 12개월] + 고급 자동차 및 회원권의 가액

자료: 보건복지부 홈페이지(2015).

기존의 기초노령연금과 다른 점은 다음과 같다.

기존의 매월 최대 99,100원에서 최대 20만 원으로 증가돼 최대 2배 늘어났다. 그리고 더 필요한 노인이 우선적으로 받을 수 있도록 대상자를 선정하는 방식이 합리적으로 바뀌었다. 즉, 일하는 노인 중 더 많은 분이 혜택을 받고, 고가 회원권·고급 승용차 등을 보유하고 있거나 자녀 명의의 고가 주택에 거주하는 노인들에 대한 기준을 강화했다.

풀이

1)은 2007년 4월 25일 제정되고, 2008년 1월부터 시행된 기초노령연금제도는 2014년 7월 기초연금으로 명칭이 변경됐다. 이에 대해 설명하고 있는 것으로, 노인의 생활 안정을 지원하고 복지를 증진함이 그 목적이다. 따라서 1)이 정답이다. 3)의 경우 연금액은 국민연금 가입자의 연금 수급 전 3년간 평균 소득 월액의 5% 기준으로 책정된다는 점에서 갑자기 고소득이 생기더라도 큰 문제점은 없어 보인다. 4)의 경우, 수급자 중에서도 일부 소득이 높거나 재산이 많은 경우 감액된 연금을 받게 된다는 점에서 형평성 문제는 제기되지 않을 것이다.

74 낚시하는 방법을 알려 주는 것이 더 중요하다(?) -근로장려세제

배고픈 사람에게 한 마리의 물고기를 한 끼의 식량으로 제공하는 것보다 더 좋은 방법은 낚시하는 방법을 가르쳐 주는 것이라고 굳게 믿고 있는 엄대웅 군은 최근 사회복지정책에 관심을 많이 갖고 있다. 그는 복지 혜택이 필요한 사람에게 중요한 것은 일방적인 도움만은 아니라고 굳게 믿고 있다. 즉, 사회복지 대상자 개개인에게 주는 혜택도 중요하지만 무엇보다도 노동을 통한 자립·자활이 더욱 중요하다는 것이다. 당연히 그가 강조하는 것은 노동에 대한 동기인데, 이 동기가 없다면 아무도 열심히 노력하려고 하지 않을 것이라고 주장한다. 따라서 국가에서도 근로와 복지가 서로 연계된 프로그램을 추진해 나갈 필요가 있다고 생각한다. 분명 일리 있는 말이라고 그의 동료인 이효원, 김난길, 고현정, 유승오 군은 동의하고 있다. 그러나 이러한 사항은 사실 새삼스러운 것은 아니다. 왜냐하면, 2006년 12월 도입 방안이 국회에서 통과돼 시행되고 있는 근로장려세제라는 제도가 현재 갖춰져 있기 때문이다. 다음 사항에서 엄대웅 군이 주장하는 바를 근로장려세제와 연계해 본다면 가장 동떨어진 내용은 어느 것일까?

1) 이효원: 최근 경제환경의 변화에 따라 경제 양극화 현상이 가시화되고 있는 것이 사실이다. 근로빈곤층이 존재하는 현실에서 이들의 빈곤 탈출에 도움이 될 수 있다.
2) 김난길: 사회보험이나 국민기초생활보장제도를 받는 사람들에게 이중의 혜택을 줄 수 있다는 점에서 우려된다.
3) 고현정: 정부가 납세자에게 생계비를 보조하는 방식을 사용하게 된다면, 이것은 미국 등 선진국에서 말하는 '마이너스 소득세'라고 볼 수 있다.

4) 연간 부부 합산 총소득이 가구원 구성에 따라 1,300만 원 미만에서 2,500만 원 미만에 따라 정한 총소득 기준 금액 미만이어야 한다. 연간 70만 원에서 최대 210만 원까지 지급된다.

해설

국민기초생활보장제도의 사각지대를 해소하기 위한 일환으로 2006년 12월 도입 방안이 국회에서 통과돼 실시된 근로장려세제(또는 근로소득보전세제, Earned Income Tax Credit: EITC)는 저임금 등으로 인해 근로활동을 하고 있음에도 불구하고 빈곤선 근처의 소득 수준에 머물고 있는 저소득 가구를 지원하기 위한 것이다. 즉, 일정 금액 이하의 저소득 근로자 가구에 대해 근로소득에 따라 산정된 근로장려금을 지급함으로써 근로 유인을 도모해 실질 소득을 지원하기 위한 '근로 연계형 소득지원제도'다. 근로 연계 복지 프로그램의 일종인 근로장려세제의 경우 지원 방식에서도 다른 복지제도와 차이가 있는데 열심히 일한 사람이 더 많은 지원을 받을 수 있으며 단순히 저소득층 소득 보전을 위한 정책에서 벗어나 기존의 복지 패러다임을 전환하는 새로운 정책 수단이라는 데 의의가 있다. 달리 말하면 사회복지정책 대상자들에 대한 수혜보다는 노동을 통해 자립·자활시키는 데 사실상의 목적이 있는 프로그램인 셈이다.[129] 근로장려세제는 사회보험·국민기초생활보장제도를 받지 못하는 차상위 계층을 지원하는 제도로 정부가 납세자에게 생계비를 보조해 주기 때문에 미국 등 선진국에서는 '마이너스 소득세'라고도 불린다.

근로장려세제는 저소득 근로자에게 정부가 현금을 지원하는 제도로 보면 된다. 근로장려세제는 근로소득 또는 사업소득(전문직 제외)이 있는 가구로서 요건을 모두 충족하는 경우에 신청이 가능하다.

첫째, 가구 요건이다. 전년도 12월 31일 기준으로 배우자 또는 18세 미만의 부양 자녀가 있어야 한다. 다만 신청인 본인이 60세 이상인 경우에는 배우자나 부양 자녀가 없어도 된다.

둘째, 총 소득 요건이다. 2014년도 연간 부부합산 총소득이 가구원 구성에 따라 정한 총소득 기준 금액 미만이어야 한다. 즉, 단독가구의 경우 1,300만 원 미만, 홑벌이 가족가구의 경우 2,100만 원 미만, 맞벌이 가족가구의 경우 2,500만 원 미만이어야 한다.

셋째, 주택 요건이다. 2014년 6월 1일 기준으로 가구원 모두가 무주택이거나 주택을 1채만 소유하고 있어야 한다.

넷째, 재산 요건이다. 2014년 6월 1일 기준으로 가구원 모두가 소유하고 있는 재산 합계액이 1억 4천만 원 미만이어야 한다. 즉, 주택, 토지 및 건축물, 승용자동차, 전세금(임차보증금), 금융재산, 유가증권, 골프 회원권, 부동산을 취득할 수 있는 권리 등을 포함한다.

위의 네 가지 요건을 모두 충족하는 경우에도 2014년 중 대한민국 국적을 보유하지 아니한 자(대한민국 국적을 가진 자와 혼인한 자는 제외), 2014년 중 다른 거주자의 부양 자녀인 자는 근로장려금을 신청할 수 없다. 신청은 수급자격을 갖춘 근로자 가구 구성원이 하게 되며 국세청이 지급하게 된다. 거주자

---

129) 근로 연계 복지란 신자유주의적 복지 이념의 핵심이다. 사회복지정책에서 노동 동기를 강조하고, 사회복지정책 대상자들에 대한 수혜보다는 노동을 통한 자립·자활이 그 목적이다. EITC 이외에도 근로 연계 복지 프로그램으로 자활 지원이 있다. 자활 지원에서 근로 능력자는 자활 관련 사업에 연계한다는 조건부로 생계급여가 지급된다. 이는 노동을 통한 자립, 자활의 강조라고 할 수 있다.

를 포함한 1세대 가구원 구성에 따라 정한 부부 합산 총급여액 등을 기준으로 연간 70만 원에서 최대 120만 원까지 지급된다.

근로장려금을 받고 있는 가구는 거의 예외없이 근로 빈곤층이라고 보면 틀림없으며 근로빈곤층만을 가려내 급여를 주게 돼 지급 대상에 따른 효율성이 매우 높다는 장점을 가지고 있다(박능후, 2010).

근로장려세제의 첫 장려금은 2009년 10월, 59만 1,000 가구를 대상으로 평균 77만 원 정도를 지급했는데 이는 세계적 경제위기로 소득이 하락한 저소득계층의 소득 향상에 크게 기여한 것으로 평가되며 근로를 기반으로 지원함으로써 중장기적으로 공식적인 근로활동 제고에도 긍정적인 영향을 미칠 것으로 간주된다(이현동, 2010).[130]

경제환경 변화에 따라 경제 양극화가 심해지게 되면 근로는 하되 가난에서 벗어나지 못하는 근로 빈곤층(working poor)이 늘어나게 된다. 근로 빈곤층의 경우, 국민기초생활보장제도와 노령·질병·실직 등 사회적 위험으로부터 보호받을 수 있는 사회보험 혜택에서도 소외되는 사각지대에 놓이게 되는 경우가 많아 사회적 보호제도로서는 여전히 한계가 있을 수밖에 없다.

근로장려세제를 도입해 근로 빈곤층이 가난에서 벗어날 수 있도록 지원함으로써 사회안전망을 더 잘 갖추게 됐다고 할 수 있다. 즉, 근로장려세제를 도입하기 전에는 일반 국민과 빈곤계층에 대해 2중의 사회안전망이 형성돼 있었다고 할 수 있는데, 일반 국민에게는 1차 안전망으로 사회보험을, 빈곤계층에 대해서는 2차 안전망으로 국민기초생활보장제도가 그 역할을 하고 있었다. 근로장려세제가 도입된 후에는 3중 사회안전망이 갖춰졌다고 할 수 있겠는데, 사회보험(1차 안전망)-근로장려세제(2차 안전망)-국민기초생활보장제도(3차 안전망)의 도식이 가능하다.

한편, 이와 관련해 마이크로 크레딧(micro credit)제도가 있다. 이것은 빈곤에 대한 탈출과 경제적 자립을 목적으로 빈곤층에 대해 무담보, 무보증으로 소액을 대출해 주는 제도를 말한다. 비정부단체가 제도권 금융권에서 소외된 빈곤계층을 대상으로 소액의 무담보 창업자금을 지원하는 마이크로크레딧사업은

130) 그러나 근로장려세제는 정확한 소득 파악이 그 전제 조건이 되며 고용주가 있는 근로소득자만을 대상으로 한다는 한계가 있다. 이러한 한계를 극복하고자 2009년 말 법령 개정을 통해 2014년부터 사업소득이 있는 납세자로 그 적용 범위를 확대하기로 했다(이현동, 2010).

우리나라의 경우, 2000년 '신나는 조합'에서 진행한 마이크로크레딧사업에서 시작됐고, 2002년에는 사회연대은행이, 2003년에는 '아름다운 재단'의 아름다운 세상 기금이 잇따라 설립됐다. 2005년 보건복지부에서는 저소득층의 자활을 지원하기 위한 마이크로크레딧사업을 추진했으며, 2007년에는 「휴면예금관리재단의 설립 등에 관한 법률」을 제정해 휴면예금관리재단을 통해 저소득층을 대상으로 하는 복지사업을 추진하기도 했다. 2009년 세계 경제위기로 서민경제가 어려워지자 정부는 금융 사각지대를 해소하고, 금융 소외계층의 경제적 자립 지원을 목적으로 '미소금융중앙재단'을 출범시키게 됐다(장애인신문, 2010. 5. 25).

또한, 2015년부터 도입되는 자녀장려세는 행복한 임신과 출산을 장려하고 저소득 가구의 자녀 양육 부담을 경감시키기 위해 부양 자녀 수에 따라 장려금을 주는 제도다. 총 소득 기준을 제외한 나머지 수급 요건은 근로장려세와 동일하다. 즉, 연 소득 4,000만 원 미만 가구에는 자녀 1인당 연간 최대 50만 원까지 세액을 환급하는 것이 핵심이다.

풀이

1)은 경제환경 변화에 따라 일은 하되 가난에서 벗어나지 못한 근로 빈곤층 증가로 사회적 위험으로부터 보호받을 수 있는 사회보험 혜택에서도 소외되는 경우가 있는 점을 고려하면 일리 있는 말이다. 2)의 경우, 근로장려세제는 사회보험이나 국민기초생활보장제도의 혜택을 받지 못하는 차상위 계층을 지원한다는 점에서 틀린 설명으로 정답은 2)가 된다. 3)의 경우 근로장려세제는 저소득 근로자에게 정부가 현금을 지원하는 제도라는 점에서 맞는 설명이다. 4)의 경우 연간 부부 합산 총소득이 가구원 구성에 따라 단독가구(1,300만 원 미만), 홑벌이 가족가구(2,100만 원 미만), 맞벌이 가족가구(2,500만 원 미만)에 따라 정한 총소득 기준 금액 미만이어야 한다. 연간 70만 원에서 최대 210만 원까지 지급된다는 점에서 옳은 설명이다.

75 사회적 위험에 대처하기 위해… – 사회보험

나라의 기틀이 어느 정도 잡히고 경제적 부(富)를 이루고 있는 율도국은 이제 백성의 생존권 보호를 위한 제반 제도에 눈을 돌리기 시작했다. 가난한 사람들이 겪는 빈곤문제를 적극적으로 해결하고 백성들의 기본적 욕구를 보장하며 율도국의 재정 지출 가운데 소득재분배 효과가 가장 두드러진 방안을 찾고자 했다. 홍길동은 백성의 삶이 어떠한지 둘러보기 위해 암행을 나서게 됐는데, 그가 머문 곳은 초가집의 어느 한 가난한 백성이 사는 곳이었다. 거기서 그는 개인과 가족이 막을 수 없었던 장애와 어려움에 직면하고 있는, 가진 것은 없지만 착한 백성과 이야기를 나누게 됐다. 궁궐로 돌아온 홍길동은 백성들의 이러한 제반 사정을 이야기하고 복지담당 고위 대신에게 나라의 여건을 감안해 대책을 강구하도록 지시했다. 여러분이 이러한 대책을 마련하는 중차대한 임무를 맡았다면 어떤 것을 고려해 볼 수 있겠는가?

1) 개인의 형평성에 맞게 위험 발생 가능성을 가진 사람들을 분류해 장래의 손해를 예측해 적정한 보험 체계를 마련한다.
2) 결핍, 질병, 무지, 불결, 나태와 같은 것들은 어디까지나 개인적인 문제로 개인에 의해 발생하므로 당연히 개인이 책임져야 한다. 따라서 이러한 것들을 근본적으로 차단하기 위해서는 발생 원인에 따라 강력한 법을 만들어 개별적으로 처벌하도록 한다.
3) 예기치 못한 장래 발생가능성이 있는 장애와 어려움에 대비해 개인에게 젊은 시절 자금을 적립케 한다. 다만, 백성은 선택의 자유가 있으므로 자발적으로 가입을 권유한다.
4) 사망, 노령, 장애, 질병 등을 보험 방식에 의해 대처함으로써 국민 건

강과 소득을 보장하기 위한 제도를 마련해 최저 소득을 보장케 하고 법에 의해 급여를 지급하도록 한다.

해설

우리나라 「사회보장기본법」 제3조에서는 사회보험을 "국민에게 발생하는 사회적 위험을 보험 방식에 의하여 대처함으로써 국민 건강과 소득을 보장하는 제도"로 정의한다. 즉, 사회보장제도의 한 유형으로서 사회보험은 사망, 노령, 장애, 질병과 같은 국민에게 발생하게 되는 사회적 위험을 보험 방식에 의해 대처함으로써 국민 건강과 소득을 보장하는 제도다. 사회보험은 민간보험과 마찬가지로 ① 위험 발생 가능성을 안고 있는 사람들을 집단으로 하여 장래에 발생하게 될 정확한 손해를 예측한다는 점, ② 우발적 사고로 보험 가입자의 통제를 벗어난 손해를 대상으로 한다는 점, ③ 사망, 노령, 장애, 질병 등의 발생과 같은 개인적 위험이 보험자에게 이전된다는 점, ④ 손해에 대해 전부 또는 일부를 현금, 보수, 대체 등의 방법으로 보상한다는 점에서는 공통점이 있다.

사회보험의 기본 원칙은 ① 보편적 적용을 통해 법적 강제성을 가지고 모든 국민을 그 대상으로 해야 한다는 점, ② 원칙적으로 국민의 최저생활을 보장할 수 있어야 한다는 점, ③ 불평등 완화와 소득재분배 효과를 내기 위해 급여 수준은 반드시 기여의 정도에 단순하게 비례하지 않아야 하고 소득이 낮은 계층의 피보험자에게 유리하게 설정돼야 한다는 점, ④ 그럼에도 불구하고 재원의 대부분은 보험료에 의해 조달되므로 기여의 형평성이 보장돼야 한다는 점, ⑤ 재정 운용 및 설계와 관련해 미래의 피보험자가 현재 피보험자에 비해 상대적으로 높은 비율의 보험료를 부담하지 않도록 해야 한다는 점 등을 들 수 있다(박종삼 외, 2002: 131-132; 남기만, 2004: 211-212).

이러한 기본 원칙에서 나타나는 바와 같이 민간보험과 달리 사회보험은 ① 사회보험은 법률로써 가입이 강제돼 있다는 점, ② 전 국민을 대상으로 한다는 점, ③ 비영리적 국가사업으로 정부가 독점하며 최종적인 책임을 진다는 점, ④ 개인의 형평성보다는 사회적 충분성을 중시한다는 점, ⑤ 정기적으로 가입자가 내는 기여금으로 재원이 조달되는 경우가 많고 이에 따라 법에 의해 규정된 급여가 제공되며 재정은 피용자・자영업자・고용주가 책임진다는 점, ⑥ 빈곤을 사전에 예방하는 소득보장의 의미를 갖는다는 점, ⑦ 최저 소득만 보장한다는 점, ⑧ 비용 예측의 곤란,[131] ⑨ 완전 적립의 불필요,[132] ⑩ 목적과 결과를 감안한 다양한 옵션 부여,[133] ⑪ 중앙정부의 통제 하에 투자,[134] ⑫ 물가 상승에 대응하기 위해 조세제도를 이용하므로 물가 상승이 보장된다는 것 등이 특징이다.

보편주의와 국민 최저 수준을 핵심 이념[135]으로 하는 베버리지 보고서에도

131) 이러한 특징은 국민연금 부과 방식과 관련해 많이 거론되는 사항이다. 국민연금의 부과 방식은 현재 노인 세대에게 제공할 급여를 현재 젊은 세대에게 거둬들이는 것으로 사회가 빠르게 고령화되고 저출산이 지속되는 현상이 발생함에 따라 이에 따라 비용의 영향을 많이 받게 되며 따라서 정확한 비용 예측이 곤란하게 되는 경우가 많다.

132) 민간보험의 경우, 보험금을 지불하려는 목적으로 개인적으로 젊을 때 자금을 적립하는 방식을 따르게 되는데 비해 사회보험의 경우에는 지속적 프로그램으로 가입의 강제성이 있어 신규 가입자는 계속해서 발생한다. 따라서 적립 방식은 따로 필요하지 않게 된다.

133) 사회보험에서는 재정 충당 방법, 급여 수준, 자격 요건 등의 측면에서 의견이 다를 수 있음을 의미한다.

134) 국민연금의 적립금을 시장에 투장할 경우, 중앙정부의 통제를 받게 된다.

135) 베버리지 보고서(Beveridge Report, 1942)의 핵심 이념은 ① 대상자가 모든 시민이며 급여 제공의 동일성을 지니며 자산조사 과정에서의 낙인을 없애고자 하는 보편주의와

사회보험의 3대 조건으로 ① 소득원의 파괴와 상실을 가져오는 주된 원인인 대량실업이나 장기실업이 없어야 함을 전제로 하는 완전고용, ② 모든 국민의 질병 예방 및 치료, 건강한 노동력 유지를 위한 보편적·포괄적인 보건서비스, ③ 가족의 수를 고려한 보편적인 가족수당을 규정하고 있다.

우리나라의 사회보장제도는 광복 후인 1950년대 말까지 국가에 의한 공공부조가 주종을 이뤘고, 사회보험과 사회복지 서비스는 1960년대에 들어서 본격적으로 시행됐다. 1960년 공무원연금을 시작으로 우리나라에서 사회보험이 처음 도입됐고, 이후 1963년의 산업재해보상보험이 일반 국민을 대상으로 하는 포괄적으로 접근한 최초의 사회보험이라고 할 수 있다. 동년 1963년 「군인연금법」, 1973년 「사립학교교원연금법」, 1976년 「(개정)의료보험법」, 1986년 「국민연금법」, 1993년 「고용보험법」을 차례로 제정했다. 1995년 7월부터 고용보험이 도입돼 연금보험, 의료보험, 산재보험과 함께 4대 보험의 외형적 골격을 갖췄다. 연금보험 중 가장 대표적인 국민연금, 의료보험 통합 과정을 거쳐 명칭이 바뀌었고, 현재 우리나라는 건강보험, 국민연금, 산재보험, 고용보험의 4대 보험 체계를 갖추고 있으며, 최근에는 제5의 사회보험으로 노인장기요양보험이 도입·시행되고 있다.

풀이

1)의 경우 국가가 주체가 되는 사회보장제도 가운데 하나인 사회보험은 개인의 형평성보다는 사회적 충분성을 더 고려해야 한다. 다만, 미국 사회보장법의 원칙은 개개인이 자신이 기여한 바에 비례에 급여를 받아야 한다는 형평성의 원칙을 가지고 있다. 그러나 위험 발생 가능성을 가진 많은 사람을 하나로 묶어 정확한 장래의 손해를 예측하는 것은 민간보험이나 사회보험이나 별반 차이가 없으므로 국가의 복지정책이란 점에서 비춰 보면 틀린 설명이다. 2)의 경우 베버리지 보고서에서 국가 재건을 위해 5대 악을 극복해야

---

② 사회보험으로 인한 급여의 정도는 기본적 욕구만을 충족시키고, 그 이상은 개인과 가족의 책임이라는 국민 최저 수준(a national minimum)이 핵심 이념이다. 베버리지 보고서에는 결핍(또는 빈곤, want), 질병(disease) 무지(ignorance), 불결(squalor), 나태(idleness)와 같은 5대 사회악을 국가 재건을 위해 극복해야 한다고 보았다. 베버리지 보고서는 현대 산업사회에서 개인이 겪는 경제적 고통은 소득원이 파괴되고 없어지는 것에서 생겨남을 고려해 특히 5대 사회악 중에서도 '결핍(빈곤)으로부터의 자유'를 지향해, 결핍(빈곤)으로부터 벗어나는 방도를 찾으려고 노력했으며 모든 국민을 대상으로 삼고 최저한의 소득을 보장해 주기 위한 제도로 규정했다.

한다고 보았고, 이 가운데 사회보험의 급여는 기본적 욕구만을 충족시켜야 하며, 그 이상은 개인과 가족의 책임으로 보았다. 베버리지 보고서에서는 '결핍으로부터의 자유'를 지향하고 있고 국민에게 최저한의 소득을 보장하기 위한 제도라는 점을 고려하면 틀린 설명이다. 3)은 민간보험에 대한 설명으로 사회보장제도와는 관계없다. 4)는 사회보장제도의 한 유형인 사회보험의 의의와 특징으로 정답이다.

76 출근 시간에 교통사고가 났어요 – 산업재해보상보험

국토는 좁은데 자동차가 넘쳐나는 곳이란 소리는 어제 오늘의 이야기가 아니다. 그래서 환경도 생각하고 운동도 된다는 생각에 김산재 씨는 가지고 있던 자동차도 팔아버린 지 오래 됐다. 김씨가 직원용 출근버스로 회사에 다닌 지도 벌써 6개월이 넘었다. 오늘도 김씨는 승용차로 출근할 때 겪는 스트레스는 남의 일이라고 생각하며 콧노래를 부르며 직원용 출근버스에 몸을 실었다. 장맛비가 연 사흘째 계속 오던 터라 도로는 미끄러워 운전기사도 조심조심 운전했다. 그런데 김씨가 타고 있던 출근버스와 승용차가 부딪히게 되면서 교통사고가 발생했다. 이 때문에 김씨는 그만 왼쪽팔이 골절되는 부상을 입게 돼 약 2주간의 입원 치료를 요하게 됐다. 이 경우 김씨는 어떤 보상을 받을 수 있는가?

1) 업무를 준비하고 있는 과정에서 사고가 발생된 것으로 산업재해보상보험의 적용을 받을 수 있다.
2) 버스기사에게 치료비를 물어달라고 한다.
3) 출근하다 다친 것까지 사업주가 다 보상해 준다면 너무나 부당하다. 김씨는 자신의 부상을 자비로 치료해야 한다.
4) 운전기사가 고의나 과실로 사고를 낸 것이 아니라면 직원용 버스를 이용한 사람이 치료에 대한 비용 부담을 지는 것이 맞다.

해설

산업재해라 함은 업무상의 사유에 따른 근로자의 부상, 질병, 장해 또는 사망을 뜻한다. 산업재해보상보험(이하 산재보험)은 근로자의 업무상 재해를 신속하고 공정하게 보상하며, 재해 근로자의 재활 및 사회 복귀를 촉진하기 위해 이에 필요한 보험시설을 설치·운영하고, 재해 예방과 그 밖에 근로자의 복지 증진을 위한 사업을 시행해 근로자 보호에 이바지하는 것이 목적이다. 산재보험은 근로자 1인 이상 고용(사용)하는 모든 사업장이 대상이 되며, 사업주 의사와는 관계없이 자동적으로 보험 관계가 성립된다. 당연 적용사업에 해당하게 되는 날 이후 재해를 당한 근로자는 사업주의 성립 신고 여부와 관계없이 산재보상을 받을 수 있다. 당연 적용 대상사업에 해당하지 않는 경우 승인을 얻어 보험에 가입할 수 있으며 국외의 사업, 해외파견자, 현장실습생, 중·소기업 사업주 등에 대해 특례를 적용하고 있다.[136]

136) 산재보험 적용 제외 사업으로는 ① 농업·임업(벌목업 제외)·어업·수렵업 가운데 법인이 아닌 자의 사업으로서 상시근로자 수가 5명 미만인 사업, ② 가구 내 고용활동, ③「주택법」에 의한 주택건설사업자,「건설산업기본법」에 의한 건설업자,「전기공사업법」

산재보험은 우리나라에서는 1963년 제정돼 1964년 7월부터 시행됐다. 5대 보험 가운데 최초의 사회보험제도로 1964년 500인 이상, 1992년 5인 이상, 2000년 1인 이상 사업장까지 확대됐다.[137]

산재보험은 무과실 책임주의, 사업장 중심의 관리, 자진 신고·자진 납부, 종합적 보상제도, 개별 실적 요율주의라는 다섯 가지 특징이 인정된다.

산재보험의 특징

산재보험의 특징	내용
무과실 책임주의	• 기업의 고의나 과실에 관계없이 근로자가 입은 재해에 대해 배상책임을 지게 함. • 사용자 재해보상 책임은 생존권 보장의 이념에 입각함.
사업장 중심 관리	• 사업장 단위로만 가입이 이뤄지고 개별 근로자의 관리는 별도로 없음.
자진 신고·자진 납부	• 사업주는 산재보험을 자진 신고하고 보험료를 자진 납부해야 하는 의무 발생
종합적 보상제도	• 현금급여와 현물급여 모두 제공
개별 실적 요율주의	• 산재 발생이 높은 사업장은 높은 보험료, 산재 발생이 낮은 사업장은 낮은 보험료를 부담

산재보험은 무엇보다 피재해 근로자와 그 가족의 구제에 기본을 둬야 하며 장기요양 중 또는 상병 치료 후에도 장애가 남아 있어 근로 능력이 저하된 경우에 해고 또는 불이익 취급을 받아서는 안 되며, 직장 복귀의 권리가 보장돼야 한다는 것이 원칙이다. 또한 휴업이나 취업 제한 시 임금 감소는 완전히 보장돼야 한다. 요양에 필요한 비용 및 치료행위 그리고 재활은 모두 보상돼야

에 의한 공사업자, 「정보통신공사업법」에 의한 공사업자, 「소방법」에 의한 소방시설공사업자 또는 「문화재보호법」에 의한 문화재 수리업자가 아닌 자가 시공하는 총공사 금액이 2천만 원 미만인 공사와 연면적이 100㎡ 이하인 건축물의 건축 또는 연면적이 200㎡ 이하인 건축물의 대수선에 관한 공사, ④「공무원연금법」 또는 「군인연금법」에 의해 재해보상이 행해지는 사업, ⑤「선원법」, 「어선원 및 어선재해보상보험법」 또는 「사립학교교직원연금법」에 의해 재해보상이 행해지는 사업 등이다.

137) 국민에게 발생하는 사회적 위험을 보험 방식에 대처함으로써 국민 건강과 소득을 보장하는 사회보험은 우리나라에서 건강보험, 국민연금, 산업재해보상보험, 고용보험의 4대 보험체계와 함께 최근 노인장기요양보험이 제5의 사회보험이 됐다.

하며 요양 중 또는 요양 후의 후유장애에 수반하는 정신적 고통에 대한 보상 즉 위자료도 지급돼야 한다. 이 밖에 유족이 안심하고 생활할 수 있는 임금 보상이 이뤄져야 하고 가정의 파괴에 대한 위자료로서의 보상(사망일시금)이 이뤄져야 하는 원칙도 가지고 있다.

「산업재해보상보험법」상 보험급여는 업무상 부상·질병·신체장해·사망 등의 재해 사유가 '업무상' 발생한 경우라야 지급된다. 즉, 산업재해로 인정돼 보험급여의 지급 대상이 되기 위해서는 「산업재해보상보험법」상 업무상 재해로 인정돼야만 하는데, 이에 대해서는 「산업재해보상보험법」 제5조 제1호에서 "업무상 재해라 함은 업무상 사유에 의한 부상·질병·신체장해 또는 사망을 말한다."라고 규정하고 있다.

산재보험은 현물급여와 현금급여 모두 제공하는 종합적 보상제도다. 현물급여는 요양급여로 요양비 전액을 지급하며, 고용노동부 장관이 설치한 보험시설이나 지정 의료기관에서 요양을 하게 된다. 요양급여의 범위는 진찰 및 검사, 약제 또는 진료 재료와 의지(義肢) 그 밖의 보조기의 지급, 처치·수술·그 밖

산재보험의 현금급여

종류	내용
휴업급여	• 업무상 사유에 의한 부상 또는 질병으로 취업하지 못한 기간(입원/통원)에 대해 1일당 평균 임금의 100분의 70에 해당하는 금액 지급
장해급여	• 치유 후 신체 등에 장해가 발생할 경우 지급 • 장해 등급(1~14등급)에 따라 연금 또는 일시금으로 지급 - 장해 1급에서 3급까지는 연금으로만 지급되며 1년~4년 분의 1/2에 해당하는 금액을 선급으로 지급받을 수 있음 - 장해 4급에서 7급까지는 일시급과 연금 중에 선택할 수 있으며, 연금으로 선택할 시 그 연금의 2년분의 1/2에 해당하는 금액을 선급으로 받을 수 있음 - 장해 8급에서 14급까지는 일시금으로만 지급
유족급여	• 근로자가 업무상 사유로 사망한 경우 그 당시 부양하고 있던 유족에게 급여 지급 • 유족급여 지급은 연금 지급이 원칙 - 연금 수급자격자가 없을 때 일시금 지급 목돈이 필요한 경우 50% 일시금 지급

상병보상연금	• 요양급여를 받는 근로자가 요양 개시 후 2년이 경과돼도 치유가 되지 아니하고 폐질 등급(1~3급)에 해당되는 경우와 장해보상연금을 받고 있던 근로자가 부상 또는 질병이 악화돼 재요양하고 있는 경우에 지급
간병급여	• 치료가 끝난 후에도 간병이 필요해 간병이 실제 행해지면 그 장해 정도에 따라 간병비용을 지급
장의비	• 근로자가 업무상 사유로 사망한 경우 장제 실행자에게 그 장제에 소요되는 비용 지급 • 장제를 실행한 유족에게 평균 임금의 120일분 지급 - 평균 임금이 낮은 근로자의 경우 장례비에 훨씬 못 미치는 장의비를 받으므로 최고·최저 장의비 제도를 도입해 일정액의 장의비를 보장 - 장례를 지낼 유족이 없거나 그 밖에 부득이한 사유로 유족이 아닌 자가 장례를 실행할 경우에도 평균 임금의 120일분에 해당하는 금액 범위에서 실제 소요되는 비용 지급
직업재활급여	• 직업훈련이 필요한 산재근로자에게 직업훈련에 드는 비용과 직업훈련수당을 지급하는 직업훈련 지원과 업무상 재해가 발생할 당시 사업장에 복귀한 산재근로자에 대해 사업주가 고용을 유지하거나 직장적응훈련 또는 재활운동을 실시하는 경우 직장복귀지원금, 직장적응훈련비 및 재활운동비를 지원 • 직장훈련지원사업은 장해 등급이 판정된 날부터 1년 이내에 신청하고, 2회 이내(직업훈련기간 12개월 이내) • 직장복귀지원사업 중 직장복귀지원금은 원직장 복귀 후 1개월 경과된 이후 청구하며, 최대 12개월 이내 지급, 직장적응훈련비·재활운동비는 직장적응훈련 또는 재활운동을 시작한 날로부터 1개월 경과된 이후 청구되며, 최대 3개월 이내 지급

의 치료, 재활치료, 입원, 간호 및 간병, 이송 등이다. 현금급여는 휴업급여, 장해급여, 유족급여, 상병보상연금, 간병급여, 장의비, 직업재활급여 등이 있다.

산재보험의 보험료는 근로복지공단이 보험 가입자로부터 징수하며 전액 사용자 부담이다.[138] 산재보험의 확정보험료는 개산보험료와 정산하는데, 개산보

138) 산업재해보상보험 사업은 고용노동부 장관이 관장하며, 근로복지공단은 산재보험을 관리 운영한다. 근로복지공단은 보험 가입자와 수급권자에 관한 기록 관리·유지, 「보험료징수법」에 따른 보험료와 그 밖의 징수금의 징수, 보험급여의 결정과 지급, 보험급여 결정 등에 관한 심사 청구의 심리·결정, 산재보험 시설의 설치·운영, 근로자의 복지 증진을 위한 사업, 그 밖의 정부로부터 위탁받은 사업 등을 하는 업무를 수행한다.

험료는 당해 보험 연도의 임금 총액과 보험료율을 곱하여 산정한다.[139] 산재보험의 가입자는 개산보험료와 확정보험료를 신고, 납부해야 한다. 전년도의 확정보험료가 개산보훠료보다 크면, 차액을 납부해야 한다. 그러나 만약 전년도의 개산보험료가 확정보험료보다 크다면, 그 차액을 당해 연도 개산보험료로 충당하게 된다.

풀이

산업재해보상보험은 기업의 고의 또는 과실을 따지지 않고 근로자가 입은 재해에 대해 배상 책임을 인정하는 것이다. 출근도 업무의 연장선상이라는 것이 법의 입장이고 이때 산재의 인정 범위인 팔 골절이라는 신체장애가 발생했으므로 산업재해보상보험이 인정된다고 할 수 있다. 따라서 정답은 1)이다.

---

139) 개산보험료는 매 보험 연도 초일(성립일)부터 연도 말(연도 중의 사업 종료일)까지 사용할 모든 근로자에게 지급할 임금 총액의 추정액에 보험료율을 곱해 산정한 보험료를 말한다. 보험 연도 초일(성립일)부터 70일 이내(건설공사 등 기간의 정함이 있는 사업으로서 70일 이내에 종료되는 사업은 종료일 전일까지)에 보고 납부해야 한다. 이를 수식으로 표현하면 '개산보험료=추정 임금 총액×보험료율'이다.

77 내가 언제 무엇으로 어떻게 아플지는 아무도 모른다 – 의료보장제도와 의료보장정책

사람은 살아가는 데 자신에게 닥칠 위험이 어느 정도 예측이 가능한 경우가 있는가 하면 전혀 예측이 불가능한 경우가 있다. 대표적으로 전자에 속하는 것으로는 사람이 늙어간다는 것이며, 후자에 속하는 것으로는 질병이나 부상의 발생일 것이다.

의료보장제도는 이와 관련된 것으로 누구도 질병 발생을 예측할 수 없고 만만치 않은 의료비를 개인이 짊어지기 어려워 빈익빈 부익부 현상을 심화시킬 우려가 높기 때문에 사회보장제도의 한 부분으로 건강 회복을 통한 사회 복귀를 돕는 제도다. 아주 훌륭한 제도로 생각되는데, 다음 중 의료보장정책과 관련이 없는 사항은 어느 것인가?

1) 의료보험상 위험의 크기와 확률에 따라 보험료를 부담하는 것이 원칙이다.
2) 의료급여 중 1종 수급권자는 국민기초생활보장법에 의한 수급자 가운데 근로 능력이 없는 자가 해당된다.
3) 사회취약 계층 및 벽지 주민의 건강문제와 관련해서는 보건소를 통해 의료보장정책을 실시하고 있다.
4) 우리나라는 모든 사람이 건강보험에 강제 가입되며, 피부양자에게 질병, 부상 등의 사고가 발생할 경우에 요양비를 지급한다.

해설

의료보장제도는 사회보장제도의 한 부분으로 사회적 위험으로서 질병에 대한 보장을 의미한다. 즉, 사회적 위험으로 질병은 진료에 필요한 비용을 발생하게 되고 소득의 결손을 가져오는데, 의료보장은 국가의 책임 아래 모든 국민에게 포괄적 의료를 제공해 국민의 건강 회복과 유지 및 증진을 도모하며, 질병으로 인한 경제적 부담에서 국민을 보호하는 것이라 할 수 있다(이준영, 2008: 301-302). 부언하면 누구든지 일상생활에서 겪게 될 수 있는 질병이나 부상에 대해 한꺼번에 고액의 진료비가 소비돼 가계가 어려움을 겪는 것을 막기 위해 국민이 평소에 내는 보험료로서 질병이나 부상이 발생한 경우 지급함으로써 국민 상호간에 위험 분담과 건강 회복을 도모함으로써 사회 복귀를 돕는 제도라고 하겠다.

의료보장제도는 ① 누구도 질병 발생을 예측하기 곤란하다는 점, ② 의료비 부담을 개인이 감당하는 것이 현실적으로 어려움을 겪기 쉽다는 점, ③ 의료서비스를 이용할 때 부익부 빈익빈 현상이 발생하게 된다는 점, ④ 산업성, 환경성 질환과 같은 사회적 원인 때문에 건강문제가 증가하고 있다는 점 등에서 필요성이 인정된다.

의료보장은 ① 높은 수준의 의료서비스를 적절한 비용으로 제공해, ② 국민 간 보건의료서비스의 균등한 분배를 달성하며, ③ 국민으로 하여금 예상치 못한 고액의 비싼 의료비의 부담으로부터 보호, 보건의료비를 적정 수준으로 유지하며, ④ 보건의료사업 효과를 극대화하는 것 등이 그 목표다.

질병과 부상은 국민 각자에게 높은 의료 비용을 부담시킴으로써 생활상에 많은 어려움을 주게 되며, 질병과 부상으로 인한 기간 동안 근로소득이 중단되거나 경감되는 결과를 가져오게 된다. 따라서 의료보장은 질병 또는 부상의 고통과 소득 중단이라는 이중의 부담을 줄여 줌으로써 국민의 생활을 보장하는 역할을 한다는 점에서 중요한 의미를 갖는다.

의료보장제도는 의료보험의 형태로만 존재하는 것이 아니라 국민보건서비스(National Health Service: NHS) 방식이라 불리는 형태로 이뤄지기도 한다.[140]

의료보장제도에서 제공하는 서비스는 현금질병급여(현금)와 의료서비스(현물)다.

의료보장정책은 크게 ① 의료보험, ② 의료보호, ③ 공공보건서비스로 나눌 수 있다.

의료보험은 질병 발생 시에 필요한 의료서비스를 제공하는 것으로 결손된 소득의 보충을 위해 보험 방식으로 대비하는 사회보험제도를 말하며, 일반적으로 사람들이 자신이 직면하게 될 질병에 대해 발생 시점이나 그에 수반되는 위험의 크기를 예측할 수 없으므로, 사전에 질병의 평균 발생 확률과 비용의 크기를 예상해, 각 시점에서 각자가 기대비용(보험료)만큼만 부담하면 충분한 보상을 받을 수 있도록 위험 분산의 원리를 채택하고 있다(이준영, 2008: 303).[141]

---

140) NHS는 국민연대성 원칙에 입각한 통합 일원화된 재정 및 행정 체계로 국가 및 공공 주체가 운영을 책임지는 의료보장제도다. 우리나라는 모든 사람이 의료보험에 강제 가입토록 해서 피보험자에게 질병, 부상 등의 사고가 발생한 경우에 요양 또는 요양비를 제공하는 국민건강보험(National Health Insurance: NHI) 방식을 채택하고 있다.

141) 민간보험에서는 위험의 크기와 확률에 따라 보험료를 부담하는 이른바 수지상응(equivalent)의 원칙이 적용되지만, 사회보험에서는 소득의 크기에 따라 다르게 부담하는 능력 원칙이 적용되기 때문에 소득재분배 효과를 갖게 된다. 일정 시점에서 의료보험은 고소득자로부터 저소득자로 또는 진료를 적게 받는 사람으로부터 진료를 많이 받는 사람에게 소득재분배 효과가 발생하는데, 이것은 결국 모든 사람을 위한 위험분

의료보호제도는 공공부조제도의 일부분으로 빈곤층을 대상으로 국가가 무료로 진료를 제공하는 것이 주된 내용이다. 우리나라의 의료보호제도와 유사한 제도는 미국의 메디케이드(Medicaid)[142] 정도로 다른 나라에서는 빈민만을 위한 특별한 의료보장제도는 잘 발견되지 않는다(김영모, 1999; 이준영, 2008: 311).

우리나라에서의 의료보호제도는 1969년 생활보호사업의 일환으로 가난한 사람들의 의료문제를 해결하기 위해 무료진료증을 발급하면서 시작됐고, 1977년 1월부터 생활보호 대상자 등을 대상으로 한 의료보호 사업을 우선적으로 실시하게 됐다. 이는 의료보험이 직장 근로자를 중심으로 도입될 때, 생활 능력이 없어 의료보험에 가입하지 못하는 영세민을 위한 독자적인 의료보장제도로서 의료보호를 도입했다. 의료급여 1종 수급권자는 「국민기초생활보장법」에 의한 수급자 중 근로 능력이 없는 자만으로 구성된 세대의 구성원, 보장시설에서 급여를 받고 있는 자, 보건복지부 장관이 정하는 희귀난치병 질환자 또는 그가 속한 세대의 구성원, 국가유공자, 인간문화재, 이재자, 북한 이탈주민, 의상자 및 의사자 유족, 성병 감염자(외래 제외), 그리고 행려환자 등이 있다. 2종 수급권자는 「국민기초생활보장법」상 수급자 중 1종 수급권자에 해당하지 않는 자다(이준영, 2008: 311).

공공보건서비스는 수익성을 추구하는 민간의료기관에서 해결할 수 없는 급성전염병 질환의 예방과 치료, 그리고 사회 취약 계층 및 벽지 주민의 건강문제를 국가가 보건소 등의 공공의료기관을 통해 담당하는 것을 의미하며, 최근에는 공공보건서비스의 초점이 만성 질환의 관리 및 재활사업으로 이동하고 있다(이준영, 2008: 313).

산제도로서 작용한다. 이처럼 사회보험에서는 위험 분산의 원리와 소득재분배 원칙이 밀접히 관련돼 있다(이준영, 2008: 303).

142) 메디케이드(Medicaid)는 주로 65세 미만의 저소득층과 장애인을 위한 것이다. 미국 연방정부와 주정부가 공동으로 재정을 보조하고 운영은 주에서 맡게 돼 있다. 그래서 각 주에 따라 보장하는 내용과 범위가 달라진다. 메디케이드의 혜택을 받기 위해서는 단지 소득이 낮다는 것만으로는 부족하고 나이, 임신 여부, 장애, 맹인, 소득, 재산과 더불어 미국의 시민이나 합법적 이민자인가 등의 다른 여러 기준에 적합해야 한다. 반면에 메디케어(Medicare)는 연방정부가 지원하고 운영하는 프로그램으로 주로 65세 이상으로 이전에 최소 10년 동안 일해 연방 세금을 낼 때 은퇴연금에 대한 세금과 메디케어 세금을 내고 나중에 혜택을 받는 것이다. 메디케어 세금을 채우지 못한 경우에는 보험료를 내고 가입할 수 있다. 이외에 65세 미만이더라도 특정한 장애나 질병을 가지고 있는 사람들을 대상으로 한 의료 프로그램이다(http://www.medicaid. gov).

풀이

의료보장정책에는 의료보험, 의료보호, 공공보건서비스로 나눌 수 있는데, 의료보험은 질병 발생 시 필요한 의료서비스를 제공하는 것을 말한다. 사회보험에서는 소득의 크기에 따라 부담하는 능력을 다르게 하는 원칙을 적용해 소득재분배 효과를 나타내도록 하는데, 1)은 민간보험이 적용하는 방식으로 의료보장정책 가운데 의료보험과는 적용 원리가 다르다는 점을 고려해 볼 때 여기서의 정답이 된다. 의료보호제도는 빈곤층의 의료 욕구를 해결하기 위해 국가가 무료로 진료를 제공하는 의료보장정책의 하나로 2)는 1종 수급권자에 해당하며 맞는 설명이다. 공공보건서비스는 민간의료기관에서 해결 불가능한 급성전염병 질환에 대한 예방과 치료, 그리고 사회 취약계층이나 벽지 주민의 건강문제를 정부가 담당하는 것을 말한다. 3)도 맞는 설명이다. 우리나라는 4)와 같은 NHI(National Health Insurance) 방식을 채택하고 있다. 역시 맞는 설명이다.

78 좋은 제도는 가까운 데 있다(?) -의료보장의 재정 운영과 유형

같은 분량이라도 남의 것이 더 많아 보이는 법이어서 남의 떡이 더 커 보인다는 말이 틀린 말은 아닌 것 같다. 최근 한국에 유학 온 미국인 스틸(Steele) 양은 한국의 의료보장제도에 대해 극찬을 아끼지 않고 있기 때문이다. 선진국으로 잘 알려진 미국에 살고 있는 사람이 한국의 제도에 대해 입이 마를 정도의 칭찬을 하니 고리라 양으로서는 잘 납득이 가질 않는다. 그래서 고리라 양은 각국의 의료보장정책이 어떠한가를 유학생들에게 물어보기로 했다. 물론 자기 나라 제도를 제대로 이해하지 못하는 사람도 있다. 하긴 우리나라 사람들조차도 우리나라의 제도에 대해 물으면 아마 모르는 사람이 아는 사람보다 더 많을지도 모른다. 모른다는 것은 어쩌면 그만큼 순박하다는 이야기가 될 수도 있겠지만, 알건 알고 넘어가는 것이 좋겠다. 각국에서 온 유학생들이 자기 나라의 의료보장정책에 대해 이야기하고 있다. 틀린 말을 하고 있는 유학생은 누구인가?

1) 미국에서 유학 온 스틸(Steele) 양은 자기 나라 의료보장 체계는 광범위한 민간보험으로 의료보장을 운영한다고 한다.
2) 스위스에서 유학 온 스위드(Swede) 양은 국가에서 모든 거주자들에게 의료 서비스를 직접 제공하고 있다고 한다.
3) 독일에서 유학 온 토마스(Thomas) 군은 피고용자의 고용 상태가 어떠한가에 따라 프로그램을 운영하며 기금에 대해 사용자와 노동조합의 참여가 발달되어 있다고 한다.
4) 캐나다에서 유학 온 스미스(Smith) 군은 피고용자뿐만 아니라 전체 거주자를 대상으로 의료보장제도가 갖춰져 있다고 한다.

해설

의료급여는 공공부조제도의 한 형태로 「국민기초생활보장법」에 의한 수급자 등 일정 수준 이하의 저소득층을 대상으로 하며 스스로 의료문제를 해결하기 힘든 경우 국가가 재정 부담을 안고 의료 혜택을 주는 것을 말한다. 또한 건강보험과 함께 국민의 의료보장제도의 중요 수단이 되는 사회보장제도로 모든 질병과 부상에 대한 진찰, 처치, 수술, 분만, 기타의 치료 약제 또는 치료 재료의 지급, 의료시설에의 수용, 간호, 이송, 기타 의료 목적 달성을 위한 조치 등을 지급하게 된다(강영실, 2006: 191).

현금급여는 질병이 원인이 돼 근로소득이 중단됐을 때 상실된 소득을 보전해 주는 급여를 말하며, 보통 단기로 운영된다. 급여 수급 이후에라도 계속적으로 현금급여가 필요하게 되면 단기 프로그램에서 장기 프로그램으로의 전환이 이뤄진다. 일반적으로 현금급여는 피고용자들을 대상으로 이뤄지며 일부 자영업자들을 포함되는 경우도 있다. 현금급여의 경우 공공부조 형태가 되는 경우에는 자산조사로 자격이 주어지게 되고, 사회보험 방식으로 현금급여가 이뤄지는 경우에는 노동자들의 피보험 기간 및 유급 노동 경험이 자격 조건이 된다.

의료서비스는 질병이나 부상을 치료하기 위해 제공하는 것으로 이에는 ①

국가의료보장 체계에 의해 직접 제공되는 방식, ② 민간의료기관에서 제공하고 국가의료보장 체계가 그 비용의 일부를 부담하는 방식 등이 있다. 의료서비스는 적용 범위 및 자격 조건에 제한이 없는 편이다.

의료보장의 재정 운영은 ① 국민의료서비스(National Health Service: NHS) 방식, ② 국민의료보험(National Health Insurance: NHI) 방식, ③ 민간보험 형태가 주된 체계인 민영의료보험(Consumer Sovereignty Model: CSM) 방식 등으로 나눌 수 있다. 흔히 NHS 방식이라 불리는 보편적 서비스 방식은 일반적으로 현금급여와 의료급여 부문이 분리돼 운영되는 데 비해 사회보험 방식은 일반적으로 현금급여와 의료급여 부문이 단일한 행정 체계를 통해 제공된다. 모든 국민을 대상으로 하는 의료보험제도가 없는 미국의 경우에는 민간보험 형태가 주된 체계인데 국가적 차원의 보편적 프로그램이 존재하지 않는다.

NHI 방식은 독일의 비스마르크가 창시해 비스마르크 방식이라고 한다. 국민을 임금소득자, 공무원, 자영업자 등으로 구분해서 관리하며, 보험료와 일부 국고로 지원한다. 보험자(조합 또는 금고)가 관리하며, 대표적인 국가는 독일, 일본, 프랑스, 한국 등이 있다. 의료기관 이용에 큰 제약이 없으나, 대형 병원 선호로 의료 자원 낭비라는 비판이 있다.

NHS 방식은 모든 국민에게 무상으로 의료를 제공하는 국가에서 관리, 통제, 제공하는 의료 방식으로 일명 조세 방식 또는 베버리지 방식이다. 전 국민에 일괄적으로 적용하며, 정부의 일반 조세로 재원을 조달한다. 정부기관이 관리하며, 대표적인 국가는 영국, 스웨덴, 이탈리아, 캐나다 등이 있다. 그리고 1차 의료기관에서 환자의 90% 진료, 의료 서비스의 남용을 방지하나, 대기 시간이 길고 진료 품질이 떨어진다는 비판이 있다.

현존 의료보장 체계의 유형은 ① 전통적 질병보험제도, ② 전국 단일 의료보험, ③ 보편적 서비스, ④ 민간보험형 등 크게 네 가지다.

전통적 질병보험제도는 피고용자들의 고용 상태를 중심으로 보험제도를 운영하며, 기금에 대해 사용자와 노동조합의 조합주의적 참여가 발달돼 있는 것이 특징이다. 독일, 오스트리아, 벨기에, 프랑스, 네덜란드 등이 대표적인 국가다.

전국 단일 의료보험은 사회보험제도로 의료 보장을 제공하지만 고용 상태 중심이 아닌 전국적 통일 체계로 의료 보장을 제공하게 되며, 따라서 그 대상은 전체 거주자다. 캐나다, 핀란드, 노르웨이, 스페인 등이 대표적인 국가다.

보편적 서비스는 영국의 NHS(National Health Service) 유형을 기본으로 하는 것으로, 국가에서 모든 거주자들에게 의료서비스를 직접 제공하는 형태다. 이에는 ① 영국, 이탈리아, 스웨덴, 포르투갈처럼 현금급여를 사회보험 방식에 따라 제공하는 국가, ② 호주나 뉴질랜드와 같이 공공부조를 이용해 제공하는 국가, ③ 덴마크처럼 의료서비스와 마찬가지로 보편적 서비스 방식으로 지급하는 국가로 다시 세분된다.

민간보험형은 공식적 국가 의료보장 체계 대신 광범위한 민간보험으로 의료보장을 운영하는 형태다. 미국, 스위스 등이 대표적인 국가라고 할 수 있다.

NHS 방식과 NHI 방식의 비교

	NHS 방식	NHI 방식
적용 대상 관리	• 전 국민에 일괄적으로 적용	• 국민을 임금소득자, 공무원, 자영업자 등으로 구분 관리
재원 조달	• 정부 일반 조세	• 보험료, 일부 국고 지원
관리 기구	• 정부기관(사회보험청)	• 보험자(조합 또는 금고)
대표 국가	• 영국, 스웨덴, 이탈리아, 캐나다 등	• 독일, 일본, 프랑스, 한국 등
장점	• 1차 의료기관에서 환자의 90% 진료, 의료 서비스 남용 방지	• 의료 기관 이용에 큰 제약 없음
단점	• 대기 시간이 길고 진료의 질 떨어짐	• 대형 병원 선호로 의료 자원 낭비

자료: 김신희(2010: 1-2).

풀이

의료보장 체계는 각국마다 운영하는 형태가 다르다. 우리나라는 모든 사람이 의료보험에 강제 가입하도록 돼 있으며 피보험자에게 사고가 발생한 경우 요양이나 요양비를 제공하는 NHI(National Health Insurance) 방식을 채택하고 있다. 미국이나 스위스는 민간보험형 의료보장 체계로 공식적 국가 의료보장 체계 대신 광범위한 민간보험으로 의료보장을 운영하는 나라다. 따라서 1)은 맞고, 2)는 틀린 설명이다. 모든 거주자에게 의료서비스를 직접 제공하는 형태는 영국 NHS 유형을 기본으로 하는 국가에서 사용하는 형태다. 따라서 정답은 2)다. 3)은 전통적 질병보험 제도로 독일, 프랑스 등이 대표적인 국가로 맞는 설명이다. 4)는 전국 단일 의료보험 체계를 갖춘 유형으로 대표적인 국가는 캐나다, 핀란드, 스페인 등으로 맞는 설명이다.

79 진료비는 어떻게 책정하나? –의료보장정책과 건강보험 진료비 지불 방법

최근 선진 문물을 익히고 돌아온 허준 대신이 임금에게 아뢰길 자신이 견학하고 돌아온 나라에서는 질병이 발생할 때 필요한 의료 서비스 제공, 결손된 소득의 보충을 위해 보험 방식으로 이에 대비하는 사회보험제도를 시행하고 있다는 것이다. 지금 이 나라에서는 국내외적으로 잦은 환란을 겪고 전염병이 만연해 백성들은 자주 의료서비스를 이용할 수밖에 없는데 질병 치료에 소요되는 진료비가 백성들에겐 만만치 않다는 데 문제가 있었다. 의료보장정책에 누구보다도 관심을 가진 허준 대신이 이런 제도를 그냥 보아 넘길 리 없었다. 그가 듣고 본 바에 의하면 백성들은 자신이 직면하게 될 질병에 대해 발생 시점이나 그에 수반되는 위험의 크기를 예측할 수 없으며, 따라서 사전에 질병의 평균 발생 확률과 비용의 크기를 예상해 각 시점에서 각자가 기대비용, 즉 보험료를 부담하면 충분한 보상을 받을 수 있도록 한다는 것이다.

허준 대신이 임금에게 여러 대안을 내놓았는데, 그 중 논의의 대상이 된 것은 진료비에 관한 것이었다. 허준 대신이 내놓은 진료비 지불 방법의 여러 대안 가운데 가장 채택하기 어려운 것은 어느 것인가?

1) 의료기관에서 환자 치료를 목적으로 제공한 모든 의료서비스를 조목조목 따져 화폐 단위로 계산하고 이를 합계해 진료비를 책정한다면 의료기관 입장에서 볼 때 아주 합리적일 것이다.
2) 의료기관의 운영비를 일정 기간 미리 국가와 계약을 맺고 진료비를 지불하게 한다. 이렇게 한다면 부당 진료나 과잉 진료 문제를 예방할 수 있기 때문에 좋을 것이다.
3) 질병을 몇 가지 그룹으로 분류해 질병군에 따라 미리 정해진 가격을

지급하는 방식을 채택하면 진료의 질 저하문제를 해결할 수 있을 것이다.

4) 주치의 등록제도를 조속히 도입해 실시하고 의사가 돌보는 환자 수에 비례해 금액을 지급하는 방식을 고려한다.

해설

의료보장정책의 한 유형으로 건강보험은 ① 소득보장으로 보는 견해, ② 건강보장이라는 견해 등 두 가지로 나눌 수 있다. 소득보장으로 건강보험을 보는 견해는 질병으로 인한 소득 중단이나 질병 치료에 소요되는 진료비를 보장해준다는 점에서, 건강보장으로 보는 견해는 의료보험이란 의료 그 자체, 즉 질병으로부터의 건강의 보장이라는 데서 그 의미를 찾고 있다.

건강보장정책은 건강한 생활 유지와 건강의 피해를 입지 않기 위해 질병에 대해 국민에게 충분한 치료와 양질의 의료서비스를 제공받도록 하는 것으로 사회보험 방식이든 또는 민간보험 방식이든 필요에 따라 의료비에 대한 경제적 부담 없이 의료 전문 서비스를 제공받아야 하며, 의료기관 및 의료 전문인의 적정한 배치를 통해 의료서비스를 보장해야 한다는 것이다(강영실, 2006: 25-26).

한국은 국가가 전 국민에게 건강보험을 제공하는 시스템을 운영하고 있으며, 건강보험사업은 보건복지부 장관의 소관으로 위험 분산, 소득재분배, 형평성 있는 비용 부담과 보험급여 제공을 통해 국민의 건강과 사회보장 증진을 도모하고 있다(이은경, 2010: 32-33). 우리나라의 건강보험제도는 1977년 500인 이상의 사업장을 대상으로 도시 근로자에게 의료보험을 제공하면서 시작됐고, 1989년 전국민 건강보험제도를 확립하고, 2000년 직장 및 지역의료보험이 통합되면서 단일 보험 체계를 갖추게 됐다.

국민건강보험과 관련해 진료비는 지불 방법에 따라 ① 행위별 수가제, ② 총액계약제, ③ 포괄수가제, ④ 인두제(人頭制) 등 네 가지 형태가 있으며 각각 장・단점이 있다.

행위별 수가제(fee for services)는 가장 시장 지향적인 진료비 책정 방법으로 의료기관이 환자에게 제공하는 모든 의료서비스를 항목별로 계산하고 그 총액으로 진료비를 책정하게 된다. 환자의 질환 상태에 따라 적절한 서비스를 자율적으로 제공할 수 있다는 장점과 함께 의료 인력이 환자에게 제공한 서비스를 화폐 단위로 환산해 이를 집계한 뒤 수가를 계산하기 때문에 의료기관에서 볼 때는 합리적이라 할 수 있다. 그러나 과잉 진료나 부당 청구가 발생할 우려가 있으며 비용 절감 측면에서는 효율성이 떨어지고 관리에 따른 비용이 많이 든다. 행위별 수가제는 우리나라, 미국, 일본 등에서 채택하고 있는 진료비 책정 방식이다.

총액계산제(global budget)는 의료기관의 1년간 운영비를 사전에 국가나 공단과 계약을 맺어 진료비를 지불하는 제도다. 행위별 수가제에서의 부당 진료, 과잉 진료 등에서 발생하게 되는 문제점을 해소할 수는 있지만 반대로 과소 진료 가능성이 존재하며 서비스 질이 떨어질 우려가 있다. 보험회사의 입장에서 보면 위험 발생 가능성이 낮은 환자만 선택하고 위험이 높거나 예측하기 힘든 환자는 다른 기관으로 떠넘기는 이른바 크림 떠내기(cream skim) 현상이 발생할 가능성이 높다. 총액계산제를 채택하는 국가로는 독일, 영국, 미국 등을 들 수 있다.

포괄수가제(case payment)는 개별 진료행위를 진단과 관련된 집단으로 묶어 진료비를 일괄 지불하는 방식, 즉 질병군별(Diagnosis Related Group: DRG)

로 분류해 질병군에 따라 일정액의 수가를 지급하는 방식으로 동일 질병에 동일 급여 보장, 행정절차 간소, 본인 부담금 감소와 같은 장점이 있다. 그러나 병원에서 DRG의 건수를 늘리고, 소요 비용을 줄이기 위해 건당 자원 및 시간의 투입을 감소시키게 되면 진료의 질이 떨어지게 된다. 즉, 진료량에 관계없이 동일한 진료비를 받는 의료기관의 입장에서는 가급적 최소한의 진료서비스로 진료 효과를 거두려고 할 것이기 때문에 진료의 질이 저하되는 문제를 가져오게 된다(이준영, 2004: 310).

인두제(capitation system)는 의사가 담당하는 환자 수에 따라 일정 금액을 지급하는 방식으로 주로 주치의 등록제도를 실시하는 국가에서 자신을 주치의로 등록한 환자 수에 따라 비용을 지급하는 방식이다. 진료비용이 적을수록 의사의 순소득이 증가하므로, 등록된 주민들을 대상으로 예방보건사업을 적극적으로 추진할 유인이 있다는 장점이 있으나, 진료량을 최소화하거나 병원으로 후송하는 환자 수가 증가할 수 있다는 약점도 동시에 갖고 있다(김태수 · 이우헌 · 이은애, 2010: 298).

풀이

진료비 지불 방법에는 행위별 수가제, 총액계약제, 포괄수가제, 인두제 등으로 나눌 수 있다. 1)은 행위별 수가제를 설명하고 있는 것으로 의료기관 입장에서는 합리적이라 할 수 있으나, 과잉 진료문제가 발생할 수 있다. 2)는 총액계약제를 설명하고 있는데 1)의 행위별 수가제에서 나타나는 과잉 진료 문제를 해결할 수 있지만, 오히려 과소 진료 가능성이 존재할 수도 있다. 3)의 내용은 포괄수가제를 제시하고 있으나 포괄수가제는 진료의 양에 관계없이 동일 진료비를 받는 의료기관 입장에서 최소의 서비스로 진료 효과를 거두고자 하므로 오히려 진료의 질 저하를 가져올 수 있어 잘못된 설명이다. 따라서 3)이 정답이다. 4)는 인두제에 대한 설명으로 주치의 제도가 있는 영국 같은 나라에서의 지불 방식이다.

80 얼마나 크면 큰 병원이에요? – 국민건강보험(1): 목적, 특징, 가입자 등

흔히 나이 많으신 분들이 "큰 병원에 가서 진료 받아봐라"라고 이야기할 때가 있다. '큰 병원이 무엇일까?' 하고 고민에 빠진 열한 살짜리 우리집 현이. 엄마에게 물어 보았다. "엄마, 얼마나 커야 큰 병원이야? 우리집 앞에 있는 김소아과는 큰 병원이야?" 하고 묻는 게 아닌가. 엄마는 친절하게 대답해 주었다. "큰 병원은 응급환자나 큰 병을 앓고 있는 사람을 봐 주는 곳이고, 김소아과는 동네 의원인데 그곳은 가벼운 병을 봐 주는 곳이란다." 현이는 또 의문이 생겼다. 도대체 큰 병이라면 어느 정도가 큰 병이고 작고 가벼운 병이라는 것은 또 무엇인가? 아무튼 이런 식으로 끊임없이 의문을 제기하면 끊임없이 대답해 주어야 하는 것이 부모의 역할인 모양이다. 결국에 가서는 아빠에게 그 해답을 물어보라고 한다. 아빠는 아는 범위 내에서 진땀 빼며 이야기해 주었다. 무려 한 시간이나 이야기한 결론은 다음과 같다. 아파서 진료를 받아야 할 경우에 의료기관을 그냥 아무데나 가는 게 아니고 단계라는 게 나뉘어 있는데, 전부 2개 단계다. 1단계 의료기관과 2단계 의료기관이 그것이다. 1단계 의료기관은 의원, 병원, 종합병원을 말하고, 2단계 의료기관은 대학병원처럼 1단계 진료로는 곤란한 질환이나 복합적인 중증 질환을 가진 환자를 담당하는 곳이라고 했다. 2단계 의료기관에 가기 위해서는 1단계 의료기관에서 진료의뢰서를 발급받아야 한다는 것도 이야기해 주었다. 그리고 이렇게 하는 이유는 대학병원같이 큰 병원에 환자가 모여들게 되면 중증 환자가 제대로 된 진료를 받지 못하는 것을 방지하기 위한 것이라는 것도 설명해 주었다. 그러자 현이는 다음과 같은 의문을 제기했다. 이른바 '예외적'인 경우가 없는가에 대한 것이다. 현이는 다음과 같을 땐 진료의뢰서 없이 2단계 의료기관을 이용할 수 있지 않을까 또 의문을 제기했다. 다음 중 예외적인 경우가 아닌 것은 어느 것일까?

1) 갑자기 교통사고를 당해 피가 많이 나는 환자는?
2) 내 친구 지윤이처럼 넘어져 다쳐서 한 번 피가 나면 멈추지 않는 환자는?
3) 장애인으로 등록돼 운동 치료를 계속해야 하는 환자는?
4) 심한 독감에 걸려 신종 플루가 아닐까 염려되는 환자는?

해설

우리나라의 「국민건강보험법」 제1조에서는 “국민의 질병·부상에 대한 예방·진단·치료·재활과 출산·사망 및 건강 증진에 대하여 보험급여를 실시함으로써 국민보건을 향상시키고 사회 보장을 증진함을 목적으로 한다.”라고 명시하고 있다. 국민건강보험제도는 ① 국가가 개입하여 국민의 건강과 생활의 안정을 도모한다는 점, ② 모든 국민을 대상으로 개인의 경제적 능력에 따라 보험료를 부담하고 개별 부담에 관계없이 필요에 따라 균등한 급여를 받게 함으로써 소득재분배를 달성한다는 점, ③ 국민의 의료비용을 사회 연대성의 원리에 따라 공동체적으로 해결하려는 것으로 특징지을 수 있다(강영실, 2006: 180).

국민건강보험의 가입자 또는 피부양자가 될 수 있는 사람은 국내에 거주하면서 「의료급여법」에 따라 의료급여를 받고 있거나, 독립유공자 예우에 관한 법률 및 국가유공자 등 예우 및 지원에 관한 법률에 의거해 의료보호를 받고 있는 자를 제외한 모든 국민이다. 가입자의 배우자, 직계존속, 직계비속 및 그 배우자, 형제·자매 등이 피부양자로 지정될 수 있으며, 질병 치료에 대해서는 가입자와 동등한 보험 혜택을 받을 수 있다. 「국민건강보험법」 제6조에 의거, 가입자는 직장 가입자와 지역 가입자로 분류되며, 직장 가입자에는 사업장의 근로자 및 사용자와 공무원 및 교직원 등이 포함되고, 직장 가입자 및 그 피부양자를 제외한 사람은 지역 가입자에 해당된다.[143] 직장 가입자의 피부양자는 직장 가입자에 의해 주로 생계를 유지하는 자로 보수 또는 소득이 없는 자로 직장 가입자의 배우자, 직장 가입자의 직계존속(배우자의 직계존속 포함), 직장 가입자의 직계비속(배우자의 직계비속 포함)과 그 배우자, 직장 가입자의 형제·자매를 말한다. 지역 가입자는 세대별로 보험료를 부과하게 되며, 크게 소득 비례 보험료와 재산 비례 보험료를 합산하는 방식으로 산출하게 된다. 직장 가입자는 피보험자와 생계를 같이하는 가족이 피부양자로서 급여를 받고, 지역 가입자는 모든 사람이 피보험자가 된다.[144]

건강보험은 보험자, 피보험자, 그리고 요양취급기관으로 이뤄진 삼자 관계라는 점에서 보험자와 피보험자 간의 양자 관계로 돼 있는 국민연금과는 다른 특징을 가진다. 즉, 피보험자는 보험자에게 보험료를 내고, 요양취급기관에서 요양급여를 받으면 보험자는 요양취급기관에 요양비를 지급한다. 요양취급기관

143) 「국민건강보험법」 제6조 제2항에 의해 직장 가입자에서 제외되는 자는 고용 기간이 1개월 미만의 일용근로자, 「병역법」에 따른 현역병(지원에 의하지 아니하고 임용된 하사를 포함), 전환 복무된 사람 및 무관 후보생, 선거에 당선돼 취임하는 공무원으로서 매월 보수 또는 보수에 준하는 급료를 받지 아니하는 사람, 기타 사업장의 특성, 고용 형태 및 사업의 종류 등을 고려해 대통령령으로 정하는 사업장의 근로자 및 사용자와 공무원 및 교직원 등이다.

144) 건강보험은 적용을 받는 피보험자와 피부양자가 질병, 부상, 분만, 사망과 같은 위험에 처했을 때 보호하고 건강을 유지·증진시키기 위해 각종 형태로 실시하는 의료서비스다. 자신의 범죄행위와 고의로 사고를 일으켜 생긴 부상이나 질병은 보험급여를 받을 수 없고, 업무에 따른 질병이나 부상으로 다른 법령에 의한 보험급여나 보상을 받은 경우에는 보험급여를 받을 수 없다.

은 병의원(치과병의원 포함), 약국, 한방병의원 등 다양하기 때문에 요양급여의 내용과 수준 그리고 전문직의 역할 등에서 갈등을 나타낼 여지가 있다.

건강보험의 재원은 보험료 납부 의무자인 가입자 또는 사용자로부터 징수하는 보험료와 국고 지원, 건강증진기금지원금 등이다. 보험료는 가입자・사용자[145]・국가 및 지방자치단체(의료급여의 경우)로부터 징수하는 금액이며, 건강보험 재원의 가장 큰 부분을 차지한다.

한편, 의료기관 종별 특성에 맞게 의료자원을 효율적으로 활용하고, 환자들의 대형 의료기관에의 편중 현상 등을 방지해 국민이 의료기관 이용 시 편리를 도모하고자 요양급여를 2단계로 나눠 각각의 요양급여 기준을 정하고 있다.

의원과 같은 1단계 의료기관에서는 가벼운 질환을, 종합전문요양기관과 같은 2단계 의료기관에서는 1단계 의료기관에서 진료하기 어려운 질환이나 복합적인 중증 질환을 진료하게 된다. 2단계 의료기관을 이용할 때에는 1단계 의료기관에서 요양급여를 받은 후 요양급여를 받아야 하며, 1단계 진료를 담당한 의사의 진료의뢰서를 제출해야만 보험급여 혜택을 받을 수 있는 것을 원칙으로 한다.

그러나, ① 응급 환자인 경우와 분만의 경우, ② 치과에서 요양급여를 받는 경우, ③ 등록장애인 또는 작업 치료, 운동치료 등의 재활치료가 필요하다고 인정되는 자가 재활의학과에서 요양급여를 받는 경우, ④ 가정의학과에서 요양급여를 받는 경우, ⑤ 당해 종합 전문요양기관에서 근무하는 가입자가 요양급여를 받는 경우, ⑥ 혈우병 환자가 요양급여를 받는 경우 등은 수급 절차에서 예외가 된다.

풀이

진료를 받을 필요가 있을 경우, 단계별로 의료기관을 이용하도록 한 의료전달 체계를 지니고 있다. 1단계 의료기관으로 의원, 병원, 종합병원이 있고, 2단계 의료기관으로는 주로 대학병원처럼 1단계 진료로는 곤란한 질환이나 복합적인 중증 질환에 대한 치료를 담당하는 곳이 있다. 참고로 보건기관은 보건소처럼 지역보건법에 의해 지역주민의 건강

145) 사용자는 근로자가 소속돼 있는 사업장의 사업주, 공무원이 소속돼 있는 기관의 장으로서 대통령령으로 정하는 사람, 교직원이 소속돼 있는 사립학교를 설립・운영하는 자를 의미한다.

증진을 도모하기 위해 설치한 의료기관을 말하며, 의원은 주로 외래 환자에 대해 의료를 행하는 소형 의료기관, 병원은 입원 환자 30인 이상을 수용할 수 있는 시설을 갖춘 중형급 의료기관, 종합병원은 입원환자 100인 이상을 수용할 수 있는 시설을 갖춘 중형급 의료기관을 말한다. 종합전문요양기관은 종합병원 중에서도 시설, 장비, 인력 등을 고려해 별도 지정하며 주로 대학부속병원이 해당된다. 각 의료기관별로 각종 처치 및 검사의 단가와 본인 부담금에 차이가 있어 진료비는 보건기관이 가장 싸며, 의원, 병원, 종합병원, 종합전문요양기관 순으로 비싸진다. 우선 1단계 의료기관에서 진료를 받아야 하며, 2단계 의료기관을 가기 위해서는 1단계 의료기관에서 진료진단서를 받아야 하는 의료전달 체계가 있다. 의료전달 체계를 둔 이유는 큰 병원에 환자가 집중됨으로써 중증 환자가 제대로 된 진료를 받지 못하는 것을 방지하기 위한 것이다. 그러나 1)과 같은 응급 환자, 2)와 같은 혈우병 환자가 진료를 받는 경우, 3)과 같이 등록장애인 또는 단순 물리치료가 아닌 작업치료, 운동치료 등의 재활치료가 인정되는 자가 재활의학과에서 진료를 받는 경우는 예외다. 4)는 예외적인 경우로 볼 수 없다.

81 알고 나서 진료도 받고 처방도 받자고요 -국민건강보험(2): 역사, 급여 등

우리나라는 2003년 재정이 통합되면서 건강보험이 통합 방식의 제도로 자리잡게 됐음을 잘 알고 있을 것이다. 이 때문에 우리나라의 건강보험이 외국의 사회보장 연구에서도 많이 다뤄지고 있다. 그러나 다른 모든 사회복지제도도 마찬가지겠지만, 건강보험도 제대로 알고 있는 사람은 드문 것 같다. 그저 보험료 내라면 내고, 아프면 병·의원 가서 진료받고 건강보험증을 제시해 얼마 내라면 내고, 약국 가라면 가고 이런 게 아니겠는가? 그래도 명색이 사회복지정책을 공부하는 우리의 입장에서는 조금 달라야 할 것 같다는 생각이 든다. 아래의 네 사람이 건강보험제도를 이용하기 위해 여러분에게 문의했다고 하자. 제일 좋은 방법이라면 국민건강보험공단에 전화해 알아보라 하면 되겠지만, 그래도 제도가 어떻다는 것은 알고 있는 편이 더 낫다는 생각은 든다. 다음 네 명 가운데 건강보험제도에서 시행하고 있는 범위를 벗어난 사람은 누구인가?

1) 김가을 할머니는 아들이 직장 의료보험 가입자로 피부양자의 자격을 갖고 있어 작년에 이어 올해도 혹시나 있을지 모를 질병의 조기 발견을 위해 무료 건강검진을 받고자 한다.
2) 남편이 외국에 나가 있는 27세의 직장 의료보험 가입자인 나분만 씨는 예기치 않게 병·의원이 없는 섬마을 한 가정집에서 어느 할머니의 도움으로 예쁜 딸을 출산하게 됐는데 이에 대해 출산비를 지급받고자 한다.
3) 장애인복지법에 의해 등록된 다리가 불편한 장애인인 정모 씨는 담당의사의 진단 결과에 따라 휠체어를 구입했는데, 구입 금액의 일부라도 보험급여비로 지급받고자 한다.

4) 강모 씨는 월 200만 원 정도를 벌고 있는 가장인데, 3인 가족 중 유일하게 수입이 있는 사람이다. 중증을 앓고 있는 하나뿐인 아들의 진료비로 연간 500만 원 이상 지출되고 있는데 과다한 진료비 지출로 인해 가계의 경제적 부담이 커서 건강보험제도에 그 방법이 없나 문의하고 있다.

해설

국민들이 매월 내는 보험료로 질병 등 치료할 일이 생겼을 때 진료비의 일부분을 납부해 주는 건강보험은 사회적 연대를 바탕으로 의료비 문제를 해결하는 데 우선적인 목적이 있으므로 소득 수준 등 보험료 부담 능력에 따라 차등부담해 이뤄지며, 보험료 부과 수준에 관계없이 관계 법령에 의해 균등하게 보험급여가 이뤄진다.[146] 피보험자에게는 보험료 납부의 의무, 보험자에게는 보

146) 건강보험은 건강한 사람으로부터 건강하지 않은 사람에게로 재분배가 이뤄진다. 즉, 수평적 재분배 효과를 가지게 된다. 한국의 건강보험은 강제 가입을 원칙으로 하는데,

험료를 징수해야 할 강제성이 부여된다.147) 건강보험제도에서는 단기보험으로 1년 단위의 회계연도를 기준으로 수입과 지출을 예정해 보험료를 계산하게 되며 지급 조건과 지급액도 보험료 납입 기간과는 상관없이 이뤄진다.

우리나라는 1963년 11월 사회보장법이 제정되고 동년 12월 6일 「의료보험법」이 제정됐지만 임의 적용 방식으로 사회 여건에도 맞지 않아 유명무실해져서 실질적 시행이 이뤄지지 않았다. 1970년 근로자, 공무원, 군인 등을 대상으로 강제 가입을 원칙으로 하는 「의료보험법」이 개정됐으나 의료보험 강제 적용의 문제점 등 제반 여건상의 어려움 때문에 그 시행령조차 마련되지 못했다. 그러다가 1977년 7월 1일 의료보험제도를 전면 개정해 강제 적용의 사회보험 방식으로 하되 적용이 쉬운 일정 규모 이상의 사업장 노동자를 우선 적용했다. 1979년 1월 공무원 및 사립학교 교직원 의료보험이 실시되고, 동년 7월 300인 이상 사업장까지 직장의료보험 적용이 확대됐다. 1981년 1월에는 100인 이상의 사업장까지 직장의료보험이 확대 실시됐고 동년 7월에는 지역의료보험 시범사업이 개시됐다. 1988년 농어촌 주민, 1989년에는 도시자영업자를 포함시켜 전국민의료보험이 달성됐다. 1998년 10월 1일 「국민의료보험법」 실시로 공교의료보험공단과 227개의 지역의료보험조합을 통합, 국민의료보험관리공단이 출범했고 1999년 의료보험 통합 시행을 골자로 한 「국민건강보험법」이 국회를 통과해 2000년 7월 1일 시행됐으며, 2003년에는 직장과 지역건강보험의 재정 통합이 이뤄졌다.148) 그리고 2006년에 「장기요양보험법」이 통과됐으며, 2008년 7월 노인장기요양보험이 실시됐다. 2011년 1월 4대 사회보험(국민연금·건강

1989년 7월 1일 전 국민의료보험이 실시된 이후 2013년 말 의료보장 인구는 5,145만 명으로 이중 건강보험 적용 인구는 4,999만 명, 의료급여 적용 인구는 146만 명으로 집계됐다. 건강보험 적용 인구 중 직장 적용 인구는 3,501만 명(70%)으로 2008년 이후 매년 약 92만 명씩 증가하는 추세이며, 지역 적용 인구는 1,498만 명(30%)으로 매년 감소하고 있다. 1인당 평균 부양가족 수는 직장 가입자가 1.40명으로 2008년 대비 0.22명 감소했고, 지역 가입자는 0.94명으로 2008년 대비 세대당 0.26명 감소했다(보건복지부, 2014).

147) 보험자는 보험사고가 발생할 때 보험금 지급 의무를 갖는 자를 말하며, 국민건강보험공단이 된다. 피보험자는 보험료를 부담하는 사람을 말하며 피부양자란 피보험자의 부양가족을 말한다. 그리고 피보험 대상자란 피보험자와 피부양자를 합한 것을 말한다.

148) 우리나라에는 직장 가입자와 지역 가입자를 따로 관리하는 조합 방식이었다. 2003년 재정이 통합되면서 통합 방식의 제도로 자리 잡게 됐다. 이런 특징으로 인해 외국의 사회보장 연구에서도 한국의 건강보험이 많이 다뤄지고 있다.

보험·산재보험·고용보험) 징수 업무(고지·수납·체납)를 일원화해 건강보험공단에 위탁했다.

보험급여란 가입자 및 피부양자의 질병·부상에 대한 예방·진단·치료·재활과 출산·사망 및 건강 증진에 대해 공단이 제공하는 재화를 말하는데, 현물급여와 현금급여가 있다. 국민건강보험은 현물급여를 원칙으로 하되, 현금급여를 병행한다.

현물급여는 통화가 아닌 현물을 보험 대상자에게 지급하는 것으로 국민건강보험에는 수급권자에게 의료서비스를 받을 수 있는 권한 등을 제공하는 것을 의미한다. 현물급여에는 ① 요양급여, ② 건강검진이 대표적이다. 요양급여는 가입자 또는 피부양자의 질병·부상·출산 등에 대한 급여를 말하며, 요양급여는 가장 일반적인 건강보험 급여 형태다. 수급권자가 의료기관으로부터 받은 치료 및 예방에 대해 일부 금액을 환자를 대신해 의료기관에 제공하는 비용을 말한다. 즉, 진찰·검사, 약제·치료 재료의 지급, 처치·수술 기타의 치료, 예방·재활, 입원, 간호, 이송, 예방 및 재활 등이 포함된다. 요양급여에는 보험자가 비용을 부담하는 요양급여의 기간 제한이 없다. 건강검진은 가입자·피부양자에 대한 질병의 조기 발견과 이에 따른 요양급여로 2년에 1회 무료 건강검진을 실시한다.

현금급여는 가입자 또는 피부양자 등에게 공단에서 현금 형태로 지급되는 보험급여제도로 질병 또는 출산 등의 이유로 일을 하지 못하게 됨으로써 소득이 중단되는 경우 이를 보전해 주기 위한 것으로 가입자 및 피부양자의 신청에 의해 지급된다. 현금급여는 ① 요양비, ② 출산비, ③ 장애인보장구 급여비, ④ 장제비, ⑤ 본인부담보상금, ⑥ 본인부담상한제 등의 종류가 있으며, 이 가운데 장제비는 2008년 1월 1일 이후 사망한 경우부터, 본인부담액보상금제도는 2007년 7월 1일 이후 진료분부터 폐지됐다.

요양비는 가입자 또는 피부양자가 긴급·기타 부득이한 사유로 인해 요양기관과 유사한 기능을 수행하는 기관에서 질병·부상·출산 등에 대해 요양을 받은 경우 요양급여에 상당하는 금액을 지급한다.

출산비는 요양기관 이외의 장소에서 출산한 가입자 및 피부양자에게 지급한다.

장애인보장구 급여비는 「장애인복지법」에 의해 등록된 장애인인 가입자 및 피부양자가 보장구를 구입할 경우, 구입 금액의 일부를 보험급여비로 지급한다.

장제비는 가입자 및 피부양자 사망 시 그 장제비를 행한 자에게 지급하는데,

2008년 1월 1일 이후 사망한 경우부터 폐지됐다.

본인부담보상금은 병원에서 진료 후 발생한 건강보험 본인 부담금이 매 30일간 120만 원을 넘었을 경우 그 넘은 금액의 50%를 공단에서 지급하는 제도였다. 본인부담액상한제 확대 시행으로 2007년 1월 1일 이후 진료분부터 본인부담액보상금제도는 폐지됐다. 본인부담상한제는 고액·중증 환자의 과다한 진료비 지출로 인한 가계의 경제적 부담을 덜어 주기 위한 제도로 2004년 7월 1일부터 시행했다. 가입자의 소득 수준에 따라 1년간 건강보험 본인부담금이 개인별 상한액을 넘을 경우 그 초과 금액을 가입자에게 돌려주는 제도다. 본인부담금이 가입자의 보험료 수준별로 하위 50%는 연간 200만 원, 중위 30%는 300만 원, 상위 20%는 400만 원의 상한액을 초과하는 경우 그 초과액을 공단이 부담하게 됐다. 2014년부터 기존 3단계에서 7단계로 세분화됐다. 2015년 본인부담 상한액은 1단계 1,210,000원, 2단계 1,510,000원, 3단계 2,020,000원, 4단계 2,530,000원, 5단계 3,020,000원, 6단계 4,050,000원, 7단계 5,060,000원이다.

직장 가입자의 보험료는 모든 근로자의 소득 능력에 따라 보험료를 부과하는 것이 특징인데, 보수월액에 보험료율을 곱해 산정한다.[149] 2014년 상반기 보험료율은 5.99%다. 사용자와 근로자가 가 50%씩 부담하며, 사용자가 원천 징수해 공단에 납부한다. 사립학교 교원은 본인, 사립학교 설립·운영자, 정부가 각 50%, 30%, 20%씩 부담한다.

지역 가입자는 가입자의 소득, 재산(전월세, 자동차 포함), 생활 수준 및 경제활동참가율을 참작해 정한 부과 요소별 점수를 합산한 보험료 부과 점수에 점수당 금액을 곱해 보험료 산정 후 경감률 등을 적용해 세대 단위로 부과한다.[150] 2014년 보험료 부과 점수당 금액은 175.6원이다.

국민건강보험은 보건복지부, 국민건강보험공단, 건강보험심사평가원에 의해 관리 운영되고 있다. 보건복지부는 건강보험사업의 관장자로서 건강보험 관련

---

149) 즉, 직장 가입자의 건강보험료=보수월액×보험료율이다. 보수월액은 월평균보수이며, 보험료율은 직장 가입자가 당해 연도에 받은 보수 총액을 근무 월수로 나눈 금액을 말한다.

150) 즉, 지역 가입자 건강보험료=보험료 부과 점수×점수당 금액으로 산정해 부과한다. 그리고 도서, 벽지, 농어촌 등 대통령령이 정하는 지역에 거주하는 자, 65세 이상인 자, 모부자 가정, 소년소녀 가장 세대, 「장애인복지법」에 의해 등록한 장애인, 「국가유공자 등 예우 및 지원에 관한 법률」에 규정된 국가유공자 등에게 보험료를 경감해 준다.

정책을 결정하고 건강보험 업무 전반을 총괄하고 있다. 국민건강보험공단은 건강보험의 보험자로서 가입자 자격관리, 보험료의 부과 · 징수 및 보험급여비용 지급 등의 업무를 수행하고 있다. 그리고 건강보험심사평가원은 요양기관으로부터 청구된 요양급여 비용을 심사하고 요양급여의 적정성을 평가하고 있다.

풀이

국민건강보험은 요양급여나 건강검진과 같은 현물급여를 원칙으로 하며, 현금급여를 병행하고 있다. 요양급여는 가입자나 피부양자의 질병 · 부상 · 출산 등에 대한 급여를 말하며 건강검진은 가입자와 피부양자에 대한 질병 조기 발견과 이에 대한 요양급여로 2년에 1회 무료 건강검진을 실시한다. 1)과 관련해 김가을 할머니는 작년에 무료 건강검진을 받았으므로 2년 후 즉 내년에 무료 건강검진을 받을 수 있다. 따라서 1)이 정답이다. 2)의 경우 나분만 씨는 요양기관 이외의 장소에서 출산한 직장 가입자이므로 출산비에 대한 현금급여를 받을 수 있다. 3)에 대해 장애인보장구 급여비는 장애인복지법에 의해 등록된 장애인인 가입자나 피부양자가 보장구를 구입할 경우, 구입 금액의 일부를 보험급여로 지급할 수 있다. 단 등록된 장애와 다른 용도의 보장구를 청구해서는 안 된다. 4)는 본인부담액상한제 시행에 따라 본인 부담금이 보험료 수준별로 어느 정도 위치인지 파악해 상한액을 초과하는 경우 그 초과액을 공단이 부담하게 함으로써 과다 진료비 지출에 대한 가계의 경제적 부담을 다소 완화할 수 있다.

82 내가 일할 수 없이 나이가 많게 되면… – 연금정책

미래는 불확실한 것이다. 이 불확실한 미래는 두 가지가 있다. 로또 당첨과 같은 좋은 쪽의 미래와 건강 악화, 실업 등과 안 좋은 미래가 바로 그것이다. 좋은 미래야 한없이 발생하면 좋겠지만, 반대의 경우는 항상 우리를 그림자처럼 불안하게 따라다니며 괴롭힌다. 그래서 앞날에 일어날 수 있는 모든 가능성을 사전에 예측하고 이에 대해 완벽한 대비를 하도록 하는 것이 바로 보험상품이 아니던가! 그러나 이렇게 불확실한 미래도 어느 정도 예측 가능하고 도래할 것이 확실하거나 가능성이 높지만 그게 언제인가 하는 시점에 대한 불확실성을 지니는 경우도 있다. 여름철에 눈이 올까봐 걱정하는 구해주 씨가 이런 상황을 두고 잠 못 자고 있는 것은 당연하다. 이제 스무 살을 갓 넘긴 그가 나이가 많아 노동 능력이 감퇴하거나 잃게 되어 임금 소득이 없어졌을 때 만약 가진 것 없이 권리로서 어떤 최저한의 소득이라도 보장받을 수 있는 방법이 없을까를 고민하고 있다. 그에게 어떤 조언을 해 주며 위로(?)해 줄 수 있을까?

1) 여름철에 눈이 올까 걱정하는 사람에게 무슨 조언을 해 준단 말인가? 열심히 실력을 키워 자신의 앞날이나 잘 개척하라고 이야기해 준다.
2) 고령이 돼 노동 능력이 감퇴하거나 상실돼 임금 소득이 없게 됐을 때 자산조사 없이 권리로서 최저한의 노후 소득보장으로 연금이 있음을 조언해 준다.
3) 자신의 상태를 잘 보고 만약 안 좋은 쪽의 미래가 예견된다면 미리 보험을 많이 들어 두라고 조언한다.
4) 훌륭한 보험설계사를 만나 보험에 든다면 최선을 다해 나쁜 결과를 미연에 방지하려는 노력을 덜 해도 되고 그런 불안에서 벗어날 수 있다고 조언한다.

해설

일반적으로 연금은 장애, 노령, 퇴직 및 부양자의 사망 등으로 인한 소득 상실의 경우를 대비해 미리 갹출한 보험료를 기초로 해서 제공되는 현금급여를 말한다. 연금제도는 장기적 소득보장제도다. 2010년 현재 이러한 목적으로 시행되고 있는 우리나라의 공적 연금은 사회보험 방식으로 이뤄지는 국민연금 및 특수직역연금, 공공부조 방식으로 이뤄지는 기초연금 등인데, 이러한 공적 연금으로 우리나라는 다층 노후소득보장 체계를 갖추고 있다(최옥금, 2010: 293-294; 보건복지부 홈페이지). 다시 말하면, 우리나라의 경우 연금제도는 ① 국민연금 또는 특수직역연금의 공적 연금, ② 기업 차원의 퇴직연금, ③ 민간 차원의 개인연금 등 3층 보장 체계의 형태를 갖추고 있어 형식적으로는 선진국의 3층 보장 체계와 유사한 특히 노후 보장 시스템을 보유하고 있다.

연금이 가지는 기능은 크게 ① 노후 소득보장 기능, ② 소득재분배 기능, ③ 경제적 기능 등에서 찾을 수 있다.

노후 소득보장 기능이란 나이가 많이 들어 노동 능력이 떨어지거나 상실돼 임금 소득이 발생하지 않게 됐을 때 자산조사 없이도 권리로서 최저한의 소득을 보장받을 수 있는 것을 말한다.

소득재분배 기능에 따른 형태는 크게 수직적 재분배(vertical redistribution), 수평적 재분배(horizontal redistribution), 세대 간 재분배(intergeneration redistribution)로 나눌 수 있다. 수직적 재분배는 소득계층 간의 재분배 형태로 소득이 높은 계층에서 소득이 낮은 계층으로 재분배되는 형태를 의미한다. 수평적 재분배는 동일한 소득계층 내에서 건강한 사람으로부터 질병자로, 취업자로부터 실업자에게로 소득이 재분배되는 형태다. 세대 간 재분배는 현재의 근로 세대와 노령 세대, 또는 현재 세대와 미래 세대 간의 소득을 재분배하는 형태를 말한다. 낮은 보험료를 내던 세대가 퇴직 후에는 사회의 전반적인 소득 수준의 향상에 힘입어 인상된 연금을 받게 되는 경우, 이때 인상된 연금은 보험료를 낸 세대에 축적되기보다는 새로 노동시장에 진입한 젊은 계층이 낸 보험료로 충당하게 되는 것을 그 예로 들 수 있다.[151]

경제적 기능으로서 연금은 경제가 경기 순환을 거듭하는 과정에서 인위적으로 재정 규모에 대한 변화를 주거나 적극적으로 재정정책을 시행하지 않고도 연금의 재정구조가 경기 변동에 따라 작용함으로써 경기 변동에 영향을 미치게 되는 것을 말한다.[152]

사회보장연금에서의 재원은 피용자와 고용주가 부담하는 보험료와 정부 지원 등으로 이뤄지는 삼자 부담의 원칙이 적용되고, 대부분의 나라에서는 정부 지원 없이 고용주와 피용자가 공동 부담하는 보험료로 재정을 충당하고 있다.

연금은 ① 적립 방식, ② 부과 방식, ③ 수정 적립 방식, ④ 수정 부과 방식 등의 재정 운영 방식이 있다.

적립 방식은 근로 기간 중 규칙적으로 저축한 것을 정년 후 되돌려 받는 일종의 강제 저축이며, 개인이 낸 보험료 총액과 개인이 받는 급여 총액이 일치하는 이른바 수지 상응의 원칙(equivalence principle)에 입각한 방식으로 재정을 운영해 나가게 된다.

부과 방식은 매년 전체 가입자가 낸 보험료로 당해 연도 연금 지불액을 충당

151) 소득을 재분배하는 공적 연금의 경우, 재정 조달 방식이 부과 방식(pay-as-you-go)인 경우에 현 노령 세대는 근로 세대로부터 현 근로 세대는 미래 세대로부터 각각 소득이 재분배되는 메커니즘을 특징으로 한다.

152) 이것을 가리켜 연금은 자동안정 장치(built-in stabilizer)를 가지고 있다고 한다. 경제가 불황일 때에는 연금의 재정을 바탕으로 시장에 대한 투자가 이뤄지게 되며, 호황일 때에는 보험료를 올리는 방법으로 재정을 축적시켜 시장의 통화량을 축소시키게 된다.

하는 방식으로 매년 수입과 지출이 균형을 이루도록 하는 수지 균형의 원칙에 따른다.

재분배 측면에서 보면 적립 방식은 개인별 형평성 담보, 세대 내 재분배, 세대 간 공평성 면에서, 부과 방식은 세대 간 소득재분배라는 측면에서 각각 특징이 있다. 적립 방식은 보험료의 평준화, 제도 초기의 적립기금을 통한 자원 활용, 재정의 안정적인 운영 등에서 장점이 있으나, 제도 초기에는 과중한 부담을 안게 되고, 평균보험료 산정이 어려우며, 인플레이션에 취약하고 장기적 재정 추계가 필요하다는 단점이 있다. 이에 반해 부과 방식은 시행 초기에는 부담이 적고, 인플레이션에 대한 강점과 함께 경제 성장에 비례한 실질 가치를 높일 수 있으며 완전 연금을 즉각적으로 지불하는 것이 가능하다는 장점이 있으나, 다음 세대에 대한 과중한 부담, 재정 운영이 불안하며 인구구조 변화에 대한 영향, 즉 노령화에 취약하다는 단점을 가지고 있다.

우리나라는 수정 적립 방식을 따르고 있다. 수정 적립 방식은 시행 초기에는 평균 보험요율보다 낮으나 인플레이션의 발생이나 임금 상승과 같은 외부 환경 여건의 변화가 일어나게 되면 단계적으로 보험요율을 인상하게 된다.

수정 부과 방식에서 수지 균형을 따르는 것은 부과 방식과 같고 10년~20년을 기간으로 수지 균형이 이뤄지도록 어느 정도의 적립금을 보유해 그 기간 안에 충당하는 방식을 말한다.

풀이

3)은 보험이 가지는 역선택(adverse selection)의 문제를 간접적으로 설명하는 것으로 예화와는 큰 관계가 없는 설명이다. 실제로 보험금을 탈 가능성이 아주 높은 사람들이 주로 보험에 가입하게 되는 현상을 일컫는 역선택은 평균 수준 이하의 위험성을 가지는 사람이라면 보험에 가입하는 것이 그다지 매력적인 일이 아닌 것으로 느끼는 반면, 높은 위험성을 가진 사람이라면 보험에 가입하는 것이 유리하다고 느낄 것이므로 결국 가장 위험성이 높은 사람들이 주로 보험에 가입하게 되고 그럴수록 보험 가입료가 점차 높아지는 악순환이 생기게 되는 것을 말한다. 4)의 경우에 설명돼 있는 도덕적 해이(moral hazard)의 경우도 보험이 갖는 문제점을 간접적으로 지적한다. 즉, 보험에 가입한 사람이 보험에 가입하기 이전보다 위험 발생을 예방하는 데 적극적인 노력을 기울이지 않는 것으로 건강보험이나 실업보험에서 주로 발생한다. 도덕적 해이 문제는 건강보험 진료비 본인 부담을 정당화하는 논리로 사용된다. 2)는 연금의 기능으로 노후 소득보장을 하는 것을 설명하고 있다. 따라서 2)가 정답이다.

83 저는 가입이 안 되나요? - 국민연금(1): 목적, 역사, 가입자 등

국연금 군은 사회복지정책론 시간에 늦어 “여러분들은 국민연금을 조만간 납부해야 할 대상이 될 것”이라는 교수님 말씀만 듣게 됐다. 그는 국민이 나이가 들었거나 질병과 상해 또는 사망에 대해 연금급여를 실시함으로써 국민의 생활 안정과 복지 증진에 기여하는 것이 국민연금이라고 알고 있었다. 선배들의 족보(?)를 받아 열심히 시험 예상문제를 풀고 드디어 기말시험을 치르게 됐다. 더불어 머피의 법칙도 그에게 다가왔다. 국민연금에 대한 문제가 나왔기 때문이다. 다음은 국연금 군이 받은 국민연금과 관련된 시험문제다. 질문하는 내용은 다음 네 명의 사람 가운데 국민연금 가입이 될 수 있는 조건으로 부적당한 사람은 누구인가를 묻는 것이다. 여러분은 누가 국민연금 가입자로 부적당하다고 생각하는가?

1) 김사학 씨는 모 사립학교 교직원으로 행정실에 근무하는 만 40세의 노총각이다.
2) 박지역 씨는 마트에서 일하는 파트타임 근로자로 만 20세의 미혼 여성이다.
3) 임의자 씨는 만 60세이고 가입 기간이 부족해 연금을 받지 못한다는 사실을 알고 가입 기간을 연장해 더 많은 연금을 받고자 한다.
4) 까입하꼬바 씨는 25세의 결혼 이민 여성으로 울산의 모 사업장에 상시 고용돼 있고 이 여성의 모국은 우리나라와 상호 협정이 체결돼 있다고 한다.

해설

국민연금은 국가가 보험의 원리를 도입해 만든 사회보험의 일종이다. 가입자, 사용자 및 국가로부터 일정액의 보험료를 받고 이를 재원으로 해서 노령으로 인한 근로소득 상실을 보전하기 위한 노령연금, 주소득자의 사망에 따른 소득 상실을 보전하기 위한 유족연금, 질병 또는 사고로 인한 장기 근로 능력 상실에 따른 소득 상실을 보전하기 위한 장애연금 등을 지급함으로써 국민의 생활 안정과 복지 증진을 도모하는 것을 목적으로 한다. 현재 우리나라에서 겪고 있는 노인 인구의 급증, 출산율 저하, 사적 부양 역할의 축소, 노후 빈곤문제, 도시화, 산업화에 따르는 사고나 산업재해 등 각종 사고의 위험을 개인 또는 가족 스스로 해결하기에는 어려움이 많기 때문에 국가가 나서서 사회 구성원 간의 공동체적 연대와 세대 간의 부양 시스템에 기초를 둔 국민연금제도를 도입하게 됐다.

1988년 1월 1일부터 시행하고 있는 국민연금제도는 1988년 10인 이상 사업장을 당연 적용 대상으로 적용했으나, 점차 확대해 1992년 소득보장 혜택이 더욱 절실한 5인 이상 사업장으로 당연 적용 대상을 확대했으며, 1995년에는 신경제 5개년계획 및 WTO 체제 하의 농어촌 발전대책의 일환으로 농어촌 지역에까지 확대했고, 1999년 4월 도시자영업자까지 가입 대상을 확대함으로써, 전

국민 연금 시대를 맞게 됐다. 2000년 7월에는 농어촌지역 특례노령연금이 지급됐고, 2001년 11월에는 텔레서비스 시스템을 전국으로 확대 운영했으며, 2003년 7월에는 근로자 1인 이상 사업장으로 적용 범위를 확대했다. 2008년 1월 국민연금제도를 시행한 지 20년이 됐으며, 완전노령연금 수급 시대를 개막했다.

국민연금 가입자는 ① 사업장 가입자, ② 지역 가입자, ③ 임의 가입자, ④ 임의 계속 가입자로 구분한다.[153]

사업장 가입자는 사업의 종류, 근로자의 수 등을 고려해 대통령령으로 정하는 사업장의 18세 이상 60세 미만인 근로자와 사용자로서 국민연금에 가입된 자다. 국민연금에 가입된 사업장에 종사하는 18세 미만 근로자는 자기가 원하면 사용자의 동의를 받아 사업장 가입자가 될 수 있다. 「국민기초생활보장법」에 따른 수급자는 본인의 희망에 따라 사업장 가입자가 되지 아니할 수 있다. 사망, 국적 상실 및 국외로 이주, 사용 관계가 끝난 때, 60세가 된 때 등 자격을 상실한다.

지역 가입자는 사업장 가입자가 아닌 자로서 18세 이상 60세 미만인 자는 당연히 지역가입자가 된다.[154] 다만, 「공무원연금법」, 「군인연금법」 및 「사립학교교직원 연금법」을 적용받는 공무원, 군인 및 사립학교 교직원, 그 밖에 대통령령으로 정하는 자 · 사업장 가입자, 지역가입자 및 임의계속가입자 · 별정우체국 직원 · 노령연금 수급권자 및 퇴직연금 등 수급권자의 배우자로서 별도의 소득이 없는 자는 제외한다. 그리고 퇴직연금 등 수급권자의 경우 「국민연금과 직역연금의 연계에 관한 법률」 제8조에 따라 연계 신청을 한 경우에는 그러하지 아니하다. 18세 이상 27세 미만인 자로서 학생이거나 군 복무 등의 이유로

---

153) 우리나라에 거주하고 있는 외국인은 내국인과 동등하게 국민연금에 가입해야 한다. 즉, 18세 이상 60세 미만의 외국인이 국민연금에 가입된 사업장에 근무하면 사업장 가입자가 되고, 그 밖의 외국인은 지역 가입자가 된다. 그러나, ① 연수생(연수 취업은 가입 대상), 유학생, 외교관 등 법령에 의해 국민연금 의무 가입을 제외한 경우, ② 국민연금과 같은 성격의 연금제도에서 대한민국 국민을 의무적으로 가입시키지 않는 나라의 국민, 즉 해당 외국인의 본국법이 「국민연금법」에 의한 "국민연금에 상응하는 연금(국민연금과 같은 성격의 연금제도로서 사회경제적 위험 분담 형태의 소득보장제도)"에 관해 대한민국 국민에게 적용되지 않는 경우, ③ 우리나라와 사회보장 협정을 맺은 나라에서 우리나라로 파견된 근로자가 본국의 가입증명서를 제출할 경우에는 가입 대상에서 제외된다.

154) 원칙적으로 도시 자영업자, 농민, 임시직, 일용직, 파트타임 근로자 등 유급 종사자와 실업자, 학생, 군인 등 비경제 활동인구까지 포함한다.

소득이 없는 자(연금 보험료를 납부한 사실이 있는 자는 제외한다), 「국민기초생활보장법」에 따른 수급자, 1년 이상 행방불명된 자[155]도 지역 가입자가 될 수 없다. 사망, 국적 사실 또는 국외로 이주, 사업장 가입자 자격을 취득한 때, 60세가 된 때 등 자격을 상실한다.

임의 가입자는 사업장 가입자와 지역 가입자 외의 자로서 18세 이상 60세 미만인 자는 보건복지부령으로 정하는 바에 따라 국민연금공단에 가입을 신청하면 된다.[156] 의무 가입 대상은 아니지만 본인이 희망해 60세 이전에 신청해 가입한 사람은 공적연금 가입자나 수급자의 소득 없는 배우자(전업주부 등), 18세 이상 27세 미만의 무소득자로 보험료 납부 이력이 없는 자, 국민기초생활수급자, 공무원연금 · 군인연금 · 사립학교교직원연금 · 별정우체국직원연금을 받고 있는 퇴직연금 등 수급권자 등이다. 사망, 국적 사실 또는 국외로 이주, 탈퇴 신청이 수리된 때, 60세가 된 때, 연금 보험료를 체납한 때, 사업장 가입자 또는 지역 가입자의 자격을 취득한 때 등 자격을 상실한다.

임의 계속 가입자는 노령연금을 받기 위한 최소 가입기간인 10년을 채우기 위해 또는 연금액을 늘리고자 본인이 신청해 60세 이후에 가입한 사람이다. 즉, 국민연금 가입자 또는 가입자였던 자로서 60세가 된 자,[157] 가입 기간이 10년 이상인 가입자 또는 가입자였던 자에 대해서는 60세(특수직종 근로자는 55세)가 된 때부터 생존하는 동안 노령연금 수급권을 취득한 자 특례노령연금 수급권을 취득한 자 중 노령연금 급여를 지급받지 않은 자다. 사망, 국외로 이주 및 탈퇴 신청이 수리된 때, 연금 보험료를 체납한 때 자격을 상실한다.

사업장 가입자의 연금보험료는 근로자, 사용자가 각각 기준 소득 월액의 4.5%씩 부담한다.[158] 지역 가입자는 9%의 보험료를 개인이 부담한다.[159] 보험

155) 행방불명된 자에 대한 인정 기준 및 방법은 대통령령으로 정한다.

156) 지역 가입자 중위수 소득에 해당하는 보험료(2014년: 89,100원) 이상을 납부해야 한다.

157) 연금보험료를 납부한 사실이 없는 자, 노령연금 수급권자로서 급여를 지급받고 있는 자, 가입 기간이 10년 미만인 자가 60세가 된 때 반환일시금을 지급받은 자는 제외한다.

158) 기준 소득 월액이란 국민연금의 보험료 및 급여 산정을 위해 가입자가 신고한 소득 월액에서 천 원 미만을 절사한 금액을 말하며, 최저 26만 원에서 최고 금액은 408만 원까지의 범위로 결정하게 된다. 따라서, 신고한 소득 월액이 26만 원보다 적으면 26만 원을 기준 소득 월액으로 하고, 408만 원보다 많으면 408만 원을 기준 소득 월액으로 하게 된다. 사업장 가입자의 기준 소득 월액 결정 방법은 ① 자격 취득 및 납부 재개시 기준 소득 월액의 경우 사업장 가입자는 당해 종사하는 업무에서 얻는 소득으로서 사용자가 공단에 신고한 소득으로 결정하고, ② 가입 기간 중의 기준 소득 월액은 전년도

료는 상한선이 존재해 소득 역진적 성격을 가지게 되며 우리나라의 국민연금은 수정 적립 방식을 따르고 있다.

국민연금의 관리자는 보건복지부 장관이며 국민연금공단이 위탁받아 국민연금제도를 실질적으로 집행하고 있다.[160] 국민연금공단은 국민연금관리법에 의해 설립된 무자본 특수법인으로 국민연금 가입자에 대한 기록의 관리 및 유지, 연금 보험료 징수, 급여 결정 및 지급, 가입자 및 수급권자를 위한 복지시설의 설치·운영 등 복지 증진사업, 기타 국민연금법에 의해 보건복지부 장관이 위탁하는 사항 등의 임무를 수행한다.

국민연금 외에 공무원, 군인, 사립학교 교직원 등 공직자를 대상으로 하는 특수직연금은 공무원연금, 군인연금, 사학연금 등 세 가지가 있다. 공무원연금은 1960년에 시행돼 2014년 정부 7.0%, 가입자 7.0%의 보험료를 부담한다. 군인연금은 1963년에 시행돼 2014년 정부 8.5%, 가입자 8.5%의 보험료를 부담한다. 사학연금은 1975년 시행돼 2014년 정부 2.759%, 학교법인 3.941%, 가입자 7.0%의 보험료를 부담한다.

사회보험 가입 확대사업인 두루누리 사회보험 지원 사업은 2012년 2월 시범사업 시행으로 동년 7월 1일 전국적으로 확대 시행됐다. 이 사업은 10명 미만 소규모 사업장에 고용보험과 국민연금의 보험료 일부를 지원한다. 영세사업장의 저임금 근로자에게 연금 보험료를 지원하는 두루누리 사업의 기준이 135만 원에서 140만 원으로 확대된다. 현행 두루누리 사업은 10인 미만 영세 사업장의 월 소득 135만 원 미만 근로자에 대해 사용자 부담금과 근로자 기여금의 1/2씩 연금 보험료를 지원한다. 2015년부터는 보험료 지원 대상 소득 기준을 140만 원 미만으로 확대한다. 지원 기준 확대로 월 소득 135만 원 이상 140만 원 미만 근로자도 지원 대상으로 편입돼 연금 보험료를 지원받는다(보건복지

중 당해 사업장에서 얻은 소득 총액을 근무 일수로 나눈 금액의 30배에 해당하는 금액으로 결정하되 전년도의 소득을 당해 연도 7월부터 다음 연도 6월까지 적용한다. 예를 들어 기준 소득 월액이 1,060,000원인 봉급자의 경우 매월 95,400원을 연금 보험료로 납부해야 하는데 그중 47,700원은 본인이, 47,700원은 사용자가 부담하게 된다.

159) 지역 가입자·임의·임의 계속 가입자는 보험료를 본인이 전액 부담한다. 다만, 제도 시행 초기 보험료 납부에 대한 부담을 줄여 주기 위해 3%에서 시작해, 2000년 7월부터 매년 1%씩 상향 조정돼 2005년 7월 이후 9%까지 상향 조정됐다. 농어업인의 경우 일정한 조건에 해당되면 보험료의 일부를 국고에서 지원받을 수 있다.

160) 2007년 7월 23일 '국민연금관리공단'은 '국민연금공단'으로 명칭이 바뀌었다.

부, 2014: 47).

또한 농어업인의 안정적인 노후생활을 도모하기 위한 농어업인 보험료 지원사업의 기준 역시 85만 원에서 91만 원으로 확대된다. 현재 농어업인 보험료 지원사업의 기준이 되는 소득월액은 85만 원으로, 85만 원 이하는 연금 보험료의 1/2를, 85만 원 초과자는 월 38,250원을 지원한다. 2014년부터는 농어업인 지원 기준 소득 월액을 85만 원에서 91만 원으로 확대해 91만 원 이하는 연금 보험료의 1/2를, 91만 원 초과자는 월 40,950원을 지원한다(보건복지부, 2014: 48).

풀이

1) 김사학 씨의 경우 사립학교 교직원으로 특수직연금을 받는 자로 국민연금의 적용 제외자다. 2)의 박지역 씨는 사업장 가입자가 아닌 자로서 18세 이상 60세 미만인 자로 지역 가입자다. 3)의 임의자 씨의 경우 임의 계속 가입자로서 65세에 달할 때까지 신청에 의해 가입할 수 있다. 4)의 까입하꼬바 씨는 결혼 이민 여성으로 취업을 통해 소득을 가지고 있고 이 여성의 모국이 상호 협정이 체결돼 있으면 국민연금을 받을 수 있다. 따라서 정답은 1)이다.

84 생활 안정과 복지 증진을 위해… – 국민연금(2): 급여의 종류

사회복지정책론 강의에 대한 오늘의 주제는 국민연금에 대한 것이다. 국민연금과 관련해 우리나라는 1988년 1월 1일부터 국민연금제도가 시행됐다. 우리나라에서 올림픽이 열리던 해였으니 기억하기도 좋다. 올림픽이 우리나라에서 언제 열렸는지 그 연도를 모르겠다고 한다면 할 말은 없지만 말이다. 아무튼 이 국민연금이란 것이 다시 한 번 변혁을 맞이한 것이 11년 뒤인 1999년 4월로 전국민 연금 시대를 열면서부터라고 할 수 있다. 온 국민이 다 아는 1998년 12월 외환 위기로 인해 우리는 경제사회적 위기에 직면했다. 이를 계기로 도시 자영업자까지 가입 대상이 확대됐고 계획보다 빠르게 추진됐다. 급여 종류도 많아서 헷갈릴지 모르지만 너나 할 것 없이 국민 모두에 관한 것이니 제대로 알아둘 필요가 있을 것 같다. 다음 중 국민연금 급여와 관련된 네 명 중 잘못된 경우는 어느 것인가?

1) 정모 씨의 유족연금을 받던 배우자 서모 씨가 사망해 자녀인 정모 군은 18세로 유족연금을 받고자 한다.
2) 국민연금 가입자인 최모 씨는 작은 가게를 운영하고 있는데 영구 장애 판정을 받고 장애연금을 제공받고자 한다.
3) 박모 씨는 1949년 3월 28일에 출생했고 5년 이상 보험료를 납부해 특례노령연금을 받고자 한다.
4) 국민연금 가입 기간이 12년이 된 주모 씨는 현재 무직 상태로 54세이며 조기노령연금을 받고자 한다.

해설

국민연금은 나이가 들거나 장애 또는 사망으로 인해 소득이 감소할 경우 일정한 급여를 지급해 소득을 보장하는 사회보험으로서 지급받게 되는 급여의 종류는 ① 노령연금, ② 장애연금, ③ 유족연금, ④ 반환일시금, ⑤ 사망일시금이 있다.

국민연금에 대해서는 국민연금공단 홈페이지에 자세하게 소개돼 있으며, 여기서는 이를 바탕으로 급여 종류를 중심으로 소개한다.

국민연금 급여 종류

연금 급여(매월 지급)		일시금 급여	
노령연금	노후 소득 보장을 위한 급여 -국민연금의 기초가 되는 급여	반환 일시금	연금을 받지 못하거나 더 이상 가입할 수 없는 경우 청산적 성격으로 지급하는 급여
장애연금	장애로 인한 소득 감소에 대비한 급여		
유족연금	가입자의 사망으로 인한 유족의 생계	사망 일시금	유족연금 또는 반환일시금을 받지 못할 경우 장제보조적·보상적 성격으로 지급하는 급여

자료: 국민연금공단 홈페이지.

노령연금은 국민연금의 기초가 되는 급여다. 국민연금 가입자가 나이가 들어 소득활동에 종사하지 못하게 될 경우 생활 안정과 복지 증진을 위해 지급된다.[161] 10년 이상 연금 보험료를 납부하면 61세부터 평생 동안 매월 노령연금을 지급받는다. 노령연금은 가입 기간, 연령, 소득활동 유무에 따라 ① 노령연금,[162] ② 조기노령연금,[163] ③ 특례노령연금,[164] ④ 분할연금[165]이 있다. 노령연금은 보인의 희망에 따라 연금 수령을 연기할 수 있다. 연기 신청은 총 1회에 한해 최대 5년 동안 가능하다. 연기하는 매 1개월마다 기본연금액이 0.6%(1년 7.2%)씩 올라간다. 급여액의 산정 방식은 다음과 같다.

연금액 = 기본 연금액 × 연금 종류별 지급률 + 부양가족 연금액

기본 연금액은 가입자의 보험료 납부에 근거해 지급되는 기본 급여로서 연금의 종류(노령・장애・유족), 보험료 납부 기간, 가입자 개인의 소득, 전체 가

161) 평균수명 증가, 기금의 장기적인 재정 안정을 위해 2013년부터 연금 개시 연령이 출생연도에 따라 1세~5세 상향됐다.

연금 개시 연령 상향표

구분	노령연금/부양가족연금	조기노령연금
1952년생 이전	60세	55세
1953~1956년생	61세	56세
1957~1960년생	62세	57세
1961~1964년생	63세	58세
1965~1968년생	64세	59세
1969년생 이후	65세	60세

162) 10년 이상 보험료를 납부하고 61세 이상인 자로 기본연금액과 부양가족 연금액을 합산해 평생 동안 지급하는 연금이다. 61세 이상 66세 미만으로 소득 있는 업무(월 평균소득이 전체 가입자의 평균소득이 넘을 경우, 2014년 1,981,975원)에 종사하는 경우 노령연금액을 감액한다.

163) 10년 이상 보험료를 납부하고 56세 이상 61세 미만으로 소득 있는 업무에 비(非)종사자로서 노령연금을 청구하는 자가 지급받을 수 있는 연금이다.

164) 1949년 4월 1일 이전 출생자로서 5년 이상 보험료를 납부한 자가 지급받을 수 있는 연금이다.

165) 노령연금 수급자의 보험료 납부 기간 중 혼인 기간이 5년 이상인 61세 이상의 이혼 배우자가 지급받을 수 있는 연금이다.

입자의 평균소득에 따라 개인별로 산정되는 연금액이다. 부양가족 연금액은 연금 수급자에 의해 생계를 유지하는 배우자, 자녀(18세 미만 또는 장애 2급 이상), 부모(61세 이상 또는 장애2급 이상, 배우자의 부모 포함)가 있는 경우 추가 지급되는 급여로서 배우자는 연 244,690원, 자녀・부모는 연 163,090원이다.

장애연금은 국민연금 가입 중에 질병 또는 부상이 발생하고 완치 후에도 장애가 남거나 완치되지 않는 경우 장애 정도(1급~4급)에 따라 연금을 받는다. 장애연금액 계산은 다음과 같다.

장애연금액 계산

구분	연금액(年)	최고 수령액(월)
장애 1급	기본연금액×100%+부양가족연금액	1,344,760원
장애 2급	기본연금액×80%+부양가족연금액	1,099,970원
장애 3급	기본연금액×60%+부양가족연금액	1,305,860원
장애 4급	기본연금액×225%	30,547,400원 (일시금 지급)

장애 등급 결정 기준일은 질병 또는 부상이 완치됐으나 장애가 남은 경우 완치일을 기준으로 장애 정도를 판단한다. 초진일로부터 1년 6개월 경과일을 기준으로 장애 정도를 판단한다. 1년 6개월 경과일에는 장애 등급에 해당되지 않았으나 장애가 악화돼 61세가 되기 전에 다시 장애연금을 청구해 장애 등급에 해당되면 재청구한 날을 기준으로 장애 등급이 결정된다. 여러 부위에 장애가 발생하면 장애 정도를 합해 등급을 결정하며, 장애연금을 받던 중 장애가 악화되거나 호전된 경우에는 등급이 변경된다.

유족연금은 가입자 또는 연금 수급자가 사망한 경우 그에 의해 생계를 유지하던 유족이 지급받는다. 가입자의 사망은 원칙적으로 유족연금이 발생하지만, 가입 기간이 1년 미만인 가입자의 경우는 가입 중에 발생한 질병이나 부상으로 사망한 경우로 한다. 또 보험료 납부 기간이 10년 이상이면 유족연금이 발생하나, 납부 기간이 10년 미만인 경우에는 가입 중에 발생한 질병이나 부상으로 가입 중 초진일 또는 가입자 자격 상실 후 1년 이내의 초진일로부터 2년 이내에 사망한 경우로 한다. 수급자의 사망은 노령연금 또는 장애 2급 이상의 장애연금을 받던 분이 사망한 경우로 한다. 사망자에 의해 생계를 유지하고 있던 배우자(사실혼 포함, 연령 또는 장애 요건 없음), 자녀(19세 미만 또는 장애 2급 이상), 부모(배우자의 부모 포함, 61세 이상 또는 장애 2급 이상), 손자녀(19세 미만 또는 장애 2급 이상), 조부모(배우자의 조부모 포함, 61세 이상 또는 장애 2급 이상) 중 최우선 순위자에게 유족연금이 지급된다.

반환일시금은 61세가 됐을 때 보험료 납부 기간이 10년 미달해 노령연금을 받을 수 없거나, 국외 이주 등[166]으로 국민연금 가입 대상에서 제외된 경우 납부한 보험료에 이자를 더해 일시에 받는다. 2013년부터는 출생 연도에 따라 1세에서 최대 5세까지 상향해 지급되나, 그 때가 되기 전이라도 본인이 희망하는 경우에는 60세부터 지급한다. 반환일시금을 받게 되면 가입 기간이 소멸되므로 다른 연금을 받을 수 없다. 단, 지급 연령 도달 전에 다시 국민연금 가입자가 돼 일정한 이자를 더해 반납한 경우에는 가입 기간이 복원될 수 있다.

사망일시금은 가입자 또는 가입자였던 사람이 사망했으나 유족연금 또는 반환일시금을 지급받을 수 있는 유족이 없는 경우 배우자, 자녀, 부모, 손자녀, 조부모, 형제자매 또는 사망자에 의해 생계를 유지하던 4촌 이내의 방계혈족 중 최우선 순위자가 받을 수 있다. 단, 행방을 알 수 없는 자에게는 지급하지 않는다. 지급액은 반환일시금에 상당하는 금액으로 하되, 그 금액이 일정 한도액[167]을 초과하는 경우에는 그 한도액으로 지급한다.

급여 수준의 실질 가치 유지와 관련해서 연금은 일반적으로 물가 수준의 변화에 연금급여를 연동시킴으로써 노후 기간 동안 급여의 실질 구매력을 유지시켜 준다. 우리나라의 연금액은 국민의 생활 수준, 임금, 물가, 기타 경제 사정에 현저한 변동이 생긴 때 조정된다.[168]

연금액은 개인의 생애 평균 소득 가운데 몇 %가 되느냐 하는 개념으로 소득대체율을 사용한다. 저소득층일수록 급여의 절대액은 감소하고, 소득대체율은 높아진다. 반면 소득이 높을수록 절대액은 커지지만 소득대체율은 낮아진다.[169]

---

166) 가입자 또는 가입자였던 분이 사망했으나 유족연금에 해당되지 않는 경우, 국적을 상실하거나 국외로 이주한 경우, 공무원 퇴직연금 등 다른 공적연금을 받고 있는 분이 국민연금 사업장 또는 지역가입자 자격을 상실한 경우다.

167) 한도액은 사망일시금 수급 전년도의 현재가치로 환산한 사망자의 최종 기준소득월액 또는 가입 기간 동안의 기준소득월액의 평균액 중 큰 금액의 4배를 초과할 수 없다.

168) 우리나라의 국민연금은 확정 급여 방식이다. 급여액은 개인이 부담한 보험료의 크기에 반드시 정비례하지는 않는다. 과거의 소득과 가입 기간 등에 의해 달라지는 급여 계산 공식에 의해 나중에 받을 연금액이 사전에 확정되는 연금급여 지급 방식이다.

노령연금 수급 기회를 확대하고자 하는 제도로 크레딧(가입 기간 인정) 제도가 있다. 국민연금법에 규정된 크레딧 제도는 출산크레딧, 군복무크레딧, 실업크레딧이 있다(보건복지부, 2014.12.29; 보건복지부, 2014: 46).

출산크레딧은 출산율 제고와 여성 가입자의 수급권 획득 기회를 확대해 연금 사각지대를 확대하고자 도입했다. 2008년 이후 자녀를 2명 이상 출산한 부모 중 한 명이 노령연금 수급권을 취득한 때 받을 수 있다. 출산에 따른 가입 기간 인정은 2자녀의 경우 12개월, 3자녀의 경우 30개월, 4자녀인 경우 48개월, 5자녀 이상인 경우 50개월로 한다.

군복무크레딧은 군복무로 인해 발생하는 소득 감소 및 상실에 대한 보상 및 향후 이들에 대한 노후 빈곤문제를 완화하고자 도입했다. 2008년 이후 현역병 또는 공익근무요원으로 6개월 이상 복무한 자가 노령연금수급권을 취득한 때 받을 수 있다. 군복무에 따른 가입 기간 인정은 6개월로 한다.

2015년 7월부터 실직하는 경우에는 국민연금 가입을 유지할 수 있도록 실업크레딧을 지원한다. 실업크레딧은 구직급여를 수급 중인 실직자에게 최대 1년간 정부가 연금보험료의 75%(나머지 25% 본인 부담)를 지원해 실업 기간도 국민연금 가입 기간으로 산입하는 제도다. 이는 실직으로 인한 국민연금 사각지대를 해소하고 국민의 노후 소득보장을 더욱 든든히 하고자 함이다.

풀이

국민연금은 국민의 노령·폐질 또는 사망에 의해 연금급여를 실시함으로써 국민의 생활 안정과 복지 증진 기여에 목적이 있다. 급여에는 노령연금, 장애연금, 유족연금, 반환일시금, 사망일시금 등이 있는데, 급여 종류, 가입 기간, 수급 연령, 직업 유무 등에서 차이가 있다. 더 많은 조건과 상황을 따져 보아야 하겠지만, 우선 1)의 유족연금은 가입자 또는 연금 수급자가 사망한 경우 그에 의해 생계를 유지하던 유족이 받을 수 있다. 즉, 사망자에 의해 생계를 유지하고 있던 배우자, 자녀, 부모, 손자녀, 조부모 중 최우선 순위자에게 유족연금이 지급된다. 따라서 유족연금을 받던 서모 씨의 사망으로 자녀인 정모 군은 18세로 다른 조건이 틀린 점이 없다면 위 문항은 별 하자가 없어 정모 군은 수급이 가능하다. 2)의 장애연금에서는 가입자 직업에 관계없이 가입자가 영구 장애인이 되면 지급되는 연금으로 1, 2, 3, 4 등급으로 나뉘며, 등급에 따라 급여 수준을 달리해 제공한다. 맞

169) 가난한 사람은 가입 기간 소득이 적어 적은 보험료를 냈더라도, 국민연금의 연금급여액을 소득에 비해 더 많이 받게 된다. 이를 통해 국민연금의 소득 계층 간 재분배 효과를 알 수 있다.

는 설명으로 최모 씨는 장애연금에 대한 자격이 주어진다. 3)의 특례노령연금은 1949년 4월 1일 이전 출생자로서 5년 이상 보험료를 납부한 자에게 지급된다. 맞는 설명으로 박모 씨도 노령연금에 대한 기간, 연령, 직업 유무 등에 조건을 갖췄으므로 일단 자격이 주어진다. 4)의 조기노령연금의 경우에는 가입 기간 10년, 수급 연령은 56세 이상으로 무직이 이에 해당한다. 주모 씨는 가입 기간과 무직 상태에 대해서는 수급 조건을 맞췄으나 수급 연령에 제한이 가해지므로 지금으로서는 조기 노령연금에 대한 수급 자격이 주어지지 않는다. 따라서 정답은 4)다.

85 적극적인 지도자라면… – 고용보험(1): 개념, 목적, 역사, 가입자 등

어느 사회에서나 지도자는 소극적 지도자와 적극적 지도자가 있는 모양이다. 소극적 지도자는 어떤 일이 발생하지 않기를 바라면서 기존의 형태를 그대로 가져가고 대체로 유사한 사례가 있는지를 살펴 조금이라도 위험성이 있으면 이를 실시하지 않으려는 의도를 가지고 있는 것 같다. 반면, 적극적 지도자는 기존의 형태가 분명 잘못된 점이 있다면 이를 과감히 없애거나 수정하고 새로운 방식의 제도를 도입하는 데 주저함이 없으며 일을 추진하고 그 결과에 대해 책임을 스스로 지는 경우를 말함이다. 지금 A국가는 적극적인 인력정책적 제도로 고용보험제도를 도입하려고 한다. 지금까지 실질 근로자에게 실업급여를 지급하는 전통적 의미의 실업보험사업 이외에 적극적 취업 알선을 통해 고용 안정을 이뤄보자는 취지의 사회보험제도를 실시하려 한다. 반대하는 사람들을 이해시키려면 이유가 있어야 할 것이다. 다음 중 고용보험제도를 실시하려는 목적 내지 타당성이 가장 결여된 경우는 무엇인가?

1) 세상은 빠르게 변화하고 있다. 기술이 발달하고 시장 상황이 급변하는 가운데 인력이 남아돌게 될 것이므로 새로운 수요에 발맞추기 위해서는 직업훈련이 필요하다. 따라서 재취업 기회를 고용보험제도를 통해 해결할 수 있다.
2) 기업이나 사회에서 필요로 하는 인력과 취업하려는 인력들에 대한 고용정보를 정확히 파악할 수 있게 된다. 따라서 국가의 인력정책과 기업의 인력관리 모두에 도움이 된다.
3) 실직이 발생할 경우 재취업 훈련을 받게 되면 신속히 기업의 인력난을 덜어 주게 되고 실업 감소에도 기여할 것이다.

4) 65세 이상의 사람에게까지 모두 적용하게 되므로 근로 능력만 있다면 언제든지 재취업을 촉진하게 돼 고령화사회에 대비할 수 있게 된다.

해설

고용보험은 실직 근로자에게 실업급여를 지급하는 전통적·사후적 의미의 실업보험사업 이외에 사전적·적극적인 취업 알선을 통한 재취업 촉진과 근로자의 직업 안정 및 고용구조 개선을 위한 고용 안정사업, 근로자의 능력 개발사업 등을 상호 연계해 실시하는 사회보장보험을 말한다.[170] 고용보험제도는 예방적·적극적 인력 정책적 성격을 가진 제도라고 할 수 있다.

고용보험제도의 시행 목적은 산업구조 조정과 경영합리화 촉진, 원활한 인력 수급, 기업의 경쟁력 강화, 실직 근로자의 생활 안정을 도모하고 재취업을 촉진하는 데 있다. 즉, 고용보험제도는 기술이 빠르게 발전하고 시장 여건의 변화가 일어남에 따라 잉여 인력에 대해 새로운 수요에 일맞은 직업훈련을 실시하고

---

170) 고용보험은 급여 종류로 크게 ① 고용 안정·직업 능력 개발사업, ② 실업급여, ③ 육아휴직급여 등 세 가지로 구분할 수 있다.

재취업을 도와 줌으로써 산업구조 조정을 원활하게 달성하고 기업의 경영합리화에도 도움을 주게 된다. 직종 간, 지역 간, 인력 수급 상황과 각종 고용정보를 정확히 파악할 수 있도록 인력 풀(pool)을 가동해 국가의 인력정책 수립과 기업의 인력관리에도 도움을 주는 한편 직업 능력 개발에 대한 제도적 장치를 다양하게 마련하고, 실직자에 대한 재취업훈련의 실시로 신속히 산업 인력화를 꾀함으로써 기업에 대해서는 인력난을 덜어 주고 실업 감소를 달성해 실직 근로자들에게는 생계를 제도적으로 보장해 생활 안정을 도모하고 고용정보 제공 및 직업 상담을 실시해 재취업을 촉진하게 된다. 나아가 고용보험은 노동력 유지와 실업 예방 및 사후 실업급여 등을 통한 사회적 빈곤 증대에 대한 완화 기능도 하고 있다.

고용보험은 4대 보험 가운데에서는 가장 늦게 도입됐다.[171] 우리나라의 고용보험법은 1993년 12월에 제정됐다. 1995년 7월 1일 「고용보험법」이 시행됐고, 동시에 전국 고용보험 적용사업 및 고용보험 피보험자의 일제 신고를 받아 1996년 7월 1일 실업급여가 지급되기 시작했다. 1997년 말 경제 위기로 고용보험의 중요성이 커졌으며, 1998년 10월에는 1인 이상 5인 미만 사업장에도 적용되고, 1999년 1월 1일부터 종전의 「직업훈련기본법」을 폐지하고 「근로자직업능력개발촉진법」을 시행함에 따라 전사업장이 고용보험법상의 직업 능력 개발 사업의 적용을 받게 됐다(유길상, 2003: 179). 2001년에는 모성보호급여(육아휴직 급여, 산전후 휴가 급여)를 지급하기 시작했다. 2002년 「고용보험법」 개정으로 일용직 근로자의 고용보험이 적용되기에 이르렀다. 2011년 7월 육아휴직 급여 등의 내용을 개정했다. 2012년 2월 출산전후휴가 급여 등의 내용을 개정했다.

사업의 사업주와 근로자는 고용보험의 가입자가 된다. 이때 근로자라 함은 직업의 종류와 관계없이 임금을 목적으로 사업이나 사업장에서 근로를 제공하는 자를 말한다. 1인 이상 근로자를 고용하는 사업 및 사업장은 사업주 또는 근로자의 의사와 관계없이 보험 관계가 성립되는데 이것은 당연 적용사업이다. 고용보험의 적용 제외 사업장으로는 ① 농업·임업·어업 및 수렵업 중 법인이 아닌 자가 상시 4명 이하의 근로자를 사용하는 사업, ② 가사서비스업, ③

171) 4대 보험 가운데 우리나라는 산업재해보상보험(1964년) → 국민건강보험(1977년) → 국민연금(1988년) → 고용보험(1995년) 순서로 도입됐다. 이후 2008년 노인장기보험제도가 시행되면서 제5의 사회보험이 됐다.

총 공사 금액이 매년 고용노동부 장관이 고시하는 금액(2004년 2천만 원) 미만인 건설공사, ④ 연면적 100㎡ 이하인 건축물의 건축 또는 연면적이 200㎡ 이하인 건축물의 대수선에 관한 공사 등이다.

고용보험은 모든 근로자에게 적용되나, 다음의 근로자에 대해서는 적용을 제외한다. ① 65세 이후에 새로이 고용된 자(고용 안정 · 직업 능력 개발사업은 적용, 실업급여는 적용 제외), ② 월간 소정 근로 시간이 60시간 미만인 근로자(1주가 15시간 미만인 자 포함, 단, 생업을 목적으로 근로자를 제공하는 자 중 3개월 이상 계속해 근로를 제공하는 자와 1개월 미만 동안 고용되는 일용근로자는 적용 대상), ③ 공무원(별정직 · 계약직 공무원은 2008년 9월 22일부터 임의 가입 가능, 단, 임용된 날부터 3개월 이내에 신청), ④ 「사립학교교직원연금법」 적용자, ⑤ 별정우체국 직원이다.

고용보험은 산업재해보상보험과 함께 고용노동부 장관이 관장한다. 고용노동부 장관은 심의를 거쳐 고용보험에 관한 주요 정책을 결정하고 실제적인 업무를 담당하는 기관은 고용노동부의 고용지원센터, 근로복지공단이다. 고용노동부의 고용지원센터에서는 피보험자 관리, 실업급여 지급, 고용 안정사업 관련 업무, 실업급여 관련 업무는 수급자의 거주지 관할 고용센터에서 담당, 직업능력 개발 관련 각종 지원 업무, 모성보호 관리 업무 등을 담당한다. 근로복지공단은 고용보험 가입, 보험료 징수, 보험사무조합인가 등을 담당한다. 즉, 보험관계 신고(성립, 소멸, 변경), 고용보험 일괄 적용 관계 신고 및 신청, 고용보험 성립 관련 하수급인 사업주 인정 승인 신청, 고용보험 기준 임금 적용 신고, 고용 인정사업 및 직업 능력 개발사업 가입, 고용보험 대리인 선임(해임) 신고 등을 담당한다.

풀이

예화 가운데 1)은 고용보험제도가 산업구조 조정과 경영합리화를 촉진하는 데 따른 것으로 옳은 설명이다. 2)와 3)은 원활한 인력 수급을 통해 국가의 정책과 기업의 관리에 인력자원에 대한 고용정보를 정확하게 피악할 수 있디는 장점이 있고 기업의 경쟁력 강화에 도움을 주게 되는 것으로 옳은 설명이다. 4)는 고용 안정 · 직업 능력 개발사업에는 65세 이상의 사람이 해당되지만 일반적으로 65세 이상인 자는 고용보험 적용의 대상자가 되지 않는다. 따라서 정답은 4)다.

86 나 실직했어요 – 고용보험(2): 급여의 종류

현대 사회에서 일하는 모든 직장 근로자는 다들 고용 안정에 불안감을 느끼는 모양이다. 고용 없는 성장이 지속되고 있고 일정 나이가 되면(?) 퇴직하는 것이 하나의 당연한 현상(?)으로 간주되고 있는 듯하다. 정규직·비정규직 할 것 없이 언제든지 직장을 떠날 수 있다는 생각은 늘 갖고 사는 모양이다. 그래서 현대인들이 스트레스에 더 시달리고 사는지도 모른다. 그리고 이러한 일이 언제 자기에게 일어날지 모른다고 생각하는 사람도 우리 사회에 꽤 있는 것 같다.

대기업에서 6개월 전에 실직한 나고용 씨도 이런 경우에 해당된다. 그는 10년간의 직장생활을 마감했다. 갑자기 일하던 모기업이 부도가 난 상태였고 기업이 인수 합병되는 바람에 감원돼 실직했던 것이다. 나고용 씨는 일을 하고 싶었고 일할 만한 곳을 발이 부르틀 정도로 찾아다녔다. 그러나 이러한 그의 적극적 재취업 활동에도 불구하고 취업은 요원하기만 했다. 실의에 빠진 나고용 씨는 당장 생활 자체가 문제다. 그에게 당신은 어떤 말을 해 줄 수 있는가?

1) 10년이나 근무했으니 퇴직금을 받았을 테고 그 퇴직금으로 조그만 사업이라도 시작해 보도록 권유한다.
2) 기업이 부도가 난다거나 인수 합병으로 감원된 경우이니 자신의 의지와는 관계없는 실직이다. 따라서 실업급여 가운데 구직급여를 신청할 수 있다고 이야기해 준다.
3) 6개월 전에 실직해 그 기간이 상당히 경과돼 실업급여는 받을 수 없고 의료보험금은 감면받을 수 있다고 조언한다.
4) 비자발적 실업에 해당해 하루 최고 5만 원의 실업급여를 지급받을 수 있다고 이야기해 준다.

해설

실업급여는 고용보험에 가입한 근로자가 실직해 재취업 활동을 하는 기간에 소정의 급여를 지급해 줌으로써 실업으로 인한 생계 불안을 극복하고 생활의 안정을 도와 주며 재취업 기회를 지원해 주는 제도다. 2009년 1월 기준으로 실업급여 신청자는 12만 8천 명으로 2008년 1월 대비 35.9% 증가한 것으로 나타나 2000년 이후 최고치를 기록하기도 했다. 2009년 한 해 실업급여 예산은 3조 3,200억 원으로 추경예산까지 고려한다면 실업급여 사업에 투입되는 예산 규모는 약 4조 2,300억 원에 달한다(김복순, 2009: 43).[172] 2014년 9월 기준 실업자는 84만 9,000여명이다. 이들 가운데 실업 후 재취업활동 중 생활 안정을 도모하기 위해 지급하는 실업급여를 받은 사람은 35만 1,000여명으로 전체 실업자 대비 37%에 불과한 실정이다. 실업급여 수혜율이 낮은 1차적 원인은 제도적 사각지대가 광범위하다는 데 있지만, 실업급여를 받을 수 있는 대상임에도 불구하고 스스로 대상이 안 된다고 잘못 판단해 신청을 못한 경우도 많은 편이다

172) 2008년 현재 우리나라 실업자는 76만 9천 명이며, 실업급여 수혜자 수는 30만 6천 명으로 나타나 실업급여 수혜율(=실업급여 수급자 수/실업자 수)은 39.6%를 기록했다. 2002년 이후 실업자 및 실업률이 하향 안정화되는 추세인 반면, 대표적인 고용안전망 지표라고 할 수 있는 실업급여 수혜율은 상승세가 지속되고 있으며, 실업급여 수혜액도 크게 증가하고 있다(김복순, 2009: 47).

(장병호, 2014.11.14).

실업급여는 ① 실업에 대한 위로금이나 고용보험료 납부의 대가로 지급되는 것이 아니라는 점, ② 실업이라는 보험사고가 발생했을 때 취업하지 못한 기간에 대해 적극적인 재취업활동을 한 사실을 확인(실업 인정)하고 지급한다는 점이 특징이다.

근로자가 실직했을 경우 일정 기간 동안 실직자와 그 가족의 생활 안정 그리고 원활한 구직활동을 위해 지원하게 되는 실업급여에는 구직급여와 취업촉진수당으로 구분한다. 구직급여는 고용보험 적용사업장에서 실직 전 18개월 중 피보험 단위 기간이 통산해 180일 이상 근무하고 근로의 의사 및 능력이 있고는 비자발적으로 이직해야 하며,[173] 적극적인 재취업활동에도 불구하고 취업하지 못한 상태여야 하는 등,[174] 수급 자격 제한 사유에 해당되지 않아야 한다.[175] 또한, 퇴직금·퇴직위로금 등 1억 원 이상을 지급받거나 지급받을 것이 확실시되는 자는 실업 신고일로부터 3개월간 실업급여의 지급이 유예된다.[176]

취업촉진수당에는 조기재취업수당, 직업능력개발수당, 광역구직활동비, 이주비 등으로 나뉜다. ① 조기재취업수당은 조기 재취업하고 6개월이(2014.1.1. 이후 수급 자격부터 12개월 이상) 경과한 후 조기재취업수당청구서를 고용센터

---

173) 자발적으로 이직하거나 중대한 귀책 사유로 해고된 경우는 실업급여 대상에서 제외된다.

174) 즉, 재취업활동을 하지 않는 경우에는 지급하지 아니한다.

175) 일용근로자로 이직한 경우 ① 수급 자격 신청일 이전 1월간의 근로일 수가 10일 미만이어야 하고, ② 최종 이직일 이전 기준 기간 내의 피보험 단위 기간 180일 중 법 제58조의 수급 자격의 제한 사유에 해당하는 사유로 이직한 사실이 있는 경우에는 당해 피보험 단위 기간 중 90일 이상을 일용근로자로 근로해야 한다.

176) 구직급여를 정해진 지급 일수보다 더 연장해 훈련연장급여, 개별연장급여, 특별연장급여를 지급한다. ① 훈련연장급여는 실업급여 수급자로서 직업안정기관장의 직업능력개발훈련 지시에 따라 훈련을 수강하는 자에게 실업급여액의 100%(2년 범위 내)를 지급한다. ② 개별연장급여는 취직이 특히 곤란하고 생활이 어려운 수급자로서 임금수준, 재산 상황, 부양가족, 훈련수강 여부 등을 고려하여 생계 지원이 필요한 자에게 실업급여액의 70%(60일 범위 내)를 지급한다. ③ 특별연장급여는 실업 급증 등으로 재취업이 특히 어렵다고 인정되는 경우 고용노동부 장관이 일정한 기간을 정하고 동 기간 내에 실업급여의 수급이 종료된 자에게 연장해 실업급여액의 70%(60일 범위 내)를 지급한다. 상병급여는 실업신고를 한 이후 질병·부상·출산으로 취업이 불가능해 실업의 인정을 받지 못한 날에 대해 구직급여를 대신해 지급할 수 있다. 상병급여의 청구는 상병이 치유된 이후 14일 이내에 질병·부상에 관한 증명서를 첨부해 청구한다. 출산의 경우 상병급여는 출산 후 45일이 경과한 날 이후 14일 이내에 출산에 관한 증명서를 첨부해 청구한다.

에 제출하면 청구 후 1개월 이내에 조기재취업 수당이 지급된다. ② 직업능력 개발수당은 실업 기간 중 직업안정기관장이 지시한 직업능력 개발훈련을 받는 경우 지급한다. 실업자 훈련 등 중복 수혜의 경우 제외한다. 훈련 기간 중의 교통비, 식대 등 5,000원(1일)을 지급한다. ③ 광역구직활동비는 수급 자격자가 직업안정기관의 소개에 의해 광범위한 지역에 걸쳐 구직활동을 하는 경우에 활동비를 청구할 수 있다. 즉, 직업안정기관장의 소개에 의한 구직활동, 2004년 1월 1일부터 대기 기간 중 광역구직활동에 대해서도 수당 지급, 구직활동에 소요되는 비용이 방문 사업장의 사업주로부터 지급되지 아니하거나 지급되더라도 그 지급액이 광역구직활동비의 금액에 미달할 것, 수급 자격자의 거주지로부터 구직활동을 위해 방문하는 사업장까지 거리가 편도 50㎞ 이상일 경우 지급한다. ④ 이주비는 수급 자격자가 취업하거나 직업안정기관의 장이 지시한 직업능력개발훈련 등을 받기 위해 그 주거를 이전하는 경우, 수급 자격자를 고용하는 사업장의 사업주로부터 이주에 소요되는 비용이 지급되지 않거나 그 지급액이 이주비에 미달할 경우 지급한다.

실업급여는 사업주, 근로자가 50%씩 부담한다.[177] 근로자, 사업주 모두 0.65%의 실업급여에 대한 보험료율이 책정된다. 실업급여의 지급액은 퇴직 전 평균 임금의 50%에 소정 급여 일수를 곱한 액수다. 최고액은 이직일이 2015년 이후는 1일 43,000원, 2006년 이후는 40,000원, 2006년 이전은 35,000원이다. 최저액은 최저임금법상 시간급 최저 금액 90%에 1일 8시간(근로 시간)을 곱한 액수다. 수급 자격 인정일로부터 7일간의 대기 기간이 필요하며 퇴직 다음날부터 12개월이 경과하면 지급이 되지 아니한다.[178] 실업급여는 퇴직 당시 연령과 고용보험 가입 기간에 따라 최소 90일에서 최대 240일까지 받을 수 있다.

한편, 고용보험의 급여 가운데 하나인 육아휴직 급여 등에는 ① 육아휴직 급여, ② 육아기 근로 시간 단축제도, ③ 출산전후 휴가급여가 있다.

---

177) 실업의 예방, 취업의 촉진, 고용 기회의 확대, 직업 능력 개발·향상의 기회 제공 및 지원, 그 밖에 고용 안정과 사업주에 대한 인력 확보를 지원하기 위해 실시하는 고용 안정사업의 경우 그 보험료는 사업주가 전액 부담한다는 점에서 실업급여의 부담 주체와는 차이가 있다. 기업 규모마다 고용 안정 사업 및 직업 능력 개발 사업 보험료율이 차등적으로 적용되는데 그 범위는 0.25%~0.85%다. 보험료가 사업주 단독으로 부담하는 경우는 이외에 산업재해보상보험이 있다.

178) 따라서 실업급여 신청 없이 재취업하면 지급받을 수 없으므로 퇴직 즉시 신청해야 한다.

실업급여 수급 기간(소정 급여 일수)

연령 및 가입 기간	1년 미만	1년 이상 3년 미만	3년 이상 5년 미만	5년 이상 10년 미만	10년 이상
30세 미만	90일	90일	120일	150일	180일
30세 이상 50세 미만	90일	120일	150일	180일	210일
50세 이상 및 장애인	90일	150일	180일	210일	240일

자료: 한국고용정보원 홈페이지.
주: 연령은 퇴사 당시의 만 나이임.

육아휴직은 근로자의 육아 부담을 해소하고 계속 근로를 지원함으로써 근로자의 생활 안정 및 고용 안정을 도모하는 한편, 기업의 숙련 인력 확보를 지원하는 제도다. 육아휴직 급여는 만 8세 이하 또는 초등학교 2학년 이하의 자녀를 가진 근로자가 그 자녀를 양육하기 위해 「남녀 고용 평등과 일 가정 양립 지원에 관한 법률」 제19조에 의한 육아휴직을 30일 이상 부여받고 소정의 수급 요건을 충족하는 경우 매월 통상임금[179]의 100분의 40(상한액: 월 100만 원, 하한액: 월 50만 원)을 지급한다. 단, 육아휴직 급여액의 일부(100분의 15)를 직장 복귀 6개월 후에 합산해 일시불로 지급한다. 육아휴직 기간은 1년 이내다. 즉, 자녀 1명당 1년 사용 가능하므로 자녀가 2명이면 각각 1년씩 2년 사용 가능하다. 근로자의 권리이므로 부모가 모두 근로자이면 한 자녀에 대해 아빠도 1년, 엄마도 1년 사용 가능하다. 지급 대상은 다음과 같다. ① 사업주로부터 30일 이상 육아휴직을 부여받고, ② 육아휴직 개시일 이전에 피보험 단위 기간(재직하면서 임금을 받은 기간)이 모두 합해서 180일 이상이 돼야 한다. 단, 과거에 실업급여를 받았을 경우 인정받았던 피보험 기간은 제외한다. ③ 같은 자녀에 대해 피보험자인 배우자가 육아휴직(30일 미만은 제외)을 부여받지 않아야 한다.

육아기 근로 시간 단축제도는 육아휴직을 신청할 수 있는 근로자는 육아휴직을 대신해서 육아기 근로 시간의 단축을 신청할 수 있다. 근로자는 육아기 근로 시간 단축을 신청하는 경우 1년 이내의 기간으로 이를 사용할 수 있다.

179) 통상임금은 사업주가 근로자에게 정기적이고 일률적으로 소정 근로 또는 총 근로에 대해 지급하기로 정한 시간급 금액, 일급 금액, 주급 금액, 월급 금액 또는 도급 금액을 말한다.

사업주가 해당 근로자에게 육아기 근로 시간 단축을 허용하는 경우 단축 후 근로 시간은 주당 15시간 이상이어야 하고 30시간을 넘어서는 안 된다. 자녀 1명당 육아휴직과 육아기 근로 시간 단축을 합산해 최대 1년까지 사용할 수 있다. 지급 대상은 사업주로부터 육아기 근로 시간 단축을 30일 이상 부여받아야 하며, 육아기 근로 시간 단축을 시작한 날 이전에 피보험 단위 기간이 180일 이상이 돼야 한다. 그리고 같은 자녀에 대해 피보험자인 배우자가 30일 이상의 육아휴직을 부여받지 않거나 육아기 근로 시간 단축을 30일 이상 실시하지 않아야 한다.

출산전후 휴가급여는 임신 중의 여성에 대해 출산 전과 출산 후를 통해 90일의 출산전후 휴가를 주되, 휴가 기간의 배정은 출산 후에 45일 이상이 확보되도록 부여해야 하며(「근로기준법」 제74조), 출산한 여성근로자의 근로 의무를 면제하고 임금 상실 없이 휴식을 보장받도록 하는 제도다. 임신 중의 여성 근로자가 유산의 경험 등 대통령령으로 정하는 사유로 휴가를 청구하는 경우 출산 전 어느 때라도 휴가를 나눠 사용할 수 있도록 해야 한다. 이 경우 출산 후의 휴가 기간은 연속해 45일 이상이 돼야 한다. 출산이 예정보다 늦어져 출산 전 휴가가 45일을 초과한 경우에도 출산 후 45일 이상이 되도록 휴가 기간을 연장해야 한다. 우선 지원 대상기업의 경우[180] 90일의 급여(405만 원 한도)가 고용보험에서 지급되고, 대규모 기업의 경우 최초 60일은 사업주가 그 이후 30일(135만 원 한도)은 고용보험에서 지급한다. 지급 대상은 임신 중인 여성 근로자가 사업주로부터 출산전후 휴가(또는 유산 또는 사산 휴가)를 부여받아 사용하고, 출산전후 휴가가 끝난 날 이전에 고용보험 피보험 단위 기간이 통산해 180일 이상이어야 하며, 출산전후 휴가를 시작한 날 이후 1개월부터 휴가가 끝난 날 이후 12개월 이내 신청해야 한다.

보험료는 개산보험료와 확정보험료가 있다. 개산보험료는 근로자에게 당해 연도 지급할 1년치 예상 임금 총액에 해당 보험료율을 곱해 개략적으로 산정한 보험료인데 보험료를 미리 납부하는 방식이라 할 수 있다. 확정보험료는 당해 보험 연도 내에 근로자에게 실제 지급한 임금의 총액에 보험 사업별 보험료율

180) 우선 지원 대상기업은 광업 300인 이하, 제조업 500인 이하, 건설업 300인 이하, 운수·창고 및 통신업 300인 이하, 기타 100인 이하 사업장, 중소기업법 제2조 제1항 및 제3항의 기준에 해당하는 기업이 해당된다(「고용보험법 시행령」 제15조).

을 각각 곱해 산정한 보험료다. 매년 보험 연도 초일부터 3월 31일까지 전년도 확정 보험료와 당해 연도 개산보험료를 근로복지공단(사업장 관할지사)에 보고·납부해야 한다.

풀이

구직급여는 근로의 의사 및 능력이 있으면서 적극적 재취업 활동에도 불구하고 취업하지 못한 상태이며 비자발적 사유로 이직 또는 퇴직한 경우에 해당하므로 정답은 2)다. 3)의 경우는 실업급여 지급액은 퇴직 다음날부터 12개월 내면 가능하다. 따라서 나고용 씨는 6개월이 경과했으므로 실업급여 신청이 가능한 것으로 보인다. 4)의 경우 실업급여 지급액은 하루 최고액이 43,000원이므로 틀린 설명이다.

87 나이 먹는 것도 서러운데… – 노인장기요양보험

박달재 할아버지는 75세다. 젊었을 땐 그 누구도 따라올 수 없는 건강한 사람이라고 생각하던 박 할아버지도 세월을 이기지는 못하는가 보다. 지금 박 할아버지는 오래된 당뇨병으로 고생하고 있고 심혈관이 막히는 바람에 중풍을 앓고 있다. 또한 약간의 치매 초기 증상이 나타나고 있다고 최근 K병원에서 진단을 받았다. 박 할아버지는 두 아들이 있다. 첫째아들은 잘 알려진 회사의 마케팅 담당 과장이며, 그의 아내는 모 항공회사의 승무원으로 근무하고 있고 자녀가 둘이다. 둘째아들과 그의 아내도 각각 직장생활을 하고 있으며 자녀가 역시 둘이다. 핵가족화로 인해 박 할아버지가 가족을 보는 날은 명절 때가 아니면 힘이 든다. 그러나 박 할아버지는 자리에 몸져 눕게 되고 2년 이상의 보호 요양 기간이 필요하다. 이런 현실을 아무데도 하소연할 데가 없다. 여러분은 박 할아버지에게 어떤 조언을 해 주겠는가?

1) 팔자 소관이니 어쩌겠는가? 되도록 자주 병원에 가서 더 큰 병이 생기는 것이나 막기 위해 꾸준히 진료를 받으라고 이야기해 준다.
2) 가난한 노인은 아직 현 체제로써는 질병의 고통에서 벗어날 수 없으나 두 아들이 있으니 실버타운 등 노인의료사업 쪽을 알아보라고 조언한다.
3) 박 할아버지는 나이도 많고 그에 따라 질병이 있어 혼자서 생활하기 어려워 보이므로 신체활동에 따른 장기요양급여를 제공받을 수 있는 제도가 있다고 이야기해 준다.
4) 박 할아버지에게는 자식이 둘이나 있으니 국가로부터 어떤 혜택을 받기는 힘들어 보이며 의료보험 혜택 정도만 받을 수 있을 것 같다고 이야기해 준다.

해설

노인장기요양보험제도는 고령이나 노인성 질병 등으로 인해 6개월 이상 동안 혼자서 일상생활을 수행하기 어려운 노인 등에게 신체활동 또는 가사 지원 등의 장기요양급여를 사회적 연대 원리에 의해 제공하는 사회보험제도다. 「노인장기요양보험법」 제1조에는 "고령이나 노인성 질병 등의 사유로 일상생활을 혼자서 수행하기 어려운 노인 등에게 제공하는 신체활동 또는 가사활동 지원 등의 장기요양급여에 관한 사항을 규정해 노후의 건강 증진 및 생활 안정을 도모하고 그 가족의 부담을 덜어 줌으로써 국민의 삶의 질을 향상하도록 함"을 목적으로 한다고 명시하고 있다. 노인장기요양보험은 2007년 4월 2일 노인장기요양보험법이 국회 본회의를 사실상 만장일치로 통과해 2008년 7월 1일부터 시행하고 있다. 노인장기요양보험제도는 그 간 가족의 영역에 맡겨져 왔던 치매·중풍 등 노인에 대한 장기간에 걸친 간병·장기요양 문제를 사회 연대 원리에 따라 국가와 사회가 분담하는 것이며, 모든 세대에게 혜택을 주는 제도라고 할 수 있다. 노인장기요양보험으로 인해 노인 보호의 책임을 가족 중심에서 사회와 국가가 분담하도록 하며, 장기요양 욕구가 있는 노인들은 누구든 장기요양서비스 이용에 대한 권리가 있는 보편적 서비스 체계로 전환하게 된 것이다(이윤경, 2009: 917). 노인들은 더 이상 자식들에게 부담을 주지 않고 계획적이고 전문적 장기요양서비스를 받을 수 있어 좀 더 품위 있게 노후를 보낼 수 있으며, 장기요양을 직접 담당하던 중장년층은 정신적·육체적·경제적 부담에서 벗어나 경제·사회활동에 전념할 수 있게 되고, 자녀들도 장기요양 부담이 해소된 가정에서 더 나은 교육과 보살핌을 받을 수 있다는 점에서 그 의의가 높다(국민건강보험공단 홈페이지).[181]

노인장기요양보험제도에 대한 신청 가능자는 노인장기요양보험 가입자 또는 그 피부양자, 의료급여법에 따른 수급권자 가운데 65세 이상의 노인 및 65세 미만으로 노인성 질병을 가진 사람이다. 신청자에 대해서는 국민건강보험공단이 1차로 방문해 심신 상태 등을 조사하고, 지역별 장기요양등급판정위원회에서 최종적으로 장기요양 대상자 여부를 판정한다.[182]

---

181) 노인장기요양보험 이용자는 2008년 7월 정책이 도입된 이후 시행 전에 예측한 것보다도 빠른 속도의 증가를 보이고 있는데, 2008년 7월부터 12월까지 예측된 이용자 규모는 17만 명 수준이었던데 반해, 2008년 12월의 실제 등급 인정자는 21만 4,480명으로 약 4만 명 이상 예측치를 상회했다. 2009년 8월까지 노인 장기요양보험의 서비스 이용자는 약 27만 명에 이른다(최인덕·이상림·이정면, 2010: 376). 2014년 10월 연령대별 신청 현황은 65세 이상은 689,795명(94.3%)이며, 65세 미만은 41,929명(5.7%)이다. 65세 미만 신청자의 노인성 질병 현황은 뇌질환 등 25,460명(64.4%), 치매성 질환자 8,458명(21.4%), 파킨슨병 등 3,399명(8.6%), 중풍후유증 등 2,223명(5.6%) 순으로 나타났다. 2014년 10월 579,344명이 등급 판정(각하·기각 제외)을 받고, 이 중 72.2%인 418,502명이 인정을 받았으며, 이는 노인인구의 6.5%에 해당한다. 등급 판정자 중 등급별 비율을 살펴보면 3등급 인정자가 29.3%로 가장 많으며 4등급>2등급>1등급>5등급 순으로 나타났다. 성별로 살펴보면 등급 인정자 중 남성 115,071명(27.5%), 여성 303,431명(72.5%)로 여성이 남성보다 2.6배 많다. 그리고 연령대별로 인정자를 구분해 보면 65세 미만이 25,290명(인정자의 6.0%), 65세 이상이 393,212명(인정자의 94.0%)로 나타났다. 65세 이상을 세분해 보면, 65~69세는 6.4%, 70~74세는 13.5%, 75~79세는 21.2%로 연령대가 높아질수록 인정자 중 차지하는 비율이 높아지며, 특히 85세 이상에서는 29.2%로 가장 높게 나타났다(국민건강보험공단 노인장기요양보험, 2014.10).

182) 국민건강보험공단은 장기요양보험 가입자 및 그 피부양자와 의료급여 수급권자의 자격관리, 장기요양보험료 부과 징수, 신청인에 대한 조사, 등급판정위원회의 운영 및 장기요양 등급 판정, 장기요양인정서의 작성 및 표준 장기요양 이용계획서의 제공, 장기요양급여 관리 및 평가, 수급자에 대한 정보 제공·안내·상담 등 장기요양급여 관련 이용 지원에 관한 사항, 재가 및 시설 급여비용의 심사 및 지급과 특별현금급여의 지급, 장기요양사업에 대한 조사·연구 및 홍보, 노인성 질환 예방사업 등의 기능을 수행한다.

심신의 기능 상태에 따라 일상생활에서 도움(장기요양)이 얼마나 필요한가를 지표화한 장기요양 인정 점수를 기준으로, 5등급으로 등급 판정을 하게 되는데 1등급의 경우 전적으로 다른 사람의 도움이 필요한 상태(장기요양인 점수 95점 이상), 2등급은 일상생활에서 상당 부분 다른 사람의 도움이 필요한 상태(장기요양인 점수 75점 이상 95점 미만), 3등급은 일상생활에서 부분적으로 다른 사람의 도움이 필요한 상태(장기요양인 점수 60점 이상 75점 미만), 4등급은 심신의 기능 상태 장애로 일상생활에서 일정 부분 다른 사람의 도움이 필요한 상태(장기요양인 점수 51점 이상 60점 미만), 5등급은 치매(제2조에 따른 노인성 질병으로 한정한다) 환자(45점 이상 51점 미만)로 나뉜다. 2014년 10월 장기요양 인정자 중 등급별 이용률을 살펴보면 1등급 82.7%, 2등급은 86.9%, 3등급은 88.0%, 4등급은 86.0%, 5등급은 39.0%로 나타났다(국민건강보험공단 노인장기요양보험, 2014.10).

급여는 재가급여, 시설급여, 특별현금급여 등 세 종류가 있다.

재가급여는 방문요양, 방문목욕, 방문간호, 주・야간 보호, 단기보호, 기타 재가급여 등이 있다. 방문요양은 장기요양요원이 수급자의 가정 등을 방문해 신체활동 및 가사활동 등을 지원한다. 방문목욕은 장기요양요원이 목욕설비를 갖춘 장비를 이용해 수급자의 가정 등을 방문해 목욕을 제공한다. 방문간호는 장기요양요원인 간호사 등이 의사, 한의사 또는 치과의사의 지시서에 따라 수급자의 가정 등을 방문해 간호, 진료의 보조, 요양에 관한 상담 또는 구강위생 등을 제공한다. 주・야간보호는 수급자를 하루 중 일정한 시간 동안 장기요양기관에 보호해 신체활동 지원 및 심신 기능의 유지・향상을 위한 교육・훈련 등을 제공한다. 단기보호는 수급자를 보건복지부령으로 정하는 범위 안에서 일정 기간 동안 장기요양기관에 보호해 신체활동 지원 및 심신 기능의 유지・향상을 위한 교육・훈련 등을 제공한다. 기타 재가급여는 수급자의 일상생활・신체활동 지원에 필요한 용구를 제공하거나 가정을 방문해 재활에 관한 지원 등을 제공하며 대통령령으로 정한다.

시설급여는 장기요양기관이 운영하는 「노인복지법」 제34조에 따른 노인의료복지시설 등에 장기간 동안 입소해 신체활동 지원 및 심신 기능의 유지・향상을 위한 교육・훈련 등을 제공한다.

특별현금급여는 가족요양비, 특례요양비, 요양병원간병비 등이 있다. 가족요양비는 도서・벽지 등 장기요양기관이 현저히 부족한 지역으로서 보건복지부 장관이 정해 고시하는 지역에 거주하는 자, 천재지변이나 그 밖에 이와 유사한 사유로 인해 장기요양기관이 제공하는 장기요양급여를 이용하기가 어렵다고 보건복지부 장관이 인정하는 자, 신체·정신 또는 성격 등 대통령령으로 정하는 사유로 인해 가족 등으로부터 장기요양을 받아야 하는 자가 지급받는다. 특례요양비는 수급자가 장기요양기관이 아닌 노인요양시설 등의 기관 또는 시설에서 재가급여 또는 시설급여에 상당한 장기요양급여를 받은 경우 대통령령으로 정하는 기준에 따라 당해 장기요양급여 비용의 일부를 지급한다. 요양병원간병비는 수급자가 「의료법」 제3조 제2항 제3호 라목에 따른 요양병원에 입원한 때 대통령령으로 정하는 기준에 따라 장기요양에 사용되는 비용의 일부를 지급한다.

재원은 장기요양보험료, 국가 부담 및 이용자 부담 등으로 조달된다. 공단은 장기요양보험료와 건강보험료를 통합해 징수하고,[183] 각각 독립회계로 관리한다. 국가는 매년 예산의 범위 내에서 당해 연도 장기요양보험료 예상 수입액의 100분의 20에 상당하는 금액을 공단에 지원한다. 일반수급자는 재가급여의 경우 당해 장기요양급여 비용의 100분의 15, 시설급여의 경우 100분의 20을 부담한다. 국민기초생활수급권자는 본인 일부 부담금이 없다. 국민기초생활수급권자를 제외한 의료급여수급권자 및 감경 적용 대상자는 일반 수급자 본인 일부 부담금의 100분의 50을 감경한다(국민건강보험공단 홈페이지).

풀이

위 예화에서 2)의 경우, 최근 실버타운 등 노인의료사업이 확대되고 있는 것은 분명 사실이다. 그러나 부자인 노인은 양질의 서비스를, 원하고 가난한 노인은 질병의 고통 속에 놓여 있는 현 체제 속에서는 장기요양보험제도를 통해 이러한 양극화를 어느 정도 해소할 수 있을 것이므로 틀린 설명이다. 3)은 노인장기요양보험제도의 목적과 시행 의의를 설명한 것으로 이 예화에서 박 할아버지는 나이, 상태 등으로 미뤄 짐작컨대, 이 제도를 활용할 수 있을 것으로 보인다. 따라서 정답은 3)이다.

---

183) 장기요양보험 가입자는 건강보험 가입자와 동일하다. 한편 보건복지부 장관 소속 심의기구로 장기요양위원회가 있는데, 여기서는 장기요양보험료율, 가족요양비, 특례요양비, 요양병원간병비의 지급 기준, 재가 및 시설 급여비용 등을 심의하는 기능을 한다.

제 6 장

사회서비스정책

88 예전과 지금 중 언제가 더 살기 좋습니까? – 사회서비스와 사회수당

나이가 많이 드신 어르신들은 두 가지 상이한 말을 할 때가 있다. "옛날이 참 살기 좋았지."라는 말과 "그래도 이만 하면 살기 좋은 세상이 아니냐?"라는 말이 그것이다. 과거 지금의 어르신들이 겪어 온 일을 실제 경험하지 못했으니 사실 우리는 이를 몸소 느끼기에는 한계가 있다. 다만 짐작을 해 본다면 "옛날이 살기 좋았다"라는 이야기는 변화가 그렇게 심하지 않고 내일의 예측이 어느 정도는 가능하고 나이든 사람이 대우를 받고 베푸는 인정이 지금보다 나은 그런 생활상의 이야기인 듯싶다. 한편, "그래도 이만 하면 살기 좋은 세상이다"라는 이야기는 사회복지를 지향하는 국가가 최소한의 생활을 보장해 주는 등과 같이 여러 사회복지정책을 펴고 있는 것이 그 이유 중의 하나가 아닌가 생각된다. 사회복지정책론을 공부하는 학도로서 다음의 네 가지 내용 가운데 잘못 기술된 하나를 골라보면 어느 것인가?

1) 우리나라에서는 가장 보편적인 사회보장제도의 프로그램 유형인 사회수당제도가 완전히 정착돼 시행되고 있다.
2) 심리사회적 · 정신적 서비스에 대한 도움을 필요로 하는 국민은 국가, 지방자치단체 및 민간부문에서 운영하는 사회복지시설 등에서 상담이나 서비스를 제공받을 수 있다.
3) 가난한 사람들에게 집중적으로 급여를 제공해 경제적 효율성과 소득재분배 효과가 높은 공공부조를 시행하고 있다.
4) 국가는 기여 · 비자산조사 프로그램인 사회보험제도를 마련해 빈곤을 예방하려는 목적으로 시행하고 있다.

해설

사회서비스는 사회보험, 공공부조와 함께 사회보장제도를 구성하는 하나의 영역으로서 사회보장기본법에서는 '사회서비스'를 국가·지방자치단체 및 민간부문의 도움을 필요로 하는 모든 국민에게 복지, 보건의료, 교육, 고용, 주거, 문화, 환경 등의 분야에서 인간다운 생활을 보장하고 상담, 재활, 돌봄, 정보의 제공, 관련 시설의 이용, 역량 개발, 사회 참여 지원 등을 통해 국민의 삶의 질이 향상되도록 지원하는 제도다. 사회서비스는 심리사회적·정신적 서비스 등과 같이 비경제적·추상적 서비스 제공을 특징으로 한다.[184]

사회서비스의 원칙으로는 ① 사회서비스를 제공하는 경우의 핵심적 업무는 전문가가 담당해야 하도록 해야 한다는 전문성의 원칙,[185] ② 사회서비스의 양

184) 「사회보장기본법」에서는 사회서비스를 사회보험, 공공부조와 구분되는 하나의 영역으로 보고 있지만, 사회서비스를 더 포괄적으로 보아 삶의 질을 높이기 위한 현금 및 현물 지원 서비스도 포함한다고 보는 견해도 있다. 즉, 실제로 노인·아동·장애인·저소득층 등 대상자 중심으로 사회서비스를 파악하고자 한다면, 이들 취약계층에 대한 사회서비스는 생계비 및 의료비 지원과 같은 공공부조적인 서비스를 중심으로 이뤄지기 때문에 이를 포함하는 것이 명확할 것이라고 주장한다(최승아, 2009: 215-216). 그 밖에 사회서비스의 영역에 생계비 및 의료비 등의 현금 지원을 포함하는 견해도 있다(강유진·강효진, 2005; 박경숙, 2003; 심재호, 2003).

과 질이 클라이언트의 욕구 충족을 위해 충분히 제공돼야 하며 제공되는 기간도 적절해야 한다는 적절성의 원칙,[186] ③ 바람직한 사회서비스 제공이 이뤄지기 위해서는 클라이언트의 다양한 욕구와 문제를 해결하기 위해 다양한 형태의 서비스가 제공돼야 한다는 포괄성의 원칙, ④ 클라이언트의 문제나 욕구를 해결하는 과정에서 필요한 서비스들이 단절되지 않고 지역사회 내에서 계속적으로 서비스를 제공받을 수 있어야 한다는 지속성의 원칙, ⑤ 클라이언트가 지니고 있는 문제는 보통 많은 원인이 복합적으로 연관돼 나타나기 때문에 서비스들이 서로 연관성 있게 제공돼야 한다는 통합성의 원칙,[187] ⑥ 성별, 연령, 소득, 종교, 지위에 관계없이 사회서비스는 평등하게 제공해야 한다는 평등성의 원칙, ⑦ 사회복지조직은 국가가 시민의 권리로 인정한 사회서비스를 전달하도록 위임받은 조직이므로 서비스 전달에 책임을 다해야 한다는 책임성의 원칙,[188] ⑧ 사회서비스는 그것을 필요로 하는 사람 누구에게나 공간적으로 근접해 있어야 하고 시간적으로 자격심사, 서비스 제공이 쉽고 신속하게 제공될 수 있어야 한다는 접근용이성의 원칙 등이 있다.

사회서비스[189]와 관련해 우리나라에서는 2000년대 이후 초점과 내용에 많은 변화가 있었고 다양한 시도가 이뤄져 왔다. 그 주요한 내용을 요약하면, ① 사회서비스 초점이 과거에는 취약계층을 위한 소득 부족 부분을 보전하는 개념이 강했다면 현재로 들어오면서 취약계층의 자활 능력 배양을 통한 경제적 자립이 주가 되고 있다는 점, ② 사회서비스 자체에 경쟁과 성과계약 요소가 도입돼 확대되고 있다는 점,[190] ③ 사회서비스와 취업지원사업이 결합됨으로써

185) 여기서 전문가란 객관적으로 그 자격을 인정할 수 있는 사람으로 전문적 업무에 대한 권위를 가지며 자율적인 결정권 및 책임성을 지닌 사람을 말한다.

186) 적절성의 원칙은 재정 상태가 어떠한가에 의해 크게 좌우된다.

187) 클라이언트의 문제들을 해결하기 위한 서비스들이 단편적으로 제공되는 경우 이는 클라이언트가 조각으로 분리되는 것과 같다(남기민, 2004: 171-172).

188) 책임의 내용은 서비스의 적절성, 절차, 효과성 및 효율성 등이며 책임의 대상은 국가 및 사회뿐만 아니라 클라이언트도 그 대상이 돼야 한다.

189) 인간다운 생활보장과 국민의 삶의 질 향상을 지원하는 제도를 포괄하는 개념으로 종래 사회복지서비스를 사회서비스로 대체한다.

190) 우리나라의 경우 사회서비스 제공이 기본적으로 민간에 의해 이뤄지고 있는데, 비영리 기관들이 주로 서비스를 제공하는 형태다. 취업 연계를 통한 경제적 자립이 목표라는 정책에 따라 구체적 목표 달성을 위해 사업의 운영 방식에도 변화가 일어나고 있다(박노욱, 2010: 6-7).

정부부처 간의 역할 조정이나 서비스 통합문제가 제기되고 있다는 점 등을 들 수 있다(박노욱, 2010: 6-7).

전통적 사회복지서비스와의 차이점

구분	사회복지서비스	사회서비스
대상	수급자 등 빈곤계층	서민・중산층까지 확대
서비스 내용	기본적 생활보장서비스	국민의 일상생활 지원, 인적자본 확충을 위한 다양한 서비스까지 포괄
재정 지원 방식	공급자(기관) 지원	수요자 지원 방식 병행
비용 부담	정부 지원 중심	본인 일부 부담 도입
서비스 제공 방식	시설보호 중심	재가 서비스까지 확대

자료: 보건복지부(http://www.mw.go.kr/)

우리나라의 사회보장제도는 사회보험, 공공부조, 사회서비스 및 관련 제도로 구성돼 있다.[191] 우리나라에서는 아직 사회수당이 자리 잡고 있진 않지만, 사회보장제도의 대표적인 형태라고 할 수 있다. 사회수당(social allowance)은 데모그란트(demogrant)라고도 하며, 가장 보편적인 사회보장제도의 프로그램 유형으로 국적 및 인구학적 조건만 충족이 된다면 별도의 부담금이나 자산조사 없이 급여가 지급된다.[192] 조세를 재원으로 하며 낙인이 발생하지 않는다. 사회수

191) 신자유주의 경제학자들이 서구 복지국가의 사회 보장을 고비용-비효율-관료주의적이며, 정부의 과도한 지출이 시장경제를 해치고, 삶에 대한 개인의 책임을 약화시키는 주범이라고 생각했다. 신자유주의자들은 사회보장이란 용어 대신 사회안전망이라는 용어를 선호한다. 사회안전망을 구조조정에 따른 부작용을 보완하는 단기적인 사회복지정책으로 간주하기도 한다. 특정 취약집단에 대한 생계보조수당, 공공근로사업, 극빈층을 보호하기 위한 최저한의 사회보장이 포함된다. 사회안전망의 가장 큰 목적은 빈곤과 예방의 제거다.

192) 사회보장의 방법에는 크게 세 가지가 있다. 첫째, 비기여・비자산조사 프로그램으로 한 나라의 국민이면 누구나 일정한 인구학적 조건(노인, 아동)만 갖추게 되면 기여를 필요로 하지 않으며, 수급자에 대한 소득이나 자산조사가 필요 없이 급여를 제공하는 프로그램으로 이에 대한 대표적인 예는 아동수당, 보편적 연금, 장애수당 등을 들 수 있다. 둘째, 비기여・자산조사 프로그램이 있는데 이에 해당하는 것으로는 공공부조가 있다. 셋째, 기여・비자산조사 프로그램이 있다. 이것은 빈곤을 예방하기 위한 것이 주된 목적이며 사회보험제도가 이에 해당한다.

당의 대표적인 예로는 가족수당(아동수당), 노령수당 등을 들 수 있으며, 우리나라는 현재 아동수당에 대한 지속적인 논의는 일어나고 있으나 아직 실시되고 있지는 않다.[193] 노령수당은 모든 노인에게 평등한 급여를 제공함으로써 노인을 사회적으로 통합시킬 수 있다. 하지만, 재원이 제한돼 있다는 점에서 경제성 또는 비용·효과성은 낮다고 할 수 있다.

이와 관련해 염두에 두어야 할 사항으로는 노령수당, 아동수당 등의 사회수당을 시행하거나 도입할 때 필요성이나 타당성에 대한 논의보다는 사회수당 도입에 따라 예상되는 막대한 재원 소요에 현실적으로 부담감이 존재하는 것이 사실이라는 점이다. 아직 실시되고 있지 않은 아동수당 도입과 관련된 재원 조달은 여러 가지 방향으로 이뤄질 수 있는데 일반적으로 정부지출의 증가로 인한 추가적 재원 마련 방안의 일반적 논의는 조세를 통한 재원 조달이냐, 국채를 통한 재원 조달이냐, 혹은 세출구조의 효율적 정비를 통한 절감분을 활용하느냐 하는 것으로 크게 구분할 수 있다(최성은, 2010: 319).

풀이

사회보장 방법 가운데 사회수당(social allowance)은 가장 보편적인 사회보장제도의 프로그램 유형으로 국적 및 인구학적 조건만 충족되면 별도의 부담금이나 자산조사를 실시하지 않고 급여가 지급되는 것이다. 즉, 비기여·비자산조사 프로그램인 셈이다. 그러나 우리나라는 아동수당과 같은 프로그램이 아직 도입되지 않고 있으므로 완전히 사회수당이 자리잡고 있다고 볼 수 없다. 따라서 정답은 1)이다. 2)는 사회서비스 제공을 설명하고 있다. 국가, 지방자치단체, 민간부문은 상담, 재활, 직업 소개 및 지도, 사회복지시설 이용 등을 제공해 정상적 사회생활이 가능하도록 지원하고 있다. 맞는 설명이다. 우리나라에서는 비기여·자산조사 프로그램인 공공부조와 기여·비자산 프로그램으로 사회보험제도가 마련돼 있다. 3)과 4) 모두 옳은 설명이다.

193) 아동수당이 도입돼 시행되는 대부분의 국가에서 아동수당은 각각 그 나라의 가족정책의 맥락에서 보육 지원, 노동시장정책 등과 같은 여러 제도와 함께 시행되고 있다. 유럽 국가의 경우 아동수당 이외에 아동 양육과 관련된 수당이 제공되는 것이 보편적이다. 그러나 우리나라와는 경제사회적 환경이 상이하며, 여성의 노동참여율이 높은 유럽 국가들의 모형을 그대로 가져오기도 현실과는 맞지 않다(최성은, 2010: 319). 그러나 아동수당이 도입되고 정착된다면 우리나라 가족정책의 틀을 새로 개편할 수 있는 계기가 될 수 있을 것이다.

89 우리의 미래를 위해… – 아동·청소년복지정책(1): 개념, 정책 등

어느 나라나 할 것 없이 그 나라 미래의 희망은 아동이나 청소년들에게 있다. 사실 이것은 틀린 말이 아니다. 신선이 아닌 이상 사람이 몇백 년을 살 리 만무하고, 그렇다면 나와 닮은 개체를 결혼이라는 제도를 통해 그 명맥을 유지해 나가고자 하는 것이 인간 본래의 심리 가운데 하나다. 아동과 청소년이야말로 우리나라의 미래라 생각하고 그들에게 희망을 부여하고 있는 신미래 씨는 우리나라의 아동과 청소년에 대한 기본 입장부터 생각해 보고자 했다. 물론 쉬운 일은 아니다. 여러 조언도 들었다. 그리고 급기야 이러한 자신의 생각에 동조하는 사람들과 동아리도 만들었다. 다음 중 아동 및 청소년에 대한 개념, 복지정책과 관련해 찬동하기 어려운 동료의 입장은 무엇인가?

1) 아동은 18세 미만의 자로 매우 민감하며 가정을 시초로 점차 사회화돼 간다.
2) 며칠 후 만 20세가 되는 김성년 씨는 청소년보호법상의 청소년 연령 적용을 받지 못한다.
3) 아동과 청소년의 욕구와 문제는 공통성을 많이 띠고 있어 사회복지 차원에서는 동질적 접근과 대책이 필요하다.
4) 청소년은 아동이 성인으로 변해 가는 중간 단계에 놓여 있는 사람으로 발달적으로 볼 때 청소년기는 성인기 삶의 방향 결정에 매우 중요한 시기다.

해설

아동과 청소년을 구별하기는 쉬운 일이 아니다. 법체계나 행정 체계에서도 이 두 개념을 명확히 구분해 정의하고 있지는 않은 것 같다. 「아동복지법」에서 아동은 18세 미만의 청소년으로 규정하고 있고, 「청소년보호법」에서는 19세 미만을 청소년으로 규정하고 있으며, 「청소년기본법」에서는 9세 이상 24세 이하를 청소년으로 규정하고 있으며, 아동청소년의 성 보호에 관한 법률에서는 아동·청소년이란 19세 미만의 자로 규정하고 있다. 「교육법」에서는 만 6세~만 12세까지를 초등학교 의무교육을 받아야 할 학령아동으로 규정하고 있다.[194] 또한 우리 사회에서 통상적으로 아동은 초등학교 학령기, 즉, 12세까지를 의미하기도 한다(교육학대백과사전, 1998; 엄명용, 2008: 327에서 재인용). 사회복지 차원에서 아동과 청소년을 한데 묶어 정책화하는 것은 ① 「아동복지법」 및 「민법」상의 아동에 대한 연령과 「청소년보호법」 및 「청소년기본법」상의 연령은 기간에 중복 현상을 띠고 있다는 점, ② 욕구와 문제의 성격상 아동과 청소

194) 아동기는 신체적·사회적·정서적·지적 발달의 속도가 매우 현저하므로, 이를 다시 아동 전기와 아동 후기로 나누기도 한다. 즉, 6~8세까지를 아동 전기, 9~12세까지를 아동 후기로 해서 발달 단계를 구분한다. 아동기의 앞을 유아기(3~5세), 아동기 이후를 청소년 전기(12~14세)라고 한다(두산백과사전 두피디아).

년은 공통점이 많다는 점 때문이라고 할 수 있다. 따라서 이들 아동과 청소년 문제와 대책에서 동일한 접근법을 보이는 경우가 많다. 그러나 명칭과 법 적용이 달라짐으로 인해 발생하는 문제점은 소관 부서 단위로 해결할 것이 아니라 사회복지정책의 통합적 관리를 위해서도 필요한 부분이라고 하겠다.

아동은 기본적으로 가족 중심의 환경 속에서 특히 부모의 도움을 받아야 하는 상황에 놓여 있다. 현행 우리나라의 아동복지서비스는 보호대상 아동[195]뿐만 아니라 일반 아동 모두를 복지 권리에 대한 주체로 존중하며 건전하게 성장하도록 보호하고 육성하는 것을 기본 방향으로 한다.[196] 따라서 이들은 학습, 애정, 가정이 필요한 존재이며 사회집단 속에서 대인 관계를 가져야 하고 고려해야 할 대상이다. 「아동복지법」 제1조에서 아동은 건강하게 출생해 행복하고 안전하게 자라나도록 그 복지를 보장함을 법의 목적으로 밝히고 있는데, 이는 아동이 복지서비스를 받을 권리를 표현한 것이다.

아동복지정책은 사회정책의 일부분으로 사회정책의 여러 대상 가운데 아동에 대한 정책을 말하는 것이다. 아동복지정책에서의 정책활동에 포함되는 것은 기본적으로는 입양, 위탁보호, 시설보호, 아동학대 예방서비스라고 할 수 있으며, 가족생활을 보충하거나 지지하는 탁아, 가정봉사원 서비스, 아동 양육상의 문제에 대한 상담서비스 및 기타 여러 서비스도 포함된다. 아동복지제도의 출발은 빈곤이나 위기에 처한 가족이 부딪친 아동 양육의 어려움에 대응하기 위한 것이었으며, 보호대상 아동의 보호와 양육이라는 대책으로 발전해 왔고, 능동적인 아동 대책으로 발전하고 있다. 이것은 아동복지정책 입안자가 어떤 범주에서 아동복지서비스와 프로그램을 전개해 나가며, 어떤 아동을 대상으로 하는가에 따라 아동복지정책과 제도는 달라지게 됨을 의미한다.

아동복지정책에서 급여나 서비스 대상을 결정함에는 ① 거주, 재산 또는 연령과 같은 인구학적 요건, ② 근로 능력, ③ 사회보험에의 기여, ④ 자산조사,

---

195) 우리나라 「아동복지법」 제3조에서는 보호대상 아동을 "보호자가 없거나 보호자로부터 이탈된 아동, 또는 보호자가 아동을 학대하는 경우 등 그 보호자가 아동을 양육하기에 부적당하거나 양육할 능력이 없는 경우의 아동"으로 정의하고 있다.

196) 일반 아동은 특별한 보호를 필요로 하지 않고 생활할 수 있는 아동을 말하지만, 급속한 사회·문화적 환경의 변화로 일반 아동과 보호를 필요로 하는 아동(보호대상 아동)의 경계는 사실상 모호해지고 있다. 즉, 겉으로 일반 아동처럼 보이는 아동도 가정 내외의 스트레스 등으로 사회의 보호를 필요로 하는 경우가 많이 발생하고 있기 때문이다(엄명용, 2008: 330).

⑤ 전문적 · 행정적 판단들이 있다.

아동복지정책과 관련해 어떠한 형태의 서비스를 제공할 것인가가 문제되는데 대표적인 급여 형태로는 현금과 현물이 있다. 경제적 효용의 극대화, 소비자 주권의 보장, 인간 존엄성의 유지 등은 현금급여를 선택하는 기준이 되는 가치들이다. 그리고 현물급여의 선택 기준들로는 목표 대비 효율성, 규모의 경제, 서비스, 기회, 바우처 등이 있다. 아동복지를 실현하는 방법은 크게 소득보장과 복지서비스로 나뉘며, 현금 형태로 제공되는 소득보장 외에 대부분의 아동복지 프로그램은 복지서비스가 중심이 되고 있다.

청소년은 일반적으로 아동에서 성인으로 넘어가는 단계에 있는 사람을 의미한다. 신체 · 정서 · 정신 · 사회적인 발달을 통해 성인기 삶의 방향을 결정짓는 시기라는 점에서 그 의의는 매우 크다. 청소년복지와 관련해 영향을 주는 요인은 개인, 가족, 지역사회 등 다양하다. 따라서 여기에서 발생하는 문제들에 대한 예방과 해결책도 다양할 수밖에 없기 때문에 복합적이고 통합적 접근이 필요하게 된다.

아동복지와 마찬가지로 청소년복지도 기본적으로 모든 청소년이 그 대상이 된다. 수혜의 대상에 따라 ① 보호를 필요로 하는 청소년과 ② 일반 청소년으로 구분해 볼 수 있다.

보호를 필요로 하는 청소년은 보호자가 없거나 있어도 보호할 능력이 없는 경우에 속하는 청소년으로 이들은 빈곤문제를 가장 심각하게 안고 있다. 경제활동 능력을 충분히 갖추고 있지 못한 청소년은 생활비용이라는 현실 문제의 해결, 그리고 미래 자립을 위한 교육문제를 해결해야 할 과제를 안고 있다. 보호를 필요로 하는 청소년으로는 아동복지시설 수용 아동, 소년소녀 가장, 생활보호 대상 청소년, 가출 청소년, 비행 청소년 등을 들 수 있다.[197]

---

197) 서울시는 1일 '2014 학교밖 청소년 종합지원대책'을 내놓고 날로 느는 학교 밖 청소년을 적극 발굴해 개인별로 필요한 교육, 상담, 자립에 대한 지원을 강화하겠다고 밝혔다. 학교 밖 청소년은 정규학교(「초 · 중등교육법」 규정에 의한 학교) 교육을 받지 않는 청소년으로, 서울의 학교 밖 청소년은 2010년 1만 3천 381명에서 2013년 1만 6천 126명으로 최근 3년새 20%의 가파른 증가율을 보이고 있다. 시는 우선 교육청, 서울중앙지검 등과 협약을 맺고 학교 밖 청소년 조기 발굴에 힘쓰고 비인가 대안교육기관에 대한 지원을 확대하는 한편 시 산하 다양한 기관과 연계해 자립, 학업, 성, 주거 등에 대한 상담과 지원을 이어간다는 계획이다. 먼저 서울시는 교육청과 맺은 협약에 따라 학교로부터 학업 중단을 고민하는 학생의 정보를 공유받아 고민 상담부터 진로 탐색까

일반 청소년은 부모의 양육을 받고 있는 청소년들로서 가정 이외의 특별한 보호를 받지 않더라도 생활할 수 있는 청소년을 말한다. 일반 청소년들이 표출하는 문제는 비행, 자살, 약물 중독, 정신장애, 성격 결함 등과 같은 사회부적응 문제들이다.[198]

청소년복지서비스는 다양하지만 일반적으로 그 서비스는 장소에 따라 가정 내·외 서비스로 구분해 볼 수 있다. 가정 내 서비스는 가정이 청소년의 기본적인 욕구를 충족하지 못할 위험에 처하거나 부모-자녀의 역할 관계에 장애가 있는 경우, 외부로부터 여러 가지 도움을 제공받게 하는 서비스를 말하며 상담서비스, 방임·학대 청소년 서비스 등이 그 예다. 한편, 가정 외 서비스는 청소년이 가정을 떠나 시설이나 다른 가정에서 생활하면서 양육이나 서비스를 제공받는 것을 말하는데, 가정보호위탁사업, 입양사업, 시설보호사업 등이 대표적인 예다.

청소년복지의 내용은 ① 어려운 청소년에 대한 지원 강화, ② 청소년 비행의 예방 및 계도 등으로 나눌 수 있는데, 어려운 청소년에 대한 지원은 저소득층 청소년에 대한 지원 체계 확립,[199] 무직 미진학 청소년에 대한 정기적 실태 조사 및 상담과 취업 알선, 근로청소년 취미활동 지원[200] 등이다. 또한 청소년 비

지 다양한 지원을 한다. 또 버스형 이동 쉼터를 만들고 거리상담, 방문상담을 통해 방황하는 학교 밖 청소년을 발굴한다. 서울지방경찰청, 서울중앙지검과 협력해 범죄에 노출된 청소년은 선도한다. 아울러 시는 교육청으로부터 지원받지 못하는 비인가 대안교육기관 지원을 현재 38곳에서 2018년까지 61곳으로 확대할 계획이다. 이들 기관에는 교육활동공간과 프로그램 지원, 인건비·급식비 지원, 교사연수와 컨설팅 등의 지원이 이어진다. 이에 더해 시 산하 25곳의 청소년 상담복지센터는 학교 부적응, 학업중단 등 위기 청소년에 대해 개별상담을 한다. 시는 학교 밖 청소년 대상 자립지원, 학업지원 프로그램 운영센터를 현재 8곳에서 내년 20곳으로 확대한다. 성 전문상담, 인터넷·스마트폰 중독 상담, 주거 상담은 개별 상담·문화센터를 통해 이용할 수 있다(연합뉴스, 2015.1.1).

198) 일반 청소년임에도 비행, 자살, 약물 중독, 정신장애와 같은 사회부적응이 문제가 되는 경우가 많다. 최근에는 청소년의 성매매 현상, 그리고 성비행으로 인한 미혼모의 문제 등이 일반 청소년의 문제로 등장했다(엄명용, 1998: 347).

199) 청소년 공부방 확충, 학력 비인정 비성규 학교 운영 지원, 어려운 청소년에 대한 결연사업 추진, 저소득 청소년의 자연 체험 활동 기회 제공 및 생활수기 발표대회 개최 등이 이에 해당한다.

200) 농·어촌 출신 도시 유학생을 위한 학사 건립 운영, 농·어촌 청소년 자원재단 설립, 도·농 간 청소년 교류, 농·어촌 청소년의 문화권 탐방활동 등이 이에 해당한다.

행의 예방 및 계도와 관련해서는 시・군・구별 청소년 선도반 구성 운영, 가출 청소년 찾아주기 운동 전개, 청소년 약물 남용 및 예방사업 추진, 비행 청소년 수용 및 교화 프로그램 개발 보급 등이 있다.

미래에는 보호대상 아동・청소년 중심의 사후 개입적 아동・청소년 서비스 체계에서 예방적・능동적 체계 변화를 추구하기 위한 정책들로 그 범위가 넓어질 것이 예상되며, 이를 위한 복지 차원의 아동정책 입안이 필요하다.

풀이

위 예화에서 1)은 「아동복지법」상 아동은 18세 미만의 자이며 아동의 특성 가운데 하나를 설명하고 있으므로 맞는 설명이다. 2)의 경우 「청소년기본법」에서는 청소년의 연령을 9세 이상 24세 이하의 자로 규정하고 있다. 현실적으로는 이에 대한 구체적인 정책 입안이나 사례가 있는가에 따라 문제의 소지는 분명 있어 보이지만 「민법」과는 달리 「청소년기본법」상으로는 적용을 받는다. 틀린 설명이다. 따라서 정답은 2)다. 3)의 경우, 사회복지 차원에서는 아동과 청소년의 욕구와 문제는 동질적 접근과 대책을 통해 접근하는 경향이 있어 맞는 설명이다. 4)는 청소년(기)의 특성을 설명한 것으로 맞는 설명이다.

90 뿌리 깊은 나무가 되기 위해서는… – 아동 · 청소년복지정책(2): 변천사, 원칙, 전달 체계 등

한 나라의 근간은 백성들이 불편함이 없이 잘사는 것이다. 이러한 나라는 정말 뿌리가 깊은 나무와도 같으며 아무리 거친 바람이라도 무사히 견뎌낼 수 있어 꽃이 아름답고 열매가 많이 열리게 될 것이다. 나라를 나무라고 하면 흔히 아동과 청소년은 나무의 뿌리라고 해야 한다. 홍길동은 이런 정책을 이른바 '뿌리 정책'이라고 이름 붙였다. 그는 청소년기본법을 입안해 시행하면서 그 원칙과 목적은 청소년의 복지 증진에 있음을 천명했다. 그런데 문제는 이러한 청소년복지서비스를 전달하기 위해 원칙도 함께 필요했다. 이러한 청소년복지서비스를 전달하기 위한 원칙을 위해 여러 대신이 모였다. 가장 엉뚱한 대신으로 자격이 없는 사람은 누구일까?

1) 청소년복지도 모든 복지에서처럼 가장 중요한 것은 복지 대상자가 되는 청소년의 주체적 노력과 의지다. 청소년복지서비스 전달 체계도 이들 복지 대상자의 주체적 노력과 의지에 대한 기여 정도를 그 기준으로 삼아야 한다.
2) 인적, 물적, 그리고 시설과 관련된 자원은 모두 한정돼 있다. 이러한 제한된 자원을 서비스가 필요한 청소년에게 최소 자원을 투입하되 최대 효과를 거둬야 한다.
3) 사람마다 차이가 있기는 하겠지만, 동일 욕구에 대해서는 배분과 공급에서 동일하게 서비스를 제공해야 한다.
4) 국가에서 필요한 서비스와 시설을 제공하되 그 이용은 제한적이어야 한다. 즉, 쉽게 접근하게 되면 서비스나 시설이 필요 없는 사람도 이용할지 모르니 자격과 심사부터 엄격하게 하며 절차도 까다롭게 해야 한다.

해설

청소년 보호사업에 대해 삼국 시대까지 거슬러 올라가 논의하는 경우도 있으나 근대적 의미의 청소년 복지사업은 우리나라 최초의 고아원이 프랑스 신부에 의해 명동 천주교 내에 설립되면서부터다. 해방 후 1961년까지의 시기에 청소년복지와 아동복지는 다른 사회복지의 영역과 별다르게 구분되지 않고 긴급구호를 하는 수준이었다.

우리나라에서는 「미성년자보호법」과 「아동복리법」(1961)이 제정됨으로써 청소년복지가 비로소 도입됐다. 「미성년자보호법」(1961)의 제정은 청소년의 보호와 선도를 위한 법적 장치였으며, 「아동복리법」 제정 이전에도 「보호시설에 있는 고아의 후견 직무에 관한 법률」(1961), 「고아입양특례법」(1961)이 제정되기도 했으나 이때의 입법 목적은 아동의 극히 일부인 고아에 대한 보호에 있었다. 1964년에는 청소년 보호를 위한 중앙기구인 청소년보호대책위원회가 설치됐다. 이 위원회는 1977년 국무총리실에서 청소년 관련 업무를 담당하는 청소년대책위원회로 격상되면서 청소년정책과 사업을 확대하며 공공행정의 한 분야로 본격적 자리매김을 하게 됐다. 동년 제정된 「특수교육진흥법」을 통해 장애청소년에 대한 복지사업이 실시됐고, 산업체 부설학교 개설, 근로청소년 회관 건립을 통해 근로청소년에 대한 복지사업을 실시했다. 「아동복리법」의 체제가 전면 개정된 「아동복지법」(1981)이 제정되면서 보호의 대상이 '보호대상 아동'에서 '전체 아동'으로 크게 바뀌었다.

「청소년육성법」(1987)의 제정으로 아동복지와 구분되는 청소년복지의 영역이 마련될 수 있었다. 동법 제1조는 "청소년의 인격 형성을 도모하고, 청소년의 보호·육성·선도 및 지원에 관한 사업을 효율적으로 추진함으로써 청소년이 국가·사회 발전에 이바지할 수 있는 건실하고 유능한 국민으로 성장함"을 목적으로" 제정된 점을 감안하면 청소년복지 수행의 근거법의 역할을 했다. 「청소년육성법」의 대체법으로 제정된 「청소년기본법」(1991)에서는 "청소년의 복지 증진"(「청소년복지법」 제3조)을 법의 목적으로 규정하면서 청소년을 위한 기본 법제와 조직을 갖췄다. 1990년 제정되고 1998년 개정된 청소년 헌장에서는 청소년의 책임과 권리를 규정했다. 1997년에는 청소년을 유해환경에서 보호하는 「청소년보호법」을 제정하고 2003년 「청소년기본법」 개정, 「청소년활동진흥법」 제정, 「청소년복지지원법」을 제정함으로써 오늘에 이른다.

청소년복지서비스 전달 체계는 ① 효과성, ② 효율성, ③ 공평성, ④ 접근성 등을 원칙으로 한다. 효과성은 복지서비스를 필요로 하는 청소년에 대한 욕구 충족 또는 해결하는 데 얼마만큼 유효성을 가지는가를 말한다. 이는 서비스가 수혜자의 관점에서 볼 때 어느 정도 적합한가라는 관점에서 판단되며, 특히 복지 대상자의 주체적 노력과 의지에 대한 기여 정도가 주요한 기준이 될 수 있다. 효율성은 재원이 한정돼 있을 때 그 재원을 복지 대상이 되는 청소년의 욕구와 그가 처한 상황에 따라 최소 자원으로 최대 효과를 낼 수 있는가에 대한 문제다. 공평성은 동일한 복지서비스 욕구를 가진 청소년들이 배분과 공급 면에서 동일한 서비스를 받는가 하는 것이다. 접근성은 복지서비스를 필요로 하는 청소년이 서비스를 이용하는 데 용이해야 하며 화폐가치로 측정이 불가능한 욕구 충족의 경우 시설서비스를 필요로 할 때 지나치게 관료적이어서는 안 된다는 것이다.

청소년에 대한 공공 차원의 복지 서비스 전달 체계로는 보건복지부, 법무부, 고용노동부, 교육부, 경찰청 등이며, 민간 차원의 복지서비스 전달 체계로는 청소년복지기관,[201] 청소년단체,[202] 청소년 관련 기관,[203] 청소년복지 지원기관[204]

201) 청소년복지기관은 빈곤계층 청소년과 문제 청소년을 대상으로 보호 및 상담과 지원 등을 하는 청소년을 위한 직접 서비스기관이다. 가출청소년 쉼터, 비행청소년보호소

등이 있다. 민간부문의 전달 체계에서는 정부가 할 수 없거나 정부가 제공하는 서비스만으로는 그 혜택을 받을 수 없는 청소년들에 대한 서비스 제공, 동일 종류의 서비스에 대한 선택 기회 제공, 사회서비스의 선도자 개발과 보급, 민간의 사회복지 참여 욕구 수렴, 정부의 사회복지 활동에 대한 압력단체의 역할, 국가의 사회복지 비용의 절약 등에서 그 필요성이 인정된다. 그러나 청소년복지서비스의 전달 체계에서는 ① 아동복지서비스와 중복되거나 또는 그 연장선상에서 전달되고 있다는 점, ② 청소년의 보호 지원에 치중하다보니 청소년과 함께 하는 복지에 소홀하다는 점, ③ 공공 또는 민간부문에서 원활한 수평적 의사 결정이 요구된다는 점 등의 문제점을 안고 있다.

따라서 공공과 민간부문 간의 협력과 역할 분담의 명확화가 요구된다. 관리면에서도 지역사회 구성원들의 참여가 상대적으로 용이하고 실정에 맞는 프로그램 실시의 장점이 있는 지방분권과 재원 마련이 용이한 중앙집권화를 조화하는 방법을 강구해 나가야 할 것이다.

풀이

1)은 청소년복지서비스 전달 체계에서 효과성을, 2)는 효율성을, 3)은 공평성을 설명한 것이다. 4)와 관련해서 복지 대상자의 서비스 이용에서는 누구나 쉽게 이용할 수 있어야 한다. 즉, 접근성이 있어야 한다는 것이다. 그러나 4)의 경우는 시설 이용에 지나치게 관료적이어서 접근성 원칙에 위배된다고 할 수 있다. 따라서 여기서는 4)가 정답이다.

및 중간의 집, 비행청소년 결연사업(BBS 등) 등이 있다.

202) 청소년단체는 YMCA, 걸스카우트, 각종 청소년회관 등 청소년의 건전한 육성을 위한 각종 프로그램을 실시하는 단체 또는 기관이다. 대부분 회원 또는 프로그램 참가 청소년 회비에 의해 운영되고 있다.

203) 청소년 관련 기관은 지역사회복지회관, 복지재단 등 청소년복지 프로그램을 운영하고 있는 기관이다. 이들 기관은 청소년을 위한 사업을 중심으로 청소년 복지에 기여하고 있다.

204) 청소년복지 지원기관은 청소년복지를 위한 협회와 청소년을 연구하는 학회 등을 들 수 있다.

91 늦기 전에 빨리 준비를… - 노인복지정책(1): 개념, 필요성, 원칙 등

사람이 나이가 든다는 것은 자연스러운 현상이다. 이를 아무리 거부하고 싶어도 방법에는 한계가 있을 수밖에 없다. 불로초를 찾아 나설 수도 없는 노릇이고 주름살 제거 수술도 한두 번이지 매번 할 수 있는 게 아니다. 결국 우리가 노인이 되는 것은 당연하다. 노인이 되면 신체 재생 능력도 떨어지고 기능도 약화되며 이에 따라 심리적 변화도 심화된다. 즉, 경제적 불안감, 우울증이 수반되는 것이다. 하지만 "미리 예견된 악재는 더 이상 악재가 아니다"라는 말이 있다. 비단 증권시장에서만 통용되는 이야기가 아니다. 예상되는 나쁜 상황은 미리 대처해 둘 방안을 마련해 두는 것이 좋다는 이야기다. 그렇다면 노인복지정책과 관련된 21세기 고령화사회의 특징도 알아두면 좋을 것이다. 다음 중 세 가지는 노인복지정책과 관련한 21세기 고령화사회의 특징을 설명하고 있으나 다른 하나는 별로 관계가 없는 설명이다. 별로 관계가 없는 설명을 고른다면?

1) 21세기 고령화사회는 노령기의 마지막 의존적 생활 기간이 보편적 생활주기의 일부가 될 것이다.
2) 전통적 가족생활 가치관이 크게 쇠퇴하면서 노인들이 가족에 의해 부양될 가능성은 희박하다.
3) 노인 단독가구 증가와 가족 크기의 축소가 예상된다.
4) 노인들의 정치참여도는 급속히 낮아질 것이며, 노인복지의 국가정책은 지역 간의 비교적 시각에서 추진될 것이다.

해설

노인은 개인의 자각이나 판단, 사회적 역할이나 기능 상태에 따라 달라질 수 있기 때문에 단순히 사전적 의미대로 나이가 많은 사람으로만 규정지을 수 없고, 이를 복지정책과 연계시키는 데도 한계가 있다. 따라서 노인복지정책에서 염두에 둬야 할 노인에 대한 개념은 신체적·사회적·심리적 요인을 모두 파악해야 한다. 일반적으로 노인은 생리적 및 신체적으로 쇠퇴기에 있는 사람, 사회적인 면에서 지위와 역할이 상실돼 가는 사람이라고 할 수 있다(Breen, 1960; 김영란, 2008: 375에서 재인용). 노인은 UN 등이 정한 생산 연령 인구의 개념에 대한 영향을 받아 우리나라의 「노인복지법」에서는 노인복지서비스를 받을 수 있는 대상자를 만 65세 이상으로 하고 있으며, 여러 통계자료에서도 65세 이상을 노인으로 규정한다.

노인복지정책은 ① 출산율의 감소와 평균수명 연장으로 노인 인구가 상대적으로 계속적인 증가세를 보인다는 점, ② 가족구조가 전통적인 가족구조에서 핵가족화로 변화돼 가족의 부양 기능을 약화시키고 있다는 점, ③ 여성의 사회·경제활동 참가율의 증가로 인한 노인 부양문제의 대두됨으로써 사회적 부양 시스템이 필요하게 됐다는 점, ④ 가족관이나 경로의식의 변화에 따른 노인 부양 의식의 약화 등으로 그 필요성이 제기된다.

노인복지정책은 「노인복지법」 제2조에서 ① 후손의 양육과 국가 및 사회 발전에 기여해 온 자로서 존경받으며 건전하고 안정된 생활을 보장받아야 한다는 것, ② 능력에 따라 적당한 일에 종사하고 사회적 활동에 참여할 기회를 보장받아야 한다는 것, ③ 노령에 따르는 심신의 변화를 자각해 항상 심신의 건강을 유지하고 그 지식과 경험을 활용해 사회의 발전에 기여하도록 노력해야 함을 명시하고 있다.

노인복지정책의 원칙은 ① 노인은 어떤 면에서도 차별받지 않는 인간적인 권리로서의 존엄성이 존중돼야 한다는 존엄성의 원칙, ② 노인의 개성이 존중되도록 개별적으로 다뤄져야 하며 노인에 대한 일반화나 고정 관념이 배제돼야 한다는 개별화의 원칙, ③ 노인 자신의 복지서비스를 위한 선택 및 결정이 노인 스스로 가능하도록 해야 한다는 자기 결정의 원칙, ④ 모든 노인에게는 권리와 책임이 수반되어야 한다는 권리와 책임의 원칙이 그것이다(강영실, 2006: 281). 또한 주어진 재정적·사회적 여건에서 복지정책은 복지의 대상이 되는 노인들에 대해 보편적 원칙과 선별적 원칙을 조화시키는 것도 중요하다.

우리나라의 노인복지에 대한 제도적 대책이 마련된 것은 1981년의 노인복지법 제정 이후로 1984년과 1989년의 「노인복지법」 개정, 1991년의 「고령자 고용촉진법」 제정, 그리고 1993년, 1997년, 1999년, 2000년, 2003년, 2004년, 2007년, 2010년, 2011년, 2012년, 2013년의 「노인복지법」의 부분 또는 전문 개정을 거치면서 전개됐다. 특히 1997년에 있었던 「노인복지법」의 전문 개정은 생활보호대상 노인 및 저소득 노인을 위한 경로연금의 지급, 치매·중풍 등 만성 중증 노인 질환을 위한 전문 요양서비스의 확충, 노인복지시설의 종류와 운영 체계 개편, 재가노인복지서비스의 활성화와 등 소득 보장, 의료 보장, 노인복지서비스의 공급을 확충하는 내용이었다. 또한 2007년에는 2008년 7월부터 시행하는 노인장기요양보험제도 도입에 대비해 「노인복지법」을 개정했는데 ① 요양보호사 제도 도입, ② 노인복지시설 통합·개편, ③ 실종 노인의 신고 의무제 도입 등 보호 체계 강화, ④ 노인복지주택을 무자격자(60세 미만) 분양·임대 시 처벌 규정 신설 등이 주요 골자였다. 2010년에는 요양보호사 직무·자격증 교부 등에 관한 사항, 2011년 실종노인 신고 의무 등에 관한 사항, 2012년에는 노인학대 등에 관한 사항, 2013년에는 노인일자리 전담기관의 설치·운영 등, 노인복지시설에 관한 사항 등을 개정했다.

노인복지정책은 보통 ① 초로기, ② 중로기, ③ 고로기 등 단계별로 다르게 추진된다. 초로기는 55~64에 해당하는 연령으로 근로에 대한 의욕도 있고 신체적인 능력도 있기 때문에 정년 연장이나 고령자에 대한 고용 개발 정책에 중점을 둔다. 이 단계에서는 연금이 시작되며 의료 수요도 증가하게 된다. 중로기는 65~74세에 해당하는 연령층으로 이 단계에서는 연금 부문이 차지하는 비중이 매우 크다. 고로기는 75세 이상의 연령층으로 의료비 증가에 따라 의료 수요의 급격히 증가가 있고 노인복지서비스가 요구된다.

앞으로 전개될 고령화사회는 노령기 마지막 의존적 생활 기간이 보편적 생활주기의 일부가 될 것이다. 전통적인 가족생활에서의 가치관의 급격한 쇠퇴와 가족에 의해 노인이 부양될 가능성은 거의 없어질 가능성이 크다. 노인 단독가구가 크게 증가하고 가족 크기가 축소될 것이며, 정부의 정책 결정은 다양화된 이해집단에 매우 큰 영향을 받게 될 것이다. 노인복지에 대한 정책 결정에 노인단체나 노인복지재단과 같은 연대 조직은 큰 영향을 미치게 된다. 따라서 노인들의 정치참여도는 그만큼 높아지고 세계화 추세에 맞춰 노인복지에 대한 국가정책은 선진국 등 국제 비교적 시각에 따라 달라질 가능성이 매우 높아지게 될 것이다.

풀이

노인정책은 출산율 감소나 평균수명 연장처럼 노인 인구의 상대적 증가, 핵가족화 현상, 여성의 사회 참여 등으로 인한 노인 부양문제, 사회 변화 과정에서의 노인 부양 의식 약화 등으로 필요성이 대두된다. 「노인복지법」에서는 노인복지서비스를 받을 수 있는 대상자를 만 65세 이상으로 하고 있으며 노인복지정책은 연금, 의료 수요 증대 등과 관련된 부분이 많다. 특히 나이가 점차 많아질수록 의료 수요가 급격히 증가하고 노인복지서비스도 많이 요구된다. 21세기 고령화 사회는 위의 1), 2), 3)과 같은 특징을 지니게 될 것이다. 정부의 정책 결정은 다양화된 이해집단에 의해 크게 영향받게 될 것이므로 21세기 고령화사회에서는 노인들의 정치참여도가 높아질 것이며 세계화가 크게 추진됨으로써 노인복지에 대한 국가정책은 국제 비교적 시각에 의해 좌우될 가능성이 높다. 따라서 4)는 틀린 설명으로 정답이다.

92 늙어서 우대받는 세상을 꿈꾸며… – 노인복지정책(2): 소득·의료·주거보장, 사회서비스

노년기에 접어들면서 경제적 자립이 어렵게 되고 건강도 좋지 못하게 되며 의지할 곳도 마땅치 않은 것은 동서를 막론하고 일반적으로 나타나는 노인문제들이다. 사회는 하루가 다르게 변해 가는데 이에 적응하지 못하는 노인들은 사회적 부적응을 겪게 마련이다. UN에 따르면 한 나라의 전체 인구 가운데 65세 이상의 인구가 차지하는 비중이 7%를 넘어서면 고령화사회(aging society), 14%를 넘어서면 고령사회(aged society), 20%를 넘어서게 되면 초고령화사회(super-aged society)로 분류한다. 우리나라는 2000년에 이미 전체 인구 가운데 65세 이상의 노인 인구가 차지하는 비율이 7.2%에 이르러 고령화사회에 도달했고, 지금은 고령사회를 향해 가는 중이다. 노인은 병고, 빈고, 무위고, 고독고 등 4고(四苦)로 인한 고통을 겪는다고 하는데, 우리나라의 복지정책도 이러한 노인의 4고를 중심으로 해서 추진되고 있다. 노인복지정책에 관심이 있는 네 학도가 모였다. 나름대로 동아리 발표를 위해 노인복지정책에 대한 정리를 잘 해오고 있는데, 여러 동아리 중에 꼭 한 명씩 말썽꾸러기가 있기 마련인 모양이다. 별명으로 '블랙 쉽(black sheep: 우리말로 하면 말썽꾸러기쯤 되겠다)'으로 불리는 잘못된 내용을 이야기하는 이 친구를 한 번 찾아내 본다면 누구일까?

1) 정준화: 고령자에게 고용 기회를 주어 연금 수급자가 늘어나는 것을 억제하고 장기적으로도 의료비 증가를 완화시키는 고용보장정책이 필요하며 추진돼야 한다.
2) 노용철: 노후 소득 보장을 위한 사회적 차원의 조치로 소득보장정책을 실시하는 것은 반드시 필요하다.
3) 유지석: 질병이나 부상 등으로 인한 생활상의 불안 극복과 정신적으로 건강한 생활을 유지할 수 있도록 국가가 나서서 의료보장정책을

실시해야 한다.

4) 박면수: 연령별 거주 형태를 보면 노인들이 단독주택을 소유하는 비율이 높으므로 재가노인복지사업은 모든 노인복지정책 가운데 가장 후순위여야 한다.

해설

우리나라의 노인복지정책은 노인이 겪는 4고(四苦), 즉 빈곤, 질병, 고독, 무위를 우선적으로 해결해야 할 문제로 보고 이를 중심으로 하여 소득보장정책, 의료보장정책, 주거보장정책, 기타 사회서비스 등을 계획·실시하고 있다.

소득보장정책과 관련한 사회적 차원의 대표적인 조치는 노후의 소득보장을 위한 것이다. 현재 노인들의 소득보장을 위한 사회적 프로그램 가운데 노인들에게 직접 현금을 지급하는 제도로는 국민연금제도·기초생활보장제도·기초연금제도·퇴직금제도 등이 있다. 그 밖에 간접적 소득보장제도로 경로우대제도·노인능력은행(취업알선센터), 생업 지원·세제 감면제도 등이 있다. 이 가운데 몇 가지 중요한 제도를 상술하면 다음과 같다.

국민연금제도는 소득 중단 및 감소로 인한 생활의 위협에 대비하려는 것으로 1986년에야 비로소 「국민복지연금법」이 「국민연금법」으로 전면 개정되면서 1988년 1월부터 실시되고 있다. 국민연금의 재정 위기는 '저부담 · 고지급'의 정치적 선택에 따른 구조적 문제로 넉넉한 노후연금을 지급받는 것은 어려운 형편에 처하게 됐다. 따라서 사실상 노년기에 접어든 대부분의 노인은 국민연금제도를 통한 소득 안정에 어느 정도 제동이 걸리고 있다고 하겠다. 현재 시행되고 있는 노인복지와 관련한 공공부조의 소득보장 프로그램은 사회보험과 달라서 본인이 납부를 했는가는 관계없이 일정한 자격을 갖추기만 하면 도움을 받을 수 있으며, 2000년에 개정된 국민기초생활제도에 따라 생활 능력이 전혀 없는 거택 보호나 자활보호 노인을 대상으로 차등적 생계급여를 지급하는 국민기초생활보장제도가 대표적이다. 또한 만 65세 이상이고 한국 국적을 가지고 있는 주민등록이 되어있는 노인 중 가구의 소득인정액이 선정 기준액 이하인 자를 대상으로 하는 기초연금제도, 경로우대[205] 및 경로식당제도, 노인 취업 증진 프로그램 등이 있다. 노인에 대한 고용 보장을 정책으로 실현하는 것은 고령자에게 고용 기회를 제공해 연금 수급자가 늘어나는 것을 막고, 장기적으로는 의료비에 대한 억제나 공공부조에의 의존도를 낮추는 효과가 있다. 이를 위해 고령자 적합 직종을 선정해 고령자 우선 취업 권장과 노인공동작업장 등을 운영함으로써 소득과 여가활동 기회를 제공하고 있다(강영실, 2006: 284).

의료보장정책은 사회보장 프로그램의 하나로서 질병 · 부상 · 분만 · 사망 등으로 인한 생활상의 불안 극복과 국민이 신체적 및 정신적으로 건강한 생활을 유지할 수 있도록 국가가 개입해 보장해 주는 제도다. 우리나라의 의료보장은 의료보험 방식의 건강보험을 근간으로 채택하고 거기에 공공부조 차원의 의료보호법에 의해 실시되는 의료보호가 있다. 노인을 위한 의료서비스 차원으로 노인병원과 노인요양시설 등이 있다. 한편 2006년 4월부터 국민기초생활보장 수급권자 및 건강보험 가입자 가운데 하위 20%를 대상으로 치매 무료 검진을 실시하고 있다(강영실, 2006: 285). 치매진료관리비 지원사업은 2010년 4월부터

205) 철도, 목욕, 시내버스, 극장 등 13개 업종의 경로우대를 현재 실시하고 있다. 또한, 매년 5월 8일을 어버이날 및 경로주간으로 설정해 경로효친사상을 계승 · 발전시키기 위한 행사를 실시하고, 효행자를 발굴 · 포상한다.

치매를 조기에 치료하고 지속적으로 관리해 치매 증상을 호전시키거나 증상 심화를 예방해 안정적인 삶을 누릴 수 있도록 지원한다. 지원 대상자는 만 60세 이상(예외적으로 보건소장이 인정하는 경우 60세 미만도 예산 범위 내에서 가능)이다. 치매 치료 관리비 보험급여분 중 본인 부담금(치매 약제비 본인부담금+약 처방 당일의 진료비 본인 부담금)을 월 3만 원(연 36만 원) 이내에서 실비 지원하며, 치료제는 복용 개월 수에 따라 일괄 지급한다.

주거보장정책과 관련해 노인을 위한 정책 추진은 크게 재가 목적의 주거 보장과 입소 보호 목적의 주거 보장으로 나눌 수 있다. 재가 목적의 주거 보장은 일반가정에서 생활하는 재가노인을 위한 것으로 실버노인복지주택, 유료노인복지주택이 있고, 저소득층 노인들을 위한 노인의 집 등이 있다. 2006년부터는 치매나 중풍과 같은 노인성 질환으로 입소 보호가 필요한 노인들도 탈시설화 이념을 바탕으로 재가보호서비스를 운영하도록 하면서 소규모 요양시설 및 가정형 노인공동시설을 신규 운영하도록 기준을 마련해 시설 운영을 지원하고 있다(강영실, 2006: 286).

현재 우리나라는 자가 소유 주택, 전세와 월세 순의 거주 형태를 보이고 있다. 연령별 거주 형태 면에서 단독주택과 아파트 연립주택의 순서를 보이고 있지만, 노인들이 비록 단독주택을 소유하고 있다 하더라도 대체로 대부분의 주택은 낡고 협소해 노후생활에 적합하지 않다. 현재 우리나라의 노인 보호에서는 가정 보호가 우선이고, 노인 친화형 주택정책은 아직 본격적인 궤도에 접어들지 못한 형편에 있으므로 가정에서 가족과 함께 혹은 혼자서 살아가는 노인들의 삶에 가능한 편의 제공을 위해서는 결국 재가노인복지사업이 그만큼 중요할 수밖에 없다.

사회서비스는 노인이 가능한 신체적 독립을 유지하고 일상생활에 대해 편의성과 심리・사회적으로 높은 삶의 질을 추구하면서 생활할 수 있도록 하는 서비스를 말한다.[206] 소득보장, 의료보장, 주거보장을 제외한 제반 비물질적 서비스가 사회서비스 보장정책의 유형에 속하며, 그 예로 가정봉사원 파견사업,[207] 가정방문 보호사업,[208] 경로당사업[209] 등을 들 수 있다.

---

206) 이를 사회서비스, 대인서비스라고도 한다.

207) 신체적・정신적으로 일상생활이 어려운 노인이 있는 가정에 가정봉사원을 파견, 식사 및 밑반찬배달, 세탁서비스, 결연후원금 및 물품 전달, 주거환경개선, 이미용서비스 등을 말한다.

풀이

우리나라의 노인복지정책은 노인의 4고를 우선적으로 해결해야 할 문제로 보면서 여러 사회복지정책을 펼치고 있다. 고용보장정책은 노인에게 고용 기회를 제공한다는 점에서 연금 수급자가 늘어나는 것을 막고 장기적으로는 의료비 억제, 공공부조에 대한 의존을 감소시킨다는 면에서 적절한 사회복지정책으로 받아들여진다. 1)은 맞는 설명이다. 소득보장정책 또한 사회적 차원의 대표적 노인복지정책의 하나로 직접 현금을 지급하는 것 외에도 경로우대제도나 세제 감면제도와 같은 간접적 소득보장제도가 마련돼 있다. 2)도 맞는 설명이다. 현대의 의료보장제도는 사회보장 프로그램의 하나로 국가가 개입해 신체적·정신적으로 건강한 삶을 유지하도록 하는 노인복지정책의 하나다. 3)도 역시 맞는 설명이다. 4)의 경우 연령별 거주 형태가 단독주택과 아파트 연립주택의 순으로 나타나고 있지만 노인들 자신이 단독주택을 소유하고 있는 경우라 하더라도 낡고 협소해 노후생활에 적합하지 않은 경우가 많으며, 독거노인의 삶에 가능한 편의를 제공하기 위해서는 재가노인 복지사업도 그만큼 중요할 수밖에 없다. 따라서 4)가 틀린 설명으로 정답이다.

208) 지역 내 보건소에서 노인의 가정을 방문해 질병 진료나 간호서비스를 제공하는 것을 말한다.

209) 서울시 성북구가 임대 아파트 경로당을 공동작업장으로 만들어 어르신들 일자리 마련에 눈길을 모으고 있다. 길음뉴타운 8단지 제2경로당을 택배집화포장공동작업장으로 변신시키고 어르신 40여명의 고용문제를 해결했다. 이번 길음뉴타운 공동작업장은 2013년 석관동 경로당을 제1공동작업장으로 변신시켜 개소한 것에 이은 두 번째 사례로 특히 여성 어르신의 고용 증진에 도움이 될 것이다(아시아경제, 2015. 1.5).

93 우리 모두는 잠재적 장애인입니다 - 장애인복지정책(1): 개념, 유형, 변천사 등

누구나 미래는 모르는 법이다. 아무리 잘 나봐야 한 치 앞을 내다보지 못하는 것이 인간이 가진 가장 커다란 약점 가운데 하나가 아닐까? 이런 면에서 누구나 장애인이 될 가능성은 존재하며 결국 나도 잠재적 장애인 가운데 하나인 셈이다. 김씨는 행동의 제한으로 동작이 자연스럽지 못하고, 행동 범위에 한계가 있어 경험의 영역이 좁은 장애인 친구를 옆에서 바라보고 있어 누구보다 장애인에 대한 복지정책에 많은 관심을 두고 있다. 알게 모르게 장애인 친구는 일반인에 비해 대인 관계에서 긴장감도 높아 보이고, 특히 새로운 친구를 사귈 때에는 긴장 정도가 더욱 심해지는 것 같기도 하다. 이러한 잠재적 장애인으로서 김씨는 장애인복지정책을 공부하고 있다. 다음 중에서 장애인복지정책의 특성이라 할 수 없는 것은 무엇일까?

1) 장애는 인정 범위에서 지체, 시각, 청각, 언어, 정신지체 등 15종류까지 분류되고, 손상 정도에 따라서도 여러 등급으로 분류된다. 즉, 장애문제는 복잡성을 띠고 있다.
2) 단순한 사회복지 차원에서뿐만 아니라 의료적, 교육적, 직업적, 사회적, 환경적 차원과도 관련돼 있는 종합성이 요구되는 것이 장애인 복지다.
3) 장애인 재활문제는 한 인간의 삶과 연계된 것이고, 1차적으로는 장애인복지기관에서 수행되도록 해야 한다. 장애인복지기관에 대해서는 육성을 위해 공적・사회적 목적에 의해 규정하는 활동보다 개인적・사적 활동에 대한 활동을 더 넓게 인정해 줘야 한다.
4) 오늘날 장애 요인 증가 등으로 인해 장애인복지의 공감대 형성은 장애인복지를 시대 상황에 따라 빠르게 움직이게 하고 있다.

해설

세계보건기구(WHO)의 장애인권리선언(1975)에서는 장애를 “선천적이든 후천적이든 신체적 · 정신적 능력이 불완전해 일상의 개인 및 사회적 생활에 필요한 것을 스스로 완전히 혹은 부분적으로 확보할 수 없는 상태”로 정의함으로써 기능장애(impairment), 능력장애(disability), 사회적 불리(handicap)[210]를 포괄하고 있다(박석돈 외, 2004).

장애는 비단 어떤 특정한 사람에게만 일어나는 것이 아니라 언제 어떤 상황에서, 또 누구에게나 일어날 수 있는 것이므로 신체적인 이유만으로 장애를 분류할 수는 없다. 우리나라는 1999년 1월 개정된 「장애인복지법」 제2조 1항에서 장애인을 “신체적 · 정신적 장애로 인하여 장기간에 걸쳐 일상생활 또는 사회생활에 상당한 제약을 받는 자로 대통령령으로 정하는 기준에 해당하는 자”로 정의하고 있다.

따라서 위의 견해들을 종합해 보면, 장애 개념은 ① 좁은 의미로는 신체나

210) 사회적 불리(handicap)는 기능장애나 능력장애에서 발생하는 것으로 연령, 성(性), 사회 또는 문화적 요소와 관련된 정상적인 개인으로서의 역할 달성이 제한되거나 방해되는 개인에 대한 불이익을 의미한다.

정신의 기능 저하, 이상, 상실 또는 신체 일부의 훼손 등을 지칭하는 의학적 수준에서의 장애와 ② 좀 더 넓은 의미로 세계보건기구 등에서 규정한 기능장애, 능력장애, 사회적 불리 등으로 포괄해 정의할 수 있으며, 장애인정책에 대한 추세는 좁은 의미에서 넓은 의미로 해석하고 추진하고 있다.

장애인의 유형은 크게 ① 신체 일부의 상실, 기능 감소를 가져오는 영구적·일시적 병리적 상태인 손상장애, ② 기능 상실(손상)로 인한 일상생활 또는 취업행위의 장애로서 기능장애, ③ 정상적인 생활 범위에 대한 활동 능력이 정신·신체 부전에 의해 제한 또는 결핍돼 나타나는 능력장애(imperfection), ④ 기능 상실이나 기능장애로 인한 사회적 반응, 선입관, 편견 의식, 사회적 낙인 등 사회생활상의 장애를 의미하는 사회적 불리 등으로 나눌 수 있다.

1976년 UN이 1981년을 세계 장애인의 해로 정한 이후 전 세계적으로 장애인에 대한 관심이 증대됐고, 우리나라도 전쟁으로 인한 장애아동들을 대상으로 한 수용 구호 중심의 정책에서 「심신장애자복지법」 제정(1981), 국립재활원 개원(1986), 장애인 등록 시범사업 실시(1987), 제8회 서울장애인올림픽 개최(1988) 등에서 볼 수 있는 바와 같이 1980년대부터 본격적인 장애인복지에 대한 연구 및 정책을 수립·추진했으며, 1989년에는 「심신장애자복지법」을 「장애인복지법」으로 전면 개정했다. 1990년대에 들어오면서 장애인의 권리 보장을 위한 기틀을 마련하게 됐다. 저소득 중증·중복장애인 생계보조수당 지급, 의료비 지원, 「장애인 고용 촉진 등에 관한 법률」 제정(1990), 저소득 장애인가구 자녀(중학생) 교육비 지원 및 자립자금 대여 및 새가 장애인 순회재활 서비스 설치·운영(1992), 「특수교육진흥법」 전면 개정(1994), 「장애인·노인·임산부 등의 편의 증진 보장에 관한 법률」 제정(1997), '장애인인권헌장' 제정·공포(1998) 등이 대표적이다. 1990년대는 저소득 장애인에 대한 생계비 지원 등 기본적 복지서비스 확충 및 장애인에 대한 의료, 직업, 교육, 재활의 기초를 마련해 장애인의 인권과 인간다운 삶을 보장하는 원칙과 기준 제시했다는 데 특징이 있다. 2000년대에 접어들면서부터는 장애인정책이 확대·발전됐다. 즉, 정부 각 부처별로 시행 중이던 장애인복지사업을 총망라한 '장애인복지발전 5개년계획'이 수립·추진(1차: 1998~2002년, 2차: 2003~2007년, 3차: 2008~2012년, 4차: 2013~2017년)됐다. 그리고 '제3차 편의증진 국가종합 5개년계획'을 수립(2010)해 공공시설, 주거환경, 교육환경, 작업환경, 문화시설, 근린생활시설에의 편의시설 확충을 추진했고, 장애인 편의시설 평균 설치율은 77.5%

(2008 장애인 편의시설 실태조사)다. 지체, 시각, 청각, 언어, 지적장애에 국한돼 있던 장애 범주를 15개 유형으로 확대했다.[211] 한편, 2007년 차상위 계층까지 장애수당을 확대하고 지급액을 인상했으며, 2007년 4월 10일 「장애인 차별금지 및 권리구제 등에 관한 법률」을 제정하고, 2008년 4월부터 시행에 들어갔다. 정보통신·의사소통 등에서의 정당한 편의 제공 의무 관련 개정(2010.5.11), 사법·행정절차 및 서비스 제공에 있어서의 차별금지 관련 개정(2012.10.22), 장애인 활동보조 지원 사업 실시(장애인장기요양시범사업 실시: 2009.7-2010.1, 「장애인활동 지원에 관한 법률」 제정: 2011.1.4, 장애인활동 지원제도 시행: 2011.10.5)했다(보건복지부 홈페이지).

장애인정책과 관련해 주목할 것은 장애라는 것이 그 자체로부터 문제가 생긴다기보다는 부차적으로 파생하는 여러 가지 문제가 있다. 예컨대 학교 입학, 취업, 가족의 결혼과 같은 데서 겪는 편견 등의 악영향을 받게 된다는 사실이다. 이와 같은 장애인 문제에 대한 복잡성 때문에 장애인 복지정책도 총체적으로 파악해야 한다. 과학적인 연구를 바탕으로 교육, 의학, 노동, 그리고 복지 등 구체적인 분야와 활동 등에서의 제휴를 통해 종합성과 실현가능성이 높은 장애인복지정책을 펼쳐 나가야 한다. 시민과 더불어 장애인 문제에 대한 이해를 함께하며 공존하는 공감대를 형성해 나갈 때, 장애인은 구제 대상이 아니라 권리 주체로 그 지위를 누리게 된다. 장애인에 대한 권리 보장은 인간 평등 실현이라는 사회복지의 기본 원칙의 실현과 「헌법」 제34조에 보장된 '인간다운 생활을 할 권리'에 대한 실질적 구현이 이뤄지게 된다.

인권문제와 관련된 사회적 차별의 철폐, 의료보건과 교육, 사회보장, 주거문제, 이동권 등과 같은 사회환경 완성, 취업 기회의 확충 등은 사회복지정책 분야에서 장애인 정책이 해결해 나가야 할 중요한 요소들이다.

이를 위해 장애 발생 예방사업의 강화와 장애인등록제의 활성화,[212] 의료 및 직업재활사업의 확충, 특수학교의 증설,[213] 재가 장애인복지서비스의 확대, 장

---

211) 기존의 지체, 시각, 청각, 언어, 지적장애 등의 장애뿐만 아니라 2000년에 1차로 뇌병변, 자폐, 정신, 신장, 심장 등 5종이 추가됐다. 2003년에 2차로 안면 변형, 장루, 간, 간질, 호흡기 장애 등 5종이 추가돼 15개 유형으로 확대됐다.

212) 장애인등록제도의 목적을 제대로 달성하고 그 기능을 활성화하기 위해서는 홍보 노력과 함께 접근이 불가능한 중증 장애인에 대한 출장 진단 및 절차 간소화, 그리고 장애등급 판정 기준을 정비하는 노력이 필요하다.

213) 교육은 장애인 문제 가운데 가장 중요하고 시급한 문제다. 장기적으로 장애인들을 위

애인 생활환경과 국민의식 개선 등을 계속 추진해 나가야 할 것이다.

풀이

장애인복지의 특성으로는 1)처럼 장애문제가 복잡성을 띠고 있다는 것, 즉 장애 유형의 다양성과 장애로 인해 파생되는 여러 가지 문제를 지적한 것으로 맞는 설명이다. 2)는 장애인복지의 종합성과 관련돼 있다. 장애인복지는 결코 어느 한 특정 분야 전문성으로만 달성하기는 어렵다고 할 수 있으므로 맞는 설명이다. 3)에서 분명 장애인 재활문제는 한 인간으로서의 삶과 연계된 것은 틀림없고 책임이 따라야 한다. 최근 장애인복지는 국가에서뿐만 아니라 민간, 특히 장애인복지기관에서 수행되는 경우가 많다. 결국, 1차적으로는 국가의 책임이며 장애인복지기관은 반드시 후원자에 대한 책임성을 입증할 수 있어야 운영이 가능하다. 장애인복지는 개인적·사적 활동보다는 공적·사회적 목적에 의해 규정되는 활동이기 때문이다. 따라서 정답은 3)이다. 4)는 장애인복지의 역동성을 설명한 것이다.

한 특수학교의 적절성에 대한 여부를 판단하는 현실적인 기준을 마련해야 하며, 중증 장애아동들이 계속해서 교육을 받을 수 있는 상급학교의 특수학급 증설이 필요하다.

94 치료보다는 예방이 더 중요하다 – 장애인복지정책(2): 정책과 장애아동

율도국에서 장애아동 문제가 새로이 제기됐다. 우리 모두 잠재적 장애인이라는데는 동감하고 장애인문제가 사회문제가 되며 국가적 대책이 필요하고, 장애인 중에서 장애아동은 장애의 조기 발견과 치료, 재활의 효과가 높을 뿐 아니라 성인이 된 뒤 사회 복귀를 원만히 할 수 있다는 점에서 주목할 만한 내용이다. 장애아동에 대한 국가사회에 특별한 관심과 배려 생각을 하다니 고위공무원들도 참 기특한 데가 있다고 백성들은 생각해 지지를 보냈다. 장애아동의 문제와 그 대책 등 다양한 이야기가 대신들 사이에 오고갔다. 다음 중 누구의 말에 당신은 지지를 보낼 것인가?

1) 우기자 대신 : 장애와 빈곤은 별개의 문제다. 따라서 국가에서는 다양한 종류의 적극적 지원보다는 소극적으로 두 개를 분리해 생각해야 한다.
2) 우둔한 대신 : 장애인들과 일반인들 간의 조화를 위해 우선 두 집단을 분리해 교육을 실시해 나간다.
3) 부정한 대신 : 장애인을 분류할 때 우선 정신적 장애만을 장애인으로 규정하고 신체적 장애인은 일반인과 똑같이 적용하는 법률을 만든다. 그래야 일반인의 장애인에 대한 인식에 변화가 일어날 것이다.
4) 하나식 대신 : 의료재활, 교육재활을 바탕으로 장애인의 고용을 확대할 수 있는 수준 높은 직업재활교육을 실시한다.

해설

장애인복지는 심신 결함으로 인한 가정생활, 사회생활에 곤란을 겪게 되는 개인들에게 의료·직업·사회·심리적 재활을 제공하는 동시에 사회적 인식의 개선과 물리적 환경을 조성해 모든 생활에서 곤란을 느끼지 않도록 원조하는 제도적·정책적 서비스의 조직적 활동과 노력이다.

사회복지 안에서도 장애인 복지정책은 그 대상과 서비스의 포괄성, 장애인문제와 관련된 사안의 복잡성, 접근 영역 및 장애의 다양성과 같은 특징을 가지고 있다.

보건복지부에서는 ① 장애수당 지급, ② 장애아동수당 지급, ③ 장애인 자녀교육비 지원, ④ 장애인 의료비 지원, ⑤ 건강보험 지역 가입자의 보험료 경감(자동차분 건강보험료 전액 면제, 생활 수준 및 경제활동참가율 등급별 점수 산정 시 특례 적용, 산출보험료 경감, 장기요양보험료 경감), ⑥ 장애인 등록 진단비 지급, ⑦ 장애 검사비 지원, ⑧ 발달재활서비스, ⑨ 언어발달 지원, ⑩ 장애인보조기구교부, ⑪ 보장구 건강보험급여(의료급여) 적용, ⑫ 장애아동 의료재활시설 운영, ⑬ 여성장애인 출산비용 지원,[214] ⑭ 장애인 고용서비스, ⑮ 장

214) 여성 장애인에게 출산 비용을 지원함으로써, 경제적 부담을 경감하고 출산 친화적인

애인 일자리 지원, ⑯ 장애인 생산품 판매시설 운영 지원, ⑰ 중증장애인 직업재활 지원사업 수행기관 운영 지원, ⑱ 장애인 직업재활시설 운영, ⑲ 장애인 자립자금 대여, ⑳ 장애인 근로자 자동차 구입자금 대여 등과 같은 시책을 추진하고 있다(보건복지부 홈페이지 참조).[215]

중증장애인 활동 지원 급여 신청 자격을 장애 등급 3급까지 확대해 중증장애인의 자립생활 지원을 강화할 계획이다. 즉, 중증장애인의 자립생활과 사회참여를 지원하고 그 가족의 부담 경감을 위해 2015년 6월 1일부터 활동지원 급여 신청 자격을 장애 등급 3급까지 확대할 계획이다. 활동 지원 급여 시간당 단가도 2014년 대비 3% 인상(2014년 8,550원 → 2015년 8,810원)해 지원될 계획이다(보건복지부, 2014: 28).

재활과 관련한 장애인복지정책은 가족 중심, 정상환경, 클라이언트 중심이라는 서비스의 변화 경향을 나타내고 있다.[216] 그동안 단편적, 시설 중심적, 치료 중심적 서비스에서 점차 가정, 학교, 직장 현장 등과 같은 지역사회 중심의 통합적 서비스로 전환하는 추세에 있다. 장애인 치료는 가능한 한 조기 착수와 재활에서의 단절되지 않은 일관된 과정 및 의료·교육·직업·보호 등의 공동사업이 중요하다. 장애인정책에서 요구되는 특수성을 먼저 이해하고, 이를 바

문화 조성을 통한 삶의 질 개선을 위해 2015년 1월 1일부터 여성장애인 출산비용 신청 자격을 확대한다(보건복지부, 2014: 30).

215) 2010년 7월부터 장애인연금제도가 시행되고 있다. 장애로 인해 근로 상실로 생활이 어려운 중증장애인에게 매월 일정 금액을 연금으로 지급해 생활 안정을 지원하는 사회보장제도다. 18세 이상의 중증장애인 중 본인과 배우자의 소득과 재산을 합산한 금액(소득인정액)이 선정 기준액 이하인 사람이 지급 대상이다. 지급 금액은 기초급여와 부가급여가 있다. 기초급여는 근로 능력의 상실 또는 현저한 감소로 인해 줄어드는 소득을 보전해 주기 위해 지급하는 급여(2014년 6월까지 99,100원 지급, 2014년 7월부터 200,000원 지급, 단, 기초연금을 받는 65세 이상은 기초급여를 미지급)이고, 부가급여는 장애로 인해 추가로 드는 비용의 전부 또는 일부를 보전해 주기 위해 지급하는 급여(기초생활수급자: 18세~64세 8만 원, 65세 이상 28만 원, 차상위: 18세~64세 7만 원, 65세 이상 7만 원, 차상위 초과자: 18세~64세 2만 원, 65세 이상 4만 원으로 구분해 지급)다.

216) 재활의 기본 철학은 사회적 책임을 강조하는 인도주의가 그 기반이 된다. 재활은 모든 장애를 제거해 사회로 복귀하도록 하는 데 1차적인 목표를 두고 있다. 신체장애의 발생 초기부터 의료적·교육적·직업적·사회심리적 개입을 통해 서비스를 실시하고 있으며, 개별화되고 전문화된 통합 서비스에 중점을 두어 서비스를 제공하는 사업이라고 할 수 있다.

탕으로 개별적 서비스를 실시하는 것이 필요하며 장애인 문제를 사회심리학적 측면에서 판정하고 이해해야 하며, 사회의 올바른 인식과 지지로 사회적 수용을 용이하게 한다는 것이 재활사업 실천의 기본 원칙이다. 이에 따라 장애인복지사업도 ① 장애인의 발생에 대한 사전 예방사업의 강화, ② 장애의 조기 발견 및 치료 체제, ③ 사회보장제도의 마련, ④ 재활사업의 적극적 전개, ⑤ 장애인의 자립 대책 마련을 통해 장애인 스스로 일할 수 있도록 여건을 조성하는 방향으로 나가야 한다.

이와 많은 관련이 있는 장애아동 문제에서는 조기 발견과 치료가 매우 중요하다. 장애인 가운데 장애 아동은 재활의 효과도 높고 성인이 된 후에 사회 복귀를 원만하게 할 수 있도록 해야 한다는 점에서 매우 중요하다.[217] 「장애인복지법」에서는 ① 신체적 장애와 ② 정신적 장애로 나누는 바, 일반적으로 신체적 장애를 가진 아동과 관련해서는 다음과 같은 점을 생각해 볼 수 있다. 시각장애를 지닌 아동의 경우, 충분한 정보에 대한 접근 기회가 차단되기 때문에 학습상의 문제가 나타나며, 청각장애 아동은 의사소통의 이해 표현을 하는 데 한계가 있고, 신체 및 운동면에서 일반 아동에 비해 뒤떨어지게 된다. 이러한 것들은 지적 발달과 관련돼 정상적인 생활을 어렵게 만들며 언어장애 발생은 정상적 성장에 대한 방해 요소가 된다. 정신적 장애아동은 정신지체 아동으로 지적 기능이 동년배 집단의 평균 이하인 아동들로 지칭돼 있으나, 그들의 사회적 적격성은 지역사회 내에서 독립적으로 적절한 기능을 수행하는가의 여부로 판정한다.[218]

---

217) 장애 아동이란 UN의 장애자권리선언(1975)에 규정된 바에 의하면 기능 상실, 기능장애 및 사회적 장애를 가진 아동을 의미한다.

218) AAMD(American Association of Mental Deficiency)에 의하면, 정신박약은 지적 기능의 결함으로 의학적 치료가 전혀 불가능한 상태를 말한다. 정신박약아의 분류는 의학적 분류와 교육학적 분류로 나뉘고 있는데 대체로 교육학적 분류를 따른다. 1987년 AAMD는 AAMR(American Association on Mental Retardation)로 바뀌었다. 우리나라는 1989년 「장애인복지법」에서부터 '정신박약'이라는 단어가 '정신지체'로 바뀌었다. 법적으로 지능지수(IQ) 70 이하인 사람을 정신지체 장애인이라고 한다. 세부 기준은 1~3급까지 있다. 1급은 지능지수와 사회성숙지수가 34 이하인 사람으로 일상생활과 사회생활의 적응이 현저하게 곤란해 일생 동안 타인의 보호가 필요한 사람이다. 2급은 지능지수와 사회성숙지수가 35 이상 49 이하인 사람으로 일상생활의 단순한 행동을 훈련시킬 수 있고, 어느 정도의 감독과 도움을 받으면 복잡하지 아니하고, 특수기술을 요하지 아니하는 직업을 가질 수 있는 사람이다. 3급은 지능지수와 사회성숙지수

사회복지정책과 관련해 장애아동이 갖는 특수성은 소득보장 문제, 직업교육 내실화와 고용 확대 문제, 교육 기회의 확대 문제 등에 있다. 장애아동이 있는 가정은 다른 가정에 비해 상대적으로 경제적 부담이 크며, 따라서 국가적 차원에서 소득보장과 관련한 다양한 종류의 적극적 지원이 있어야 한다. 그리고 의료재활이나 교육재활을 바탕으로 장애인 고용을 확대할 수 있는 수준 높은 직업재활교육이 필요하며, 모든 장애아동은 능력에 맞는 적절한 교육을 받도록 교육 기회가 확대돼야 한다. 특히 일반 아동에 못지않게 장애아동들에 대한 조기교육이 중요하고 중등교육 이후의 교육 기회가 확대돼야 한다. 이러한 정책들은 장애인의 사회경제적 자립과 장애인복지의 궁극적 목표인 사회통합을 이루는 데도 매우 기초가 되는 사항이다.

풀이

장애아동정책과 관련해 1)은 장애와 빈곤은 별개의 문제라기보다는 악순환 관계에 놓여 있는 경우가 많다. 따라서 장애인 생계보조 수당의 상향 조정, 급여 대상 확대, 사회적 불리를 극복하기 위한 다양한 서비스가 제공돼야 한다. 따라서 틀린 설명이다. 2)는 장애인과 일반인 간의 조화나 통합을 추진하기 위해서는 반대로 분리교육이 아닌 통합교육을 실시해야 한다. 따라서 틀린 설명이다. 3)은 법적인 종류뿐만 아니라 일반적 분류에서도 신체적 장애와 정신적 장애를 구분해 장애인의 종류를 규정하고 있다. 틀린 설명이다. 4)는 직업교육 내실화와 고용의 확대 문제와 정책에 관련된 것으로 옳은 설명이다. 따라서 정답은 4)다.

가

50 이상 70 이하인 사람으로 교육을 통한 사회적·직업적 재활이 가능한 사람이다.

95 여성이라는 이유로… – 여성복지정책(1): 변천사, 근거법 등

여성이 아니더라도 여성과 남성은 동일한 대우를 받아야 한다고 생각하는 것이 당연하다. 적어도 상식 있는 사람이라면 말이다. 그런데도 굳이 여성복지정책이 거론되는 이유는 아마도 여성이라는 개인적이고 신체적인 특성을 넘어 여성을 둘러싼 사회 여건이 급격하게 변화하는 데서 그 중요한 이유를 찾아야 할 것이다. 여성문제는 비단 여성 개인의 문제에 그치는 것이 아니라 노인, 아동, 빈곤 등의 복합 요소와 관련이 있고 또한 교육, 노동, 경제에 걸쳐 광범위하게 걸쳐 있기 때문이다. 또한 여성의 권리를 침해하거나 차별하는 사회제도적 요소들을 제거하고 개선하기 위한 것을 들 수 있다. 여성이기 때문보다는 학문으로서도 관심을 가지고 있는 고소연 씨는 여성복지정책에 대해 많이 생각하고 있는 사람이다. 다음 중 여성복지정책에 대해 고소연 씨가 잘못 생각하고 있는 사항은 무엇일까?

1) 여성복지정책의 대상은 일반 여성에서 요보호 여성으로 세부화되고 있다고 할 수 있다.
2) 우리나라 여성복지정책의 근간이 되는 법률은 여성발전기본법이다.
3) 우리나라 여성복지정책은 사후적인 미시적 측면에서 예방적인 거시적 측면으로 확대돼 왔다고 할 수 있다.
4) 여성이 남성보다 문제의 핵심 대상이 되는 것은 성차별적 현실도 하나의 이유가 될 수 있다.

해설

우리나라에서 여성이 정책의 대상이 된 것은 1947년 부녀국 설치에서 비롯된다고 하지만, 여성정책을 국가정책의 한 부분으로 보고 본격적으로 추진된 것은 1980년대 후반에 들어서부터다. 그 이전까지 여성을 위한 국가적 노력은 전쟁미망인과 윤락여성 등 사회적 도움을 필요로 하는 요보호 여성에 대한 지원이 주를 이뤘다(여성부, 2008: 11).[219]

2008년 (당시) 여성부에서 펴낸 「지역여성정책의 성과 및 전망」에 의하면, 1980년 이전을 부녀행정의 시기로, 1980년에서 1990년대까지를 부녀행정에서 여성복지로 전개되는 과정에 있는 시기, 2000년 이후를 여성정책 영역과 성인지적 관점의 정착 시기로 나누고 있다. 한국의 여성정책은 정치·경제·사회·문화 등 전 분야에서 성차별 해소와 성 평등이라는 목표를 실현하기 위한 국가정책이다(강경희 외, 2005; 박은미·정우열, 2008: 241에서 재인용).

현대 사회에서 여성문제의 주된 발생 이유는 여성이 지닌 개인적 측면에도

219) 여성정책은 여성의 대상과 범주를 넓게 보고 접근하려고 할 때 사용하고, 보호를 필요로 하는 여성을 주된 대상으로 할 때는 여성복지정책이라는 용어를 사용해 온 경향이 있다.

있지만 사회 여건이 여성을 둘러싸고 급격하게 변화하기 때문이다. 여성문제는 고용, 교육, 보건, 가족, 노인, 아동, 빈곤 등 여러 정책과 중복되는 부분이 많아서 여성문제 해결을 위해서는 이들 여러 정책에 대한 고유 기능과 연계를 강화할 필요가 있다. 즉, 여성을 둘러싼 복합적 요소들이 밀접히 관련돼 있고 작용하는 분야도 경제, 사회, 교육, 노동 등 광범위하기에 여성정책과 여성복지정책을 엄격히 구분할 필요도 없을 뿐만 아니라, 좁은 의미로서의 요보호 여성들에 초점을 맞추는 데에도 한계가 있게 된다. 따라서 여성복지정책은 여성정책과 동의어로 이해해 포괄적 국가정책으로 접근해야 한다.

여성복지정책에서 정책 대상이 되는 여성문제는 단순히 여성들만의 문제가 아니라 사회 전체의 문제로 보아야 한다. 따라서 정책이 되는 대상은 특정 조건에 있는 여성들로 제한하기보다는 일반 여성으로 확대돼야 하며, 더 나아가 남녀 모두에게 그 영향을 줄 수 있다(민경희, 1995; 장하진, 1998; 허라금, 2004; 박은미·정우열, 2008: 242에서 재인용). 즉, 여성복지정책에서 다루는 문제들은 단순히 여성 개인의 차원을 넘어 모든 사회적·국가적 문제로 인식하고 해결하기 위한 것이며, 나아가 여성의 권리를 침해하거나 차별하는 사회제도적 요소들을 제거하고 개선하기 위한 행동 원칙에 그 초점이 맞춰져 있다.

우리나라 여성복지정책의 근간이 되는 것은 「여성발전기본법」이다. 「여성발전기본법」 제3조에서 여성정책이라 함은 "남녀 평등의 촉진, 여성의 사회 참여 확대 및 복지 증진에 관해 대통령령으로 정하는 정책"을 말한다. 그래서 우리나라의 여성복지정책의 기본 목표는 남녀 평등의 촉진, 여성의 사회 참여 확대, 여성의 복지 증진이라는 세 가지 축을 중심으로 진행된다.

현대로 오면서 계속되는 인구학적 변화들, 즉 평균수명 연장과 출산율 및 영아사망률의 격감으로 인한 인구의 노령화와 여성 노인의 증가, 기혼 취업 여성 증가, 가치관의 변화, 이혼율 증가, 산업재해 등으로 인한 다양한 가족 유형의 발생 증가 그리고 성차별적 현실 등은 노인문제나 빈곤문제, 기타 사회복지 문제에서 여성이 그 핵심 대상이 될 수밖에 없다.[220)]

220) 이러한 이유로 인해 여성복지정책의 대상 역시 요보호 여성에서 일반 여성으로 확대돼 온 것이 어쩌면 당연하다. 더불어 사후적·미시적 측면의 여성복지정책은 예방적·거시적 측면의 여성복지정책으로 그 성격이 변화돼 왔다. 그리고 대상자의 선정 과정도 낙인적 요소들을 줄이고 권리적 요소를 담기 위한 노력이 경주돼 왔다고 할 수 있다.

풀이

우리나라는 「여성발전기본법」 제3조에서 여성정책을 남녀 평등 촉진, 여성의 사회 참여 확대, 여성의 복지 증진에 관한 대통령령이 정하는 정책으로 정의하고 있어 여성복지정책의 기본 목표도 이 세 가지 축을 중심으로 진행돼야 한다. 따라서 2)는 맞는 설명이다. 여성이 남성보다 문제의 핵심 대상이 되는 이유는 기혼 취업 여성 증가, 가치관의 변화, 다양한 가족 유형 증가, 성차별적 현실 등을 들 수 있다. 4)도 맞는 설명이다. 1) 및 3)과 관련해 볼 때 우리나라의 여성복지정책은 요보호 여성에서 일반 여성으로, 사후적인 미시적 측면에서 예방적인 거시적 측면으로 확대돼 왔다고 할 수 있다. 이는 대상자 선정 과정에서 나타나는 낙인적 요소를 줄이고 권리적 요소를 담아내기 위한 것이란 점에서 긍정적이다. 따라서 1)은 틀린 설명으로 정답이다.

96 언제, 누구를 위한 것인가? – 여성복지정책(2): 접근 방법

결국 다른 모든 분야의 복지정책과 마찬가지로 여성복지정책도 어떻게 접근하는가에 따라 정책이 결정되거나 집행되는 모습은 다양하게 나타날 수 있다. 그 나름의 접근 방법들이 모두 타당성 내지 한계점을 가지고 있으므로 일률적으로 무엇이 "옳다" 또는 "그르다"라고 단정할 수 없다. 여성복지정책에 대한 접근방법을 가지고 네 명의 사회복지정책학을 공부하는 학도들이 서로 자기의 주장이 옳다고 이야기한다. 아니, 옳다기보다 다른 접근 방법보다 더 낫다고 주장하는 것이다. 나름대로 일리를 가지고 여성복지정책을 바라보아야 한다는 것에 모두 찬사를 보낼 만하지만 그래도 사회복지정책을 공부하는 입장에서 가장 받아들이기 힘든 주장을 하는 학도는 다음 네 명 중 누구일까?

1) 기본적으로 여성복지정책은 사회의 정상적인 공급체계인 가정이나 시장기구가 제 기능을 발휘하지 못할 때 한정해 개입해야 한다.
2) 산업화에 따른 사회적 위험, 여성 취업을 둘러싼 비형평성 등에 비춰 볼 때 여성복지정책은 사회정책의 한 분야로 접근해야 한다.
3) 여성이 가진 고유 특성과 조건을 고려하지 않고서는 여성문제 해결을 돕거나 지원하거나 보호하는 서비스를 제대로 추진할 수 없으므로 이를 중심으로 여성복지정책에 접근해야 한다.
4) 여성의 경제적 참여나 재생산, 남성에 대한 종속적 지위 타파를 위해서는 가족정책에 우선적인 관심을 가지고 접근해야 한다.

해설

여성을 바라보는 시각이나 이념(ideology)들이 시대, 장소에 따라 다양하게 변화돼 온 만큼 여성에 대한 정책적 접근도 다양성을 띨 수밖에 없다. 여성복지정책의 대상 설정과 관련된 접근 방법 가운데 하나가 생애주기(life cycle)를 중심으로 구분해 보는 것이다. 이것은 여성이 태어나면서 생을 마감할 때까지의 과정을 특성에 따라 단계별로 구분해 보고, 각 단계에서의 욕구 및 사건을 중심으로 여성복지의 대상을 선정하는 것을 말한다. 생애주기 접근은 크게 ① 교육생활, 직업생활, 가족생활 등 보편적이고 규범적인 생의 사건들로 구성된 차원과 ② 가정 내 폭력, 이혼, 사별 등 위기적 사건들과 관련된 차원 등으로 나뉠 수 있다. 이러한 접근 방법은 여성의 전 생애를 일관된 연속선상에서 다양하게 포괄해 파악할 수 있으며 양성평등정책을 추구하는 데도 유용하다. 여성복지정책이 포괄하는 범위는 특별한 문제와 욕구를 가진 대상에 대한 복지서비스에서 성차별을 없애기 위한 제도 및 체계의 변화까지 다양하다.

여성복지정책은 크게 ① 복지주의적 접근, ② 정책적 접근, ③ 서비스 접근, ④ 여권론적 접근 등 다양한 접근 방법이 있다.[221]

---

221) 여성복지에 대한 접근을 정책적 접근, 서비스적 접근, 여성운동적 접근 등 세 가지 측

복지주의적 접근은 ① 사회의 정상적 공급 체계인 가정 또는 시장기구가 제 기능을 다하지 못할 경우에 한정해 국가가 개입·활동할 수 있다는 입장, ② 복지 제공에 대해 국가가 현대 산업사회에서 제일 먼저 나서야 한다는 입장 등으로 대별한다. 즉, 복지주의적 접근은 사회복지의 이념에서 볼 때 보완적·제도적 이원론에 바탕을 둔다. 복지주의적 관점에서는 선별주의 내지 잔여주의로부터 시작해 점차 보편주의 내지 제도주의로 복지 대상이 발전해 왔다. 그러나 여성정책에서 복지주의적 접근은 가족 내에서 여성의 전통적 역할을 인정하고, 국가의 개입에 의해 여성에 대한 사회적 재생산 역할에 대한 보상을 통한 성차별 문제를 해결하려는 입장을 취해 왔다.[222] 즉, ① 여성들은 개발 과정의 참여자로서보다는 수동적인 수혜자라는 입장을 취하고, ② 경제 개발의 전 과정에서 볼 때 출산과 아동 양육이 가장 중요한 여성의 역할이라는 점이 내재돼 있다. 따라서 복지주의적 접근에서 여성의 주된 영역은 가족에 초점을 두고 있고, 가족정책이 여성정책의 주요 영역으로 다뤄져야 한다고 본다. 그 이유는 여성정책이 가진 양면성 때문이다. 여성정책은 평등과 여성의 권리 등을 중요시하면서도 가정 내의 역할을 강조하고 있기 때문이다. 복지주의적 접근에서는 출산 후에 여전히 노동시장에 남아 있을 때의 지원 등의 문제나 이혼이나 별거를 했을 때의 경제적인 지원과 가족의 역할, 자녀 양육, 아동보호서비스 등의 문제를 중요시하게 되고, 가족 내 개인으로서 여성 역할과 균형을 맞추고자 하는 데 주된 관심을 둔다.

정책적 접근은 여성복지정책을 여성에 대한 정책, 법, 제도와 관련된 하나의 정부정책으로 보려는 것이다. 여성정책은 여성과 관련된 노동, 교육, 문화, 복지, 경제, 보건, 인권, 환경, 가족 등의 다양한 분야에 대한 정부의 정책으로 사회정책의 한 분야로 본다. 여성복지정책이 사회정책의 한 분야가 될 수 있는 것은 산업화 진행 과정에서 나타난 사회적 위험과 취업과 관련한 성별 비형평성, 여성이라는 것 때문에 발생하는 낙인 등 때문이다.

서비스 접근은 욕구를 가진 여성에게 필요한 다양한 서비스를 직접 제공하

면으로 제시하기도 한다(김인숙 외, 2000: 39-43).

222) 이런 점에서 복지주의적 접근을 여권론적 시각에서 보는 경우도 있다. 복지주의 여권론에서는 보상적 논리에 의해 여성의 특수한 상황인 출산과 아동 양육 등에 대한 가치를 인정하면서 여성문제를 국가 개입으로 점진적으로 개혁하려고 한다(박영미, 2001: 154).

는 것과 관련된다. 이러한 서비스 접근에는 ① 여성의 고유한 특성과 조건을 고려하고 여성의 관점에서 여성이 지닌 문제를 해결하는 여성에 대한 임상적 개입(예: 여성 중심적 상담), ② 여성의 경제적·사회적·정서적 욕구 충족을 위해 지원되는 각종 여성 지원 프로그램(예: 직업 알선, 직업훈련 프로그램, 탁아 프로그램, 교육 프로그램, 지도력 향상 및 자기 표현을 위한 각종 훈련 프로그램), ③ 여성이 혼자서 살아갈 수 있는 능력을 상실했거나 주변 환경의 열악성으로 독자적 삶이 불가능한 경우 장·단기적으로 제공하는 시설보호서비스와 같은 다양한 서비스 제공(예: 선도보호시설, 모자보호시설, 모자자립시설, 미혼모시설, 일시보호시설, 성폭력피해시설)에 초점을 맞춘다.

여권론적 접근의 경우 ① 자유방임주의 여권론, ② 자유주의 여권론, ③ 마르크스주의 여권론, ④ 사회주의 여권론, ⑤ 급진주의 여권론 등으로 나눌 수 있다(박영미, 2001: 153-154).

자유방임주의적 여권론은 개인의 자유를 제한하는 국가 개입을 반대하는 입장에 있다. 즉, 국가의 개입이 여성 해방을 방해하는 요소로 보고, 국가 개입이 없는 자유방임의 상태가 여성복지를 이루는 방법으로 본다. 자유방임주의 여권론에서는 여성 노동자에 대한 국가의 보호 입법 조치가 고용주가 여성 고용에 대한 기피 현상을 발생시킨다. 따라서 여성은 노동시장에서 불이익을 감수하게 돼 결과적으로는 국가의 여성 보호 입법이 여성에게 불리하게 작용한다고 본다.

자유주의 여권론에서는 여성과 남성은 같은 능력의 보유자로 보고 동등한 처우를 받아야 한다고 하며, 남녀의 동등한 사회적 지위 보장을 위한 법 앞의 평등을 주장한다. 주로 법률을 개혁하는 방안을 통해 정책에 반영하려고 한다.[223]

마르크스주의 여권론은 여성 문제는 계급 체제의 결과로 나타나는 성차별의 문제로 본다. 남성에 대한 여성의 억압 문제 해결로 여성의 경제적 독립성의 중요성을 강조하고, 여성의 공적 분야 진출과 가사노동 및 자녀 양육의 사회화를 주장한다.

사회주의 여권론에서는 여성 억압의 기제(mechanism)는 자본주의와 가부장

223) 우리나라의 경우 1970년대까지 남녀 교육 기회에 대한 평등을 주장한 것, 기존의 여러 여성 관련 법과 제도의 도입은 자유주의 여권론의 입장과 관련이 깊다(박영미, 2001: 154).

제가 결합해 남성의 생산 부문 장악에 따른 여성의 경제적 남성에 대한 경제적 의존 관계 때문이라고 주장한다. 이들은 가정 내에서 여성의 성 역할이 남성과 사회에 분담돼야 하며 양성 평등을 강조한다.

급진주의 여권론은 여성 문제는 출산 등 생물학적 특성과 이로 인한 의존성 때문이라고 보며, 출산과 양육 역할을 남성도 담당해야 한다고 주장한다. 과학의 발전을 이용해 남성과 여성의 생물학적 차이를 없애야 한다는 급진적 여권론은 아직까지 우리나라에서는 받아들이기 힘든 부분을 다소 가지고 있다.

따라서 여권론적 입장은 여성이 그 사회에서 경험하는 사회 관계로 인해 나타나는 문제에 대한 인식과 해결 방안에서 다양한 시각들을 나타내고 있다. 전반적으로 여성문제에 대한 접근에서 핵심적인 정책 영역은 여성 해방과 경제적・성역할에서 여성의 종속적 지위를 타파하는 데 중점을 둔다. 여권론적 입장은 이념적・선언적 정책이 많으며, 특히 가족정책에 대해서는 이를 배제하거나 소홀하게 다루는 경향이 있어 실제 정책으로 연결되는 데에는 한계점이 있다.

풀이

여성복지정책은 문제 해결을 위한 시각에 따라 ① 사회복지 이념에서 보완적・제도적 이원론에 바탕을 두는 복지주의적 접근, ② 여성을 위한 정책, 법, 제도 등과 관련된 정부정책으로서 여성정책의 한 분야로 보는 정책적 접근, ③ 여성의 문제를 돕거나 지원하는 프로그램, 또는 시설보호서비스와 같은 서비스 접근, ④ 여성의 경제적 참여나 재생산, 남성에 대한 종속적 지위의 타파 등을 주장하는 여권론적 접근 등 다양하다. 1)은 복지주의적 접근, 2)는 정책적 접근, 3)은 서비스 접근에 대해 일부 설명하고 있는 것으로 타당성을 지닌다. 4)와 같이 여성의 경제적 참여, 재생산, 남성에 대한 종속적 지위 타파 등은 여권론적 접근 방법으로 볼 수 있는데, 여권론적 접근은 가족정책을 배제하거나 소홀히 다루는 경우가 많고 선언적 정책 목표가 많아 구체적 정책 수단 개발이 어려워 형식화되기 쉽다는 비판이 가해지고 있다. 4)는 전반부 설명과 후반부 설명이 모순되는 점이 있어 불합리해 받아들이기 힘들다. 따라서 4)가 정답이다.

97 온기가 가득한 가족이 필요한 시대… – 한부모가족복지정책(1): 개념, 범위 등

사회복지정책을 이야기하면서 우리가 생각하지 않을 수 없는 것은 바로 어린 세대, 그리고 다음 세대에 관한 것이다. 특히, 아동의 경우 자라날 때의 사회적·정서적인 발달은 비록 학술적인 연구 결과들을 제시하지 않더라도 매우 중요하다는 점은 다들 공감할 것이다. 누군가에게 베풂을 받아본 사람이 남을 베풀 줄도 아는 법이다. 다시 말하면, 부모로부터 따뜻한 애정을 받고 자라난 아이와 그렇지 못한 아이들 사이에는 정서적·심리적 발달 과정에 차이가 있다는 것이다. 사회복지정책에서 주목하고 있는 분야도 자라나는 세대가 환경의 요구에 맞는 융통성 있고 적응적인 반응을 할 수 있도록 도우며, 자신을 위한 기대를 만들고 이를 극대화할 수 있도록 지원을 해 주는 것이다. 이런 맥락에서 볼 때, 우리가 특히 관심을 가져야 할 한부모가족이 이제 우리 사회에서 대표적인 비전형적 가족의 한 형태가 되고 있다. 총 100가구 가운데 8가구 정도는 이혼, 별거, 사망 등과 같은 이유로 양친 가운데 한쪽과 그 자녀로 이뤄진 가정으로 돼 있다는 것이다. 한부모가족은 부나 모 가운데 한 사람이 단독으로 부모의 역할을 수행하는 것을 말한다. 다음 네 가구 모두는 생계에 위협을 받을 정도로 위급한 상황에 처해 있다. 그러나 현재 우리나라 한부모가족지원법에서 규정하고 있는 지원 대상자 가운데 제외되는 사람은 다음 중 누구인가?

1) J모 씨는 5년 전부터 아내의 생사가 분명하지 않은 상황에서 사실상 가정 운영을 혼자 담당하는 남성으로 열세 살짜리 중학생 아들이 있다.
2) 사실혼 관계에 있는 S모 여성은 세대주로서 네 살짜리 딸이 있다.
3) 남편과 사별한 K모 씨는 세대주로서 자신이 양육하는 열입곱 살짜리 고등학교 재학 중인 딸이 있다.
4) 남편과의 불화로 다섯 살짜리 아들과 함께 가출한 B모 씨는 현재 아

들을 양육하고 있으나 생활하기가 매우 어렵다.

해설

최근 급속한 사회 변화로 가족의 기능과 구조가 현저히 달라지면서 다양한 가족 형태가 등장하게 됐다. 그중 최근에 급격한 증가 형태를 보이고 있는 가족 형태 가운데 하나가 한부모가족이다.[224] 한부모가족은 우리 사회에서도 대표적인 비전형적인 가족의 한 형태라고 할 정도로 급증하고 있다. 통계청의 인구주택 총조사 보고서에 따르면, 한부모가구의 수는 2005년 1,370천 가구에서 2010년 1,594천 가구, 2012년 1,677천 가구로 증가하고 있다. 전체 가구에서 한부모가구가 차지하는 비율은 2005년 8.6%에서 2010년 9.2%, 2012년 9.3%로 증가했다. 한부모가구의 형성 원인 중 사별이 29.7%, 이혼 32.8%, 미혼모・부가 11.6%로 사별 외의 요인으로 한부모가구가 형성되는 비율이 점차 높아지고

224) 편부모가족, 모자가정/부자가정, 편친가족, 모자세대/부자세대, 결손가족 등으로 사용돼 온 용어들은 현재 한부모가족으로 불리고 있다. 이는 그동안 부정적이고 결손의 의미가 강하게 나타났던 위의 용어들이 우리말의 '한'(하나로도 충분하고 가득하다는 의미)을 사용함으로써 더 긍정적 의미로 인식할 수 있기 위한 여성계의 운동의 결과이기도 하다. 즉, 구조적 결손의 개념을 최대한 배제하기 위한 노력으로 이 용어의 사용이 보편화됐다는 것이다(최연실, 2005: 1).

있다(통계청, 2013.8.1).[225]

한부모가족이란 부모 중 한쪽의 사망, 이혼, 유기, 별거 및 미혼모(미혼부)로 인해 한쪽 부모가 없거나 법적으로 또는 현실적으로 한쪽 부모 역할을 할 수 없는 한부, 한모로 이뤄진 가족을 말한다(김혜경 외, 2006: 252). 이처럼 일반적으로는 한부모가족이 부모 가운데 한 사람이 단독으로 부모의 역할을 행하고 있는 자녀 있는 가족으로 정의하고 있으나, "단독으로 부모의 역할을 수행하는 부 또는 모"의 의미에 대해서는 논란이 있다. 즉, 한부모는 "법률상의 한부모"와 "사실상의 한부모"로 나눌 수 있는데, 이는 두 가지를 모두 포함하고 있다고 보아야 한다.

우리나라는 2007년 10월에 「모·부자복지법」을 개정해 만들어진 「한부모가족지원법」을 2008년 1월부터 시행되고 있다. 한부모가정의 보호 대상자는 동법 제5조(지원 대상자의 범위)에 따라 동법 제4조 제1호부터 제5호까지의 규정에 해당하는 자로서 여성가족부령으로 정하는 자다. 즉, ① 배우자와 사별 또는 이혼하거나 배우자로부터 유기된 자, ② 정신 또는 신체장애로 인해 장기간 노동능력을 상실한 배우자를 가진 자, ③ 교정시설·치료감호시설에 입소한 배우자 또는 병역 복무 중인 배우자를 가진 자, ④ 미혼자(사실혼 관계에 있는 자는 제외), ⑤ 청소년 한부모는 24세 이하의 모 또는 부, ⑥ 모자가족은 모가 세대주(세대주가 아니더라도 세대원을 사실상 부양하는 자를 포함)인 가족, ⑦ 부자가족은 부가 세대주(세대주가 아니더라도 세대원을 사실상 부양하는 자 포함)인 가족, ⑧ 18세 미만 아동(취학 중인 경우에는 22세 미만, 「병역법」에 따른 병역 의무를 이행하고 취학 중인 경우에는 병역 의무를 이행한 기간을 가산한 연령 미만)의 자 등이다. 지원 대상자의 범위에는 출산 후 해당 아동을 양육하지 않는 미혼모 공동생활 가정을 이용하는 미혼모도 포함된다. 또한 ① 부모가 사망하거나 생사가 분명하지 아니한 아동, ② 부모가 정신 또는 신체의 장애·질병으로 장시간 노동 능력을 상실한 아동, ③ 부모의 장기 복역 등으로 부양을 받을 수 없는 아동 등과 이들을 양육하는 조부 또는 조모의 경우에도 보호 대상자가 된다.

---

225) 빈곤층 여성 한부모의 증가 원인은 가정폭력과 외도, 사별과 이혼, 빈곤과 실업, 여성의 성역할 변화 등 다양하다. 가족 체계의 불균형과 자녀 양육 및 경제적 책임으로 인한 이중적 부담 때문에 경제적·사회적 스트레스를 경험한다. 이로 인해 빈곤층 여성 한부모의 우울을 경험하는 비율이 높다고 한다(김유심, 2010: 188).

한부모가족은 배우자의 부재로 인한 불가피한 가족생활에서의 변화다. 즉, 가족 내에서의 역할과 지위 등의 가족 관계, 자녀 양육 및 가사노동, 사회적 활동의 제약에서 비롯된 경제적인 어려움 및 사회적 편견을 겪게 된다. 따라서 대부분의 한부모는 심리적으로 불안한 상태에서 자녀를 돌보며 사회의 편견 및 경제적 문제와 싸워야 하는 부담을 가지고 있다(Bigner, 2006; 정계숙, 2008: 208에서 재인용).[226)]

우리나라의 한부모가족복지정책은 여성복지의 근간이 된 모자복지에서 출발했다. 산업화, 도시화 등으로 인한 사회경제적 여건 변화와 의식의 변화로 1980년대 중반 이후 배우자 없는 여성 수의 급증과 가계를 책임져야 하는 여성 가정의 증가로 인해 이들을 지원할 제도적인 보호 장치를 마련할 필요성이 제기됐다. 즉, 18세 미만 아동을 양육하는 모를 보호하기 위해 1989년 「모자복지법」을 제정하기에 이르렀다. 한편, 부자 가정과 미혼부 가정의 증가로 모자 가정과 유사한 문제점이 부자 가정에서도 발견되면서 이에 대한 지원 근거를 마련하기 위해 「모자복지법」은 2002년 12월 18일 「모·부자복지법」으로 개정됐다. 개정된 「모·부자복지법」에서는 모자 가정에 대해 실시하던 생계비·양육비 등의 각종 복지급여를 보호 대상 부자 가정으로 확대했고, 저소득 부자 가정도 모자 가정과 동일하게 지원을 받을 수 있게 됐다. 「모·부자복지법」은 2007년 10월 17일 「한부모가족지원법」으로 다시 개정돼 2008년 1월 18일부터 시행되고 있다.

풀이

1)은 「한부모가족지원법」상의 적용 대상이 될 수 있다. 저소득 모·부자 가정으로 선정된 경우 중·고등학교에 입학 또는 재학하는 자녀가 있을 경우에는 입학금·수수료 등의 자녀 학비의 지원이 이뤄진다. 맞는 설명이다. 2)와 관련해 미혼모가 세대주인 여성이 그녀에 의해 양육되는 18세 미만의 자녀(취학 중인 경우는 22세)가 있는 경우에는 「한부모가족지원법」의 지원 대상이 된다. 그러나 사실혼 관계에 있는 경우에는 적용 대상에서 제외된다. 따라서 2)가 정답이다. 3)에서처럼 비단 사별뿐만 아니라 이혼, 배우자로부터 유기된 여성도 해당되며, 모와 모에 의해 양육되는 18세 미만의 자녀(취학 중인 경우는

---

226) 한부모가족이 아동의 발달에 주는 영향 중 특히 사회·정서적 발달과 적응 측면이 많은 관심을 받는 이유는 아동이 환경의 요구에 맞는 융통성 있고 적응적인 반응을 생성하고 조화시킬 수 있으며 자신을 위한 기회를 만들고 극대화할 수 있는 유능성 요인과 깊이 관련돼 있기 때문이다(Waters & Sroufe, 1983; 정계숙, 2008: 208에서 재인용).

22세)로 이뤄진 가정은 한부모가족지원법의 지원 대상이 된다. 4)와 관련해 「한부모가족지원법」에서는 배우자 또는 배우자 가족과의 불화 등으로 인해 가출한 여성이 세대주이며, 양육되는 18세 미만의 자녀가 있을 때도 보호하고 있다. 소득인정액 기준 최저생계비의 130% 이하인 한부모가족 만 12세 미만 아동에 대해서는 아동양육비가 월 10만 원 지원되며, 소득인정액 기준 최저생계비의 150% 이하인 한부모가족 고등학생 자녀에 대해 입학금 및 수업료를 지원하고 있다.

98 나도 돕고는 싶지만… – 한부모가족복지정책(2): 서비스

한부모가족복지정책을 담당하고 있는 부족한 씨는 공직을 맡고 있는 사람으로서 마음이 아플 때가 많다. 그가 담당하는 업무는 민원 상담인데, 그를 찾아오는 사람들을 모두 도와 줄 수 없는 자신이 그렇게 미울 수가 없다. 도움을 받으려고 민원을 상담하는 사람들은 한결같이 우리 사회가 분명히 보듬어 줘야 할 사회 구성원임에 틀림없다. 그러나 나라의 재원은 한정돼 있고 자신이 맡은 임무도 한부모가족복지정책의 대상이 되는지를 설명하는 일이기 때문에 직책상으로도 분명 모든 사람을 도와 주기에는 무리가 있고 한계가 있었다. 오늘도 무수히 많은 사람이 찾아왔다. 그들을 위해 부족한 씨는 열심히 자신이 맡은 바 소임을 다하고 있다. 다음 네 명 중 세 명에게는 한부모가족복지정책상 민원인이 요구하는 혜택을 받을 수 있지만, 한 명은 불가능하다고 알려 주었다. (물론 그들은 공통으로 배우자와 사별 또는 이혼하거나 장애로 인해 장기간 노동 능력을 상실한 배우자를 가진 사람이거나 아니면 미혼자 등 사실상 가족 구성원을 부양해야 할 의무를 가지고 있는 모나 부로서 모두 만 18세가 안 된 양육해야 할 자녀로 이뤄진 저소득층의 가정들이다.) 안타깝기 그지없는 일이지만 할 수 없는 노릇이었다. 그 한 사람은 누구일까?

1) A모 씨는 노동 능력과 자립·자활 의지가 뚜렷한 사람으로 현실성 있는 사업계획을 제시하는 등 생계를 꾸려나가기 위해 무이자로 적어도 5,000만 원 이상의 복지자금을 대여받고 싶어한다.
2) B모 씨는 소득인정액 기준 최저생계비에 못 미치는 벌이를 하고 있으며 11세 된 남자 아이를 양육하고 있다. 국민기초생활보장법에 의해 생계비를 지원받지 않고 있는 그는 아동양육비를 지원받고 싶어한다.

3) C모 씨는 남편과 사별한 사람으로 국민기초생활 수급자인데, 16세 된 딸이 내년에 고등학교에 입학하게 된다. 딸의 입학금을 지원받고 싶어한다.

4) 미혼모자 공동생활가정시설에 입소해 있는 D모 씨는 15개월 된 딸을 양육하는 미혼모로서 2년의 보호 기간이 지났다고 이야기하고 있지만 자신은 1개월만 더 있고 싶어한다.

해설

「한부모가족지원법」의 기준에 의한 대상자의 범위는 배우자와 사별 또는 이혼하거나 장애로 인해 장기간 노동 능력을 상실한 배우자를 가진 자, 미혼자 등 사실상 가족 구성원을 부양해야 할 의무를 가지고 있는 모 또는 부와 그에 의해 양육되는 18세 미만의 자녀로 이뤄진 저소득층의 가정이다. 이들 한부모가족에 대한 서비스는 국가와 지방자치단체, 그리고 한부모가정의 복지 증진을 위해 설립된 기관 또는 단체가 함께 참여해 제공하며 다음과 같은 지원이 이뤄진다(여성가족부 홈페이지).

① 저소득 한부모가족 자녀 양육비 등 지원: 저소득 한부모가족 아동양육비,

아동교육지원비, 생활보조금 등의 지원을 통해 아동의 건강한 성장과 가정의 생활 안정 도모하기 위함이다. 지원 대상은 사별·이혼 등의 사유에 의한 한부모가족으로 다음 조건을 모두 충족하는 경우 지원한다. 세대주인 모 또는 부가 양육하는 만 18세 미만(취학 시 만 22세 미만)의 자녀가 있는 경우, 부모로부터 부양을 받지 못하는 만 18세 미만(취학 시 만 22세 미만) 손자녀를 (외)조부 또는 (외)조모가 양육하는 조손가족 포함, 가구 소득인정액이 최저생계비의 130% 이하인 경우다. 아동양육비는 만 12세 미만 아동의 경우 월 7만 원 지원, 추가 아동양육비는 조손가족 및 모 또는 부의 연령이 만 25세 이상인 미혼 한부모가족의 만 5세 이하 아동의 경우 1인당 월 5만 원을 추가 지원한다. 생활보조금은 한부모가족 복지시설에 입소한 가족의 경우 가구당 월 5만 원 지원, 「국민기초생활보장법」에 의한 기초수급자 등 다른 법령에서 유사한 성격의 지원을 받는 경우에는 중복해 지원하지 않는다.

② 청소년 한부모 자립 지원: 청소년 한부모가 스스로 자녀를 키울 수 있도록 자녀 양육환경을 조성하고 조기 자립할 수 있도록 지원하기 위함이다. 지원 대상은 한부모가족 중 모 또는 부의 연령이 만 24세 이하(1988년 1월 1일 이후 출생자)이고, 소득인정액이 최저생계비 150% 이하인 청소년 한부모가족(최장 5년간 지원)이다. 아동양육비는 소득인정액 기준 최저생계비 150% 이하(기초수급자 제외) 청소년 한부모 가구의 아동 1인당 월 15만 원 지원, 검정고시학습비는 소득인정액 기준 최저생계비 150% 이하(기초수급자 포함) 청소년 한부모 가구의 부 또는 모가 정규 고교 과정 이수시 입학금·수업료 실비 지원, 자립지원 촉진수당은 만 24개월 이하의 아동을 키우는 기초수급자인 청소년 한부모가구의 부 또는 모가 학업이나 취업 등 자립활동 시 월 10만 원 지원한다.

③ 저소득 한부모가족 복지자금 대여: 저소득 한부모가족에게 창업 및 사업운영 등에 필요한 자금을 장기 저리로 대여함으로써 생업기반을 조성해 조기 자립 및 생활 안정을 도모하기 위함이다. 2014년부터 보건복지부 자립지원과에서 유사사업을 통합 운영한다. 자금 대여 대상은 재산이 1억 원 이하이고 실제 소득이 최저생계비 150% 이하인 한부모가족으로 근로능력 및 자립자활 의지가 뚜렷하고 현실성 있는 사업계획(창업 또는 사업 운영)을 제시하는 자다. 다른 기관의 유사한 목적의 자금과 중복 융자

한부모가족 복지자금 대여 기준

가구 규모	2인 가구	3인 가구	4인 가구	5인 가구	6인 가구
금액 (원/월)	1,541,126	1,993,677	2,446,230	2,898,783	3,351,335

자료: 여성가족부 홈페이지.

를 금지한다. 2014년도 한부모가족 복지자금 대여 기준은 다음과 같다. 가구당 대여한도액은 무보증 1,200만원, 보증 2,000만 원, 담보 5,000만 원 이내다. 대여 이율은 연이율 3.0%의 고정금리다. 대여 기간은 5년 거치 5년 분할 상환이다.

④ 저소득 한부모가족 주거지원 서비스: 한부모가족 복지시설 주거환경 개선, 종사자 역량 강화 및 입소자의 정서적 안정과 치료를 통해 생활이 어려운 한부모가족에게 일정 기간 양질의 서비스를 제공해 안정적으로 보호함으로써 자립 기반을 조성할 수 있도록 지원하기 위함이다. 2014년 10월 기준 120개소가 운영되고 있다. 즉, 모자가족복지시설 47개, 부자가족 복지시설 3개, 미혼모자 가족 복지시설 58개, 일시지원 복지시설 12개에 이른다.[227)]

⑤ 권역별 미호모・부자 지원기관 운영: 미혼 모・부가 자녀를 스스로 양육하고자 할 경우 초기 위기에 대처할 수 있도록 다양한 서비스를 제공함으로써 아동 양육은 물론 자립에 이르도록 지원하기 위함이다. 대상은 미혼모 또는 미혼부 가족이다. 서울 등 전국 17개소(2013년 기준)[228)]의 거점기관에서 미혼모 또는 미혼부 가족의 자녀 양육 및 경제 자립을 위한 포괄적이고 종합적인 지원 서비스를 제공한다. 구체적으로 임신 초기부

227) 국토교통부의 관련 규정에 따라 저소득 한부모가족에게 영구임대주택, 다가구 매입주택 등에 입주 우선권을 부여하고 있다. 한부모가족지원법 보호대상자로 선정돼 '한부모가족증명서' 발급이 가능한 경우로 한정한다. 입주 우선권 등 자세한 사항은 읍・면・동 주민센터 또는 LH공사(1600-1004)로 문의하면 된다.

228) 서울시한부모가족지원센터, 나너우리한가족센터, 부산미혼모・부자지원센터, 대구서구건강가정지원센터, 인천서구건강가정지원센터, 광주동구건강가정지원센터, 대전시건강가정지원센터, 울산시건강가정지원센터, 안산시건강가정지원센터, 원주시건강가정지원센터, 새생명지원센터, 천안시건강가정지원센터, 전주시건강가정지원센터, 여수시건강가정지원센터, 칠곡군건강가정지원센터, 경남미혼모지원센터, 제주시건강가정지원센터 등이다.

터 온-오프라인 상담 및 종합적인 정보 제공, 자녀 출산 및 양육 과정에서 응급 상황 발생 시 병원비·생필품 등 지원, 미혼모·부자를 위한 문화 체험 및 교육 프로그램 운영, 자조 모임 운영을 지원해 미혼모·부 간 자립 경험 공유 및 네트워크를 구축한다.

⑥ 가족 역량 강화 지원사업: 한부모가족, 조손가족, 충격적 사건을 위기가족 등 취약가족에 대한 맞춤형 서비스 제공으로 가족 기능 회복 및 자립 역량 강화를 도모하기 위함이다. 전국 31개소 사업 수행기관에서 취약 한부모가족 역량 강화, 가족보듬, 조손가족 통합 지원 등 다양한 서비스를 제공한다. ㉠ 취약 한부모가족 역량 강화 서비스는 최저생계비 180% 이하 한부모가구(미혼모 부자가족, 조손가족 포함)로 자립 의지가 있는 비수급·저소득 한부모가구를 우선 지원한다. 심리·경제적 자립을 위한 상담, 교육 프로그램 및 자조모임 운영 등을 통한 지속적인 사례관리, 자립·자활을 위한 직업훈련, 창업 컨설팅 및 아이돌봄 서비스 관련 비용 지원, 정보 제공 및 지역사회 자원 활용·연계를 지원한다. ㉡ 위기가족 지원서비스(가족보듬)는 성폭력, 학교폭력, 자살(시도), 재난 등 상황적 위기로 인해 정신적 외상을 경험한 것으로 판단되는 개인 및 그 가족들이 대상이다. 긴급위기 지원, 가족 기능 회복 지원, 가족 역량의 증진을 지원한다. ㉢ 조손가족 통합지원 서비스는 65세 이상의 가구주 또는 그의 배우자와 만 18세 미만 손자녀가 생계·주거를 함께 하는 저소득(최저생계비 180% 이하) 조손가족이 대상이다. 단, 가구주의 연령이 55세 이상 65세 미만이거나, 가구소득 기준을 초과하더라도 지방자치단체장, 학교장 등이 지원이 필요하다고 인정해 추천한 조손가족은 지원 가능하다. 학습·정서 지원(배움지도사 파견 지원), 생활가사 지원(키움보듬이 파견 지원), 교육·문화 프로그램 및 자조모임 운영 지원, 주거환경 개선 지원, 유관기관 연계 지원 등이다. 전국 30개소(2013년 기준)에서 운영 중이다.[229]

229) 구로구건강가정지원센터, 동대문구건강가정지원센터, 부산시건강가정지원센터, 부산사하구건강가정지원센터, 대구달서구건강가정지원센터, 대구가정종합사회복지관, 인천남구건강지원센터, 인천중구건강가정지원센터, 광주동구건강가정지원센터, 광주서구건강가정지원센터, 대전시건강가정지원센터, 울산시건강가정지원센터, 안산시건강가정지원센터, 의정부시건강가정지원센터, 원주시건강가정지원센터, 동해시건강가정지원센터,

⑦ 한부모가족 자녀양육비 이행 확보 무료 법률구조 지원: 한부모가족 대상 자녀양육비 상담, 양육비 이행 청구소송 등 무료법률 지원을 통해 아동의 양육받을 권리 보호 및 자녀의 안정적인 양육환경 조성에 기여하기 위함이다. 아동을 양육하고 있는 이혼가족, 별거가족, 미혼모·부자 가족 등 한부모가족 및 조손가족이 대상자다.[230] 한무모가족 자녀양육비 청구소송 지원(법률상담, 소송서류 작성, 소송대리 등), 미혼부 상대 자녀 인지 청구 소송 지원(유전자 검사 및 소송 지원 등), 자녀양육비 이행 확보 지원(강제집행, 이행명령, 감치처분 신청 등)을 한다.[231]

⑧ 이혼 위기가족 회복지원 사업: 이혼 위기가족을 대상으로 무료 상담 서비스를 제공해 신중한 이혼 의사 결정과 아동의 건전한 성장을 지원하기 위함이다. 협의 및 재판 이혼 신청자 등 이혼을 고려 중인 부부와 아동이 대상자다. 아동복리적 관점에서 이혼 위기가족을 대상으로 가족 기능 강화를 위한 이혼상담, 교육, 문화서비스 등을 무료로 제공한다.[232]

풀이

1)의 A모씨의 경우 복지자금 대여에 대한 자격 요건이 전혀 없는 것은 아니다. 노동 능력과 자립·자활 의지가 뚜렷하고 현실성 있는 사업계획을 제시하는 사람의 경우 생업기반 촉진을 위해 복지자금을 대여하는 한부모가족정책을 실시하고 있기 때문이다. 그러나 1인당 대여 한도액과 대여 이율에 문제가 있는데 1인당 한도액은 무보증 1,200만 원,

---

청주시건강가정지원센터, 충주시건강가정지원센터, 제천시건강가정지원센터, 천안시건강가정지원센터, 당진시건강가정지원센터, 전주시건강지원센터, 익산시건강가정지원센터, 목포시건강가정지원센터, 광양시건강가정지원센터, 포항시건강가정지원센터, 칠곡군건강가정지원센터, 경남건강가정지원센터, 제주시건강가정지원센터, 서귀포시건강가정지원센터다.

230) 소득, 개인 재산 정도 등에 상관없이 한부모가족(조손가족)인 경우 지원. 「한부모가족지원법」상 보호대상자가 아니어서 한부모가족증명서가 발급되지 않는 한부모가족도 지원 대상에 해당된다.

231) 대한법률구조공단(국번없이 132), 한국가정벌률상담소(국번 없이 1644-7077), 대한변협법률구조재단(02-3476-6515) 등이 한부모가족 지녀양육비 이행 확보 무료 법률 구조 지원을 수행하는 기관이다.

232) 부산시건강가정지원센터, 한국가정법률상담소 대구지부, 부평구 건강지원센터, 안산 YWCA(여성과 성 상담소), 한국가정법률상담소 순천지부 부설 순천여성상담센터 등이다.

보증 2,000만 원, 담보 5,000만 원 이내이며, 대여 이율은 연이율 3.0%의 고정금리, 대여 기간은 5년 거치 5년 분할 상환하도록 하고 있다. 1)은 대여 한도를 초과하고 있을 뿐 아니라 대여 이율을 생각지 못하고 있어 원하는 액수만큼의 복지자금 대여를 받을 수 없다. 따라서 1)이 정답이다. 단, 대여 한도액을 2,000만 원으로 낮추고 연리 3%라는 점을 감안하여 이를 수용한다면 결과는 달라질 수 있다. 2)의 경우 저소득 한부모가족 가운데 소득인정액 기준 최저생계비의 130% 이하인 한부모가족으로 만 12세 미만 아동이며 국민기초생활보장법 등에 의해 생계비를 지원받는 경우가 아니므로 아동양육비를 지원받을 수 있다. 2)는 가능하다고 하겠다. 3)의 C모씨처럼 저소득 한부모가족으로 선정된 가구 가운데 고등학교에 입학하거나 재학하는 자녀의 경우 자녀 학비, 즉 입학금과 수업료를 지원받을 수 있다. 3)도 가능하다. 4)는 한부모가족시설 운영과 관련된 사항인데, 예문은 미혼모자 공동생활가정시설에 관한 것이다. 미혼모자 공동생활가정시설은 2세 미만의 영유아를 양육하는 미혼모로서 보호를 요하는 여성이 대상이 된다. 보호 기간은 2년이며, 1년 연장 가능하므로 4)도 가능한 이야기다.

99 지금은 세계화 시대(?) - 다문화가족복지정책: 다문화가족지원법

이제 우리나라도 국제결혼이 증가하고 국가 간의 인적 교류가 활성화돼 다문화사회로 급속히 변해가고 있다. 다문화사회로의 본격적인 진입이 시작된 시점에서(물론, 사람에 따라서는 초기 단계로 보는 사람도 있겠지만) 시행착오도 많고 정비해야 할 사항도 많이 있을 것이다. 대체로 다문화가정이 당면한 현실은 대다수가 사회·경제적으로 취약한 상황이라는 것과 한국어가 서툰 어머니의 양육 등으로 아이의 언어 발달, 지체, 문화 부적응이 발생하는 등 어려운 교육 여건에 처해 있는 것으로 알려져 있다. 국내 거주 외국인 100만 명 시대가 도래하면서 최근 다문화가정의 자녀 학습권 보장도 시급한 과제로 떠오르고 있다. 교육과학기술부의 통계를 살펴보건대, 초·중·고등학교에 재학 중인 다문화가정의 학생 수는 2006년 7,998명에서 2008년 18,778명으로 2배 이상 늘어났으며, 특히 다문화가정 초등학생 수는 2006년 6,975명에서 2008년 15,804명으로 늘어나 다문화가정 학생 수의 상당 부분을 차지하는 것으로 나타났다. 아주 단편적인 이야기지만 다문화가족에 대한 정책이 필요하다는 통계상의 수치라고 생각하면 될 것이다. 물론 이에 대해 우리나라는 다문화가족지원법의 제정을 통해 다문화가정에 대한 지원을 돕고자 하고 있다. 현재 실시 중인 우리나라 다문화가족지원법의 내용에 대한 다음 사항 중 틀린 것이 있다면 어느 것인가?

1) 여성가족부 장관은 매년 다문화가족에 대한 실태조사를 해서 그 결과를 공표해야 한다.
2) 국가와 지방자치단체는 다문화가족에 대해 전문적인 서비스가 제공되게 하기 위해 가족상담, 부부교육, 부모교육 등을 추진하도록 하고 있다.
3) 국가와 지방자치단체는 결혼이민자에 대해 산전·산후 건강관리 지원을 할 수 있도록 하고 있다.

4) 우리나라는 2008년 3월 「다문화가족지원법」이 제정돼 2008년 9월부터 효력이 발생했다.

해설

우리나라 「헌법」 제6조 제2항은 "외국인은 국제법과 조약이 정하는 바에 의하여 그 지위가 보장된다."고 규정하고 있고, 제6조 제1항은 "헌법에 의해 체결 공포된 조약과 일반적으로 승인된 국제법규는 국내법과 같은 효력을 지닌다."고 명시하고 있다.[233]

---

233) 우리나라에 거주하는 인구 100명 중 3명은 외국인 주민인 것으로 나타났다. 안전행정부(장관 강병규)가 발표한 '2014년 지방자치단체 외국인 주민 현황(2014.1.1. 기준)'에 따르면, 우리나라에 거주하는 장기체류 외국인 · 귀화자 · 외국인 주민 자녀(이하 '외국인주민')는 모두 156만 9,740명인 것으로 조사됐다. 이는 우리나라 전체 주민등록 인구(51,141,463명) 대비 3.1%에 해당하는 것으로, 외국인 주민 규모가 광주광역시(1,472,910명)나 대전광역시(1,532,811명) 인구보다 큰 것으로 나타났다. 외국인 주민 수의 전년 대비 증가폭을 보면, 올해 8.6%(123,839명) 증가해 지난해 2.6%로 주춤했던 증가폭이 다시 확대됐다. 외국인 주민 수는 2011년, 2012년 전년 대비 11%씩 증가하다가 2013년에는 방문취업제(2007~2012) 기간 만료 등에 따라 증가폭이 2.6%로 감소한 바 있다. 금년도에는 중국 동포에 대한 재외동포 자격 대상 확대, 국적 요건을 갖춘 외국 국

외국인이 헌법상 기본권 주체가 되는지에 대해 통설은 외국인도 기본권의 성질상 인간의 권리로 특정되는 것에 한해 그 기본권이 보장된다고 보며 다만 그 밖의 기본권은 상호주의에 의하는 것으로 본다. 헌법재판소도 "국민과 유사한 지위에 있는 외국인은 기본권 주체가 돼 인간의 존엄과 가치, 행복추구권은 인간의 권리로서 외국인도 그 주체가 될 수 있고 평등권도 인간의 권리로서 인정되며 참정권 등의 기본권은 성질상 제한 및 상호주의에 따른 제한이 있을 뿐이다."라고 판시하고 있다(헌재결 2001. 11. 29. 99헌마 494; 장명선·이옥경, 2008: 53에서 재인용).

세계적으로도 예외적인 단일민족사회로 간주돼 왔던 우리나라는 국제결혼의 증가와 국가 간 인적 교류의 활성화 등으로 이주민이 증가했고, 실질적인 다문화사회로 전환되고 있다. 그러나 이러한 다문화사회로의 급속한 변화에도 불구하고 아직까지 남아 있는 단일민족 의식 등은 다문화가족의 생활 전반에 대한

적 동포의 영주자격 신청 증가 등에 따라 증가폭이 8.6%까지 확대됐다. 외국인 주민을 유형별로 살펴보면, 한국 국적을 갖지 않은 사람이 1,219,188명(전체 외국인 주민의 77.7%), 한국 국적을 갖고 있는 사람은 146,078명(9.3%), 외국인 주민 자녀는 204,204명(13%)으로 나타났다. 한국 국적을 갖지 않은 사람 중 외국인 근로자는 538,587명으로 전체 외국인 주민의 34.3%를 차지했으며, 결혼이민자는 149,764명(9.5%), 유학생은 80,570명(5.1%), 외국 국적 동포는 233,265명(14.9%), 기업 투자자 등 기타는 217,002명(13.8%)으로 조사됐다. 한국 국적을 갖고 있는 사람은 혼인 귀화자가 90,439명(5.8%), 기타 사유 귀화자가 55,639명(3.5%)으로 집계됐다. 거주 지역별로 보면 경기도 492,790명(31.4%), 서울특별시 415,059명(26.4%), 경상남도 97,148명(6.2%) 순으로, 기업체와 대학 등이 많이 소재하고 있는 수도권(서울·경기·인천)에 63.1%가 집중 거주하고 있는 것으로 드러났다. 시·군·구별로는 경기도 안산시(75,137명)에 가장 많은 외국인 주민이 거주하며, 서울특별시 영등포구(58,927명), 경기도 수원시(47,237명), 서울특별시 구로구(45,232명) 순으로 집계됐다. 외국인 주민이 1만 명 이상 거주하는 시·군·구는 작년(44개)보다 5개가 증가한 49개 지역이며, 주민등록 인구 대비 5% 이상 거주 지역은 작년(22개)보다 2개가 증가한 24개 지역으로 조사됐다. 금년도에 최초로 공표되는 읍면동별 조사 결과에서는 경기도 안산시 원곡본동(29,726명, 주민등록인구 대비 89.4%)에 외국인 주민이 가장 많이 거주하며, 읍·면·동 단위에서도 6개 지역에 외국인 주민이 1만 명 이상 거주하는 것으로 나타났다. 연령별로는 기존의 외국인 주민 자녀 연령별(만 0세에서 만 18세) 조사에 더해, 결혼이민자 및 혼인 귀화자의 연령별 조사를 올해 추가로 진행했다. 그 결과, 외국인 주민 자녀 중 비취학아동(만 6세 이하)과 초등학생(만 7세 이상 12세 이하)이 대부분(83.9%)을 차지하는 것으로 조사됐다. 결혼 이민자는 20대(35.2%), 30대(29.4%)가 전체의 대부분(76.3%)을 차지하고, 혼인 귀화자는 40대(28.9%)가 가장 많은 것으로 나타났다(미디어다음, 2014.7.2).

문화적 편견과 차별로 인한 사회적 갈등을 불러일으키고 있으며, 이주민의 사회 부적응, 저소득층으로의 전락, 불법 체류, 외국인 범죄와 같은 역기능으로 나타나고 있다. 그러나 한편으로는 고령화 억제, 노동력 충원, 다중언어 및 다문화성을 기반으로 한 글로벌 경쟁력 강화 등의 순기능이 기대되기도 한다.

1990년대 초까지만 하더라도 예외적인 경우로 취급돼 사회적 관심에서 배제됐던 국제결혼, 특히 한국인 남성과 외국인 여성의 결혼이 1990년대 중반부터 눈에 띄게 늘어나기 시작한다. 2000년대 이후 전체 결혼의 10%를 넘어서면서 특정 지역과 계층에서는 지배적인 결혼 형태를 이루게 됐다(류정아, 2008: 28). 이러한 결혼이민자 및 그 자녀 등으로 구성되는 다문화가족은 언어문제, 문화적 차이 등으로 인한 사회 부적응과 가족 구성원 간 갈등 및 자녀 교육의 어려움을 겪게 되고, 우리 사회의 구성원으로서 통합하고 안정적 가족생활을 해 나갈 수 있도록 다문화가족에 대한 제도적인 틀을 마련하는 것이 필요했다. 이에 따라 2008년 3월에 「다문화가족지원법」이 제정돼 2008년 9월부터 시행되고 있다(장명선·이옥경, 2008: 68).

「다문화가족지원법」 제1조에서는 "다문화가족 구성원이 안정적인 가족생활을 영위할 수 있도록 함으로써 이들의 삶의 질 향상과 사회통합에 이바지함을 목적으로 한다."라고 규정한다. 제2조에서는 다문화가족에 대한 정의[234]를, 제4조에서는 3년마다 실태조사[235]를, 그리고 제5조(다문화가족에 한 이해 증진)[236]를 비롯해 제6조(생활정보 제공 및 교육 지원),[237] 제7조(평등한 가족 관계의

234) '다문화가족'이란 「재한외국인 처우 기본법」 제2조 제3호의 결혼 이민자와 「국적법」 제2조부터 제4조까지의 규정에 따라 대한민국 국적을 취득한 자로 이뤄진 가족, 「국적법」 제3조 및 제4조에 따라 대한민국 국적을 취득한 자와 같은 법 제2조부터 제4조까지의 규정에 따라 대한민국 국적을 취득한 자로 이뤄진 가족을 말한다(「다문화가족지원법」 제2조 제1호). '결혼 이민자 등'이란 다문화가족의 구성원으로서 「재한외국인 처우 기본법」 제2조 제3호의 결혼이민자와 「국적법」 제4조에 따라 귀화 허가를 받은 자를 말한다(「다문화가족지원법」 제2조 제2호).

235) 여성가족부 장관은 다문화가족의 현황 및 실태를 파악하고, 다문화가족 지원을 위한 정책 수립에 활용하기 위해 3년마다 다문화가족에 대한 실태조사를 실시하고 그 결과를 공표해야 한다(「다문화가족지원법」 제4조 제1항).

236) 국가와 지방자치단체는 다문화가족에 대한 사회적 차별 및 편견을 예방하고 사회 구성원이 문화적 다양성을 인정하고 존중할 수 있도록 다문화 이해 교육을 실시하고 홍보 등 필요한 조치를 해야 한다(「다문화가족지원법」 제5조 제1항).

237) 국가와 지방자치단체는 결혼이민자 등에게 국내 생활에 필요한 기본 정보를 제공하고 사회적응교육과 직업교육·훈련 및 언어소통 능력 향상을 위한 한국어교육 등을 받을

유지를 위한 조치),[238] 제8조(가정폭력 피해자에 대한 보호・지원),[239] 제9조(의료 및 건강관리를 위한 지원),[240] 제10조(아동 보육・교육),[241] 제11조(다국어에 의한 서비스 제공),[242] 제12조(다문화가족지원센터의 설치・운영 등)[243]

수 있다(「다문화가족지원법」 제6조 제1항).

238) 국가와 지방자치단체는 다문화가족이 민주적이고 양성 평등한 가족 관계를 누릴 수 있도록 문화의 차이 등을 고려한 전문적인 서비스가 제공될 수 있도록 가족상담, 부부교육, 부모교육, 가족생활교육 등을 추진해야 한다.

239) 국가와 지방자치단체는 「가정폭력 방지 및 피해자 보호 등에 관한 법률」에 따라 다문화가족 내 가정폭력을 예방하기 위해 노력해야 한다. 국가와 지방자치단체는 가정폭력으로 피해를 입은 결혼이민자 등을 보호・지원할 수 있다. 국가와 지방자치단체는 가정폭력의 피해를 입은 결혼이민자 등에 대한 보호 및 지원을 위해 외국어 통역서비스를 갖춘 가정폭력 상담소 및 보호시설의 설치를 확대하도록 노력해야 한다. 국가와 지방자치단체는 결혼이민자 등이 가정폭력으로 혼인 관계를 종료하는 경우 의사소통의 어려움과 법률 체계 등에 관한 정보의 부족 등으로 불리는 입장에 놓이지 아니하도록 의견 진술 및 사실 확인 등에서 언어 통역, 법률상담 및 행정 지원 등 필요한 서비스를 제공할 수 있다.

240) 국가와 지방자치단체는 결혼이민자 등이 건강하게 생활할 수 있도록 영양・건강에 대한 교육, 산전・산후 도우미 파견, 건강검진 등의 의료서비스를 지원할 수 있다(「다문화가족지원법」 제9조 제1항). 국가와 지방자치단체는 결혼이민자 등이 제1항에 따른 의료서비스를 제공받을 경우 외국어 통역 서비스를 제공할 수 있다(「다문화가족지원법」 제9조 2항).

241) 다문화가족 구성원인 아동 보육・교육을 실시함에 있어서 다문화가족 구성원인 아동을 차별해서는 아니 된다(「다문화가족지원법」 제10조 제1항). 국가와 지방자치단체는 다문화가족 구성원인 아동이 학교생활에 신속히 적응할 수 있도록 교육지원대책을 마련해야 하고, 특별시・광역시・도・특별자치도의 교육감은 다문화가족 구성원인 아동에 대해 학과 외 또는 방과 후 교육 프로그램 등을 지원할 수 있다(「다문화가족지원법」 제10조 제2항). 국가와 지방자치단체는 다문화가족 구성원인 아동의 초등학교 취학 전 보육 및 교육 지원을 위해 노력하고, 그 아동의 언어 발달을 위해 한국어 및 결혼이민자 등인 부 또는 모의 모국어 교육을 위한 교재 지원 및 학습 지원 등 언어 능력 제고를 위해 필요한 지원을 할 수 있다(「다문화가족지원법」 제10조 제3항).

242) 국가 및 지방자치단체에서는 제5조부터 제10조까지의 규정에 따른 지원정책을 추진함에 있어서 결혼이민자 등의 의사소통의 어려움을 해소하고 서비스 접근성을 제고하기 위해 다국어에 의한 서비스 제공이 이뤄지도록 노력해야 한다.

243) 국가와 지방자치단체는 다문화가족지원센터(이하 "지원센터"라 한다)를 설치・운영할 수 있다(제12조 제1항). 국가 또는 지방자치단체는 지원센터의 설치・운영을 대통령령으로 정하는 법인이나 단체에 위탁할 수 있다(제12조 제2항). 국가 또는 지방자치단체 아닌 자가 지원센터를 설치・운영하고자 할 때에는 미리 시・도지사 또는 시장・군수・구청장(자치구의 구청장을 말한다. 이하 같다)의 지정을 받아야 한다(제12조 제3항). 지원센터는 다문화가족을 위한 교육・상담 등 지원사업의 실시, 결혼이민자 등에 대한 한국어교육, 다문화가족 지원서비스 정보 제공 및 홍보, 다문화가족 지원 관련 기관・

등에서는 국가와 지방자치단체의 다문화가족에 대한 책무를 규정하고 있다. 제14조(사실혼 배우자 및 자녀의 처우)는 제5조부터 제12조까지의 규정은 대한민국 국민과 사실혼 관계에서 출생한 자녀를 양육하고 있는 다문화가족 구성원에 대해 준용하도록 하고 있다.

한편, 「다문화가족지원법」은 법명과는 달리 결혼이민자를 지원하는 법으로 보이고 있어 문제가 제기되며, 내용으로 들어가게 되면 「재한외국인처우기본법」[244]과의 업무가 중복되는 경향이 있어 각 소관 부처에서 동일한 업무를 중복 수행하게 돼 문제점이 야기된다는 지적도 있다(장명선 · 이옥경, 2008: 70).

풀이

1)은 「다문화가족지원법」 제4조에서 규정하고 있는 바, 여성가족부 장관은 3년마다 다문화가족에 대한 실태조사를 실시하고 그 결과를 공표해야 한다. 따라서 1)은 틀린 설명으로 여기서의 정답이다. 2)는 법 제7조 평등한 가족 관계 유지와 관련된 것으로 맞는 설명이다. 3)은 법 제9조와 관련되어 있는데, 국가와 지방자치단체는 결혼이민자 등이 건강하게 생활할 수 있도록 영양 · 건강에 대한 교육, 산전 · 산후 도우미 파견, 건강검진 등의 의료서비스를 지원할 수 있다고 규정하고 있다. 맞는 설명이다. 4)도 옳은 설명이다. 그러나 한 가지 염두에 둘 사항은 「다문화가족지원법」에서 "…할 수 있다", "노력하여야 한다"라는 식의 조항은 필요에 따라 할 수도, 안 할 수도 있다는 식의 해석이 가능하기 때문에 "…하여야 한다"라는 식으로 개정이 필요한 경우가 많다.

단체와의 서비스 연계, 일자리에 관한 정보 제공 및 일자리의 알선, 다문화가족을 위한 통역 · 번역 지원사업, 그 밖에 다문화가족 지원을 위해 필요한 사업 등의 업무를 수행한다(제12조 제4항 제1호~제7호). 지원센터에는 다문화가족에 대한 교육 · 상담 등의 업무를 수행하기 위해 관련 분야에 대한 학식과 경험을 가진 전문인력을 두어야 한다(제12조 제5항). 국가와 지방자치단체는 제3항에 따라 지정한 지원센터에 대해 예산의 범위에서 제4항 각 호의 업무를 수행하는 데에 필요한 비용의 전부 또는 일부를 보조할 수 있다(제12조 제6항). 제1항, 제2항 및 제3항에 따른 지원센터의 설치 · 운영 기준, 위탁 · 지정 기간 및 절차 등에 필요한 사항은 대통령령으로 정하고, 제5항에 따른 전문인력의 기준 등에 필요한 사항은 여성가족부령으로 정한다(제12조 제7항).

244) 최근 체류 외국인의 지속적인 증가와 함께 체류 외국인이 100만 명이 넘게 됨에 따라 이들에 대한 적정한 처우와 우리 사회에 적응하도록 하는 문제가 시급해졌다. 이에 재한 외국인과 한국민이 서로의 문화와 역사를 이해하고 존중하는 사회환경을 조성함으로써, 국가 발전과 사회통합에 기여하기 위해 2007년 5월에 「재한외국인처우기본법」이 제정됐다. 현재 법무부가 재한외국인 관련 업무를 거의 총괄해 담당하고 있다.

100 법과 현실은 아직도 먼가? – 다문화가족 · 외국인 관련 법제 및 복지제도 관련 법률

사랑은 국경도 초월한다는 이야기가 있다. 어느 누구의 반대도 없이 축복 속에서 그들의 국경을 넘어 사랑을 현실로 키우면서 평생을 함께 한다면 그보다 더 좋은 일은 없다. 그러나 살다보면 생각대로 되지 않는 게 사람의 삶이기도 하다. 하기야 자기 뜻대로만 세상이 움직여 준다면야 상관없겠지만, 그렇지 못한 것이 우리 인간의 한계인 듯도 싶다. 아무튼 우리나라에서도 국제결혼이 결코 낯설지만은 않게 된 현재 시점에서, 주변에서 언론매체를 통해 우리는 심심찮게 여러 가지 내용을 접하게 된다. 다음 네 가지 경우는 외국인과 관련된 복지제도에 대해 설명하고 있다. 관련 법률에 비춰보아 잘못된 하나를 고른다면?

1) 조선족 중국인인 여모 씨는 국내에 체류하면서 한국인 남성인 정모 씨와 혼인해 네 살짜리 아들을 양육하고 있다. 물론 양육하고 있는 아들은 대한민국 국적을 가지고 있다. 그러나 여모 씨와 정모 씨 둘 다 소득인정액이 최저생계비에 미치지 못한다. 그래서 국민기초생활보장제도에 따른 급여를 신청해 보고자 한다.
2) 한족 중국인인 유모 씨는 국내 체류자로 한국인 남성인 최모 씨와 혼인해 다섯 살인 딸을 양육하고 있다. 물론 양육하고 있는 딸은 대한민국 국적을 가지고 있다. 유모 씨는 유학온 외국인인데 얼마 전 최모 씨가 사망했다. 유모 씨는 아동양육비를 지원받고자 한다.
3) 일본인인 미치코 씨는 한국인인 권모 씨와 혼인했으나 이혼한 후 대한민국 국적의 미성년자인 딸을 양육하고 있는데 생계비와 의료비에 어려움을 겪고 있어 이를 지원받고자 한다.
4) 취업을 위해 대한민국에 와서 5년 동안 사업장에서 열심히 일해 왔으나 체류 기간이 만료된 인도 출신 칼리 씨는 앞으로도 일할 의사가

있고 자신이 일하고 있는 회사에서도 계속 채용할 뜻이 있어 고용보험을 적용받고 싶어한다.

해설

우리나라에서 본격적인 이주민 관련 정책은 2006년부터 시작됐고, 2007년부터는 관련법이 제정되기 시작했다. 2006년 '여성 결혼이민자 가족 및 혼혈인·이주자 사회통합 지원 방안', '다문화가정 교육지원 대책', '외국인정책 기본 방향 및 추진 체계' 등 외국인 일반 또는 특정 이주민집단과 관련된 정책들이 등장하기 시작했다. 2006년에는 (당시) 행정자치부가 '거주외국인 지원 표준 조례안'을 제시하여 지방자치단체 차원의 조례가 제정됐으며,[245] 2007년 「재한외국인 처우 기본법」을 제정함으로써 외국인과 다문화정책 전반에 관한 기본법적인 토대를 마련했다.[246] 「재한외국인 처우 기본법」은 제1조에 목적을 규정하고,

245) 2008년 6월 현재 16개 광역자치단체 가운데 12개 광역자치단체에서, 230개 기초자치단체 중 146개 지방자치단체에서 거주외국인 지원과 관련된 조례를 제정했다.

246) 「2014 지방자치단체 외국인 주민 현황」에 의하면, 국적별로는 한국계 중국인을 포함한 중국 국적자가 843,655명(53.7%)으로 가장 큰 비중을 차지하고 있으며, 이어서 베트남 185,470명(11.8%), 파키스탄·스리랑카 등 남부아시아 75,645명(4.8%), 미국 71,053명(4.5%), 필리핀 64,785명(4.1%) 순이었다. 성별로는 남성 810,131명(51.6%), 여성 759,339명(48.4%)으로 나타나, 비교적 균등한 비율을 보이고 있다. 다만, 세부 유형별

제2조에서 용어의 정의, 제3조에서 국가 및 지방자치단체의 책무, 제5조에서 외국인정책의 기본계획, 제6조 연도별 시행계획, 제7조는 업무의 협조, 제8조에서 외국인정책위원회 등을 규정하고 있다. 한편, 2008년 3월 「다문화가족지원법」이 제정돼 2008년 9월부터 효력이 발생됐다.[247]

사회복지정책과 관련해서 외국인에 관한 사회보장제도 관련 법들은 ① 「국민연금법」, ② 「국민건강보험법」, ③ 「고용보험법」, ④ 「국민기초생활보장법」, ⑤ 「한부모가족지원법」, ⑥ 「긴급복지지원법」, ⑦ 「성매매 방지 및 피해자 보호에 등에 관한 법률」, ⑧ 「가정폭력 방지 및 피해자 보호 등에 관한 법률」 등이며, 이를 상술하면 다음과 같다(장명선 · 이옥경, 2008: 73-76).

「국민연금법」은 제126조에서 이 법의 적용을 받는 사업장에 있는 외국인과 국내 거주 외국인으로서 대통령령이 정하는 자 외의 외국인은 사업장 가입자 혹은 지역 가입자가 된다.[248] 취업으로 소득이 있는 결혼 이민 여성의 경우 모국과의 상호협정 체결이 있으면 국민연금을 받을 수 있다.

「국민건강보험법」은 제109조에서 국내에 체류하고 있는 재외국인 또는 외국인으로서 「출입국관리법」에 의해 외국인 등록을 한 자, 「재외동포의 출입국과 법적 지위에 관한 법률」에 의해 국내 거소 신고를 한 자는 국민건강보험법의 적용을 받아 가입자와 피부양자가 된다. 만약 외국인 근로자나 노숙자 등 건강보험 및 의료급여와 같은 의료보장제도에 의해 의료 혜택을 받지 못하게 될 경우에는 국적 취득 전 외국인 여성과 그 자녀에게는 입원비 및 수술비를 무료로 지원하는 무료진료사업을 통한 지원을 받을 수 있고, 정신보건센터의 상담 및 재활서비스, 지역 보건소의 방문보건사업 등 공공의료 체계의 몇몇 서비스에 대해 국적 취득 전의 외국인 여성도 지원받을 수 있다.

로 보면 외국인 근로자는 남성(73.2%)이 대부분인데 비해, 한국 국적을 가지고 있는 사람(여성 81.6%)과 결혼이민자(여성 85.3%)는 여성이 대부분을 차지하는 것으로 나타났다(미디어다음, 2014.7.2).

247) 다문화가족 및 외국인 관련 법제는 국제법상 준수 의무를 부담하는 각종 인권협약 등을 비롯해 국내 법규로는 「헌법」, 「국가인권위원회법」, 「외국인 근로자의 고용 등에 관한 법률」, 「국적법」, 「출입국관리법」, 「결혼중개업관리에 관한 법률」 등이 있다.

248) 대통령령이 정하는 자는 출입국관리법에 의한 체류 기간 연장 허가를 받지 아니하고 체류하거나 외국인 등록을 하지 아니한 자, 강제퇴거명령서가 발부된 자, 체류 자격에서 문화예술, 유학, 산업연수, 일반연수, 종교, 방문 동거, 동반, 기타 체류 자격을 가진 사람들로서 이들은 「국민연금법」의 당연 적용에서 제외된다.

「고용보험법」은 국내 체류 자격을 가진 외국인에 한해 적용된다. 즉, 취업활동을 할 수 있는 체류 자격을 가진 자(「출입국관리법 시행령」 제23조 제1항), 외국인의 체류 자격 중 영주의 체류 자격을 가진 자(「출입국관리법 시행령」 제76조 제1항 제1호)는 고용보험의 대상자다.

「국민기초생활보장법」은 제5조의 2에서 국내 체류 중인 외국인 가운데 대한민국 국민과 혼인해 대한민국 국적의 미성년 자녀를 양육하고 있는 사람으로 소득인정액이 최저생계비 미만이거나 소득인정액이 최저생계비 이하에 해당하지 않더라도 생활이 어려운 자로 일정 기간 동안 국민기초생활보장제도의 급여 일부 혹은 전부가 필요하다고 보건복지부 장관이 인정하는 자, 부양 의무자가 있어도 부양 능력이 없거나 부양받을 수 없는 경우 생계급여, 주거급여, 의료급여 등 국민기초생활보장제도상의 급여를 받을 수 있으며, 자활사업에도 참여할 수 있도록 하고 있다.

「한부모가족지원법」은 제5조의2 제3항에서 국내에 체류하고 있는 외국인 중 대한민국 국민과 혼인해 대한민국 국적의 아동을 양육하고 있는 사람으로 대통령령으로 정하는 사람에 해당하면서 「출입국관리법」에 의거해 외국인 등록을 마친 자는 생계비, 아동교육 지원비, 아동양육비 등 복지급여를 지원받을 수 있게 하고 있다.

「긴급복지지원법」은 제5조의2에서 대한민국 국민과 혼인해 대한민국 국적의 미성년 자녀를 양육하고 있는 자, 대한민국 국민과 결혼해 임신 중에 있는 자, 대한민국 국민과 결혼한 후 이혼했지만 대한민국 국적의 미성년 자녀를 양육하고 있는 자에 대해 생계 및 의료 등을 지원할 수 있도록 하고 있으며, 이때에는 외국인 남성도 수급권자에 포함된다.

「성매매 방지 및 피해자 보호 등에 관한 법률」은 제9조에서 외국인 성매매 피해자 등을 대상으로 3개월(「성매매 알선 등 행위의 처벌에 관한 법률」 제11조에 해당하는 경우에는 그 해당 기간)의 범위에서 숙식을 제공하고, 귀국을 지원하는 시설이 있다.

「가정폭력 방지 및 피해자 보호 등에 관한 법률」은 제7조의 2에서 외국인보호시설을 규정하고 있으며, 배우자가 대한민국 국민인 외국인 피해자 등을 2년의 범위에서 보호 가능하도록 하고 있다.

최근 들어 제기되는 다문화·외국인과 관련한 여러 법률안이나 정책계획에서는 다양한 문화의 교류와 상호 이해를 기반으로 한 창조적 공동체를 비전으로 설정하고 있다(류정아, 2009: 38). 사회보장 관련법은 제한된 범위이지만 결혼이민 여성들을 아직까지 온정적이고 시혜적인 대상으로 보는 요소가 많으며, 그 대상도 배우자가 있거나 미성년자를 양육하는 자로 제한하고 있다는 점에서 배우자 또는 모성에 근거한 수단적 성격이 강하다. 그리고 결혼이민자들의 이혼 증가와 이혼 후에 나타나는 신분의 불안정, 경제적 어려움, 자녀 양육문제 등에 대해 이를 보완할 수 있는 법과 제도가 정비돼야 할 것으로 보인다(장명선·이옥경, 2008: 78).

풀이

1)은 「국민기초생활보장법」 제5조의 2와 관련해 국민기초생활보장제도의 급여를 받을 수 있다고 보인다. 2)와 관련해 「한부모가족지원법」에서는 생계비, 아동교육지원비, 아동양육비 등 복지급여를 지원할 수 있도록 규정하고 있다. 3)과 관련해 「긴급복지지원법」은 대한민국 국민과 결혼한 후 이혼했지만 대한민국 국적의 미성년 자녀를 양육하고 있는 자에 대해 생계 및 의료 등을 지원할 수 있도록 하고 있다. 4)는 현재 상태로는 고용보험 적용을 받기 어렵다. 고용보험은 「출입국관리법」상 취업활동을 할 수 있는 국내 체류 자격을 가진 자와 외국인의 체류 자격 중 영주의 체류 자격을 가진 자에 한해 적용될 수 있다. 만약 칼리 씨가 체류 기간 연장 허가를 받고 영주의 체류 자격을 가진다면 고용보험이 적용될 수 있다. 따라서 정답은 4)다.

참고 문헌

국내 문헌

감정기 · 백종만 · 김찬우 (2005). 「지역사회복지론」. 파주: 나남출판.

강영실 (2006). 「사회복지정책의 이해」. 서울: 신정.

강유진 · 강효진 (2005). 노인복지서비스 인지도 및 이용 의사에 영향을 미치는 요인. 「노인복지연구」, 28: 255-294.

강인성 (2008). 「지방자치단체 민간위탁경영의 효과성 제고 방안에 관한 연구」. 서울: 한국지방행정연구원.

강지영 (2014.6.1). 보험의 종류, 한눈에 파악하기: 정부의 4대 보험과 민간보험. 놀부의 생활금융가이드.

고세훈 (2003). 「국가와 복지: 세계화 시대 복지한국의 모색」, 서울: 아연출판부.

곽효문 (1995). 「복지정책론」. 서울: 제일법규.

국민건강보험공단 (2014). 2014 상반기 건강보험 주요 통계.

국민건강보험공단 노인장기요양보험 (2014.12). 장기요양보험 행복한 동행 「웹진」 52호.

국민연금공단 (2014). 100세 시대 평생월급 국민연금 수급자를 위한 가이드북.

길버트, 닐 · 폴 테렐 지음. 남찬섭 · 유태균 옮김 (2007). 「사회복지정책론: 분석틀과 선택의 차원」. 서울: 나눔의 집.

김동건 (2012). 「비용 · 편익분석」. 서울: 박영사.

김병덕 (2009). 「연금개혁의 성과와 전망」. 서울: 한국금융연구원.

김복순 (2009). 실업급여 지원 현황 및 증가 원인. 「노동리뷰」, 3: 43-55.

김수완 (2004). 크레딧 제도 도입 방안: 출산 · 육아 크레딧을 중심으로. 국민연금연구원.

김신희 (2010). 의료 보장 제도의 관점에서 바라본 최근 약가 인하 이슈. IBK 투자증권 산업브리프.

김영란 (2008). 사회복지서비스 정책(Ⅱ): 노인, 장애인, 여성. 강욱모 외(편). 「21세기 사회복지정책」, 374-418. 서울: 청목출판사.

김유심 (2010). 생활사건 스트레스가 빈곤층 여성한부모의 우울에 미치는 영향. 「한국가족복지학」, 28: 187-218.

김응렬 (2004). 「사회복지학에의 초대」. 서울: 고려대학교출판부.

김인숙 외 (2000). 「여성복지론」. 파주: 나남출판.

김진욱 (2010). 한부모 가구의 빈곤과 소득이전. 「사회복지정책」, 37(1): 101-125.

김태수 · 백종섭 · 신희영 (1998). 「복지행정론」. 서울: 대영문화사.

김태수 · 이우헌 · 이은애 (2010). 산재보상 이론과 실무: 제1권 업무상 재해 의료재활. 도서출판 생각나눔.

김한나 (2008). 긴급복지지원사업에 대한 정책적 분석: 길버트와 테렐의 이론적 틀을 중심으로. 「사회복지실천」, 7: 33-55.

김혜경 외 (2006). 「가족복지론」. 고양: 공동체.

남기민 (2004). 「사회복지정책론」. 서울: 학지사.

「내일신문 뉴스」. 2014.11.14. 실직자 10만명 실업급여 못받아-제도 홍보 부족이 '원인'.

류연규 · 백승호 (2010). 복지국가의 아동 · 가족복지 지출 결정 요인에 대한 비교연구: OECD 국가를 중심으로. 「사회복지연구」, 41(1): 145-173.

류정아 (2009). 「다문화지표 개발연구」. 서울: 한국문화관광연구원.

류지성 (2007). 「정책학」. 서울: 대영문화사.

「미디어다음」. 2014.7.2. 안행부 '2014년 지방자치단체 외국인주민 현황' 조사 결과 발표.

박경숙 (2003). 노인의 사회복지서비스 이용 실태와 이용에 영향을 미치는 요인: 경기도 국민기초생활보장 노인을 중심으로. 「한국사회복지학」, 55: 283-307.

박노욱 (2010). 취업연계 사회복지서비스의 동향과 주요 쟁점. 「재정포럼」, 164: 6-22.

박능후 (2010). [경향마당] 우리 곁 작은 산타의 묘안, 근로장려세제. 「경향신문 오피니언」, 6. 10.

박병식 · 이태종 · 서순복 · 이재호 (2002). 「정책사례연구」. 서울: 대영문화사.

박병현 (2008). 「사회복지와 문화: 문화로 해석한 사회복지의 발달」. 파주: 집문당.

박석돈 외 (2004). 「사회복지학개론」. 서울: 삼우사.

박성복 · 이종렬 (2000). 「정책학강의」. 서울: 대영문화사.

박송규 (2003). 「사회복지법제론」. 서울: 도서출판 대경.

박영미 (2001). 여권론적 시각에 의한 여성복지정책분석. 「한국 사회와 행정연구」, 12(2): 151-163.
박은미 · 정우열 (2008). 한국 여성정책의 역사적 접근 방법에 관한 연구. 「한국행정시학지」, 23: 239-258.
박재갑 · 강윤구 (2004). 「보건복지정책: 과제와 전망」. 고양: 국립암센터.
박차상 · 김옥희 · 엄기욱 · 이경남 · 정상양 · 배창진 (2005). 「한국노인복지론」. 서울: 학지사.
반정호 (2009a). 노년기 소득불평등 국제 비교. 「노동리뷰」, 3: 63-64.
______(2009b). 가구 유형에 따른 소득재분배와 빈곤 완화 효과: 고용 · 가족 구성 · 세대 효과를 중심으로. 「노동리뷰」, 6: 67-83.
백승기 (2005). 「정책학원론」. 서울: 대영문화사.
백윤철 · 김한양 · 박언서 · 방상수 (2004). 「사회복지법제」. 서울: 형설출판사.
보건복지가족부 (2009). 「2010년 사회복지 통합업무 안내」.
보건복지부 (2014). 2015년 이렇게 달라집니다. -주요 제도 변경 사항 안내.
______(2014.12.29). 보건복지부 보도참고자료-내년 7월부터 실업크레딧 도입 · 시행되고 18세 미만 근로자가 원하는 경우 사업장 가입 가능해진다.
______(2014.12.30). 보건복지부 보도참고자료－2015년 기초연금 선정기준액 93만원으로 상향.
사회보장위원회 (2014.1). 「중장기 사회보장 재정추계」.
사회복지사1급수험연구회 (2008). 「사회복지정책론」. 서울: 교육개발연구원.
신윤창 (2001). 「자본주의와 복지국가론」, 서울: 법문사.
심재호 (2003). 참여복지 실현을 위한 새 정부의 정책과제: 사회복지서비스 분야를 중심으로. 「한국사회복시학회 학술대회자료집」: 73-94.
「아시아경제」. 2015.1.5. 경로당에 공동작업장 만들어 어르신 고용문제 해결.
안해균 (1997). 「정책학원론」. 서울: 다산출판사.
엄명용 (2008). 사회복지서비스정책(Ⅰ): 아동, 청소년, 가족. 강욱모 외(편). 「21세기 사회복지정책」, 327-373. 서울: 청목출판사.
여성부 (2008). 「지역여성정책의 성과 및 전망」.
「연합뉴스」. 2015.1.1. '학교 밖 청소년' 3년간 20% 늘어…개인별 지원 강화.
오창섭 · 이재호 (2000). 「쉽게 풀어 쓴 행정학」. 서울: 대영문화사.
원석조 (1999). 1920년대 미국의 복지자본주의에 관한 연구. 「사회복지정책」, 8: 58-80.
「웰페어뉴스」. 2015.1.2. 본인부담상한액, 소비자물가지수 반영 적용.
유길상 (2003). 한국 고용보험제도의 정책효과 분석: 정책수혜 대상 분석을 중심으로. 「한국정책학회보」, 12(4): 175-201.

유훈 (2007). 「정책집행론」. 서울: 대영문화사.

이경빈 (1983). 페이비언 사회주의에 대한 연구. 「학림」, 5: 103-140.

이광호 (2008). 새로운 아동청소년정책 통합과 발전과제에 대한 제언: 생애 주기적 접근에 의한 사회적 지지 체계의 재설계 관점에서. 「청소년복지연구」, 10(2): 49-72.

이덕기 (1999). 「예측방법의 이해」. 서울: SPSS 아카데미.

이봉주 (2008). 복지 차원에서 본 한국의 아동정책. 「한국아동학회 학술대회발표논문집」, 2: 37-46.

이윤경 (2009). 노인장기요양서비스 이용 형태 결정 요인 연구. 「한국노년학」, 29(3): 917-933.

이은경 (2010). 우리나라 건강보험제도에 관한 고찰. 「재정포럼」, 167: 32-46.

이준영 (2008). 의료보장정책. 강욱모 외(편). 「21세기 사회복지정책」, 300-326. 서울: 청목출판사.

이진숙 (2008). 독일 수발보험에서의 수발수당에 대한 연구: 쟁점과 효과평가. 「사회복지정책」, 32: 27-53.

이철우 (2003). 한국의 사회복지정책과 경제 성장: 사회복지제도의 긴요성과 그 효율성에 대하여. 「평화연구」, 11(4): 5-46.

이혁구 (1993). 복지국가의 위기와 재편: 신보수주의의 시장복귀론. 「한국논단」, 51: 130-137.

이현동 (2010). 근로장려세제와 자영사업자. 「헤럴드 경제」, 6. 18.

이혜정 · 장지연 (2009). 고령자의 근로생애: 산업노동 진입과 임금일자리 은퇴를 중심으로. 「노동리뷰」, 4: 81-92.

일각학술편찬국 (2009). 「사회복지정책론」. 서울: 일각.

임춘식 · 현외성 · 조추용 · 이인수 · 조미경 · 심창학 · 김근홍 · 유성호 (2005). 「세계의 노인복지정책」. 파주: 학현사.

장명선 · 이옥경 (2008). 「서울시 다문화가족 실태 및 지원체계 구축 방안 연구」. 서울시여성가족재단.

「장애인신문」. 2010.5.25. 마이크로크레딧의 현재와 미소금융의 발전 방안.

전재일 · 배일섭 · 정영숙 (2000). 「사회복지정책론」. 서울: 형설출판사.

정경배 · 최일섭 외 (2003). 「생산적 복지를 넘어서」. 파주: 나남출판.

정계숙 (2008). 한부모가족 아동의 사회 · 정서적 유능성 발달: 동거 부모와 주 양육자의 영향. 「아동학회지」, 29(3): 207-222.

정정길 (1997). 「정책학원론」. 서울: 대명출판사.

조성한 (2002). 공식적 빈곤선 계측에 대한 소고. 「중앙행정논집」, 16(2): 157-180.

주은선 · 박진화 (2010). 연금정책과 노동시장정책이 고령자 경제활동 참여 수준에

미치는 영향: 남성 고령자와 여성 고령자, 1990년대 중반 이전과 이후의 비교. 「사회복지정책」, 37(1): 237-259.

최선화 외(1999). 「사회문제와 사회복지」. 서울: 양서원.

최성은(2010). 아동수당 재원 조달의 국제 비교와 재원조달 방안 연구. 「사회보장연구」, 26(2): 317-341.

최승아(2009). 사회복지서비스 이용에 영향을 미치는 요인: 일반계층과 저소득층의 비교 연구. 「사회복지연구」, 40(3): 213-242.

최연실(2005). 한국에서의 한부모가족을 위한 복지정책과 서비스의 현황과 방향. 「사회과학연구」, 20: 1-15.

최옥금(2010). 공적연금 잠재적 사각지대 집단의 일자리 경력: 50대 공적연금 가입자의 일자리 경력에 따른 납부 형태. 「한국노년학」, 30(2): 293-310.

최인덕 · 이상림 · 이정면(2010). 노인 장기요양 보험 대상자 및 시설, 인력 추계. 「사회보장연구」, 26(2): 375-400.

행정안전부(2008). 「2008 지방자치단체 외국인 주민 실태조사 결과」.

홍은주(2006). 「그림으로 이해하는 경제사상」. 서울: 개마고원.

국외 문헌

Breen, L. B.(1960). The Aging Individual. In *Handbook of Social Gerontology*. Chicago: University of Chicago Press.

Dandekar, V. M.(1981). *Measurement of Poverty*, Bombay: Orient Longman Limited.

Esping-Anderson, Gosta(1999). *Social Foundations of Postindustrial Economics*. New York: Oxford University Press.

George, Victor & Wilding Paul(1990). *The Impact of Social Policy*. Boston: Routledge Kegan & Paul.

Gibert, Neil & Harry Specht(1974). *Dimension of Social Welfare Policy*. Englewood Cliffs, N. J.: Prentice-Hall.

Hefferman, J.(1992). *Social Work and Social Welfare: An Introduction*, 2nd ed. St. Paul: West Publishing Company.

Hill, Michael(2001). *Understanding Social Policy*. Oxford: Blackwell Publishers.

Johnson, H. W.(1990). *The Social Services: An Introduction*, 3rd ed. Itasca.Ⅲ: F. E. Peacock.

Marshall, T. H.(1950). *Citizenship and Social Class and Other Essays*. London: Cambridge University Press.

Piven, F. F. & R. Cloward (1977). *Poor People's Movements: Why They Succeed, How They Fail*. New York: Panthem Books.

Taira, K. & P. Kilb (1969). Differences in Social Security Development in Selected Countries. *International Social Security Review*, 22(2): 139-153.

Titmuss, Richard M. (1963). *Essays on The Welfare State*. London: Allen & Unwin

——— (1968). *Committment to Welfare*. London: Allen & Unwin.

Waters, E., & L. A. Sroufe (1983). Social Competence as a Developmental Construct. *Developmental Review*, 3: 79-97.

Wilensky, H. & C. N. Lebeaux (1965). *Industrial Society and Social Welfare: The Impact of Industrialzation*. New York: The Free Press.

Young, O. R (1979). *Compliance and Public Authority: A Theory with International Applications*. Baltimore: Johns Hopkins University Press.

고용보험(https://www.ei.go.kr/)
국민건강보험공단(http://www.nhis.or.kr/)
국민연금공단(http://www.nps.or.kr/)
국세청 근로장려금 자녀장려금(http://www.eitc.go.kr/)
군인연금(http://www.mps.go.kr/)
근로복지공단(http://www.kcomwel.or.kr/)
노인장기요양보험(http://www.longtermcare.or.kr/)
내연금(http://csa.nps.or.kr/)
내일신문 뉴스(http://www.naeil.com/news_view/)
두리누리 사회보험(http://insurancesupport.or.kr/)
두산백과사전 두피디아(http://www.doopedia.co.kr/)
미디어다음(http://media.daum.net/)
법제처(http://www.moleg.go.kr/)
보건복지부(http://www.mw.go.kr/)
복지넷(http://www.bokji.net/)
복지r 함께 만드는 복지(http://www.bokjiro.go.kr/)
삼성경제연구소(http://www.seri.org/)
아시아경제(http://www.asiae.co.kr/news/)

여성가족부(http://www.mogef.go.kr/)
연합뉴스(http://www.yonhapnews.co.kr/)
웰페어뉴스(http://www.welfarenews.net/news/)
위드맘(http://withmom.mogef.go.kr/)
인구주택 총조사(http://census.go.kr/)
통계청(http://kostat.go.kr/)
한국투자자보호재단(http://www.invedu.or.kr/)
행복미소(http://cafe.daum.net/mylife337/)
Medicaid.gov(http://www.medicaid.gov)

찾아보기

ㄱ

ㅅ

ㅇ

ㅊ

저자 소개

이태종(李泰鍾)

[경력]
서울대학교 사범대학 영어교육학과(문학사)
서울대학교 행정대학원 행정학과(행정학석사 및 행정학박사)
국무총리실 특정과제 평가위원
교육과학기술부 자체평가위원
행정안전부 지방자치단체 합동평가위원
한국학술진흥재단 학술정책단장
서울행정학회 회장, 한국정부학회 부회장, 한국정책학회 운영이사
현) 한국행정학회 운영이사, 한국지방정부학회 이사, 대한지방자치학회 이사
현) 경주대학교 대학원장, 발전기획처장
현) 경주대학교 사회복지행정학과 교수

[저서 및 논문]
「한국사회와 행정개혁」(공저, 법문사, 2002)
「정책사례연구」(공저, 대영문화사, 2002)
「행정사례문제」(공저, 대영문화사, 1998)
학제간 융합연구의 정책적 지원 방향(2014)
장사정책의 효율적 수립을 위한 장사시설의 적정 공급량 추정 연구(공저, 2012)
지속 가능한 도시 발전과 삶의 질에 대한 영향 요인 연구(공저, 2012) 외 다수

이재호(李宰昊)

[경력]
경북대학교 행정학과(행정학사)
경북대학교 대학원 행정학과(행정학석사 및 행정학박사)
경북대 · 경일대 · 경주대 · 계명대 · 대구대 · 동국대 · 안동대 · 한국방송대 강사
서울행정학회, 한국정부학회, 한국정책과학학회 이사
현) 대한지방자치학회 이사
현) 울산발전연구원 연구위원

[저서 및 논문]
「거버넌스의 이해」(공저, 대영문화사, 2002)
「정책사례연구」(공저, 대영문화사, 2002)
「새 행정이론」(공저, 대영문화사, 2002)
「쉽게 풀어 쓴 행정학」(공저, 대영문화사, 2000)
지방정부 정책 수립을 위한 시민의견 수렴 지표에 관한 연구(공저, 2014)
보통교부세 산정 방식의 개편 방안(공저, 2013)
장사정책의 효율적 수립을 위한 장사시설의 적정 공급량 추정 연구(공저, 2012) 외 다수

김혜란(金慧蘭)

[경력]
경주대학교 행정학과(행정학사)
부산대학교 대학원 행정학과(행정학석사 및 행정학박사)
경남정보대 · 경주대 · 동부산대 · 문성대 · 부산경상대 · 부산대 강사
현) 경주대 · 부산대 강사

[저서 및 논문]
사회적 기업이 창출하는 가치의 측정에 관한 연구: SROI 기법을 중심으로 (2013)
사회적 기업이 창출하는 가치의 SROI 기법에 의한 측정: 경남 지역의 'A간병기업' 사례를 중심으로(2012)
주민소환의 사례분석에 관한 연구: 한 · 일 사례 비교(2008)

개정판
사회복지정책의 이해와 활용

펴낸날 / 제1판 제1쇄 2010년 8월 30일
제2판 제1쇄 2015년 2월 25일
지은이 / 이태종 · 이재호 · 김혜란
삽화 / 이재호
펴낸이 / 임춘환
펴낸곳 / 도서출판 대영문화사
주소 / 서울 용산구 청파동 1가 178-2 ㊄ 140-869
등록 / 1975년 12월 26일 제3-16호
전화 / (02)716-3883, (02)714-3062
FAX / (02)703-3839
홈페이지 / http://www.dymbook.co.kr

ISBN 978-89-7644-520-9

〔값 25,000원〕